LANGENSCHEIDTS
PRAKTISCHE LEHRBÜCHER

LANGENSCHEIDTS
PRAKTISCHES LEHRBUCH
RUSSISCH

von

Prof. K. A. PAFFEN

LANGENSCHEIDT

BERLIN · MÜNCHEN · WIEN · ZÜRICH · NEW YORK

Gesondert lieferbar:
– ein Schlüssel zu den Übungen dieses Lehrbuchs (Bestellnr. 26 295)
– zwei Begleitcassetten mit den Lektionstexten (Bestellnr. 80 429)

Titelfoto: Susdal, St. Nikolaikirche
Jürgens Ost und Europa-Photo

| *Auflage:* | *20.* | *19.* | *18.* | | *Letzte Zahlen* |
| *Jahr:* | *1994* | *93* | *92* | | *maßgeblich* |

© *1960 Langenscheidt KG, Berlin und München*
Druck: Druckhaus Langenscheidt, Berlin-Schöneberg
Printed in Germany | ISBN 3-468-26290-6

Vorwort

Das vorliegende Lehrbuch verfolgt den Zweck, in die russische Umgangssprache der Gegenwart einzuführen. Daher sind die Lehrtexte weniger nach literarischen als nach praktischen Gesichtspunkten ausgewählt. Daß sie die verschiedensten Gebiete und Lebensverhältnisse berühren müssen, ergibt sich schon aus der Forderung, den Lernenden mit einem möglichst mannigfaltigen Wortschatz vertraut zu machen. Gleichzeitig mit der ungeheuren politischen, kulturellen und wirtschaftlichen Entwicklung, die die Sowjetunion in den letzten Dezennien durchgemacht hat, erfolgte auch ein intensiveres Studium der russischen Sprache für die Bedürfnisse des Unterrichts, das zu vielen neuen Erkenntnissen geführt hat. Dies, zusammen mit einer neueren methodischen Darstellung besonders der Grammatik, bedingte eine vollkommene Neubearbeitung meines 1934 erschienenen und 1943 in siebenter Auflage gedruckten Lehrbuches, aus dem nur noch einige Lehrtexte übernommen wurden.

Das Ziel dieses Lehrbuches, das nicht nur für den Unterricht in Klassen und Kursen gedacht ist, sondern dank seiner zahlreichen Erläuterungen auch für das Selbststudium verwendet werden kann, bleibt das gleiche wie bisher: korrekte Aussprache mit Hilfe der Umschrift der „Association phonétique internationale" und Erlangung einer gewissen Sprechfertigkeit über die Dinge, die innerhalb des behandelten Stoffes liegen. Die in dieser Auflage wesentlich vermehrten schriftlichen Übungen werden den Lernenden befähigen, den Erfordernissen eines einfachen Schriftwechsels nachzukommen. Zur Einführung in die kaufmännische Sprache dient eine inhaltlich zusammenhängende Briefreihe.

Im einzelnen ist zu der vorliegenden Neubearbeitung folgendes zu bemerken. Die Lautlehre fußt auf den neuesten Untersuchungen sowjetischer Phonetiker[1]. Hieraus ergibt sich die Feststellung, daß

---

[1]) Unter ihnen seien in erster Linie genannt: Oshegow, Wörterbuch der russischen Sprache, Moskau, 1952 (2. Auflage); Awanessow, Die russische literarische Aussprache, Moskau, 1950. — Eine wissenschaftlich exakte Darstellung und Beurteilung der modernen Lautlehre gibt W. Steinitz in seiner Schrift „Russische Lautlehre", Berlin, 1953.

die Aussprache der gebildeten Kreise Moskaus, die bisher ausschließlich als das vorbildliche Standardrussisch galt und jeder lautlichen Darstellung in Lehrbüchern der russischen Sprache als Grundlage diente, allmählich durch eine gemeinrussische Norm abgelöst wird, eine Entwicklung, die noch nicht als abgeschlossen gelten kann. Das Hauptmerkmal dieser gemeinrussischen Aussprache, deren Verbreitung durch den Rundfunk gefördert wird, ist eine gewisse Angleichung an die Schrift, woraus sich für den Lernenden einige Erleichterungen ergeben.

Die jedem Text folgenden Erläuterungen inhaltlicher, grammatischer und stilistischer Art, die den Schüler bei seiner häuslichen Vorbereitung unterstützen sollen, sind in der neuen Auflage bedeutend vermehrt worden. Hier findet der Lernende auch Belehrung über manche außergewöhnliche sprachliche Erscheinung, der er ohne Erklärung ratlos gegenüberstehen würde.

Der Schwerpunkt der russischen Grammatik liegt für den Anfänger in der Formenlehre, die selbst dann noch genügend Memorierstoff enthält, wenn man sich auf das Nötigste beschränkt. In der Darstellung des grammatischen Stoffes liegt auch der Schwerpunkt der Neubearbeitung, bei der ich im wesentlichen den Grundsätzen gefolgt bin, die ich für meine russische Grammatik[1] aufgestellt habe:

Der Lehrtext liefert (mit wenigen Ausnahmen) das durch Umrandung hervorgehobene Musterbeispiel, aus dem die Regel in möglichst knapper Fassung abgeleitet wird. Dabei habe ich mich, soweit die Lehrtexte dies zuließen, bemüht, den Aufbau der regelmäßigen grammatischen Erscheinungen progressiv zu gestalten, was bei künstlich konstruierten Texten einfach ist, bei inhaltlich ungebundenen Texten, die doch auch das Interesse des Schülers wecken sollen, aber oft auf Schwierigkeiten stößt. Morphologische und syntaktische Erscheinungen werden also im Zusammenhang mit ihrer Funktion im Satz behandelt.

Die Übungen lehnen sich eng an die Lehrtexte an. Die „Fragen zu den Texten" geben dem Lehrenden Gewißheit, inwieweit der Lehrtext geistiges Eigentum des Lernenden geworden ist. Man begnüge sich nicht mit einem einmaligen Durchfragen! Der Fragenkomplex soll für den Schüler Lektüre sein und ist demgemäß als solche zu behandeln. Erst nach eingehender Durchnahme der Fragen im Unterricht kann

---

[1] Die Hauptregeln der russischen Grammatik, 1. Teil (Formenlehre), 1957 (3. Auflage), 2. Teil (Satzlehre), 1957 (2. Auflage), Halle.

die Vorbereitung der Antworten als nutzbringende Hausaufgabe gestellt werden. Die Übersetzungen ins Russische, die sich an die Lehrtexte anschließen, dienen zur Einprägung des in der Lektion behandelten grammatischen Pensums. Besonderes Gewicht mögen der Lehrende und der Lernende auf mündliche Übungen legen, die an Hand eines jeden Textes und einer jeden Übung gemacht werden können. Wirkliche Lust zur Sprache stellt sich bei dem Schüler erfahrungsgemäß erst dann ein, wenn er imstande ist, das aus den Lehrtexten und Übungen erworbene Sprachgut mündlich anzuwenden. Um dies zu erreichen, ist die mündliche Rückübersetzung, auch der Übungen, das beste Mittel.

Der Umfang des Buches ließ eine zusammenfassende systematische Übersicht über die Grammatik nicht zu. Trotzdem kann der Lehrende oder der Lernende sich eine solche Übersicht mit Hilfe des deutsch-russischen Sachregisters verschaffen, das ohne Rücksicht auf die Verteilung des grammatischen Stoffes im Lehrbuch jeden einzelnen grammatischen Abschnitt in systematischer Anordnung aufführt. Man vergleiche daraufhin etwa die Deklination der Maskulina, Feminina, Neutra usw.

Möge das Buch zur Verbreitung der russischen Sprache und zur völkerverbindenden Verständigung beitragen!

DER VERFASSER

Inhaltsverzeichnis

LAUTLEHRE

LEKTIONEN

Gebräuchliche Fachausdrücke der Grammatik

Adjektiv	Eigenschaftswort
Adverb	Umstandswort
Adverbialpartizip	Umstandswort des Mittelwortes
Aktiv	Tatform
Aspekt	Anschauungsform
Attribut	Beifügung
Definitivpronomen	bestimmendes Fürwort
Deklination	Beugung
Demonstrativpronomen	hinweisendes Fürwort
Diminutiv	Verkleinerungsform
Diphthong	Zwielaut
durativ	dauernd (unvollendet)
Femininum	weibliches Hauptwort
Finalsatz	Absichtssatz
Flexion	Beugung
Futur	Zukunft
Genus	Geschlecht
Imperativ	Befehlsform
Inchoativ	Zeitwort, das den Übergang in einen Zustand angibt
Indefinitpronomen	unbestimmtes Fürwort
Indikativ	Wirklichkeitsform
Infinitiv	Nennform
Instrumental	Werkfall *oder* 5. Fall
Interrogativpronomen	Fragefürwort
intransitiv	nichtzielend
Iterativ	Wiederholungswort
Kardinalzahlen	Grundzahlen
Kasus	Beugungsfall
Kausalsatz	Umstandssatz des Grundes
Komparativ	Höherstufe
Kompositum	zusammengesetztes Wort
Konditionalsatz	Bedingungssatz
Konjugation	Beugung der Tätigkeitswörter
Konjunktion	Bindewort
Konjunktiv	Möglichkeitsform
Konsekutivsatz	Folgesatz
Konsonant	Mitlaut
Konzessivsatz	Einräumungssatz
Maskulinum	männliches Hauptwort
Neutrum	sächliches Hauptwort
Numerus	Zahl
Objekt	Satzergänzung
Ordinalzahlen	Ordnungszahlen
Partizip	Mittelwort
Passiv	Leideform
perfektiv	vollendet
Personalpronomen	persönliches Fürwort
Plural	Mehrzahl
Pluraletantum	nur in der Mehrzahl vorkommendes Wort
Plusquamperfekt	Vorvergangenheit
Positiv	Grundstufe
Possessivpronomen	besitzanzeigendes Fürwort
Prädikat	Satzaussage
Prädikatsnomen	Nennergänzung
Präfix	Vorsilbe
Präposition	Verhältniswort
Präpositiv	Verhältnisfall *oder* 6. Fall
Präsens	Gegenwart
Präteritum	Vergangenheit
Pronomen	Fürwort
reflexiv	rückbezüglich
Rektion	Abhängigkeit im Satz
Relativpronomen	bezügliches Fürwort
Singular	Einzahl
Subjekt	Satzgegenstand
Substantiv	Hauptwort
Suffix	Nachsilbe
Superlativ	Höchststufe
transitiv	zielend
Verb	Tätigkeitswort
Vokal	Selbstlaut
Vokativ	Ruffall

Abkürzungen

a.	auch	LG I,	Lautgesetz I,
A	Akkusativ	LG II (III)	Lautgesetz II (III)
Abk.	Abkürzung	*lit.*	literarisch
Adj.	Adjektiv	*m*	Maskulinum
Adv.	Adverb	*mom.*	Momentanverb
Akz.!	Beachte die (meist un-	*N*	Nominativ
	regelmäßige) Betonung!	*n*	Neutrum
Anm.	Anmerkung	*N/P*	Nominativ Plural
A/P	Akkusativ Plural	*N/S*	Nominativ Singular
ap.pr.	Adverbialpartizip	*o.*	ohne
	Präsens	*od.*	oder
ap.pt. (a.)	Adverbialpartizip	*P*	Präpositiv
	Präteritum (Aktiv)	*pf.*	perfektiv
A/S	Akkusativ Singular	*pl.*	Plural
attr.	attributiv	*P/P*	Präpositiv Plural
bzw.	beziehungsweise	p.pr.a.	Partizip Präsens Aktiv
D	Dativ	p.pr.p.	Partizip Präsens Passiv
d. h.	das heißt	p.pt.a.	Partizip Präteritum Ak-
Dim.	Diminutiv		tiv
D/P	Dativ Plural	p.pt.p.	Partizip Präteritum Pas-
D/S	Dativ Singular		siv
dur.	durativ	*pr.*	Präsens
f	Femininum	*präd.*	prädikativ
fig.	im figürlichen (über-	*Prp.*	Präposition
	tragenen) Sinne	*P/S*	Präpositiv Singular
ft.	Futur	*pt.*	Präteritum
G	Genitiv	*s.*	siehe
G/P	Genitiv Plural	*sg.*	Singular
G/S	Genitiv Singular	u.	und
I	Instrumental	*ungebr.*	ungebräuchlich
Imp.	Imperativ	usw.	und so weiter
ind.	indeklinabel, nicht	vgl.	vergleiche
	deklinierbar	*v/i.*	intransitives Verb
I/P	Instrumental Plural	*v/t.*	transitives Verb
I/S	Instrumental Singular	z. B.	zum Beispiel
Kf.	Kurzform des Adjektivs		
Komp.	Komparativ		
Konj.	Konjunktion		

Der Bindestrich (-) ersetzt einen leicht zu ergänzenden Wortteil, z. B.:
заказывать [-зать] (= заказать).

Lautlehre

Das **russische Alphabet** besteht seit der Reform der Rechtschreibung ①
(1917) aus 33 Buchstaben. Nach seinem Verfasser Kyrill, dem
Apostel der Slawen, heißt es kyrillisches Alphabet. Die meisten
Buchstaben sind dem griechischen Alphabet entnommen, und da
auch das lateinische Alphabet auf der Grundlage des griechischen
entstanden ist, stimmen einige russische Buchstaben mit den lateinischen überein. Einige andere kommen auch im deutschen Alphabet, allerdings mit einem anderen Lautwert, vor. Die Buchstaben,
die nur graphische Zeichen für die Laute sind, stimmen ebenso-
wenig wie in allen anderen Sprachen (vgl. deutsch Hand wie [hant])
mit den jeweiligen Lauten überein. Deshalb ist ein gründliches
Studium der Lautlehre erforderlich.

Folgende **Konsonantenbuchstaben,** deren Aussprache sich von der ②
Aussprache der entsprechenden deutschen Buchstaben im wesentlichen nicht unterscheidet, sollen es dem Lernenden ermöglichen,
die in den folgenden Abschnitten angeführten Beispiele zu lesen:

Druck-schrift	Schreib-schrift	Aus-sprache	Um-schrift	Druck-schrift	Schreib-schrift	Aus-sprache	Um-schrift
Б, б	Ѣ , б	Boot	b	Н, н	ℋ , н	Nest	n
В, в	ℬ , в	Welle	v	П, п[3]	Л , n	Paul	p
Г, г	ℐ , ι	Gut	g	Р, р[5]	𝒫 , p	Rolf	r
Д, д	𝒟 , g , д[9]	Decke	d	С, с[2]	𝒞 , c	Roß	s
З, з[2]	3 , з	Rose	z	Т, т[3]	Ш , m	Tat	t
К, к[3]	𝒦 , к	Kahn	k	Ф, ф	Ѳ , ф	Feder	f
М, м[4]	ℳ , м	Mann	m				

Anm.:

1) *g* ist die neuere, *д* die ältere Schreibung.
2) Beachte, daß es besondere Buchstaben für das stimmhafte (‚Rose') und
   stimmlose (‚Straße') s gibt.

3) к, п und т werden ohne Hauchlaut (Aspiration) gesprochen, wie z. B. in Westdeutschland und Frankreich, also nicht wie ‚к(h)önnen' oder das englische ‚can' (Norddeutschland, England). Versuch: Wenn man die innere Handfläche dicht vor den Mund hält, so spürt man ganz deutlich den Hauch, der bei der Aussprache von ‚können' entsteht; er fehlt fast vollkommen bei der aspirationslosen Aussprache von k, p, t.

4) Beachte in den folgenden geschriebenen Wörtern bei der Schreibung von *м* die Anknüpfung an den vorhergehenden Buchstaben durch den Schleifpunkt zu Beginn des Aufstriches, z. B. *мм*. (Ebenso angeknüpft werden die Buchstaben л und я ⑬ 2., Anm.)

5) Das russische p ist das gerollte Zungenspitzen-r der deutschen Bühnenaussprache, nicht das (meist in Deutschland gesprochene) Zäpfchen-r.

③   **Die betonten harten (nichtjotierten) Vokalbuchstaben**

Im Deutschen sind die betonten Vokale entweder lang (Vater) oder kurz (satt). Im Gegensatz hierzu werden alle betonten Vokale im Russischen halblang ausgesprochen. Sie sind klar und tönend.

1. **A, a** (*А . a*) entspricht dem deutschen a in ‚Wahl', abgesehen davon, daß das russische betonte a halblang ist [Umschrift: a].

за	вам	дар[1]	знак	как	так	нас
za	vam	dar	znak	kak	tak	nas
für	*euch*	*Geschenk*	*Zeichen*	*wie*	*so*	*uns*

2. **O, o** (*О . o*) klingt stets offen wie o in ‚offen' (aber halblang!) [Umschrift: ɔ]. Es gibt im Russischen kein geschlossenes o wie in ‚Ton'.

бок	вот	вор	дом	зонт	кот	мост
bɔk	vɔt	vɔr	dɔm	zɔnt	kɔt	mɔst
Seite	*hier*	*Dieb*	*Haus*	*Schirm*	*Kater*	*Brücke*

3. **У, у** (*У . y*) klingt wie u in ‚nun' (aber kürzer!) [Umschrift: u].

бук	звук	ну	стук	тут	фунт	фрукт
buk	zvuk	nu	stuk	tut	funt	frukt
Buche	*Laut*	*nun*	*Pochen*	*hier*	*Pfund*	*Frucht*

4. **Э, э** (*Э . э*) wird in den folgenden Beispielen wie ä in ‚Ähre' (halblang!) artikuliert [Umschrift: ɛ].

эра	экстра[3]
ˈɛrɐ[2]	ˈɛkstrɐ
Ära	*extra* (über das Umschriftzeichen ɐ s. ⑩ 3. b)

5. **ы** (*ɯ*) ist ein dem Deutschen fremder Laut; er kommt nie am Wortanfang vor [Umschrift: ɨ].

---

[1]) Russische Substantive werden mit einem kleinen Anfangsbuchstaben geschrieben, mit großem dagegen Namen und sonstige Benennungen. Auch der Satz beginnt mit großem Anfangsbuchstaben.

[2]) In der Lautschrift steht das Betonungszeichen vor der betonten Silbe.

[3]) Die Kenntnis dieser Beispiele aus der Lautlehre wird in den folgenden Lektionen nicht vorausgesetzt.

Wenn man deutsches i spricht, so ist der Mund nur wenig geöffnet, und die Lippen sind gespreizt. Man spreche i und ziehe dabei die Zunge zurück, ohne die Mund- und Lippenstellung zu ändern. Durch das Zurückziehen der Zunge nähert sich ihr hinterer und mittlerer Teil dem Gaumen, während der vordere Teil sich gegen den Gaumen hebt. Versucht man nun, i zu sprechen, so ist das Ergebnis das russische ы. Man kontrolliere die Bewegung der Zunge mit dem Zeigefinger! — Das russische ы hat also mit dem deutschen i Mund- und Lippenstellung gemeinsam, nicht aber die Zungenlage, und diese ist ausschlaggebend.

мы	ты	вы	сын	Крым	дым	рыба
mɨ	tɨ	vɨ	sɨn	krɨm	dɨm	ˈrɨbɐ
wir	*du*	*ihr*	*Sohn*	*Krim*	*Rauch*	*Fisch*

Anm.: Die deutschen Vokale setzen im Wortanlaut mit einem *Knacklaut* ein, der dadurch entsteht, daß die vorher fest verschlossene Stimmritze plötzlich durchbrochen wird. Vgl. deutsch ‚Hain‘ und ‚ein‘. Dieser Knacklaut fehlt im Russischen. Das Knackgeräusch ist besonders beim Flüstern deutlich vernehmbar. Der automatisch entstehende Knacklaut, von dem der Deutsche sich nur schwer befreit, gehört zu den Artikulationseigenarten, an denen der Russe den Russisch sprechenden Deutschen erkennt. (Das Knackgeräusch fehlt auch im Französischen und Englischen.)

Lese- und Schreibübung ④

ба!	бок	бук	бык	вам	вон	вот	вор	вы
ba!	bɔk	buk	bɨk	vam	vɔn	vɔt	vɔr	vɨ
pah!	*Seite*	*Buche*	*Ochse*	*euch*	*hinaus*	*hier*	*Dieb*	*ihr*

гад	гром	гросс	дар	дом	док	дым	за	звон
gat	grɔm	grɔs	dar	dɔm	dɔk	dɨm	za	zvɔn
Reptil	*Donner*	*Gros*	*Geschenk*	*Haus*	*Dock*	*Rauch*	*hinter*	*Geläute*

звук	знак	зонт	как	корм	кот	кто	мак
zvuk	znak	zɔnt	kak	kɔrm	kɔt	ktɔ	mak
Laut	*Zeichen*	*Schirm*	*wie*	*Futter*	*Kater*	*wer*	*Mohn*

мост	мрак	мы	но ну	нас	нос	он	от	пар	пот
mɔst	mrak	mɨ	nɔ nu	nas	nɔs	ɔn	ɔt	par	pɔt
Brücke	*Dunkelheit*	*wir*	*aber nun*	*uns*	*Nase*	*er*	*von*	*Dampf*	*Schweiß*

пункт	рак	рот	ром	сам	сон	сын	скот
пункт	*рак*	*рот*	*ром*	*сам*	*сон*	*сын*	*скот*
punkt	rak	rɔt	rɔm	sam	sɔn	sɨn	skɔt
Punkt	*Krebs*	*Mund*	*Rum*	*selbst*	*Schlaf*	*Sohn*	*Vieh*

смотр	сок	срок	стан	стук	сыр	там
смотр	*сок*	*срок*	*стан*	*стук*	*сыр*	*там*
smɔtr	sɔk	srɔk	stan	stuk	sɨr	tam
Besichtigung	*Saft*	*Termin*	*Statur*	*Klopfen*	*Käse*	*dort*

тот	тут	ты	факт	фронт	фрукт	фунт
тот	*тут*	*ты*	*факт*	*фронт*	*фрукт*	*фунт*
tɔt	tut	tɨ	fakt	frɔnt	frukt	funt
jener	*hier*	*du*	*Tatsache*	*Front*	*Frucht*	*Pfund*

(5) **Die betonten jotierten Vokalbuchstaben im Anlaut**

1. Den harten (nichtjotierten) Vokalbuchstaben stehen entsprechende jotierte Vokalbuchstaben gegenüber:

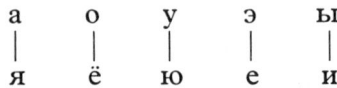

```
а   о   у   э   ы
|   |   |   |   |
я   ё   ю   е   и
```

2. Von diesen werden я, ё, е, ю im **Wortanfang** und im **Silbenanfang** (nach Vokal) mit einem deutlichen j ausgesprochen:

Я, я (*Я , я*) wie ja in ‚ja‘ [Umschrift: ja]

Ё, ё[1] (*Ё , ё*) wie jo in ‚Jot‘ [Umschrift: jɔ]

Ю, ю (*Ю , ю*) wie ju in ‚Juni‘ [Umschrift: ju]

Е, е (*Е , е*) wie jä in ‚jäh‘ [Umschrift: jɛ] oder je in ‚jeder‘ [Umschrift: je] (*s.* „Die e-Laute" ⑪).

я	дает	ют	дают	ем	ею
ja	daˈjɔt	jut	daˈjut	jɛm	ˈjeju
ich	*(er) gibt*	*Achterdeck*	*(sie) geben*	*(ich) esse*	*durch sie*

3. Dagegen wird и im **Wortanlaut** wie i in ‚ihn‘ [Umschrift: i] und nur im Silbenanlaut nach Vokalbuchstaben wie ji [Umschrift: ji] ausgesprochen, wobei j (besonders in flüssiger Rede) nur sehr schwach klingt[2]:

---

[1]) In russischen Lehrbüchern für Ausländer ist es üblich, die Betonung durch Akzente zu bezeichnen (письмо́), und ё [jɔ], das in einem Wort stets den Ton trägt und daher nicht durch Akzent gekennzeichnet zu werden braucht, wird von е [jɛ, je] durch ein Trema (Trennungspunkte) unterschieden (даёт). Der Russe selbst schreibt (abgesehen von sehr wenigen Ausnahmen) weder Akzent noch Trema.

[2]) Über ji in им, их, ими vgl. [62 a]; über jotierte Vokalbuchstaben nach ь und ъ vgl. ⑦, ⑫.

и	иск	стоит	таит
i	isk	sta'jit	ta'jit
und	*Klage*	*(er) steht*	*(er) verbirgt*

4. Der Lernende beachte, daß auch diese Vokalbuchstaben in betonter Stellung halblang ausgesprochen werden.

Die Palatalisierung der Konsonanten vor jotierten Vokalbuchstaben ⑥ und weichem Zeichen (ь)

1. Konsonanten werden durch einen folgenden jotierten Vokalbuchstaben ‚palatalisiert', d.h. das j-Element des jotierten Vokals verschmilzt mit dem vorhergehenden Konsonanten, wodurch dieser einen neuen (‚erweichten') Lautcharakter erhält. Nehmen wir z.B. die Lautverbindung не. Getrennt gesprochen ergibt sich [n-jɛ]. Hebt man jedoch beim Sprechen dieser Verbindung gleichzeitig den mittleren Teil des Zungenrückens gegen die vordere Hälfte des harten Gaumens, so entsteht die enge Verschmelzung [ɲɛ], die wir Palatalisierung nennen, weil sie durch die Lage der Zunge gegen den harten Gaumen (palatum) bewirkt wird. (In diesem Fall hören wir kein j mehr.)

Wir erhalten in diesem Beispiel eine Lautverbindung, die nach ihrem akustischen Eindruck dem ng in ‚Champagne' sehr nahe steht, so wie der Name dieser französischen Landschaft im Deutschen gewöhnlich ausgesprochen wird. Im Französischen wird diese Lautverbindung ‚mouilliert' (erweicht) genannt.

Palatalisierung ist also das Ergebnis der normalen (harten) Aussprache eines Konsonanten unter gleichzeitiger Beteiligung der Zunge in der oben beschriebenen Weise.

Palatalisiert werden die Konsonanten auch durch ein folgendes **weiches Zeichen** (ь), das selbst keinen Lautwert hat und nur dazu dient, die Palatalisierung des vorhergehenden Konsonanten anzuzeigen (vgl. ⑦).

2. Alle russischen Konsonanten mit Ausnahme der Zischlaute und ц (vgl. ⑧, ⑨) können palatalisiert werden. Die Palatalisierung der bisher besprochenen Konsonanten wird in der Umschrift durch Häkchen bezeichnet:

[b̦], [v̦], [g̦], [d̦], [z̦], [k̦], [m̦], [n̦], [ŋ̦], [r̦], [ș], [ț], [f̦]

Anm.: Für die Aussprache von e in folgenden Beispielen sei zuerst das Studium von ⑪ empfohlen.

нет	вред	бес	дед	век	день	тень	нёс	пёс
ɲet	vr̦et	b̦es	d̦et	v̦ek	d̦eŋ	țeŋ	ŋɔs	ŋɔs
nein	*Schaden*	*Böses*	*Großvater*	*Jahrhundert*	*Tag*	*Schatten*	*(er) trug*	*Hund*

мёд	тип	диск	мим	бис	тюк	бюст
mʝɔt	ţip	ḍisk	m̡im	b̡is	ţuk	b̡ust
Honig	*Typ*	*Scheibe*	*Mime*	*da capo*	*Ballen*	*Büste*

3. Betontes я zwischen erweichten Konsonanten ist ein vorn im Munde artikuliertes a mit einer sehr leichten ä-Färbung [Umschrift: æ].

пять	зять	мять
p̡æţ	ʒæţ	m̡æţ
fünf	*Schwager*	*kneten*

Anm.: Durch Assimilation (Angleichung) werden einige Dentale (Zahnlaute[1]), vor allem з und с unmittelbar vor palatalisierten Konsonanten ebenfalls palatalisiert.

есть	если	здесь	снег	две
jesţ	ˈjesļi	ʒḍes̡	s̡n̡ek	ḍʋe
es gibt	*wenn*	*hier*	*Schnee*	*zwei*

⑦ **Das weiche Zeichen (ь)**

1. Über die Palatalisierung vor weichem Zeichen s. ⑥ 1. Man unterscheidet in der Aussprache z. B. брат [brat] (Bruder) und брать [braţ] (nehmen), цеп [tsɛp] (Dreschflegel) und цепь [tsɛn̡] (Kette) usw.

2. Nach ь werden jotierte Vokalbuchstaben mit einem deutlichen j gesprochen: бью [b̡ju] (ich schlage).

⑧ **Die Konsonantenbuchstaben ж, ш, ц**

1. Ж, ж (*Ж, ж*) lautet wie j in **Journal** [Umschrift: ʒ]: жар [ʒar] ‚Hitze‘

2. Ш, ш (*Ш, ш*) lautet wie sch in **Schule** [Umschrift: ʃ]: шар [ʃar] ‚Kugel‘

3. Ц, ц (*Ц, ц*) lautet wie z in **Zeit** [Umschrift: ts]: цвет [tsʋɛt] ‚Farbe‘

Diese Laute sind stets **hart**, so daß ein unmittelbar darauf folgendes **и** wie ы, ein **е** wie э, ein **ё** wie о ausgesprochen wird:

жир	цирк	центр	жён	шеф
ʒɨr	tsɨrk	tsɛntr	ʒɔn	ʃɛf
Fett	*Zirkus*	*Zentrum*	*der Frauen*	*Chef*

⑨ **Die Konsonantenbuchstaben ч und щ**

Im Gegensatz zu ж, ш und ц sind die Laute ч und щ stets **weich**. Wenn auch die harten Vokale a, y nach ihnen folgen, so wird doch die weiche Aussprache dieser Konsonanten dadurch nicht berührt.

---

[1]) Dentale sind з, с, д, т, н, р, л und ц; jedoch können hartes л (vgl. ⑬) und das stets harte ц nicht palatalisiert werden.

1. Ч, ч ($\mathcal{U}$, ι) ist die palatalisierte Verbindung тш. (Das deutsche tsch in ‚deutsch' klingt hart.) [Umschrift: ʧ].

2. Щ, щ ($\mathcal{U}$, u_j) ist die palatalisierte Verbindung шч, in welcher der t-Laut nur schwach hervortritt [Umschrift: ʃʧ].

чан	час	честь	чин	чуть	щи	щит	щуп
ʧan	ʧas	ʧeʂt	ʧin	ʧut	ʃʧi	ʃʧit	ʃʧup
Kübel	*Stunde*	*Ehre*	*Rang*	*kaum*	*Kohlsuppe*	*Schild*	*Sonde*

3. Weiches Zeichen nach ч und щ ist historischen Ursprungs und wird in der Aussprache nicht berücksichtigt: речь [reʧ] (Rede), мощь [mɔʃʧ] (Macht).

Die unbetonten Vokale (10)

1. Der betonte Vokal tritt im Russischen sehr stark hervor. Die unbetonten Vokale, ob sie nun vor oder nach der Tonsilbe stehen, werden infolgedessen sehr kurz und flüchtig (quantitative Reduktion) und in einigen Fällen mit einer Verfärbung des Klangcharakters (qualitative Reduktion) ausgesprochen. Diese Abschwächung in Quantität und Qualität ist um so stärker, je flüssiger gesprochen wird.

Anm.: Der Anfänger hüte sich vor einer übertriebenen Abschwächung, die beim langsamen und zögernden Sprechen unnatürlich wirkt. Er beachte beim Sprechen eines neuen Textes die Schreibung, die das volle Lautbild wiedergibt. Die als natürlich empfundene Reduktion der unbetonten Vokale in Quantität und Qualität stellt sich bei zunehmender Gewandtheit im Sprechen meist von selbst ein. Wenn z.B. ein russischer Lehrer langsam diktiert, so spricht er die unbetonten Silben auch nicht so kurz und flüchtig aus wie in seiner natürlichen Redeweise.

2. Die Vokalbuchstaben **у** [u], **ю** [ju], **ы** [ɨ], **и** [i] und **э** (wie ä in ‚Änne' [ɛ]) behalten auch in unbetonter Stellung ihre Klangfarbe; sie werden nur sehr kurz gesprochen. Die jotierten Vokalbuchstaben ю und и haben die für sie charakteristischen Merkmale: ein vorhergehender Konsonant wird palatalisiert; ю wird im Wortanfang und nach Vokal wie [ju] gesprochen.

буду	сукно	югурт	цыган	игра	дыни	изба
'budu	suk'nɔ	ju'gurt	tsɨ'gan	i'gra	'dɨɲi	iz'ba
(ich) werde sein	*Tuch*	*Joghurt*	*Zigeuner*	*Spiel*	*Melonen*	*Hütte*

эдикт	эксперт
ɛ'dikt	ɛk'sp̩ɛrt
Edikt	*Experte*

3. **Unbetontes a und unbetontes o fallen in einen Laut zusammen.**

a) Im Anlaut und in der Silbe unmittelbar vor dem Ton nach harter Konsonanz (also auch nach ж, ш, ц) klingen a und o wie kurzes a [a].

абонент	вода	кабак	момент	жара	царить
aba'ɳɛnt	va'da	ka'bak	ma'ɱɛnt	ʒa'ra	tsa'ɽiṭ
Abonnent	*Wasser*	*Schenke*	*Moment*	*Hitze*	*herrschen*

b) In allen anderen Silben vor und nach dem Ton (also auch im Auslaut) entsprechen a und o einem Laut, der zwischen e und a liegt, aber eine etwas weitere Mundöffnung als e hat und mehr nach a klingt. [Umschrift: ɐ (auf den Kopf gestelltes a)].

караван	капуста	карточка	шарманка	конкурент	мода
kɐra'van	ka'puste	'kartɐtʃke	ʃar'mankɐ	kɐnku'ɽɛnt	'mɔdɐ
Karawane	*Kohl*	*Karte*	*Drehorgel*	*Konkurrent*	*Mode*

сито ⌣ сита

'şitɐ

Sieb   *des Siebes*

c) Nach den stets weichen ч und щ klingt a wie ein Laut, der zwischen e und i liegt [Umschrift: ı].

часы	щадить
tʃɽı'sɨ	ʃtʃɽı'ḍiṭ
Uhr	*schonen*

4. **Unbetontes e und unbetontes я fallen** (mit einer Ausnahme) **in einen Laut zusammen.** Die Merkmale dieser weichen Vokalbuchstaben bleiben auch in unbetonter Stellung: j im Wortanfang und nach Vokal, Palatalisierung des vorhergehenden Konsonanten.

a) Im Anlaut, nach Vokal (nicht im Auslaut!) und in der Silbe unmittelbar vor dem Ton ist es ein Laut, der zwischen e und i steht (kein reines i!) [Umschrift: jı].

еще	язык	ее	маятник	мясник	пята	несу	беседа
jı'ʃtʃɔ	jı'zɨk	jı'jɔ	'majıtɳik	ɱıʂ'ɳik	ɳı'ta	ɳı'su	bı'şedɐ
noch	*Sprache*	*sie*	*Pendel*	*Fleischer*	*Ferse*	*(ich) trage*	*Gespräch*

Anm.: Auch nach den stets harten ж, ш, ц in den gleichen Stellungen:

жена	шептать	цена
ʒı'na	ʃıp'taṭ	tsı'na
Frau	*flüstern*	*Preis*

b) In allen anderen vor- und nachtonigen Silben klingt der gleiche Laut etwas schwächer (wie e in ‚Ende') [Umschrift: jə].

девяносто	переведены	немец	ветер	занят	вегетарианец
dəvı'nɔstɐ	pərəvədı'nɨ	'ɳeməts	'vɛtər	'zanət	vəg̣ətəɽı'anəts
neunzig	*übersetzt*	*Deutscher*	*Wind*	*beschäftigt*	*Vegetarier*

c) **Ausnahme:** Am Wortende wird я mit etwas weiterer Mundöffnung (auf a zu; vgl. ③ b) gesprochen [Umschrift: jɐ] als e,

20

das wie ein abgeschwächtes, kurzes e (‚Ende') klingt [Umschrift: jə].

буря	дядя	армия	соя	море	мнение
'buɾɐ	'ɟaɟɐ	'armiiɐ	'sɔiɐ	'mɔɾə	'mn̦en̦ijə
Sturm	*Onkel*	*Armee*	*Sojabohne*	*Meer*	*Meinung*

Die betonten e-Laute (e, э)   ⑪

Die Aussprache der e-Laute ist von der Beschaffenheit des folgenden Konsonanten abhängig.

1. e (э) wird offen ausgesprochen wie ä in ‚Ähre', wenn es im Auslaut steht oder wenn der folgende Konsonant hart ist [Umschrift: jɛ, ɛ].

все	вес	еду	это	эра
fʂɛ	vɛs	'jɛdu	'etɐ	'ɛrɐ
alle	*Gewicht*	*(ich) fahre*	*dies*	*Ära*

2. e (э) wird geschlossen ausgesprochen wie e in ‚rege', wenn der folgende Konsonant palatalisiert ist oder ein jotierter Vokal folgt. Dies gilt auch für den Fall, daß vor dem palatalisierten Konsonanten ein Dental steht, der durch Assimilation ebenfalls erweicht ausgesprochen wird (vgl. ⑥ *Anm.*) [Umschrift: je, e].

весь	эти	шесть	песни	ею
vɛʂ	'eţi	ʃeʂţ	'peʂn̦i	'jeju
ganz	*diese*	*sechs*	*Lieder*	*durch sie*

Das harte Zeichen (ъ)   ⑫

1. Das harte Zeichen (ъ) stand in der alten Rechtschreibung (vor 1917) nach jedem auslautenden Konsonanten, der hart ausgesprochen wurde. Es hat (wie das weiche Zeichen) selbst keinen Lautwert. Nach der neuen Rechtschreibung wird also jeder auslautende Konsonant hart ausgesprochen, wenn kein weiches Zeichen folgt. Vor 1917 schrieb man z. B. законъ (Gesetz), jetzt закон.

2. Das harte Zeichen steht auch jetzt noch im Wortinnern nach harten Konsonanten, wenn ein darauf folgender Vokalbuchstabe mit j-Anlaut ausgesprochen werden soll.

съёмка	съезд	объявление	адъютант
'sjɔmkɐ	sjest	abjɪ'vlen̦ijə	adju'tant
Aufnahme	*Kongreß*	*Bekanntmachung*	*Adjutant*

Das russische l (л)   ⑬

1. Besonders stark unterscheidet sich die Aussprache des harten und des palatalisierten л. Das deutsche l empfindet der Russe

als weich; darum fügt er in der Wiedergabe deutscher Namen nach l ein weiches Zeichen ein, z. B. Апольда ‚Apolda‘. Das russische palatalisierte л klingt aber noch weicher als das deutsche. Während beim deutschen l nur die Zungenspitze die Rückseite der Oberzähne berührt, legt sich beim russischen palatalisierten л die ganze vordere Zungenhälfte in ihrer ganzen Breite gegen den harten Gaumen, wodurch die Lippen auseinandergezogen werden. Erweichtes л wird vor jotierten Vokalen und vor weichem Zeichen gesprochen [Umschrift: ļ].

лилия	линза	лето	люстра	льдина	ляпис
'ļiļijɐ	'ļinzɐ	'ļetɐ	'ļustrɐ	'ļdinɐ	'ļapis
Lilie	*Linse*	*Sommer*	*Kronleuchter*	*Eisscholle*	*Höllenstein*

2. Bei der Artikulation des harten л preßt man die Spitze der Zunge gegen die innere Wand der oberen Schneidezähne; den hinteren Teil der Zunge hebt man etwas zum Hintergaumen hin. So ist also sowohl die Zungenspitze als auch die hintere Zungenhälfte gehoben, während der mittlere Teil gesenkt ist. Man spreche abwechselnd ‚Lampe‘ und лáмпа mit der beschriebenen Zungenstellung. Hartes л wird vor harten (nichtjotierten) Vokalen und am Wortende gesprochen [Umschrift: ł].

лампа	лава	лавина	лук	лупа	лгун	ловля	стол
'łampɐ	'łavɐ	ła'ɣinɐ	łuk	'łupɐ	łgun	'łɔvļɐ	stɔł
Lampe	*Lava*	*Lawine*	*Zwiebel*	*Lupe*	*Lügner*	*Fang*	*Tisch*

Anm.: Genau wie м (vgl. ② *Anm.* 4) werden auch л und я in der Schreibschrift durch einen Schleifpunkt zu Beginn des Aufstriches mit dem vorhergehenden Buchstaben verbunden:

комната (Zimmer), *слово* (Wort), *заяц* (Hase).

⑭ **Der Konsonantenbuchstabe х**

1. х (𝒳, 𝒳) lautet wie ch in ‚ach‘ vor den dunklen Vokalen а, о, у, vor harter Konsonanz und im Auslaut [Umschrift: x].

хата	ход	худо	хвост	сох
'xatɐ	xɔt	'xudɐ	xvɔst	sɔx
Hütte	*Gang*	*Böses*	*Schwanz*	*trocknete*

2. х lautet wie ch in ‚ich‘ vor den hellen Vokalen е, и und vor erweichten Konsonanten [Umschrift: x̧].

хедив	химик	хлеб	хмель	хрен
x̧ɪ'ḍif	'x̧im̧ik	x̧ļep	x̧m̧eļ	x̧ɾɛn
Khedive	*Chemiker*	*Brot*	*Hopfen*	*Meerrettich*

рюмка	трюк	вес	грек	метр	не	свет	винт
рюмка	*трюк*	*вес*	*грек*	*метр*	*не*	*свет*	*винт*
'rumkɐ	t̪ruk	ves	grek	metr	n̪ɛ	svet	vint
Likörglas	*Trick*	*Gewicht*	*Grieche*	*Meter*	*nicht*	*Licht*	*Schraube*

мир	рис	тип	брат	брать	мат	мать	степь
мир	*рис*	*тип*	*брат*	*брать*	*мат*	*мать*	*степь*
m̪ir	ris	t̪ip	brat	brat̪	mat	mat̪	s̪t̪ɛn̪
Friede	*Reis*	*Typ*	*Bruder*	*nehmen*	*Matte*	*Mutter*	*Steppe*

бить	пить	еду	из	пью	пол	стул	лист
бить	*пить*	*еду*	*из*	*пью*	*пол*	*стул*	*лист*
b̪it̪	n̪it̪	'jɛdu	iz	n̪ju	poɫ	stuɫ	l̪ist
schlagen	*trinken*	*(ich) fahre*	*aus*	*(ich) trinke*	*Fußboden*	*Stuhl*	*Blatt*

литр	лен	сталь	столь	мох	холст	чех
литр	*лен*	*сталь*	*столь*	*мох*	*холст*	*чех*
l̪itr	l̪ɔn̪	s̪t̪aɫ	s̪t̪ɔl̪	mɔx	xɔɫst	t̠ɕex
Liter	*Flachs*	*Stahl*	*so*	*Moos*	*Leinen*	*Tscheche*

хлев	хрип	хи хи!	цель	цинк	цирк	жанр
хлев	*хрип*	*хи хи!*	*цель*	*цинк*	*цирк*	*жанр*
xl̪ɛf	xrip	xi xi!	tsel̪	tsɨnk	tsɨrk	ʒanr
Stall	*Röcheln*	*hi hi!*	*Ziel*	*Zink*	*Zirkus*	*Genre*

жар	же	жизнь	жир	жить	шаль	шанс
жар	*же*	*жизнь*	*жир*	*жить*	*шаль*	*шанс*
ʒar	ʒɛ	ʒɨz̪n̪	ʒɨr	ʒɨt̪	ʃaɫ	ʃans
Hitze	*doch*	*Leben*	*Fett*	*leben*	*Schal*	*Chance*

шар	шум	шерсть	шеф	шик	чан	час
шар	*шум*	*шерсть*	*шеф*	*шик*	*чан*	*час*
ʃar	ʃum	ʃers̪t̪	ʃɛf	ʃik	t̠ɕan	t̠ɕas
Kugel	*Geräusch*	*Wolle*	*Chef*	*Schick*	*Kübel*	*Stunde*

чуть	чем	чин	щит	мощь	пища	плащ
чуть	*чем*	*чин*	*щит*	*мощь*	*пища*	*плащ*
t̠ɕut̪	t̠ɕem	t̠ɕin	ɕt̠ɕit	mɔɕt̠ɕ	'piɕt̠ɕɐ	płaɕt̠ɕ
kaum	*womit*	*Rang*	*Schild*	*Macht*	*Nahrung*	*Umhang*

роща	ель	мел	мель	трест	треть	эфир
роща	*ель*	*мел*	*мель*	*трест*	*треть*	*эфир*
'rɔʧʧɐ	jelʲ	mʲɛɫ	mʲelʲ	tɾest	tɾetʲ	ɛˈfir
Gehölz	*Fichte*	*Kreide*	*Sandbank*	*Trust*	*Drittel*	*Äther*

упрек	уста	проба	атака	работа	жандарм
упрек	*уста*	*проба*	*атака*	*работа*	*жандарм*
uˈprɔk	uˈsta	'prɔbɐ	aˈtakɐ	raˈbɔtɐ	ʒanˈdarm
Vorwurf	*Mund*	*Probe*	*Angriff*	*Arbeit*	*Gendarm*

шарманка	часок	слушал	шампиньон
шарманка	*часок*	*слушал*	*шампиньон*
ʃarˈmankɐ	ʧʲɪˈsɔk	'sɫuʃɛɫ	ʃɛmpʲiˈnjɔn
Drehorgel	*Stündchen*	*(ich) hörte*	*Champignon*

борода	место	молоко	малость	шопот
борода	*место*	*молоко*	*малость*	*шопот*
bɐraˈda	'mʲestɐ	mɐɫaˈkɔ	'maɫɐsʲtʲ	'ʃɔpɐt
Bart	*Ort*	*Milch*	*Kleinigkeit*	*Flüstern*

шотландец	товары	пылесос	южанин	визит
шотландец	*товары*	*пылесос*	*южанин*	*визит*
ʃatˈɫandɐts	taˈvarɨ	pɨɫɪˈsɔs	juˈʒanin	vʲiˈʒit
Schotte	*Waren*	*Staubsauger*	*Südländer*	*Besuch*

циркуляр	время	лаять	море	нести	перевод
циркуляр	*время*	*лаять*	*море*	*нести*	*перевод*
tsɨrkuˈlʲar	'vɾʲemɐ	'ɫajɐtʲ	'mɔɾɐ	nɪˈsʲtʲi	pɐɾɪˈvɔt
Zirkular	*Zeit*	*bellen*	*Meer*	*tragen*	*Übersetzung*

едва	езда	желудок	шептать	цемент
едва	*езда*	*желудок*	*шептать*	*цемент*
jɪdˈva	jɪzˈda	ʒɪˈɫudɐk	ʃɪpˈtatʲ	tsɨˈmʲent
kaum	*Fahrt*	*Magen*	*flüstern*	*Zement*

(16) **Das russische kurze i (й)**

1. Das kurze i (й) kommt in echt russischen Wörtern nur im Silben-schluß nach Vokal vor und verschmilzt mit diesem zu einem Doppellaut, in dem das kurze i (й) als ein sehr kurzer i-Nachschlag in Erscheinung tritt. Diese Lautverbindungen werden kürzer als die deutschen Diphthonge ausgesprochen [Umschrift: j]. Für die

Vokale, ob betont oder unbetont, gelten die normalen Ausspracheregeln.

май	трамвай	бой	дуй	эй!	кий	ей	дюйм	яйцо ̲яйца
maj	tram'vaj	bɔj	duj	ej!	ķij	jej	ɖujm	jɪj'tsɐ 'jajtsɐ
Mai	*Straßenbahn*	*Kampf*	*blase*	*he!*	*Queue*	*ihr*	*Zoll*	*Ei Eier*

война	выйти	лейка	малюй	уйти	убийца	сейчас
vaj'na	'vɨjți	'ļejkɐ	ma'ļuj	uj'ți	u'bijtsɐ	sɪj'ʧas
Krieg	*hinausgehen*	*Gießkanne*	*kleckse*	*weggehen*	*Mörder*	*sofort*

Anm.: In der Adjektivendung ий (синий ['sɪɲi] ‚blau‘) verflüchtigt sich й. Dies gilt auch für die Stämme auf г, к, х (долгий ['dɔɫɡ̟i] ‚lang‘, широкий [ʃɨ'rɔķi] ‚breit‘, тихий ['țixi] ‚leise‘), bei denen die alte Moskauer Aussprache, die wie -гой, -кой, -хой klingt, jetzt seltener gehört wird.

2. й vor Vokalen kommt nur in Fremdwörtern vor, in denen es die neue Silbe beginnt: майор [ma'jɔr] ‚Major‘, район [ra'jɔn] ‚Rayon‘.

Anm.: Die Lautverbindung ay ist in echt russischen Wörtern kein Doppellaut und wird daher getrennt gesprochen: наука [na'ukɐ] Wissenschaft. In Fremdwörtern dagegen wird ay als Doppellaut gesprochen: аудитория [auɖi'tɔɾijɐ] Hörsaal.

Stimmhafte und stimmlose Konsonanten ⑰

1. Bei der Artikulation der stimmhaften Konsonanten werden die Stimmbänder in Schwingung versetzt, bei den stimmlosen Konsonanten verharren sie in Ruhe. Spricht man ‚Rose‘, so fühlen die an den Kehlkopf gelegten Fingerspitzen deutlich das Zittern der Stimmbänder; bei der Aussprache von ‚Nässe‘ fehlt diese Erscheinung. Hält man beide Ohren zu und spricht abwechselnd ‚Rose‘ und ‚Nässe‘, so brummt es bei dem ersten Wort im Kopf, während bei dem zweiten nur die Artikulation des stimmlosen s-Lautes zu hören ist.

2. Es gibt also stimmhafte und stimmlose Konsonanten, und es gibt Konsonanten, die nur stimmhaft und nur stimmlos sind.

stimmhaft: б в г д ж з   **nur stimmhaft:** л м н р

stimmlos: п ф к т ш с   **nur stimmlos:** х ч щ ц

3. Die Unterscheidung von stimmhafter und stimmloser Aussprache ist im Russischen ebenso wichtig wie im Deutschen, weil hiervon zuweilen die Bedeutung eines Wortes abhängt. Vgl. ‚Bein‘ und ‚Pein‘, ebenso im Russischen дом (Haus) und том (der Band).

4. Stimmhafte Konsonanten klingen im Russischen „tönender“ als im Deutschen, was besonders im Anlaut zu beachten ist, wo im Deutschen die Stimmhaftigkeit weniger hervortritt. Vgl. Wörter wie ‚Sonne‘ und звон [zvɔn] (Geläute).

25

Stimmangleichung (Stimmassimilation)

1. **Stimmhafte** Geräuschlaute (б, в, г, д, ж, з) werden im Wortauslaut (wie im Deutschen, vgl. ‚Hand' wie ‚Hant') stimmlos gesprochen:

лоб	готов	друг	вид	гараж	арбуз
ɫɔp	ga'tɔf	druk	ʋit	ga'raʃ	ar'bus
Stirn	*bereit*	*Freund*	*Anblick*	*Garage*	*Wassermelone*

2. **Stimmhafte** Geräuschlaute werden vor stimmlosen stimmlos; dies gilt auch für Präpositionen, die sich an das folgende Wort eng anlehnen:

лодка	все	лезть	подпись	в комнате	без сомнения
'ɫɔtkɐ	fsɛ	ļeşţ	'pɔtɲiş	'fkɔmnɐţə	ḩɐssa'mɲeɲijɐ
Boot	*alle*	*klettern*	*Unterschrift*	*im Zimmer*	*ohne Zweifel*

3. **Stimmlose** Geräuschlaute werden vor stimmhaften stimmhaft; dies gilt auch für Präpositionen, die sich an das folgende Wort eng anlehnen:

сбоку	отдых	вокзал	просьба	к дому	к западу
'zbɔku	'ɔddɨx	vag'zaɫ	'prɔʑbɐ	'gdɔmu	'gzapɐdu
von der Seite	*Erholung*	*Bahnhof*	*Bitte*	*zum Haus*	*nach Westen*

4. **Ausnahme:** Stimmlose Geräuschlaute vor **в** bleiben stimmlos:

твой	квартира	швед	свой	с вашего согласия
tvoj	kvar'ţirɐ	ʃʋet	svɔj	'svaʃiʋɐ sa'gɫaşijɐ
dein	*Wohnung*	*Schwede*	*sein*	*mit Ihrem Einverständnis*

Anm.: Stimmlose Geräuschlaute bleiben auch vor den nur stimmhaften Konsonanten л, м, н, р stimmlos: след [şļɛt] Spur, смена ['şɱɛnɐ] Wechsel.

Doppelkonsonanten

1. Im Gegensatz zur deutschen Sprache, in der Doppelkonsonanten nur die kurze Aussprache des vorhergehenden Vokals bezeichnen (vgl. Rat, Ratte), werden doppelte Konsonanten wie ein **gedehnter einfacher Konsonant** ausgesprochen. In der Umschrift wird die doppelte Schreibung beibehalten. In der Aussprache unterscheiden sich z. B.:

везти [ʋɪ'şţi] führen   ввезти [ʋʋɪ'şţi] hereinführen
подать [pa'daţ] reichen   поддать [pa'ddaţ] schleudern
подержать [pɐdɪr'ʒaţ] halten   поддержать [pɐddɪr'ʒaţ] stützen
Doppelkonsonanz durch Lautangleichung: отдых ['ɔddɨx] Erholung

2. Ausnahme: сс vor einem Konsonanten wie [s]: русский ['ruşķi] russisch. Auch in Fremdwörtern werden Doppelkonsonanten meist einfach (kurz) gesprochen: аккорд [a'kɔrt] Akkord.

1. г lautet wie [v] in den adjektivischen Genitivendungen ого und его: кpacного ['krasnɐvə] rot, синего ['şiɲəvə] blau.
2. г lautet wie [x] in den Verbindungen гк und гч und im Nominativ Singular: бог [bɔx] Gott; легкий ['ļɔxķi] leicht, легче ['ļextɕə] leichter.
3. дч lautet wie ч [tɕ]: переводчик [pɐɹi'vɔtɕik] Dolmetscher.
4. жч lautet wie щ [ɕtɕ]: мужчина [muˈɕtɕinɐ] Mann.
5. In здн ist д stumm: праздник ['praẓɲik] Feiertag.
6. зж lautet wie жж [ʒʒ]: позже ['pɔʒʒə] später.
7. зч lautet wie щ [ɕtɕ]: извозчик [iz'vɔɕtɕik] Fuhrmann.
8. зш lautet wie шш [ʃʃ]: везший ['vɤʃʃɨ] (p.pt.a. von везти́ führen).
9. In der Verbindung нд + Konsonant ist д stumm: шотландка [ʃat'łankɐ] Schottin.
10. нк wird nicht nasaliert wie deutsch ‚Bank‘, sondern lautet wie ‚an‘ in ‚Ankunft‘: банк [bank] Bank.
11. сч lautet wie щ [ɕtɕ]: счет [ɕtɕɔt] Rechnung.
12. сш lautet wie шш [ʃʃ]: сшить [ʃʃɨt] nähen.
13. In den Verbindungen стл und стн ist т stumm: счастливый [ɕtɕɪsˈļivɨj] glücklich, грустный ['grusnɨj] traurig.
14. тч lautet wie ч [tɕ]: летчик ['ļɔtɕik] Flieger.

Hinweise auf die unregelmäßige Aussprache einzelner Wörter erfolgen in den „Erläuterungen“ zu den Texten.

Lese- und Schreibübung

гнев	нерв	серб	зев	рев	гриб	юг	юбка	лов
гнев	*нерв*	*серб*	*зев*	*рев*	*гриб*	*юг*	*юбка*	*лов*
gɲɛf	ɲɛrf	şɛrp	zɔf	rɔf	grip	juk	'jupkɐ	łɔf
Zorn	*Nerv*	*Serbe*	*Rachen*	*Geheul*	*Pilz*	*Süden*	*Rock*	*Fang*

столб	лед	чиж	завтрак	водка	ложка
столб	*лед*	*чиж*	*завтрак*	*водка*	*ложка*
stɔłp	ļɔt	tɕiʃ	'zaftrɐk	'vɔtkɐ	'łɔʃkɐ
Säule	*Eis*	*Zeisig*	*Frühstück*	*Schnaps*	*Löffel*

сказка	в кармане	представьте	сброд	свеча
сказка	*в кармане*	*представьте*	*сброд*	*свеча*
'skaskɐ	fkar'manə	pɹit'staftə	zbrɔt	şvɪ'tɕa
Märchen	*in der Tasche*	*stellt euch vor*	*Gesindel*	*Kerze*

сгоряча	сделка	сзади	также	отбросы
сгоряча	*сделка*	*сзади*	*также*	*отбросы*
zgɐɹi'tɕa	'ẓdɛłkɐ	'zzadi	'tagʒə	ad'brɔsɨ
in der Hitze	*Abkommen*	*von hinten*	*auch*	*Müll*

сжать	счастье	сшить	приезжать	лестница
сжать	*счастье*	*сшить*	*приезжать*	*лестница*
ʒʒatɕ	ˈɕtɕastʲjə	ʃʃitʲ	prʲijɪˈʒʒatʲ	ˈlʲesɲitsɐ
pressen	*Glück*	*nähen*	*ankommen*	*(die) Leiter*

объяснение	масса	оттепель	грамматика
объяснение	*масса*	*оттепель*	*грамматика*
abjɪˈsɲeɲijə	ˈmassɐ	ˈɔtʲtʲəpʲəl	graˈmmatʲikɐ
Erklärung	*Masse*	*Tauwetter*	*Grammatik*

тайга	край	делай	послушай	нагой	доброй
тайга	*край*	*делай*	*послушай*	*нагой*	*доброй*
tajˈga	kraj	ˈdʲɛɫɛj	paˈsɫuʃɛj	naˈgɔj	ˈdɔbrɛj
Taiga	*Rand*	*mache*	*höre*	*nackt*	*der guten*

война	дуй	уйти	выйти	добрый	убийца
война	*дуй*	*уйти*	*выйти*	*добрый*	*убийца*
vajˈna	duj	ujˈtʲi	ˈvɨjtʲi	ˈdɔbrɨj	uˈbʲijtsɐ
Krieg	*blase*	*weggehen*	*hinausgehen*	*gut*	*Mörder*

средний	хороший	свежий	широкий	лакей
средний	*хороший*	*свежий*	*широкий*	*лакей*
ˈsrʲedɲi	xaˈrɔʃɨ	ˈsvʲeʒɨj	ʃɨˈrɔkʲi	ɫaˈkʲej
mittlere	*gut*	*frisch*	*breit*	*Lakai*

твоей	сейчас	покорнейше	плюй	сияй
твоей	*сейчас*	*покорнейше*	*плюй*	*сияй*
tvaˈjej	ɕɪjˈtɕas	paˈkɔrɲejʃə	pʎuj	ɕiˈjaj
deiner	*sofort*	*ergebenst*	*spucke*	*glänze*

приготовляй	паук	цейхгаус	Анна	Баку
приготовляй	*паук*	*цейхгаус*	*Анна*	*Баку*
prʲigətaˈvʎaj	paˈuk	tsɨjxˈgaus	ˈannɐ	baˈku
bereite vor	*Spinne*	*Zeughaus*	*Anna*	*Baku*

Волга	Днепрогэс	Женева	Италия
Волга	*Днепрогэс*	*Женева*	*Италия*
ˈvɔɫgɐ	dɲɛpraˈgɛs	ʒɪˈɲevɐ	iˈtaɪjɐ
Wolga	*Dneproges*	*Genf*	*Italien*

Ленинград   Москва   Новгород   Сибирь

Ленинград   *Москва*   *Новгород*   *Сибирь*

ḷəṇin'grat   ma'skva   'nɔvgeret   şi'bị̣iṛ

Leningrad   *Moskau*   *Nowgorod*   *Sibirien*

Павел

Павел

'pavəł

Paul

Die Druck- und Schreibschrift des russischen Alphabets   ㉒

Druck-schrift	Schreibschrift	Benennung russisch	Druck-schrift	Schreibschrift	Benennung russisch
А а	*А а*	а	Р р	*Р р*	эр
Б б	*Б б*	бэ	С с	*С с*	эс
В в	*В в*	вэ	Т т	*Т т̄ т* [3]	тэ
Г г	*Г г*	гэ	У у	*У у*	у
Д д	*Д g ∂* [1]	дэ	Ф ф	*Ф ф*	эф
Е е	*Е е*	е	Х х	*Х х*	ха
Е е	*Е е*	ё [2]	Ц ц	*Ц ц*	цэ
Ж ж	*Ж ж ж*	жэ	Ч ч	*Ч ч*	че
З з	*З з з* [1]	зэ	Ш ш	*Ш ш ш̱* [3]	ша
И и	*И и*	и	Щ щ	*Щ щ*	ща
Й й	*й*	и кра́ткое	Ъ ъ	*ъ*	твёрдый знак
К к	*К к*	ка	Ы ы	*ы*	ы
Л л	*Л л* [4]	эль	Ь ь	*ь*	мя́гкий знак
М м	*М м* [4]	эм	Э э	*Э э*	э
Н н	*Н н*	эн	Ю ю	*Ю ю*	ю
О о	*О о*	о	Я я	*Я я* [4]	я
П п	*П п п̄* [3]	пэ			

[1]) Jetzt seltener geschrieben. — [2]) Trema über ё nur im Namen des Buchstabens; sonst nur, wenn eine Verwechslung möglich wäre, z.B. ведро́ Eimer, вёдро schönes, trockenes Wetter. — [3]) Die Striche über п̄ (п, um den Buchstaben nicht mit и zu verwechseln) und т̄ (т) und unter ш̱ (ш) sind bei nachlässiger Schreibung sehr verbreitet. — [4]) Beachte·den Schleifpunkt im Aufstrich bei der Verbindung mit einem vorhergehenden Buchstaben: *алл, амм, ля*.

	Laut-lehre	Um-schrift	Aussprache
			Betonte harte Vokalbuchstaben (halblang!)
a	③ 1.	a	wie a in ‚Wahl': знак [znak] Zeichen
o	③ 2.	ɔ	wie offenes o in ‚offen': вор [vɔr] Dieb
y	③ 3.	u	wie u in ‚nun': звук [zvuk] Laut
э	③ 4.; ⑪	ε	vor harter Konsonanz wie ä in ‚Ähre': эра ['εrɐ] Ära
		e	vor palatalisierter Konsonanz u. jotierten Vokalen wie e in ‚Reh': эти ['eţi] diese, эй! [ej] heda!
ы	③ 5.	ɨ	ein dem Deutschen fremder Laut: сын [sɨn] Sohn
			Betonte jotierte Vokalbuchstaben im Anlaut (halblang!)
я	⑤ 2.	ja	wie ja in ‚Jahr': я [ja] ich
ё	⑤ 2.	jɔ	wie offenes jo in ‚Jot': ёлка ['jɔłkɐ] Tanne
ю	⑤ 2.	ju	wie ju in ‚Juni': юг [juk] Süden
e	⑤ 2.; ⑪	jε	vor harter Konsonanz wie jä in ‚jäh': ем [jεm] (ich) esse
		je	vor palatalisierter Konsonanz u. jotierten Vokalen wie je in ‚jeder': если ['jeşļi] wenn, ею ['jeju] durch sie
и	⑤ 3.	i	wie i in ‚ihn': иск [isk] Klage
		ji	wie ji nach Vokal (sehr flüchtiges j): стоит [sta'jit] steht
			Unbetonte Vokalbuchstaben
			1. ohne Änderung der Klangfarbe (Die Kürze wird nicht besonders gekennzeichnet)
y		u	буду ['budu] ich werde sein
ы		ɨ	цыган [tsɨ'gan] Zigeuner
э	⑩ 2.	ε	экватор [ε'kvatɐr] Äquator, эдикт [ε'ḑikt] Edikt
ю		ju	югурт [ju'gurt] Joghurt, сюда [şu'da] hierher
и		(j)i	игра [i'gra] Spiel, дыни ['dɨņi] Melonen
a, o	⑩ 3.	a) a	im Anlaut und unmittelbar vor der Tonsilbe wie kurzes a: абонент [aba'ņεnt] Abonnent, вода [va'da] Wasser, жара [ʒa'ra] Hitze, царить [tsa'riţ] herrschen
			2. mit Änderung der Klangfarbe
		b) ɐ	in allen anderen Fällen ein Laut zwischen e und a (mehr nach a hin): караван [kɐra'van] Karawane, шарманка [ʃar'mankɐ] Drehorgel, сито und сита ['şitɐ] das Sieb, des Siebes
		c) ɪ	nach ч und щ wie ein Laut zwischen e und i: часы [tʃɪ'sɨ] Uhr, щадить [ʃtʃɪ'ḑiţ] verschonen
e, я	⑩ 4.	a) jɪ	ein Laut zwischen e und i im Anlaut, nach Vokal und in der Silbe vor dem Ton: язык [jɪ'zɨk] Sprache, маятник ['majɪtņik] Pendel, мясник [m̦ɪş'ņik] Fleischer, жена [ʒɪ'na] Frau
		b) jə	wie a), nur schwächer in allen anderen vor- und nachtonigen Silben (‚Ende'): девяносто [də-vɪ'nɔstɐ] neunzig, немец ['ņeməts] Deutscher

	Laut-lehre	Um-schrift	Aussprache
е		jə	am Wortende wie abgeschwächtes e („Ende‘): море ['mɔɹə] Meer
я		jɐ	am Wortende ein Laut zwischen e und a (mehr auf a zu): дядя ['dʲadʲɐ] Onkel
			Jotierte Vokalbuchstaben nach weichem und hartem Zeichen
	⑦ 2.; ⑫	j + Vokal	бью [bʲju] (ich) schlage, съезд [sjɛst] Kongreß
			Doppellaute
Vokal + й	⑯ 1.	Vokal + j	kurzer i-Nachschlag: май [maj] Mai, бой [bɔjj] Kampf, дуй [duj] blase, выйти ['vɨjtʲi] hinausgehen, яйцо [jɪj'tsɔ] Ei, сейчас [sɪj'tʃɐs] sofort, дюйм [dujm] Zoll
ий	⑯ Anm.	i	Adjektivendung: синий ['sʲinʲi] blau, долгий ['dɔłgʲi] lang
й + Vokal	⑯ 2.	j + Vokal	nur in Fremdwörtern: майор [ma'jɔr] Major
ау	⑯ 2., Anm.	au	in Fremdwörtern Doppellaut: аудитория [audi'tɔrijɐ] Hörsaal
		au	in echt russischen Wörtern kein Doppellaut: наука [na'ukɐ] Wissenschaft
			Konsonantenbuchstaben
б		b	wie b in „Boot‘
в	②	v	wie w in „Welle‘
г		g	wie g in „Gut‘
	⑳	v	wie w in „Welle‘ in den Adjektivendungen ого, его: красного ['krasnɐvɐ] rot, синего ['sʲinʲɐvɐ] blau
		x	wie ch in „ach‘ in бог [bɔx] Gott u. in гк, гч: лёгкий ['łɔxkʲi] leicht, легче ['łextʃə] leichter
д	② Anm. 1	d	wie d in „Decke‘
дч	⑳	tʃ	wie ч: переводчик [pɐɹə'vɔtʃik] Übersetzer
жч		ʧ	wie щ: мужчина [mu'ʧʧinɐ] Mann
з	② Anm. 2	z	wie s in „Rose‘
здн		zn	mit stummem д: праздник ['praznʲik] Feiertag
зж	⑳	ʒʒ	wie жж: позже ['pɔʒʒə] später
зч		ʧ	wie щ: извозчик [iz'vɔʧʧik] Fuhrmann
зш		ʃʃ	wie шш: везший ['vɔʃʃɨ] (p.pt.a. von везти führen)
к	② Anm. 3	k	wie k in „Kahn‘ (ohne Aspiration)
л	⑬	lʲ	palatalisiertes л vor jotiertem Vokal u. weichem Zeichen: линза ['lʲinzɐ] Linse, льдина ['lʲdinɐ] Eisscholle
		ł	hartes л vor hartem Vokal u. am Wortende: лук [łuk] Zwiebel, стол [stɔł] Tisch
м	② Anm. 4	m	wie m in „Mann‘
н	②	n	wie n in „Nest‘
нд + Konsonanz	⑳	n + Konsonanz	д ist stumm: шотландка [ʃat'łankɐ] Schottin
п	② Anm. 3	p	wie p in „Paul‘ (ohne Aspiration)
р	② Anm. 5	r	wie r in „Rolf‘ (Zungen-r)
с	② Anm. 2	s	wie ß in „Roß‘

	Laut-lehre	Um-schrift	Aussprache
сч	} ⑳	ʃʧ	wie щ: счет [ʃʧɔt] Rechnung
сш		ʃʃ	wie шш: сшить [ʃʃɨt] nähen
стл		sł	т ist stumm: счастливый [ʃʧas'łivɨj] glücklich,
стн		sn	грустный ['grusnɨj] traurig
т	② Anm. 3	t	wie t in ‚Tal' (ohne Aspiration)
тч	⑳	ʧ	wie ч: летчик ['lɔʧik] Flieger
ф	②	f	wie f in ‚Feder'
		x	ach-Laut vor dunklen Vokalen u. harten Konsonanten und im Auslaut: ход [xɔt] Gang, хвост [xvost] Schwanz, cox [sɔx] trocknete
х	⑭	x̦	ich-Laut vor hellen Vokalen u. palatalisierter Konsonanz: химик ['x̦im̦ik] Chemiker, хлеб [x̦lɛp] Brot

Die Zischlaute ж, ш и wie ы [ɨ]
und der Reibelaut ц е wie э [ɛ oder e ⑧]
(stets hart!) ё wie о [ɔ]

ж	⑧	ʒ	wie j in ‚Journal': журнал [ʒur'nał] Zeitschrift, жир [ʒɨr] Fett, жесть [ʒɛst] Blech, жёлоб ['ʒɔłɐp] Rinne
ш	⑧	ʃ	wie sch in ‚Schule': шаг [ʃak] Schritt, шина ['ʃinɐ] Reifen, шеф [ʃɛf] Chef, шелк [ʃɔłk] Seide
ц	⑧	ts	wie z in ‚Zahn': цвет [tsvɛt] Farbe, цинк [tsɨnk] Zink, центр [tsɛntr] Zentrum, цепь [tsep] Kette

Die Zischlaute ч und щ (stets weich!)

ч	⑨ 1.	ʧ	Verbindung tsch, aber erweicht gesprochen: час [ʧas] Stunde. Ein weiches Zeichen nach ч und щ hat keinen Einfluß auf die Aussprache: речь [ʁeʧ] Rede, мощь [mɔʃʧ] Macht.
щ	⑨ 2.	ʃʧ	Verbindung schtsch, aber erweicht gesprochen (mit einem schwachen t-Laut): щи [ʃʧi] Kohlsuppe

Palatalisierte Konsonanten

	⑥ 1.	ꞩ, ɤ	Die Palatalisierung wird durch Häkchen unter dem
	⑥ 2.	usw.	Konsonanten bezeichnet (ꞩ, ɤ usw.); in der Umschrift fällt das j des jotierten Vokals fort. Das weiche Zeichen hat nach palatalisierten Konsonanten kein besonderes Umschriftzeichen. Der jotierte Vokalbuchstabe erhält die Umschrift, die seinem Klangwert innerhalb des Wortes (betont oder unbetont) entspricht.

дядя	лаять	нес	тюк	нет	день
'dadɐ	'łajɨt	nɔs	tuk	nɛt	den
Onkel	*bellen*	*(er) trug*	*Ballen*	*nein*	*Tag*

пылесос	перевел	диск	дыни
pɨlə'sɔs	pɐrɪ'vɔł	disk	'dɨnɪ
Staubsauger	*(er) übersetzte*	*Scheibe*	*Melonen*

	Laut-lehre	Um-schrift	Aussprache
я с, з *usw.* vor pa- latali- sierter Kon- sonanz	⑥ 3. ⑥ 3, *Anm.*	æ	**Besonderheiten:** leichte ä-Färbung zwischen palatalisierten Konsonanten: пять [ɳæʈ] fünf Dental unmittelbar vor einem palatalisierten Konsonanten wird durch Assimilation ebenfalls palatalisiert: есть [jeʂʈ] essen, везти [ɣɪ'ʂʈi] führen
	⑱ 1. ⑱ 2. ⑱ 3. ⑱ 4.		**Stimmassimilation** 1. Stimmhafte Geräuschlaute sind im Auslaut stimmlos: лоб [ɫɔp] Stirn 2. Stimmhafte Geräuschlaute vor stimmlosen sind stimmlos: лодка ['ɫɔtkɐ] Boot 3. Stimmlose Geräuschlaute vor stimmhaften sind stimmhaft: сбоку ['zbɔku] seitlich 4. Stimmlose Geräuschlaute vor в bleiben stimmlos: квартира [kvar'ʈirɐ] Wohnung
  сс vor Kon- sonanz	⑲ 1. ⑲ 2.	bb *usw.* s	**Doppelkonsonanten** Gedehnt gesprochener einfacher Konsonant; Umschrift: Doppelkonsonant: ввезти [vvɪ'ʂʈi] hereinführen wie einfaches s gesprochen: русский ['ruski] russisch

1. LEKTION

Hochstehende Zahlen im Text weisen auf die folgenden Erläuterungen hin, z. B. Коля². Zahlen in eckigen Klammern [3] bezeichnen Abschnitte der Grammatik. Zahlen im Kreis ⑤ verweisen auf die Lautlehre. Zahlen in runden Klammern (2) nach Substantiven verweisen auf das Deklinationsmuster auf Seite 42.

Письмо¹

ɲiş'mɔ

Дорогой Коля!

dɐra'gɔj   'kɔlʲɐ

Как ты знаешь, я³ теперь в Москве.
kak tɨ 'znajɪʃ,   ja   tʲɪ' pⲉrʲ   vma'skvⲉ.

Пока еще каникулы⁴, и я от-
pа'ka   jɪ'ʃʧⲟ   ka'ɲikulɨ,   i   ja   ad-

дыхаю. Но все-таки посещаю разные
dɨ'xaju.   nɔ   'fsⲟ-tⲉki   pⲉşɪ'ʃʧaju   'raznɨjə

курсы вечером. Меня занимает осо-
'kursɨ   'vⲉtʧⲢⲟⲙ.   mʲɪ'ɲa   zⲉɲi'majɪt   a'sⲟ-

бенно кружок радиолюбителей. Там
bⲉnnⲉ   kru'ʒⲟk   rⲉdʲɐlʲu'bʲitəlʲəj.   tam

я изучаю радиотехнику. Обучает нас
ja   izu'tʧaju   rⲉdʲɐ'tⲉxɲiku.   abu'tʧajɪt   nas

известный радиоспециалист. Участ-
iz'vⲉsnɨj   rⲉdʲɐşpⲉtsia'lʲist.   u'tʧas-

ники кружка слушают лекции в ауди-
ɲiki   kruʃ'ka   'sluⲘⲉjut   'lⲉktsɨi   vaudʲi-

письмо́ Brief   **1**
дорого́й teuer, lieb
Ко́ля² Kolja
как wie
ты du
зна́ешь [3] (du) weißt
я ich
тепе́рь jetzt
Москва́ Moskau
в Москве́ in Moskau
пока́ vorläufig
ещё noch
кани́кулы N/P Ferien
и und
отдыха́ю (ich) ruhe mich aus
но aber
всё-таки trotzdem
посеща́ю (ich) besuche
ра́зные verschiedene
курс [6] Kurs(us)
ку́рсы N/P Kurse
ве́чером abends
меня́ mich
занима́ет interessiert
осо́бенно besonders
кружо́к [6 b], G/S кружка́
Zirkel [Radioamateure)
радиолюби́телей G/P derʃ
там dort
изуча́ю (ich) lerne
радиоте́хника, A/S радио-
те́хнику Radiotechnik
обуча́ет нас unterrichtet uns
изве́стный ⑳ bekannt
радиоспециали́ст Radio-
spezialist [Teilnehmer)
уча́стники N/P ⑳ dieʃ

тории и работают на практике в лабора-
'tɔɾii i ra'bɔtɐjut na 'prakṭiḳə vɫɐbɐra-

тории.
'tɔɾii.

(Окончание следует.)
(akan'ṭṭaɲijə 'ṣlɛdujɪt.)

слушают (sie) hören
лекции *N/P* Vorlesungen
в аудитории im Hörsaal
в лаборатории im Labora-
  torium
работают (sie) arbeiten
на практике praktisch
окончание Schluß
следует folgt

2   Erläuterungen

1) Der Anfänger, dem ein lebendiger Text als Lehrstoff geboten wird, muß zunächst mancherlei Formen in Kauf nehmen, mit deren Bildung er erst in den folgenden Lektionen vertraut wird. Das Verzeichnis der im Text vorkommenden Vokabeln (rechts vom Text) betrachte er nur als Worterklärung und Übersetzungshilfe. Lernen aber soll man Sätze und keine Vokabeln! Denn die tote Vokabel erhält erst in einem sinnvollen Satz Leben und prägt sich als lebendiger Bestandteil des Satzes dem Gedächtnis auch leichter ein.

2) Коля, Verkleinerungsform zu Николай [ɲika'ɫaj] entspricht dem deutschen Klaus (Nikolaus).

3) Vorläufige Feststellung: Das Präsens von „sein" wird im Russischen nicht wiedergegeben: я (bin) теперь в Москве. Ein weiteres Beispiel: Участники кружка (sind) в аудитории.

4) Es gibt im Russischen keinen Artikel: курс kann also heißen „Kursus, der Kursus, ein Kursus". Ob man im Deutschen den Artikel wegläßt oder den bestimmten oder unbestimmten Artikel setzt, ergibt sich aus dem Zusammenhang des Textes: каникулы wird man mit „Ferien" übersetzen; кружок радиолюбителей mit „**der** Zirkel der Radioamateure" (wenn es nur einen gibt), известный радиоспециалист mit „**ein** bekannter Radiospezialist" (weil es bestimmt mehrere gibt).

Grammatik

3   Das Präsens der e-Konjugation

я	работа-**ю**	ich arbeite
ты	работа-**ешь**	du arbeitest
он (она, оно)	работа-**ет**	er (sie, es) arbeitet
мы	работа-**ем**	wir arbeiten
вы	работа-**ете**	ihr arbeitet
они	работа-**ют**	sie arbeiten

a) Der Infinitiv lautet работа-**ть**.

So sind die im Text vorkommenden Verbformen abgeleitet:

знá-ешь	von	знá-ть
отдыхá-ю	von	отдыхá-ть
посещá-ю	von	посещá-ть
занимá-ет	von	занимá-ть

36

изуча́-ю	von	изуча́-ть
обуча́-ет	von	обуча́-ть
слу́ша-ют	von	слу́ша-ть

b) Alle diese Verben kann man als regelmäßige Verben der e-Konjugation bezeichnen; e-Konjugation, weil die Endungen der 2. und 3. Person Singular und der 1. und 2. Person Plural ein „e" enthalten. Der Infinitiv hat die Endung **ть**, an deren Stelle im Präsens die Endungen **ю, ешь** usw. treten.

c) Die Endungen des Präsens sind eindeutig: рабо́таю heißt „**ich arbeite**", auch wenn **я** (ich) fehlt. Im allgemeinen fügt man die Personalpronomen zu den entsprechenden Verbformen hinzu; sie fehlen jedoch oft bei der Wiederholung und besonders in der Umgangssprache.

d) Die 2. Person Plural ist zugleich die Höflichkeitsform in der Anrede an eine oder mehrere Personen: вы рабо́таете heißt „ihr arbeitet" oder „Sie" (eine oder mehrere Personen) arbeiten" (vgl. französisch: vous travaillez).

Numeri und Kasus der Deklination   4

a) Das Russische hat wie das Deutsche einen **Nominativ** (1. Fall), **Genitiv** (2. Fall), **Dativ** (3. Fall) und **Akkusativ** (4. Fall) im Singular und im Plural.

b) Außerdem hat es als 5. Fall den **Instrumental**, der in seiner Grundanwendung die Person oder Sache bezeichnet, durch die oder mit deren Hilfe eine Handlung geschieht. So werden in folgenden Beispielen die halbfett gedruckten Wörter durch den Instrumental wiedergegeben: Ich schreibe **mit einem Füllfederhalter**. Der Junge ist **von einem Matrosen** gerettet worden.

c) Dann gibt es als 6. Fall noch den **Präpositiv**, der nur nach bestimmten Präpositionen steht, wie z. B. in Text 1 nach der Präposition **в** (in): в Москве́, в аудито́рии, в лаборато́рии.

Das Geschlecht der Substantive   5

Das Geschlecht der Substantive erkennt man in fast allen Fällen an der Endung.

Männlich sind die Substantive auf **Konsonant:** курс (Kursus)
                           auf **й:** трамва́й (Straßenbahn)
                           auf **ь:** люби́тель (Amateur)
und die, welche ohne Rücksicht auf die Endung **männliche Bedeutung** haben: па́па (Papa), дя́дя (Onkel).

Weiblich sind die Substantive auf **a:** радиоте́хника (Radiotechnik)
                           auf **я:** неде́ля (Woche), ле́кция (Vorlesung)
                           auf **ь:** часть (Teil)

Sächlich sind die Substantive auf **o**: письмо́ (Brief)

auf **e** und **ё**: по́ле (Feld), оконча́ние
(Schluß), бельё (Wäsche)

auf **мя**: и́мя (Name)

Nach dieser Übersicht ist nur bei den Substantiven auf **ь** das Geschlecht oft nicht ohne weiteres erkennbar. Vgl. hierüber [10] u. [43].

6   Die Deklination der Maskulina auf Konsonant (Grundtyp A)

N/S	курс	der Kurs	*N/P*	ку́рс**ы**	die Kurse
G	ку́рс**а**	des Kurses		ку́рс**ов**	der Kurse
D	ку́рс**у**	dem Kurs		ку́рс**ам**	den Kursen
A	курс	den Kurs		ку́рс**ы**	die Kurse
I	ку́рс**ом**	durch den Kurs		ку́рс**ами**	durch die Kurse
P	о ку́рс**е**	von dem Kurs		о ку́рс**ах**	von den Kursen

a) Diese vollkommen regelmäßige Deklination eines Substantivs auf Konsonant wird als **Grundtyp A** bezeichnet, der den Ausgangspunkt für alle Wortgruppen bildet, deren Deklination vom Regelmäßigen abweicht (Varianten).

b) Zu einer solchen Variante gehört in Text 1 das Wort кружо́к, dessen **o** in den übrigen Kasus verschwindet (vgl. lateinisch: liber, *G/S* libri das Buch): кружо́к, кружка́, кружку́, кружо́к, кружко́м, о кружке́. Im Akkusativ Singular, der in dieser Deklination gleich dem Nominativ Singular ist, ist natürlich o vorhanden.

c) In Deklination, Konjugation usw. steht nach bestimmten Konsonanten an Stelle der erwarteten harten Endung eine weiche Endung und umgekehrt. So lautet das **Lautgesetz I**: Nach г, к, х steht **и** für **ы**, d.h. wenn nach einem dieser Konsonantenbuchstaben innerhalb der Flexion ein **ы** stehen müßte, so schreibt man **и** statt **ы**. Demnach heißt von кружо́к der Nominativ Plural und Akkusativ Plural кружки́, und weiter: кружко́в, кружка́м, кружка́ми, о кружка́х.

d) Bei allen Substantiven, die Lebewesen bezeichnen, ist der **Akkusativ gleich dem Genitiv** (Ausnahmen werden später erwähnt): уча́стника ist also Genitiv Singular und Akkusativ Singular, уча́стников Genitiv Plural und Akkusativ Plural.

e) Die Präposition **о** „von, über" (vor hartem Vokal **об**: об уча́стнике) regiert ebenso wie **в** „in" (auf die Frage „wo?") den Präpositiv.

Übungen

a) Schreiben Sie den Text 1 ab.

b) Übersetzen Sie den Text 1 wörtlich ins Deutsche und schriftlich und mündlich ins Russische zurück. **Die wiederholte mündliche Rückübersetzung ist der erste Schritt zum Sprechenlernen.**

c) Konjugieren Sie folgende Sätze:
1. Я тепе́рь в Москве́. 2. Я отдыха́ю на (in) кани́кулах. 3. Я посеща́ю ра́зные ку́рсы. 4. Я изуча́ю радиоте́хнику. 5. Я обуча́ю уча́стников кружка́. 6. Я слу́шаю ле́кции в аудито́рии. 7. Я рабо́таю на пра́ктике в лаборато́рии.

d) Deklinieren Sie folgende Substantive: курс, кружо́к, радиоспециали́ст, уча́стник.

e) Übersetzen Sie folgende Sätze:
1. Ich weiß, daß (что [ʃtɔ]) Sie jetzt in Moskau sind. 2. Vorläufig ²ruhen ¹wir uns aus¹. 3. Er lernt Radiotechnik in dem Zirkel der Radioamateure. 4. Kolja ist² ein bekannter Radiospezialist. 5. Die Teilnehmer des Kurses interessiert besonders Radiotechnik. 6. Sie ²arbeitet ¹jetzt im Laboratorium. 7. Wir hören Vorlesungen im Hörsaal.

f) Vor der Beantwortung folgender Fragen lernen Sie: **кто** heißt „wer"; **что** [ʃtɔ] „was"; **де́лать** „machen":
1. Кто тепе́рь в Москве́? (Бори́с ...). 2. Что он де́лает там? 3. Что он посеща́ет? 4. Что нас осо́бенно занима́ет? 5. Что вы изуча́ете? 6. Кто вас (euch, Sie) обуча́ет? 7. Кто слу́шает ле́кции в аудито́рии? 8. Кто рабо́тает на пра́ктике в лаборато́рии?

2. LEKTION

Письмо
ɲiş'mɔ

(Оконча́ние)
(akanʲtɕaɲijə)

После заня́тий мы иде́м в² клуб. Там
'pɔşlə za'ɲæţij mɨ i'dɔm fklup. tam

по́сле¹ (*G*) nach
заня́тие Beschäftigung, *N/P* заня́тия, *G/P* заня́тий Unterricht
мы иде́м wir gehen
клуб Klub
чита́ть³ (e) lesen
газе́та Zeitung
журна́л Zeitschrift
и und

8

¹) Beim Übersetzen ist folgendes zu beachten: Die hochstehenden Zahlen vor den betreffenden Wörtern bezeichnen die Wortfolge im Russischen; runde Klammern enthalten Übersetzungshilfen; eckige Klammern beziehen sich auf das Deutsche, das nicht übersetzt wird.

²) Wenn das durch die Kopula „ist" oder „sind" verbundene Subjekt und das Prädikatsnomen Substantive sind, so steht an Stelle der im Russischen fehlenden Kopula (für „ist", „sind") ein Gedankenstrich, z.B.: Ко́ля — уча́стник кружка́. Kolja ist Teilnehmer des Zirkels.

мы читаем газеты, журналы и книги
mɨ ʧɪ'tajɪm ga'ʒɛtɨ, ʒur'nałɨ i 'kɲiɡɪ

в читальне, которая занимает большую
fʧɪ'talɲə, ka'tɔrɐjɐ zɐɲi'majɪt baʎ'ʃuju

комнату. В читальне есть большая
'kɔmnɐtu. fʧɪ'talɲə jesʲt baʎ'ʃajɐ

библиотека. Рядом с этой комнатой
bɪblɪa'tɛkɐ. 'rädəm s 'ɛtɐj 'kɔmnɐtɐj

находится большой зал, где иногда
na'xɔdʲitsɐ baʎ'ʃɔj zał, ɡdɛ inaɡ'da

устраиваются спектакли и киносеансы.
u'straivɐjutsɐ sʲpɪk'taklʲi i ķɪnɐsʲɪ'ansɨ.

Часто думаю о тебе. Желаю здоровья.
'ʧʲastɐ 'dumɐju ɐtʲi'bɛ. ʒɪ'łaju zda'rɔvʲjɐ.

Сердечный привет!
sʲɪr'dɛʧʲnɨj prʲi'vɛt!

Твой Борис
tvɔj ba'rʲis

кни́га	Buch
чита́льня	Lesesaal
в чита́льне	im Lesesaal
кото́рая[4]	welcher (welche, welches)
занима́ть (e)	einnehmen
большо́й[5]	groß
ко́мната	Zimmer
есть[6]	es gibt
библиоте́ка	Bibliothek
ря́дом с э́той ко́мнатой	neben diesem Zimmer
нахо́дится[7]	befindet sich
где	wo
иногда́	zuweilen
устра́иваются[7]	werden veranstaltet
спекта́кль m [10]	Aufführung
киносеа́нс	Kinovorstellung
ча́сто	oft
ду́мать (e)	denken
о тебе́	an dich
жела́ть[8] (e)	wünschen
здоро́вье, G/S здоро́вья	Gesundheit
серде́чный	herzlich
приве́т[9]	Gruß
твой	dein
Бори́с	Boris

9 Erläuterungen

1) по́сле „nach" ist eine Präposition, die mit dem Genitiv steht. Weiter unten folgt die Präposition c „mit", die den Instrumental regiert.

2) In в чита́льне steht die Präposition в (auf die Frage „wo?") mit dem Präpositiv [6 e]. Aber auf die Frage „wohin?" steht в (wie im Deutschen) mit dem Akkusativ: в клуб.

3) Alle Verben, die regelmäßig wie рабо́тать [3] konjugiert werden, sind durch (e) = e-Konjugation gekennzeichnet.

4) Das Relativpronomen „welcher", „der" heißt кото́рый; кото́рая ist die weibliche Form, die hier stehen muß, weil das Beziehungswort чита́льня Femininum ist.

5) большо́й ist die männliche, больша́я die weibliche Form; der Akkusativ Singular lautet большу́ю.

6) есть „ist" im Sinne von „es gibt, es ist (sind) vorhanden" kann sowohl mit einem Singular als auch mit einem Plural verbunden werden: Есть клуб (клу́бы). Ein Klub ist (Klubs sind) vorhanden.

7) In нахо́дится und устра́иваются wird die Verbindung -тся wie [tsɐ] ausgesprochen.

8) Das Abhängigkeitsverhältnis der Wörter voneinander stimmt im Russischen und im Deutschen sehr oft nicht überein. Im Deutschen sagt man „ich wünsche Gesundheit" (Objekt im Akkusativ), während nach жела́ть das

Objekt im Genitiv steht. Man spricht von der „Rektion[1]" eines Wortes (же-
лáть „regiert" den Genitiv).

9) привéт steht immer im Singular, so daß сердéчный привéт auch „herzliche
Grüße" heißen kann.

Grammatik
Die Deklination der Maskulina auf -ь (Grundtyp B) 10

N/S	спектáкль	die Vorstellung	*N/P*	спектáкли
G	спектáкля			спектáклей
D	спектáклю			спектáклям
A	спектáкль			спектáкли
I	спектáклем			спектáклями
P	о спектáкле			о спектáклях

Ebenso werden dekliniert: радиолюбúтель und die später vorkommenden Wörter[2]: янвáрь (3) Januar, посетúтель Besucher, родúтели die Eltern.

Auch bei den Maskulina auf -ь (die bei weitem seltener vorkommen
als die Maskulina auf harten Konsonanten) gibt es Wörter, in denen
ein (sogenanntes flüchtiges) о oder е des Nominativs Singular in
den übrigen Kasus verschwindet: огóнь, огня́, огню́ usw. Feuer,
день, дня, дню usw. Tag. Der Instrumental Singular bei diesen
Wörtern, die endungsbetont sind, lautet огнём, днём, d.h. die
Schreibung bleibt, und an Stelle von е spricht man ё.

Anm.: Bei der Gegenüberstellung von курс [6] und спектáкль ist zu beachten,
daß die Endungen im Grunde genommen fast die gleichen sind: курс gehört der
harten, спектáкль der weichen Deklination an. Anstelle der harten Endungen
in der Deklination von курс (-а, -у, -ы, -ам, -ами, -ах) stehen in der Deklination von спектáкль die entsprechenden weichen (-я, -ю, -и, -ям, -ями, -ях).
Wenn im Nominativ Singular die weiche Deklination nicht durch ь gekennzeichnet war, so stand nach der alten Rechtschreibung nach jedem harten
Konsonanten ein hartes Zeichen (ъ), so daß курс also курсъ geschrieben wurde.
Aus der harten Endung des Instrumentals Singular ом wird in der weichen
Deklination ем. Die einzige Merkwürdigkeit ist also der Genitiv Plural auf -ей.

Der bewegliche Akzent in der Deklination 11

Die Betonung des Nominativs Singular wird in den anderen Kasus
nicht immer beibehalten. In dem vorliegenden Lehrbuch wird die
Art der Akzentverschiebung durch Zahlen bezeichnet. Fehlt diese
Zahl, so wird die Betonung des Nominativs Singular innerhalb der
Deklination beibehalten. Dies ist der Fall z.B. bei Москвá, канú-
кулы, курс, кружóк, спектáкль usw. Im übrigen bedeutet:

---

[1]) lateinisch: regere lenken, regieren.
[2]) Alle Beispiele (mit wenigen Ausnahmen) sind, soweit sie in den schon behandelten Texten
nicht vorkommen, den Texten der folgenden Lektionen entnommen.

(1) Der Singular ist stammbetont (oder wie Nominativ Singular), der Plural endungsbetont, z. B. мост (1) „Brücke", мо́ста, мо́сту, мост, мо́стом, о мо́сте; мосты́, мосто́в, моста́м, мосты́, моста́ми, о моста́х.

(2) Singular und Nominativ Plural stammbetont, ab Genitiv Plural endungsbetont, z. B. гость (2) [10] „Gast", го́стя, го́стю, го́стя, го́стем, о го́сте; го́сти, госте́й, гостя́м, госте́й, гостя́ми, о гостя́х.

(3) Singular und Plural endungsbetont, z. B. слова́рь (3) [10] „Wörterbuch", словаря́, словарю́, слова́рь, словарём, о словаре́; словари́, словаре́й, словаря́м, словари́, словаря́ми, о словаря́х.

(4) Singular endungsbetont, Plural stammbetont, z. B. письмо́ (4) [24] „Brief", письма́, письму́, письмо́, письмо́м, о письме́; пи́сьма, пи́сем, пи́сьмам, пи́сьма, пи́сьмами, о пи́сьмах.

(5) Singular und Plural endungsbetont außer Nominativ Plural, z. B. гвоздь (5) [10] „Nagel", гвоздя́, гвоздю́, гвоздь, гвоздём, о гвозде́; гво́зди, гвозде́й, гвоздя́м, гво́зди, гвоздя́ми, о гвоздя́х.

(6) Singular endungsbetont außer Akkusativ Singular, Plural endungsbetont außer Nominativ Plural, z. B. рука́ (6) „Hand", руки́, руке́, ру́ку, руко́й, о руке́; ру́ки, рук, рука́м, ру́ки, рука́ми, о рука́х.

Ist der Akkusativ gleich dem Nominativ oder Genitiv, so übernimmt er auch die Betonung des Nominativs oder Genitivs.

12 Über die Wortfolge im Russischen

a)

По́сле заня́тий мы чита́ем газе́ты. (a)	Nach dem Unterricht lesen wir Zeitungen.
Меня́ занима́ет радиоте́хника. (b)	Mich interessiert Radiotechnik.

Die Wortstellung im Russischen ist nur wenigen starren Gesetzen unterworfen. Grundsätzlich besteht die Neigung, die Stellung **Subjekt — Prädikat — Objekt** beizubehalten (a). Wie Beispiel (b) zeigt, ist auch die umgekehrte Wortstellung möglich, wenn das Objekt hervorgehoben werden soll. Die Eigenarten der Wortfolge im Russischen können durch Regeln nur teilweise und unvollkommen erfaßt werden. Am schnellsten wird man mit ihr vertraut, wenn man russische Texte w ö r t l i c h ins Deutsche übersetzt.

b)

Я ча́сто ду́маю о тебе́.	Ich denke oft an Dich.

Ein einfaches Adverb steht (im Gegensatz zum Deutschen) meist
vor dem Prädikat, zumal wenn es nicht besonders betont ist.

c)

Что он де́лает? Что де́лает Ко́ля?	Was macht er? Was macht Kolja?

In einem Fragesatz, der durch ein Fragepronomen (oder Frageadverb) eingeleitet wird, steht ein Personalpronomen als Subjekt
(im Gegensatz zum Deutschen) meist vor dem Prädikat, ein substantivisches Subjekt (wie im Deutschen) meist nach dem Prädikat.

d)

В за́ле устра́иваются спек-та́кли. (a)	Im Saal werden Aufführun-gen veranstaltet.
В за́ле, где устра́иваются спекта́кли, нахо́дится эстра́да. (b)	Im Saal, wo Aufführungen veranstaltet werden, be-findet sich eine Estrade.

Die Wortfolge im Nebensatz (b) ist die gleiche wie im Hauptsatz (a).

Übungen 13

a) Abschreiben des Textes, Übersetzen und Rückübersetzung wie
   in der ersten Lektion. Diese Übungen sollten in jeder Lektion
   vorgenommen werden.

b) Deklinieren Sie folgende Wörter: бюллете́нь, радиолюби́тель.

c) Konjugieren Sie folgende Präsensformen: я чита́ю, я ду́маю,
   я жела́ю.

d) Übersetzen Sie folgende Sätze:
   1. Wir denken an die Ferien (an den Kursus, an den Zirkel der
   Radioamateure, an die Kursteilnehmer, an den Klub, an die
   Aufführungen und Kinovorstellungen). 2. Im Klub ist (gibt
   es) ein großer Lesesaal. 3. Was [2]lest [1]ihr im Klub? — Kolja liest
   Zeitungen, und (a) ich lese eine Zeitschrift. 4. Wir wissen, daß
   ihr jetzt [2]in einem Laboratorium [1]arbeitet. 5. Dort [1]werden
   [2]Kinovorstellungen [1]veranstaltet. 6. Neben dem Klub befindet
   sich eine Bibliothek.

e) Beantworten Sie folgende Fragen:
   1. Куда́ (wohin) вы идёте по́сле заня́тий? 2. Что вы чита́ете
   в клу́бе? 3. Что есть в чита́льне? 4. Что нахо́дится ря́дом
   с библиоте́кой? 5. Что иногда́ устра́ивается? 6. О ком (an
   wen) ду́мает Бори́с?

3. LEKTION

14

В магазине
vmɐga'ʐiŋə

Люба[1] садится в трамвай и едет в го-
'ʈubɐ sa'ɟitsɐ ftram'vaj i 'jedət 'vgɔ-

род. Она спешит в магазин, смотрит
rɐt. a'na ʂɲɪ'ʃɨt vmɐga'ʐin, 'smɔtr̦it

на витрины и входит. У дверей
nɐ ʋi'tr̦inɨ i 'fxɔɟit. u dʋɪ'r̦ej

стоит швейцар.
sta'jit ʃʋej'tsar.

Люба (к швейцару): Где находится
'ʈubɐ (kʃʋej'tsaru): gdɛ na'xɔɟitsɐ

отделение дамских материй?
aɟɟɪ'ʈeŋijə 'damskix ma'ţer̦ij?

Швейцар: На первом этаже, граждан-
ʃʋej'tsar: na 'ɲervɐm ɛta'ʒɛ, graʒ'dan-

ка[3], налево.
kɐ, na'ʈevɐ.

Продавщица: Чем могу служить?
prɐdav'ʃʧʃitsɐ: ʧ̦ɛm ma'gu słu'ʒɨţ?

Люба: Я хочу купить материю на
ja xa'ʧʧu ku'ɲiţ ma'ţer̦iju na

платье.
'płatjə.

Прод.: К сожалению[4], у нас выбор не-
ksɐʐa'ʈeŋiju, u nas 'vɨbɐr ɲɪ-

важен. Я могу вам предложить эту
'vaʒən. ja ma'gu vam prɐdła'ʒɨţ 'ɛtu

серую материю.
'ʂeruju ma'ţer̦iju.

Люба: Мне она не особенно нравится.
mɲɛ a'na ɲɛ a'sɔbɐnnɐ 'nraʋitsɐ.

Сколько стоит метр?
'skɔlkɐ 'stɔit m̦ɛtr?

Прод.: Тринадцать рублей[6] метр.
tr̦i'nattsɐţ ru'bʈej m̦ɛtr.

магазин Laden, Geschäft
садится (sie) setzt sich,
  steigt ein
трамвай Straßenbahn
éдет (sie) fährt
город (1)[5] [18] Stadt
спешит (sie) eilt
смотрит (sie) schaut
на (A) auf
витрина (N/P u. A/P ви-
  трины) Schaufenster
входит (sie) geht hinein
у дверей an der Tür
стоит (er) steht
швейцар Pförtner, Portier
к (D) zu
материя, A/S -ию Stoff
отделение Abteilung
дамских материй der Da-
  menstoffe
этáж (3) [19] Etage, Stockwerk
на первом этажé im Erd-
  geschoß[2]
граждáнка Bürgerin
налéво (nach) links
продавщица Verkäuferin
чем womit
могу́ (ich) kann
служить [16 c] dienen
хочу́ (ich) will
купить [16 d] kaufen
плáтье Kleid
к сожалéнию leider
у нас bei uns
вы́бор Auswahl
невáжен nicht besonders
вам Ihnen
предложить [16 c] anbieten
э́ту сéрую матéрию A/S
  diesen grauen Stoff
мне mir
не nicht
нрáвится (er) gefällt
скóлько wieviel
стóит (er) kostet
метр Meter
тринáдцать dreizehn
рубль (3) [10] Rubel

44

Люба: Что[7] вы говорите! Это слиш-
ʃtɔ vɨ gɐvɐ'ɾiʈə! 'ɛʈɐ 'sɭiʃ-

ком дорого!
kɐm 'dɔɾɐgɐ!

(Окончание следует.)
(akɐn'ʧ̢aɳijə 'sɭedujət.)

что[7] was
вы говори́те Sie sagen
э́то das
сли́шком zu
до́рого teuer

Erläuterungen 15

1) Лю́ба ist Verkleinerungsform von Любо́вь (eigentlich „Liebe", weiblicher Vorname).

2) Das Erdgeschoß bezeichnet man als пе́рвый эта́ж.

3) гражда́нка „Bürgerin", граждани́н „Bürger" ist die Anrede für Personen, die dem Sprecher unbekannt sind.

4) к сожале́нию ist ein sogenannter „eingeschalteter Ausdruck". Eingeschaltete Wörter und Ausdrücke werden durch ein Komma, bzw. Kommata abgetrennt: у нас, к сожале́нию, ...

5) Die nach Substantiven stehenden Zahlen geben den beweglichen Akzent an [11].

6) рубле́й ist Genitiv Plural. Man nehme vorläufig zur Kenntnis, daß nach Kardinalzahlwörtern über 4 das darauf folgende Substantiv im Genitiv Plural steht.

7) Beachte die Aussprache [ʃtɔ] mit ʃ anstelle von ʧ.

Grammatik
Das Präsens der и-Konjugation 16

я	говор-ю́	ich	spreche
ты	говор-и́шь	du	sprichst
он (она́, оно́)	говор-и́т	er (sie, es)	spricht
мы	говор-и́м	wir	sprechen
вы	говор-и́те	ihr	sprecht
они́	говор-я́т	sie	sprechen

a) Der Infinitiv lautet говор-и́ть.

Während bei der e-Konjugation die Präsensendungen an die Stelle der Infinitivendung **ть** treten, werden die Präsensendungen der и-Konjugation an den Stamm des Verbs angehängt, so daß also nicht nur die Infinitivendung, sondern auch der vorhergehende Vokal („Bindevokal") fortfällt.

So bilden alle Verben, die man als regelmäßig bezeichnen kann, das Präsens: сто́ит ist die 3. Person Singular von сто́-ить: сто́-ю, -ишь, -ит, -им, -ите, -ят; стои́т ist die 3. Person Singular von сто-я́ть: сто-ю́, -и́шь, -и́т, -и́м, -и́те, -я́т. Diese beiden Verben unterscheiden sich im Präsens also nur durch die Betonung.

Anm.: Der Bindevokal ist bei der и-Konjugation meist и, kann aber auch e (смотре́ть), я (стоя́ть) und, wie wir später sehen, auch a (лежа́ть liegen) sein. — Die Konjugation erkennt man im Russischen also nicht (wie z. B. im Lateinischen und Französischen) an der Infinitivendung. Zunächst muß der Lernende sich bei jedem Verb merken, ob es nach der e- oder и-Konjugation konjugiert wird. Erst die Kenntnis der „Verbklassen" [121 ff.] gibt ihm eine gewisse Sicherheit, die Konjugation eines Verbs zu bestimmen.

b) **Oft tritt der Akzent in der 2. Person um eine Silbe zurück** und bleibt in den folgenden Personen stehen: смотр-е́ть, смотр-ю́, смо́тр-ишь, смо́тр-ит, смо́тр-им, смо́тр-ите, смо́тр-ят.

c) **Nach Zischlaut werden die Endungen ю und ят zu y und aт:**
спеш-и́ть: спеш-у́, -и́шь, -и́т, -и́м, -и́те, -а́т
служ-и́ть: служ-у́, слу́ж-ишь, слу́ж-ит, слу́ж-им, слу́ж-ите, слу́ж-**ат** (Akzent!)
предлож-и́ть: предлож-у́, предло́ж-ишь, -ит, -им, -ите, -ат (Akzent!)

d) **In der 1. Person Singular wird vor ю ein л eingeschoben,** wenn der Stamm auf einen Lippenlaut (б, в, м, п, ф) endet:
купи́ть, купл-ю́, ку́п-ишь, ку́п-ит usw.

e) **Konsonantenwechsel in der и-Konjugation in der 1. Person Singular** tritt oft bei Verben mit konsonantisch auslautendem Stamm ein; in den folgenden Personen kommt der Konsonant des Infinitivs wieder zum Vorschein: вход-и́ть, вхож-у́, вхо́д-ишь, -ит usw. Verben, die in den folgenden Lektionen vorkommen, zeigen, daß bei diesem Konsonantenwechsel д und з zu ж, с zu ш, т zu ч oder щ, ст zu щ wird.

Anm.: Verben, die regelmäßig nach der e-Konjugation [3] konjugiert werden, sind in diesem Lehrbuch durch (e) [рабо́тать (e)] gekennzeichnet; Verben, die regelmäßig nach der и-Konjugation konjugiert werden, sind durch (и) [говори́ть (и)] gekennzeichnet. Bei allen Verben, die im Präsens irgendeine Unregelmäßigkeit (Verschiebung des Akzentes, lautliche Veränderung) aufweisen, lerne man mit dem Infinitiv zugleich die 1. und 2. Person Singular, die im „**Verzeichnis der Zeitwörter**" angegeben sind.

17 Die Deklination der Maskulina auf -й (Grundtyp C)

N/S	трамва́й	die Straßenbahn	*N/P*	трамва́и
G	трамва́я			трамва́ев
D	трамва́ю			трамва́ям
A	трамва́й			трамва́и
I	трамва́ем			трамва́ями
P	о трамва́е			о трамва́ях

Ebenso werden dekliniert:

герой	Held	слу́чай	Zufall, Fall
музе́й	Museum	Никола́й	Nikolaj

Man vergleiche die Deklination von трамва́й mit [10]. Sie unterscheiden sich nur im Genitiv Plural.

Maskulina mit dem Nominativ Plural auf -á (Variante zum Grundtyp A) **18**

го́род (1)	die Stadt	города́	die Städte

d.h. го́род wird genau wie клуб [6] dekliniert; nur im Nominativ Plural (und bei leblosen Dingen im Akkusativ Plural) haben die Wörter, die zu dieser Variante gehören, die betonte Endung á; außerdem werden sie alle nach der Akzentregel (1) betont. Weitere Beispiele: ве́чер (1) Abend, N/P вечера́; дом (1) Haus, N/P дома́; лес (1) Wald, N/P леса́; луг (1) Wiese, N/P луга́; по́езд (1) (Eisenbahn-)Zug, N/P поезда́.

Maskulina auf Zischlaut (Variante zum Grundtyp A) **19**

эта́ж (3) Stockwerk,		
I/S этажо́м,	N/P этажи́,	G/P этаже́й
това́рищ Kamerad		
I/S това́рищем,	N/P това́рищи,	G/P това́рищей

a) Das Lautgesetz II besagt: Nach den Zischlauten ж, ш, ч, щ steht и für ы, у für ю, а für я. Demnach lautet N/P (und bei Unbelebtem auch der A/P) этажи́, това́рищи.

b) Ist der Instrumental Singular endungsbetont, so hat er die normale Endung ом; unbetont dagegen hat er ем nach dem **Lautgesetz III**[1]: Nach Zischlaut (ж, ш, ч, щ) und ц steht **e** für unbetontes о.

c) Im Genitiv Plural haben die Maskulina auf Zischlaut die Endung ей.

Die Präpositionen aus den Texten [1], [8] und [14] **20**
(Zusammenfassung)

в mit dem Präpositiv **in** (örtlich: wo?)
Клуб нахо́дится в го́роде. Der Klub befindet sich in der Stadt.
в mit dem Akkusativ **in** (örtlich: wohin?)
Мы вхо́дим в клуб. Wir gehen in den Klub (hinein).

---
[1]) Die Numerierung der Lautgesetze erfolgt nach der Häufigkeit ihres Vorkommens.

на mit dem Präpositiv	**in** (zeitlich: wann?)
на кани́кулах, на пра́ктике	in den Ferien, in der Praxis (praktisch)
o mit dem Präpositiv	**von, über**
Мы говори́м о журна́лах	Wir sprechen von den Zeitschriften.
y mit dem Genitiv	**bei, an** (örtlich: wo?)
Он нахо́дится у нас. У двере́й.	Er befindet sich bei uns. An der Tür.
по́сле mit dem Genitiv	**nach** (zeitlich: wann?)
по́сле заня́тий, по́сле киносеа́нса	nach dem Unterricht, nach der Kinovorstellung
ря́дом с mit dem Instrumental (*präpositionale Wendung*)	**neben** (örtlich: wo?)
ря́дом с магази́ном	neben dem Geschäft

Zahlreiche Verben sind mit bestimmten Präpositionen verbunden: Я смотрю́ на витри́ны. Ich schaue auf (ich betrachte) die Schaufenster. Я ду́маю о тебе́. Ich denke an Dich. Auch к mit dem Dativ („zu", „an") in к швейца́ру ist von einem fehlenden Verb abhängig: обрати́ться к sich wenden an. In к сожале́нию ist die Präposition phraseologisch gebraucht (wörtlich „zum Bedauern").

21   Ü b u n g e n

a) Konjugieren Sie folgende Sätze:
   1. Я спешу́ в магази́н. 2. Я вхожу́ в отделе́ние да́мских мате́рий. 3. Я стою́ у двере́й. 4. Я служу́ в магази́не. 5. Я куплю́ пла́тье.

b) Übersetzen Sie folgende Sätze:
   1. Ich will ein ²Kleid ¹kaufen. 2. Wir eilen in die Stadt. 3. Boris steigt in die Straßenbahn. 4. Kolja und Boris gehen in das Geschäft. 5. Warum (почему́) ²betrachtet ¹ihr die Schaufenster des Geschäftes? 6. Der Pförtner steht im Laden. 7. Was ²sagst ¹du dem Pförtner? 8. Im ersten Stock ist die Abteilung für Damenstoffe. 9. Ljuba ist ²in dem Geschäft ¹angestellt (служи́ть). 10. Leider ist das zu teuer. 11. Was sagt die Verkäuferin? 12. Sie kann (мо́жет) ²diesen Stoff ¹anbieten. 13. Die Auswahl ist nicht besonders.

c) Beantworten Sie folgende Fragen:
   1. Куда́ е́дет Лю́ба? 2. Куда́ она́ спеши́т? 3. Куда́ она́ вхо́дит? 4. Кто стои́т у двере́й? 5. Где нахо́дится отделе́ние да́мских мате́рий? 6. Что спра́шивает (fragt) продавщи́ца? 7. Что отвеча́ет (antwortet) Лю́ба? 8. Что говори́т продавщи́ца о вы́боре? 9. Что она́ мо́жет (kann) предложи́ть? 10. Как нра́вится мате́рия? 11. Ско́лько сто́ит метр? 12. Что говори́т Лю́ба?

1. В магазине
wmɛga'ʑiɲə

(Окончание)
(akan'ʧ̑anijə)

Люба: Вот[1] там на полке лежит ру-
vɔt tam na 'pɔłkə ʝɪ'ʒɪt ru-

лон[2] синего ситца, покажите, пожа-
'łɔn 'ʂiɲəvɛ 'ʂitsɐ, pɐka'ʑɪt̑ə, pa'ʒa-

луйста.
łustɐ.

Прод.: Эта материя дешевле стоит —
'ɛtɐ ma'ṯeɾijɐ d̑ɪ'ʃevlə 'stɔit —

всего[4] семь рублей.
fʂɪ'vɔ ʂem̥ ru'bḷej.

Люба: Она мне очень нравится. Я
a'na mɲɛ 'ɔṯɕəɲ 'nraᵞitsɐ. ja

беру ее.
b̥ɪ'ru jɪ'jɔ.

Прод.: Сколько вы желаете метров[3]?
'skɔḷkɐ vɪ̵ ʒɪ'łajɪt̑ə 'm̥etɾɐf?

Люба: Пожалуйста[4], пять метров.
pa'ʒałustɐ, ɳæt̑ 'm̥etɾɐf.

Продавщица выписывает чек. Люба
pɾɐdav'ʂʧ̑itsɐ vɪ̵'ꬴisɪvɐjt t̑ɕek. 'ꬴub̥ɐ

благодарит, платит в кассу и выходит.
błɐg̥ɐda'ɾit, 'płaṯit 'fkassu i vɪ̵'xɔd̑it.

2. „По алгебре[5]"
pa 'ałg̥əbɾə

Мать: Представьте себе, моя дочь уже
maṯ: pɾɪt'staf̑t̑ə ʂɪ'b̥ɛ, ma'ja dɔt̑ɕ u'ʒɛ

учится[6] немецкому языку и алгебре. —
'ut̑ɕitsɐ ɲɪ'm̥etskɐmu jɪzɪ̵'ku i 'ałg̥əbɾə. —

Ну-ка[7], Маша, скажи Татьяне Ива-
'nukɐ, 'maʃɐ, ska'ʒɪ ta'tjaɲə i'va-

новне „здравствуйте[8]" по алгебре.
nɐvɲə 'zdrastvujt̑ə pa 'ałg̥əbɾə.

вот hier (ist)
на (*P*) auf
пóлка Regal
лежáть (и) liegen
рулóн Rolle
сúний blau [53]
сúтец, *G/S* сúтца [6 b]
  Kattun
покажúте zeigen Sie (*Imp.*)

пожáлуйста[4] bitte

дешéвле стóит ist billiger

всегó[4] im ganzen, nur
семь [15/6] sieben

óчень sehr

я берý ich nehme
её *A/S* ʃ ihn

пять [15/6] fünf
выпúсывать (e) ausschrei-
  ben
чек Scheck; Kassenzettel
благодарúть (и) danken
платúть zahlen
кáсса Kasse
в кáссу an der (eigentlich in
  die) Kasse
выходúть hinausgehen

„по áлгебре" „auf Algebra"}
мать ʃ Mutter [(*scherzhaft*)}
предстáвьте себé stellen Sie}
моя́ ʃ meine   [sich vor}
дочь ʃ Tochter
ужé schon
ýчится (sie) lernt
немéцкий deutsch
язы́к (3) Sprache
нý-ка[7] nun
Мáша Mascha
скажú sage (*Imp.*)
Татья́на Tatjana
Ивáновна Iwanowna
здрáвствуйте[8] guten Tag

1) вот dient oft nur zur Hervorhebung des folgenden Wortes. In diesem Fall wird вот nicht übersetzt, und „dort" (там) wird durch die Stimme hervorgehoben.

2) Nach Ausdrücken der Menge und des Maßes steht der Genitiv: рулóн сúтца eine Rolle Kattun, скóлько мéтров wieviel Meter (partitiver Genitiv).

3) Die Zwischenstellung des Prädikats ist für скóлько charakteristisch; vgl. auch: Скóлько у нас книг? Wieviel Bücher haben wir?

4) Beachte die Aussprache von пожáлуйста ohne й und von всегó (г wie в).

5) по áлгебре ist eine scherzhafte Nachbildung von den Adverbien по-рýсски (russisch), по-немéцки (deutsch) usw.

6) Das deutsche direkte Objekt steht nach учúться (lernen) im Dativ.

7) „nun" heißt meist ну. Das Suffix -ка ist volkssprachlich; häufiger steht es nach einem Imperativ: Ступáй-ка отсюда! Geh mal hier weg!

8) здрáвствуйте ist der Imperativ Plural von dem Verb здрáвствовать (gesund sein) und heißt also „seien Sie gesund!" Zu einer Person, die man duzt, sagt man здрáвствуй („sei gesund"). Der Gruß ist also nicht an eine bestimmte Tageszeit gebunden: Guten Tag! Guten Morgen! Guten Abend! — In здрáвствуйте ist das erste в stumm.

Grammatik

24   **Die Deklination der Neutra auf -o (Grundtyp A)**

N/S	мéсто Ort	*N/P*	местá	
G	мéста		мест	
D	мéсту		местáм	
A	мéсто		местá	
I	мéстом		местáми	
P	о мéсте		о местáх	

a) Vergleichen Sie die Deklination von мéсто mit der des Grundtyps A der Maskulina [6]. Sie unterscheiden sich in den Endungen des Nominativs Singular (Akkusativs Singular) und Nominativs Plural (Akkusativs Plural). Ferner ist der Genitiv Plural der Neutra auf -o endungslos.

b) Im endungslosen Genitiv Plural wird häufig zur Erleichterung der Aussprache ein o oder e eingeschoben, wenn der Stamm auf zwei und mehr Konsonanten endet; da es hierfür keine bestimmte Regel gibt, muß der Lernende sich bei solchen Wörtern den Genitiv Plural besonders einprägen:

окнó (Fenster), *N/P* óкна, *G/P* óкон; письмó (Brief), *N/P* пúсьма, *G/P* пúсем.

c) Die Regel, daß bei lebenden Wesen der Akkusativ gleich dem Genitiv ist [6 d], gilt bei den Neutra **nur für den Plural** und betrifft nur дитя́ „Kind" [105/9] und einige wenige substantivierte Adjektive (z. B. живо́тное „Tier").

d) **Betonung:** Die meisten zweisilbigen Neutra auf -o, die im Singular stammbetont sind, haben im Plural den Ton auf der Endung: ме́сто (1); ist im Singular die Endung betont, so wird im Plural der Stamm betont: письмо́ (4).

Die Deklination der Feminina auf -a (Grundtyp A)   25

N/S	газе́т**а** Zeitung		*N/P*	газе́т**ы**
G	газе́т**ы**			газе́т
D	газе́т**е**			газе́т**ам**
A	газе́т**у**			газе́т**ы**
I	газе́т**ой** (-ою)			газе́т**ами**
P	о газе́т**е**			о газе́т**ах**

a) Die Deklination der Feminina unterscheidet sich wesentlich von der der Maskulina und Neutra. Mit den Neutra hat sie den endungslosen Genitiv Plural gemeinsam. Der Instrumental Singular auf -ою ist literarisch und wird im modernen Russisch nur noch selten gebraucht.

b) Der endungslose Genitiv Plural bedingt (wie bei den Neutra) oft einen Einschub von o oder e. Nach harter Konsonanz wird o eingeschoben: поку́пка (Kauf), *G/P* поку́п**ок**; nach Zischlaut e: ло́жка (Löffel), *G/P* ло́ж**ек**; vor к wird й zu e: копе́йка (Kopeke), *G/P* копе́**ек**. (Außerdem noch besondere Bildungen.)

c) Beachte den Einfluß des LG I: по́лка, *G/S* und *N/P* (*A/P*) по́лк**и**; кни́га (Buch), кни́г**и**.

Die Deklination von мать und дочь   26

мать (Mutter) und дочь (Tochter) haben eine unregelmäßige Deklination:

Singular: мать, ма́тери, ма́тери, мать, ма́терью, о ма́тери;
Plural: ма́тери, матере́й, матеря́м, матере́й, матеря́ми, о матеря́х.
Ebenso дочь, до́чери usw. (aber: дочерьми́).

Bei den Feminina gilt die Regel, daß bei lebenden Wesen der Akkusativ gleich dem Genitiv ist, **nur für den Plural:** Я ви́жу дочь, дочере́й. Ich sehe die Tochter, die Töchter.

	m	*n*	*f*
N/S	но́в**ый** клуб	но́в**ое**[1] письмо́	но́в**ая** кни́га
G	но́в**ого** клу́ба	но́в**ого** письма́	но́в**ой** кни́ги
D	но́в**ому** клу́бу	но́в**ому** письму́	но́в**ой** кни́ге
A	но́в**ый** клуб	но́в**ое** письмо́	но́в**ую** кни́гу
I	но́в**ым** клу́бом	но́в**ым** письмо́м	но́в**ой** кни́гой
P	о но́в**ом** клу́бе	но́в**ом** письме́	но́в**ой** кни́ге
N/P	но́в**ые** клубы́,	пи́сьма,	кни́ги
G	но́в**ых** клубо́в,	пи́сем,	книг
D	но́в**ым** клуба́м,	пи́сьмам,	кни́гам
A	но́в**ые** клубы́,	пи́сьма,	кни́ги
I	но́в**ыми** клуба́ми,	пи́сьмами,	кни́гами
P	о но́в**ых** клуба́х,	пи́сьмах,	кни́гах

г *in* -ого *wird wie* [v] *gesprochen* ⑳

a) Das Adjektiv hat im Singular eine männliche, weibliche und sächliche Form, im Plural jedoch nur e i n e Form für alle Geschlechter.

b) Die adjektivische Langform wird vorwiegend attributivisch gebraucht: но́вый клуб der neue Klub.
Aber sie steht auch sehr häufig als Prädikatsnomen: Дома́ но́вые. Die Häuser sind neu.

c)

Я ви́жу изве́стного специали́ста, изве́стных специали́стов, изве́стных актри́с, (*aber*) изве́стную актри́су.	Ich sehe den bekannten Spezialisten, die bekannten Spezialisten, die bekannten Künstlerinnen, (*aber*) die bekannte Künstlerin.

Der Akkusativ (mit Ausnahme des Akkusativs Singular der weiblichen Form) ist gleich dem Genitiv, wenn das Adjektiv mit einem Substantiv, das ein Lebewesen bedeutet, verbunden ist.

d)

ру́сск-**ий** } *I/S* -**им**   *pl.* } -**ие**, -**их**, -**им**, -**ие**, -**ими**, -**их**
ру́сск-ое
ру́сск-ая

LG I ist zu beachten bei den Adjektiven, deren Stamm auf **г**, **к**, **х** auslautet.

---

[1]) Die männlichen und sächlichen Endungen der Adjektive stimmen außer im Nominativ u. Akkusativ Singular überein; daher stehen die sächlichen Formen neben den männlichen.

e)

хоро́ш-**ий**,	-его,	-ему,	-ий,	-им,	-ем
хоро́ш-**ее**,	-его,	-ему,	-ее,	-им,	-ем
хоро́ш-**ая**,	-ей,	-ей,	-ую,	-ей,	-ей
хоро́ш-**ие**,	-их,	-им,	-ие,	-ими,	-их

LG II und LG III sind zu beachten bei den Adjektiven, deren Stamm auf Zischlaut (ж, ш, ч, щ) auslautet.

f)

да́мская мате́рия	Damenstoff
у́личный торго́вец	Straßenhändler

Den deutschen zusammengesetzten Substantiven entsprechen im Russischen meist Verbindungen von Adjektiv + Substantiv. Von den meisten russischen Substantiven können Adjektive gebildet werden.

g) Die russischen Ordinalzahlen (пе́рвый erster) werden wie Adjektive dekliniert. Ebenso einige Pronomen (кото́рый welcher).

Übungen 28

a) Deklinieren Sie folgende Verbindungen von Adjektiv und Substantiv:

1. ра́зные ку́рсы, 2. хоро́шая библиоте́ка, 3. серде́чный приве́т, 4. ру́сский уча́стник, 5. хоро́ший вы́бор, 6. ру́сское письмо́, 7. пе́рвый эта́ж, 8. хоро́шее ме́сто, 9. се́рый день.

b) Konjugieren Sie folgende Sätze:

1. Я выпи́сываю чек. 2. Я говорю́ „здра́вствуйте". 3. Я благодарю́ продавщи́цу (*A*!). 4. Я лежу́ в ко́мнате. 5. Я плачу́ в ка́ссу. 6. Я выхожу́ из (aus) магази́на.

c) Übersetzen Sie:

1. Tatjana Iwanowna lernt die deutsche Sprache. 2. Zeigen Sie mir bitte Ihr (ва́ше) graues Kleid. 3. Wo befindet sich die Geschäftskasse (Kasse des Geschäfts)? 4. Wie [heißt] Rolle auf russisch? 5. Rolle [heißt] auf russisch руло́н. 6. Der Pförtner spricht Deutsch und Russisch. 7. Meine Tochter [2]lernt [1]schon Algebra. 8. Sage mir, wieviel der [2]Stoff [1]kostet. 9. Ein Meter Kattun kostet 7 Rubel. 10. Ich kaufe 5 Meter.

d) Beantworten Sie folgende Fragen:

1. Что лежи́т на по́лке? 2. Что Лю́ба говори́т продавщи́це? 3. Ско́лько сто́ит метр си́него си́тца? 4. Он нра́вится Лю́бе? 5. Ско́лько ме́тров хо́чет (will) купи́ть Лю́ба? 6. Кто выпи́сывает чек? 7. Куда́ (wohin) пла́тит Лю́ба? 8. Что мать расска́зывает (erzählt) Татья́не Ива́новне? 9. Что она́ говори́т до́чери?

5. LEKTION

29   **Татья́на пи́шет делово́е письмо́**
ta'tjanɐ 'pʲiʃət dəta'vɔjə ɲiʂ'mɔ

Татья́на Алекса́ндровна[1] Смирно́ва —[2]
ta'tjanɐ alʲɪ'ksandrɐvnɐ smʲir'nɔvɐ —

машини́стка в универма́ге. Заведую́-
məʃɨ'ɲistkɐ wuɲɪ̯ɣɪr'mag̯ə. za'vʲeduju-

щий торго́вым отде́лом[4] дикту́ет ей
ɕɕi tar'gɔvɨm aɟ'ɟɛtəm ɟik'tujɪt jej

письмо́. Она́ стенографи́рует его́ под
ɲiʂ'mɔ. a'na sţənəgra'fʲirujɪt jɪ'vɔ pɐd

дикто́вку и тепе́рь должна́ написа́ть
ɟik'tɔfku i ţɪ'ɲeɽ dat'ʒna nɐɲi'saţ

его́ на пи́шущей маши́нке. Э́то письмо́
jɪ'vɔ na 'ɲiʃuɕɕəj ma'ʃɨnkə. 'ɛtɐ ɲiʂ'mɔ

она́ пи́шет на бла́нке универма́га. На
a'na 'ɲiʃət na 'btankə uɲiɣɪr'magɐ. na

бла́нке име́ется наименова́ние предпри-
'btankə i'mʲejɪtsɐ nɐimənə'vaɲijə pɽətpɽi-

я́тия. Там име́ются и други́е указа́ния,
'jaţijə. tam i'mʲejutsɐ i dru'g̯ijə uka'zaɲijɐ,

как-то: почто́вый и телегра́фный адре-
'kaktɐ: paţɕ'tɔvɨj i ţəlʲɪ'grafnɨj adɽɪ-

са́[5] фи́рмы, но́мер телефо́на, но́мер
'sa 'fʲirmɨ, 'nɔmʲɘr ţəlʲɪ'fɔnɐ, 'nɔmʲər

теку́щего счёта в госба́нке, назва́ние
ţɪ'kuɕɕəvə 'ɕɕɔtɐ wgaz'bankə, na'zvaɲijə

ко́да, кото́рым[7] по́льзуется предпри-
'kɔdɐ, ka'tɔrɨm 'pɔlzujɪtsɐ pɽətpɽi-

я́тие и т. д.[8] (так да́лее).
'jaţijə i tak 'daləjə.

пи́шет (sie) schreibt
делово́е письмо́ (4) Ge-
  schäftsbrief
машини́стка, G/P -ток
  Stenotypistin
универма́г[3] Kaufhaus
заве́дующий[4] Leiter
торго́вый отде́л Handels-
  abteilung
дикту́ет (er) diktiert
ей ihr
стенографи́рует (sie) stenographiert
его́[9] ihn
дикто́вка Diktat
под дикто́вку nach Diktat
должна́ (sie) muß
написа́ть schreiben
пи́шущая маши́нка Schreibmaschine
бланк Formular;
  (Geschäfts-)Briefbogen
име́ется (име́ются) ist
  (sind) vorhanden
наименова́ние Name, Titel
предприя́тие Unternehmen
друго́й anderer
указа́ние Angabe
как-то zum Beispiel
почто́вый Post...
телегра́фныйTelegraphen...
а́дрес, N/P -а́ Adresse, Anschrift
фи́рма Firma   [18]⎫
но́мер (1), N/P -а́ Nummer⎬
телефо́н Fernsprecher
теку́щий счёт (1), N/P счета́
  Konto [18]
госба́нк[6] Staatsbank
назва́ние Name, Titel
код Kode, Telegramm-
  schlüssel
по́льзуется[7] (es) benutzt
и так да́лее[8] und so weiter

30   **Erläuterungen**

1) Bekannte reden sich mit **Vornamen** (и́мя) und **Vaternamen** (о́тчество) an.
   Der Vatername wird vom Vornamen des Vaters abgeleitet, und zwar wird
   die Endung des Genitivs Singular a zu о́вич für den Sohn, о́вна für die
   Tochter; die Endung des Genitivs Singular я wird zu евич (е́вна):

Vorname des Vaters	G/S	Vatername des Sohnes	der Tochter
Алекса́ндр	-дра	Алекса́ндр**ович**	Алекса́ндр**овна**
Никола́й	-лая	Никола́**евич**	Никола́**евна**

2) vgl. Anm. zu 7 e, Satz 4.

3) универма́г, Abkürzung aus универса́льный (Universal...) магази́н.

4) заве́дующий ist p.pr.a. von dem veralteten Verb заве́довать (leiten, verwalten), bei dem das Objekt im Instrumental steht, darum торго́вым отде́лом.

5) Wenn ein deutsches Substantiv im Singular von mehreren Attributen begleitet ist, so steht es im Russischen im Plural, wenn die Attribute verschiedene Arten des gleichen Begriffes bezeichnen: ру́сский и неме́цкий языки́ die russische und die deutsche Sprache.

6) госба́нк, Abkürzung von госуда́рственный (staatlich) банк.

7) Das Verb по́льзоваться steht mit dem Instrumental, darum кото́рым.

8) Die Abkürzung и т. д. entspricht dem deutschen usw.

9) г in его wie [v] gesprochen.

Grammatik

Das Präsens der e-Konjugation (Ergänzung zu [3]) 31

a) Auch in der e-Konjugation gibt es (wie in der и-Konjugation, [16]) zahlreiche Verben, die im Präsens Unregelmäßigkeiten aufweisen. Von diesen Verben lerne man (nach dem „Verzeichnis der Zeitwörter") zugleich mit dem Infinitiv die 1. und 2. Person Präsens.

b) **Nach Konsonanten verwandeln sich die Endungen ю und ют in у und ут** (bei der и-Konjugation [16 c]): е́хать (fahren), е́д-у, е́д-ут; писа́ть (schreiben), пиш-у́, пи́ш-ут.

c) **Konsonantenwechsel betrifft alle Personen des Präsens** (bei der и-Konjugation [16 e]): писа́ть, пишу́, пи́шешь, пи́шет, пи́шем, пи́шете, пи́шут.

d) **Oft geht der Akzent in der 2. Person um eine Silbe zurück** und bleibt in den folgenden Personen stehen; vgl. das Beispiel unter c).

e) **Behält die Endung den Ton,** so wird е in den Endungen ешь, ет, ем, ете wie ё ausgesprochen: идти́ (gehen), иду́, идёшь, идёт, идём, идёте, иду́т; брать (nehmen), беру́, -ёшь, -ёт, -ём, -ёте, -у́т.

Anm.: Nach der Häufigkeit des Vorkommens gleichartiger Bildungen läßt sich der russische Verbalbestand in Klassen einteilen. Eine solche Klasse bilden die Verben auf **-овать,** zu der zahlreiche Fremdwörter (deutsch: „-ieren") gehören; das Suffix -ов- wird im Präsens zu у: заве́д-овать (verwalten), заве́д-у-ю, -ешь; дикт-ова́ть (diktieren), дикт-у́-ю, -ешь; стенографи́р-овать (stenographieren), стенографи́р-у-ю, -ешь.

N/S	пóле (1) Feld	N/P	поля́
G	пóля		полéй
D	пóлю		поля́м
A	пóле		поля́
I	пóлем		поля́ми
P	о пóле		о поля́х

Der harten Deklination der Neutra auf -o (Grundtyp A) steht die weiche auf -e gegenüber; wie пóле werden nur noch мóре (1) „Meer" und гóре (o. pl.) „Kummer" dekliniert. Der folgende Grundtyp C umfaßt dagegen eine sehr große Anzahl von Substantiven.

33   **Die Deklination der Neutra auf -ие (Grundtyp C)**

N/S	назва́ние Benennung	N/P	назва́ния
G	назва́ния		назва́ний
D	назва́нию		назва́ниям
A	назва́ние		назва́ния
I	назва́нием		назва́ниями
P	о назва́нии		о назва́ниях

Vom Grundtyp B weicht der Grundtyp C nur im Präpositiv Singular und im Genitiv Plural ab. Die Betonung des Nominativs Singular wird beibehalten. Ebenso werden die schon bekannten Wörter заня́тие, оконча́ние, предприя́тие, указа́ние und наименова́ние dekliniert.

34 Die Deklination der endungsbetonten Adjektive auf -óй, -áя, -óе
(harter Stammauslaut; Langform)

a) **молод-óй, -áя, -óе;** *pl.* **-ы́е** jung. — Die Deklination ist, abgesehen vom Nominativ Singular (oder auch Akkusativ Singular; vgl. [27 c]), die gleiche wie bei den Adjektiven auf -ый [27], nur die Endungen sind stets betont. Ebenso wird dekliniert делово́й und die in den folgenden Lektionen vorkommenden Adjektive больно́й (krank), цветно́й (farbig), двойно́й (doppelt) usw.

b) Auch bei diesem Typ gibt es Adjektive auf г, к, х und Zischlaut (LG I und II):

дорого́й (teuer), I/S дороги́м, *pl.* дороги́е, -и́х, -и́м usw.
городско́й (städtisch), I/S городски́м, *pl.* городски́е, -и́х, -и́м
плохо́й (schlecht), I/S плохи́м, *pl.* плохи́е, -и́х, -и́м
большо́й (groß), I/S больши́м, *pl.* больши́е, -и́х, -и́м

35 In Ergänzung zu [27] sei bemerkt, daß auch die **Partizipien** adjektivische Endungen haben und dementsprechend dekliniert werden:

текýщий (laufend), -ая, -ее; завéдующий (Verwalter), -его, -ему usw.;
пи́шущий (schreibend), -ая, -ее.

Adjektive und Partizipien werden **als Substantive** verwendet und
adjektivisch dekliniert: **36**

портнóй Schneider, завéдующий Verwalter, столóвая (*ergänze* кóмната) Eßzimmer, легковáя (*ergänze* автомаши́на) Personenkraftwagen, грузовáя Lastkraftwagen, живóтное Tier, пирóжное Kuchen.

Übungen

37

a) Beantworten Sie folgende Fragen:

1. Где Татья́на Алексáндровна слýжит машини́сткой? (Prädikatsnomen bei слýжить im Instrumental, deutsch „als"). 2. Кто
ей диктýет деловóе письмó? 3. Что дéлает Татья́на пóсле диктóвки? 4. Каки́е (welche) указáния имéются на блáнке?

b) Konjugieren Sie folgende Sätze:

1. Я идý в гóрод. 2. Я диктýю дóчери письмó. 3. Я стено-
графи́рую письмó под диктóвку завéдующего. 4. Я пишý
деловы́е пи́сьма на пи́шущей маши́нке. 5. Я дóлжен (*f* должнá)
написáть егó на блáнке фи́рмы (nur im Singular).

c) Deklinieren Sie folgende Ausdrücke:

1. пéрвое пóле. 2. большóе гóре мáтери. 3. название торгó-
вого предприя́тия. 4. отделéние дáмских матéрий. 5. городскóй трамвáй. 6. рáзные указáния. 7. немéцкая мать.

d) Übersetzen Sie:

1. Ich bin[1] Leiter der Handelsabteilung eines Kaufhauses.
2. Tatjana ist meine (моя́) Stenotypistin. 3. Sie stenographiert
die Briefe, die ich diktiere, und schreibt sie (их [ix]) mit der
Schreibmaschine. 4. Der Name des Unternehmens und andere
Angaben sind auf dem Geschäftsformular vorhanden. 5. [2]Manch-
mal [3]benutzen [1]wir einen Code. 6. Das Kaufhaus hat (in dem
Kaufhaus sind) fünf Stenotypistinnen und viele[2] Verkäuferinnen.
7. In den Großstädten gibt es viele Kaufhäuser und Geschäfte.
8. In der Stadt ist eine Filiale (Abteilung) der Staatsbank.
9. Ich fahre in die Stadt und gehe in ein Geschäft, wo es eine
große Auswahl von Damenstoffen gibt. 10. Der graue Stoff gefällt mir nicht besonders. 11. Was sagen Sie? Fünf Rubel? —
Das ist zu teuer.

---

[1]) Das Präsens von „sein" (Kopula) wird durch Gedankenstrich bezeichnet, wenn das Subjekt ein Personalpronomen und das Prädikatsnomen ein Substantiv ist. Vgl. auch die Anmerkung
zu [7 e, Satz 4].

[2]) „Viele" mit einem Substantiv wird meist durch мнóго mit folgendem Genitiv wiedergegeben.

6. LEKTION

38 **Татьяна пишет деловое письмо**
ta'tjanɐ 'ɲiʃət dɘła'vɔjə ɲiş'mɔ

(Окончание)
(akan'tʃʃaɲijə)

Сперва машинистка пишет адрес, т. е.
spır'va maʃɨ'ɲistkɐ 'ɲiʃət 'adɾəs, 'tɔjəşt

местожительство лица или местона-
məsta'ӡiţəlstvɐ ļi'tsa 'iļi məstɐnɐ-

хождение предприятия (название го-
xaӡ'dɘɲijə pɾɘtpɾi'jaţijɐ (na'zvaɲijə 'gɔ-

рода, улицы и номер дома), которому
rɐdɐ, 'uļitsɨ i 'nɔmɘr 'dɔmɐ), ka'tɔrɐmu

адресуется письмо. Затем она пишет
adɾɪ'sujıtsɐ ɲiş'mɔ. za'ţem a'na 'ɲiʃət

фамилию лица или название предпри-
fa'miļiju ļi'tsa 'iļi na'zvaɲijə pɾɘtpɾi-

ятия.
'jaţijɐ.

Письмо начинается¹ указанием числа,
ɲiş'mɔ nɐtʃi'najıtsɐ uka'zaɲijɪm tʃɭi'sła,

месяца и года, при чем подразуме-
'meşətsɐ i 'gɔdɐ, pɾi ţʃɔm pɐdɾɐzumi-

вается, что⁴ день написания письма
'vajıtsɐ, ʃtɔ dɘɲ nɐɲi'saɲijɐ ɲiş'ma

является⁵ одновременно и днем от-
jɪ'vļajıtsɐ adna'vɾemənnɐ i dɲɔm at-

правления.
pra'vļeɲijɐ.

Каждое письмо имеет текущий номер,
'kaӡdɐjə ɲiş'mɔ i'mejıt ţɪ'kuʃţʃi 'nɔmɘr,

на который получатель обычно ссы-
nɐ ka'tɔrɪj pɐłu'tʃaţəl a'bɪţɭnɐ ssɨ-

лается при ответе. Нумерация эта⁶
'łajıtsɐ pɾi at'veţə. numɪ'ratsɨjə 'etɐ

позволяет отправителю легко следить⁷
pɐzva'ļajıt atpra'viţəlu ļıx'kɔ şļı'dɪţ

сперва́ zuerst

т. е. = то́ есть d. h., das heißt

местожи́тельство Wohnort

лицо́ (4) Gesicht; Person

и́ли oder

местонахожде́ние Aufenthaltsort, Sitz

у́лица³ Straße

дом (1), *N/P* -а́ Haus

адресу́ется (*D*) adressiert wird an
зате́м dann
фами́лия Familienname
начина́ется beginnt
число́ (4), *G/P* чи́сел² Zahl; Datum
ме́сяц³ Monat
год Jahr
при чём wobei
подразумева́ется es wird angenommen
что⁴ daß
день *m* [10] Tag
написа́ние das Schreiben
явля́ется⁵ ist
одновре́менно gleichzeitig
и auch
отправле́ние Absendung
ка́ждый jeder
име́ть (e) haben
теку́щий [35] laufend
получа́тель *m* Empfänger
обы́чно gewöhnlich
ссыла́ется на (*A*) bezieht sich auf
при (*P*) bei
отве́т Antwort

нумера́ция Numerierung
э́та *f* diese
позволя́ть (e) erlauben
отправи́тель *m* Absender
легко́ leicht
следи́ть за (*I*) verfolgen

за всей перепиской. После адреса сле-
za ʃʂej pərɪ'pʲiskej. 'pɔʂlə 'adɾəsɐ 'ʂlʲe-

дует текст письма. Стиль делового
dujɪt ţekst pʲiʂ'ma. ʂţilʲ dəła'vɔvɐ

письма требует[8] правильности, чистоты
pʲiʂ'ma 'tɾebujɪt 'praɣiʲlnɐʂţi, ţɕista'tɪ

и точности письменной речи. Совре-
i 'tɔţɕnɐʂţi 'pʲiʂmənnej 'ɾeţɕi. sɐvɾɪ-

менная корреспонденция избегает[8]
'mʲennɐjɐ kɐɾɾəspan'dɛntsɪjɐ izbʲɪ'gajɪt

всех лишних оборотов речи.
fʂɛx 'lʲiʃnʲix aba'rɔtɐf 'ɾeţɕi.

Татьяна Александровна закончила
ta'tjanɐ alʲɪ'ksandrɐvnɐ za'kɔnţɕiłɐ

письмо. Она несет его к заведующему
pʲiʂ'mɔ. a'na nʲɪ'ʂɔt jɪ'vɔ gza'ɣedujuţɕɕəmu

на подпись.
na 'pɔtpʲiʂ.

за всей перепи́ской den ganzen Briefwechsel
перепи́ска Briefwechsel
текст Text
стиль *m* Stil
тре́бует fordert
пра́вильность *f* Richtigkeit
чистота́ Reinheit
то́чность *f* Genauigkeit
пи́сьменный schriftlich
речь *f* Rede, Sprache [43 c]
совреме́нный modern
корреспонде́нция Korre-
spondenz
избега́ть (e) vermeiden
всех *G/P von* все alle
ли́шний überflüssig
оборо́т ре́чи Redensart
она́ зако́нчила sie hat beendet
несёт trägt
по́дпись *f* Unterschrift

Erläuterungen   39

1) Bei dem intransitiven Verb начина́ться (1. u. 2. Person ungebräuchlich) wird „mit etwas" durch den Instrumental übersetzt.

2) Wenn ein Kasus besonders angegeben ist, so hat er meist irgendeine Unregelmäßigkeit in der Bildung, oder die an und für sich regelmäßige Bildung fällt irgendwie aus dem Rahmen der Deklination des Grundtyps heraus. Im endungslosen Genitiv Plural von число́ wird der leichteren Aussprache wegen ein e eingefügt.

3) Beachte bei у́лица und ме́сяц den Einfluß des LG III [19]: *I/S* у́лицей, *I/S* ме́сяцем, *G/P* ме́сяцев.

4) Über die Aussprache von что vgl. [15/7].

5) явля́ться ist literarische Ausdrucksweise für „sein" und wird vor allem dann gebraucht, wenn Subjekt und Prädikatsnomen Substantive sind. Das Prädikatsnomen (днём) steht dabei im Instrumental.

6) Demonstrativpronomen stehen wie im Deutschen gewöhnlich vor dem Substantiv. Durch die Nachstellung von э́та wird der Begriff (нумера́ция) hervorgehoben, der den Gedanken des vorhergehenden Satzes aufnimmt oder weiterführt. 'Эта нумера́ция wäre auch richtig.

7) Man beachte, daß die Rektion des russischen Verbs nicht immer mit der des entsprechenden deutschen übereinstimmt. Nach „verfolgen" (im Sinne von „beobachten") folgt ein Akkusativobjekt, nach следи́ть folgt die Präposition за mit dem Instrumental.

8) Die Verben тре́бовать „fordern" und избега́ть „vermeiden" regieren den Genitiv.

Grammatik

40   **Das Präsens des reflexiven Verbs**

	занима́ться	sich beschäftigen	
я	занима́ю-сь	мы	занима́ем-ся
ты	занима́ешь-ся	вы	занима́ете-сь
он она́ оно́	занима́ет-ся	они́	занима́ют-ся

a) Die Formen des reflexiven Verbs bildet man durch Anhängen von **ся** nach Konsonant (wobei das weiche Zeichen in der 2. Person ohne Einfluß bleibt), von **сь** nach Vokal; **ся** heißt also „mich, dich, sich, uns, euch (sich), sich". In den Verbindungen **-ться** (Infinitiv) und **-тся** (3. Personen) wird diese Endung wie [tsɐ] ausgesprochen.

b)

Я занима́ю уча́стников кружка́.	Ich beschäftige die Teilnehmer des Zirkels.
Уча́стники кружка́ занима́ются.	Die Teilnehmer des Zirkels beschäftigen sich.

Wie im Deutschen können viele Verben reflexiv gebraucht werden.

c)

Я начина́ю ле́кцию.	Ich beginne die Vorlesung.
Ле́кция начина́ется.	Die Vorlesung beginnt.

In einigen Fällen entspricht das einfache Verb dem deutschen transitiven, das reflexive dem deutschen intransitiven Zeitwort.

d)

Она́ мне нра́вится.	Sie gefällt mir.
Я отдыха́ю.	Ich ruhe mich aus.

Oft entspricht dem deutschen einfachen Verb ein russisches Reflexiv; ebenso учи́ться lernen, по́льзоваться gebrauchen; seltener entspricht einem russischen einfachen Verb ein deutsches Reflexiv.

e)

Письмо́ адресу́ется заве́дующему.	Der Brief wird an den Verwalter adressiert.

Das (meist durative [52]) Reflexiv dient zur Umschreibung des deutschen Passivs. So kann also z. B. устра́иваться zwei Bedeutungen haben:

60

1. sich einrichten;   2. eingerichtet (veranstaltet) werden,
z. B.:

Я устра́иваюсь в э́той ко́мнате.   Ich richte mich in diesem Zimmer ein.

Устра́иваются киносеа́нсы.   Es werden Filmvorführungen veranstaltet.

Die Deklination der Feminina auf -я (Grundtyp B)   **41**

N/S	неде́л**я** Woche	N/P	неде́л**и**
G	неде́л**и**		неде́л**ь**
D	неде́л**е**		неде́л**ям**
A	неде́л**ю**		неде́л**и**
I	неде́л**ей** (-ею)		неде́л**ями**
P	о неде́л**е**		о неде́л**ях**

a) Der harten Deklination der Feminina auf -a [25] entspricht die weiche auf -я. Die Endungen sind im Grunde genommen die gleichen: an Stelle der harten Vokale treten die entsprechenden jotierten Vokale. Dem weichen Zeichen im Genitiv Plural stand in der alten Rechtschreibung ein hartes (газе́тъ) gegenüber, das nach den Regeln der neuen Rechtschreibung [12] weggefallen ist. Die Betonung innerhalb der Deklination ändert sich nur in wenigen Fällen.

b) Bei vielen Substantiven auf -я zeigt der Genitiv Plural eine besondere Bildung, die man sich besonders merken muß. So hat чита́льня (Lesezimmer) im Genitiv Plural чита́лен.

Die Deklination der Feminina auf -ия (Grundtyp C)   **42**

N/S	ле́кц**ия** Vorlesung	N/P	ле́кц**ии**
G	ле́кц**ии**		ле́кц**ий**
D	ле́кц**ии**		ле́кц**иям**
A	ле́кц**ию**		ле́кц**ии**
I	ле́кц**ией** (-иею)		ле́кц**иями**
P	о ле́кц**ии**		о ле́кц**иях**

a) Die Deklination der Feminina auf -ия, die sehr zahlreich sind und die alle ohne Akzentwechsel regelmäßig dekliniert werden, weicht nur im Dativ Singular, Präpositiv Singular und Genitiv Plural von der der Feminina auf -я ab. Zu diesem Grundtyp gehören viele Fremdwörter. Bisher sind folgende Feminina auf -ия vorgekommen: аудито́рия, лаборато́рия, ма́терия, нумера́ция, корреспонде́нция, фами́лия.

N/S	по́дпись	Unterschrift	N/P	по́дписи
G	по́дписи			по́дписей
D	по́дписи			по́дписям
A	по́дпись			по́дписи
I	по́дписью			по́дписями
P	о по́дписи			о по́дписях

a) Die Deklination der Feminina auf -ь unterscheidet sich grundsätzlich von der der anderen Feminina. Da Substantive auf -ь auch männlich sein können [10], so muß man sich das Geschlecht bei diesen Substantiven besonders merken. Abstrakta sind vorwiegend weiblich.

b) Bei einigen bleibt die Betonung des Nominativs Singular erhalten, z. B. то́чность (Genauigkeit), пра́вильность (Richtigkeit).
Die meisten jedoch werden nach der Akzentregel (2) betont, z. B.
дверь (2) „Tür", две́ри, -и, две́рь, -ью, -и; pl. две́ри, двере́й,
-я́м, две́ри, -я́ми, -я́х[1].

c) Als Variante sind die **Feminina auf Zischlaut + ь** zu betrachten, die
durch das LG II beeinflußt werden, z. B.: речь (2) „Rede", -и, -и,
речь, -ью, -и; pl. ре́чи, рече́й, -а́м, ре́чи, -а́ми, -а́х. (Hiermit sind
alle Grundtypen der Deklination der Substantive behandelt
worden.)

44   **Die Regel für den Akkusativ**
(Zusammenfassung [6 d; 24 c; 26])

	Я ви́жу специали́ста	Ich sehe den Spezialisten
aber:	мать	die Mutter
	продавщи́цу	die Verkäuferin
	дя́дю (N/S дя́дя)	den Onkel
	живо́тное	das Tier
	специали́стов	die Spezialisten
und ebenso:	матере́й	die Mütter
	продавщи́ц	die Verkäuferinnen
	дя́дей	die Onkel
	живо́тных	die Tiere

Bei allen Substantiven, die Lebewesen bezeichnen, ist der **Akkusativ
gleich dem Genitiv**

1. im Singular der männlichen Deklination (mit Ausnahme der Substantive auf -a und -я mit männlicher Bedeutung),

2. im Plural aller Deklinationen.

Diese Regel bezieht sich auch auf substantivierte Adjektive und
Partizipien: Я ви́жу заве́дующего.

---
[1]) Der Plural две́ри wird auch im Sinne des Singulars gebraucht, zumal wenn die Tür aus
zwei Flügeln besteht. Vgl. Text [14].

N	кто	что
G	кого́	чего́
D	кому́	чему́
A	кого́	что
I	кем	чем
P	о ком	о чём

для чего́ wofür, wozu

a) Aussprache: что [ʃtɔ], кого́ [kaˈvɔ], чего́ [tɕɪˈvɔ][1]

b) Beachte die Ausdrücke:

кем	durch wen	из чего́ woraus
чем	wodurch, womit	на что auf was, worauf
в чём	worin	о чём worüber

по́сле чего́ worauf, wonach (*zeitlich*)

Übungen   46

a) Beantworten Sie folgende Fragen:

1. Что машини́стка пи́шет сперва́? 2. Каки́е указа́ния име́ются в а́дресе? 3. Что она́ пи́шет пото́м (dann)? 4. Чем начина́ется ка́ждое письмо́? 5. Како́й но́мер име́ет ка́ждое письмо́? 6. На что ссыла́ется получа́тель письма́ при отве́те? 7. Для чего́ слу́жит э́та нумера́ция? 8. Что сле́дует по́сле а́дреса? 9. Чего́ тре́бует стиль делово́го письма́? 10. Чего́ избега́ет совреме́нная корреспонде́нция? 11. К кому́ Татья́на несёт письмо́ на по́дпись?

b) Konjugieren Sie:

1. Я нахожу́сь в клу́бе. 2. Я сажу́сь в трамва́й. 3. Я учу́сь ру́сскому языку́. 4. Я по́льзуюсь трамва́ем. 5. Я ссыла́юсь на теку́щий но́мер.

c) Deklinieren Sie:

1. больша́я чита́льня; 2. се́рая мате́рия; 3. теку́щая нумера́ция; 4. пи́сьменная речь; 5. друга́я дверь.

d) Übersetzung:

1. Wer ist der Leiter des Unternehmens? 2. An wen wird der Brief adressiert? 3. Ich benutze die Ferien, um (чтобы) mich auszuruhen. 4. Womit beschäftigt sich Kolja in Moskau? 5. Er [2]befindet sich [1]dort, [3]um [5]Russisch zu [4]lernen. 6. Worüber [2]sprecht [1]ihr? — Wir sprechen über die Stoffe, die [2]im Fenster des Geschäfts [1]liegen. 7. Stellen Sie sich vor, die Tochter von Tatjana Iwanowna [2]lernt [1]schon Algebra. 8. Im Laboratorium [2]beschäftigen [1]wir uns nach dem Unterricht. 9. Mir gefällt die junge Verkäuferin. 10. Die Briefe, die die [2]Stenotypistin [1]schreibt, werden den Kunden (клие́нт) zugesandt. 11. Die [2]Empfänger der Briefe beziehen sich [1]bei der Antwort auf die laufende

---

[1]) In den adjektivischen und pronominalen Genitivendungen oro und ero wird r stets wie [v] ausgesprochen, worauf schon in ⑳ hingewiesen worden ist.

Nummer. 12. Wir erlauben den Stenotypistinnen, ²überflüssige Redensarten zu ¹vermeiden. 13. Wir fordern Reinheit und Klarheit des Stils. 14. Guten Tag, Nikolaj, ich bringe die Briefe zur Unterschrift.

e) Erzählen Sie den Inhalt der Texte [29] und [38] in der Ich-Form („Ich bin Stenotypistin in einem Kaufhaus. usw.").

7. LEKTION

47

1. В средней школе
'fṣɾedɲəj 'ʃkɔlə

Три года¹ Коля учился в московской
ţɾi 'gɔdɐ 'kɔlɐ u'ţ̣ʃiłsɐ wma'skɔfskɐj

средней школе. Он был прилежный
'ṣɾedɲəj 'ʃkɔlə. ɔn bɨł pɾi'lɛʒnɨj

и добросовестный ученик. В школе
i dɐbra'sɔɣəsnɨj uţ̣ɾɪ'ɲik. 'fʃkɔlə

учащиеся занимались² всеми нужными
u'ţ̣ʃaţ̣ʃijɪsɐ zɐɲi'maļiṣ 'fṣɛmi 'nuʒnɨmi

для жизни³ предметами. Они изучали
dļɪ 'ʒɨẓɲi pɾɪd'mɛtɐmi. a'ɲi izu'ţ̣ʃaļi

русский язык, литературу, историю,
'ruskʲi jɪ'zɨk, ļiţəra'turu, i'stɔɾiju,

географию, математику, физику и
ɡ̣ əa'grafiju, maţə'maţiku, 'fiẓiku i

другие науки. После занятий они зани-
dru'ɡ̣ ijə na'uķi. 'pɔṣlə zɐ'ɲæţij a'ɲi zɐɲi-

мались спортом, как-то: волейболом,
'maļiṣ 'spɔrtɐm, 'kaktɐ vɐļəj'bɔłɐm,

футболом и т. п. Они, вообще⁴,
fut'bɔłɐm i ta'mu pa'dɔbnɐjə. a'ɲi, vɐab'ĺţ̣ʃɛ,

старались стать⁵ хорошими спортсме-
sta'raļiṣ staţ xa'rɔʃɨmi sparts'mɛ-

нами. По вечерам они принимали
nɐɲi. pɐ ɣəţ̣ɪ'ram a'ɲi pɾiɲi'maļi

срéдняя шкóла höhere Schule, Oberschule
учи́ться (D) lernen
москóвский Moskauer (Adj.)
быть [51 b] sein
прилéжный fleißig
добросóвестный gewissenhaft
учени́к (3) Schüler
уча́щийся [35] Schüler
занима́ться (I) sich beschäftigen, lernen
всéми, I/P von все alle
ну́жный nötig
для (G) für
жизнь f Leben
предмéт Gegenstand; Fach
ру́сский russisch
литерату́ра Literatur
истóрия Geschichte
геогра́фия Geographie
матема́тика Mathematik
фи́зика Physik
нау́ка Wissenschaft
спорт Sport
волейбóл Volleyball
футбóл Fußball
и т. п. = и тому́ подóбное und dergleichen
вообщé überhaupt
стара́ться sich bemühen
стать werden
хорóший gut
спортсмéн Sportler
вéчер (1), N/P -á Abend
по вечера́м an den Abenden, abends
принима́ть уча́стие в (P) teilnehmen an

64

участие в разных кружках, иногда
u'tɕastijə 'wraznɨx kruʃ'kax, inag'da

устраивали спектакли или киносеансы.
u'straiveḷi spɪk'takḷi 'iḷi ķineṣɪ'ansɨ.

Часто[6] Коля думал о своих родных,
'tɕastɐ 'koḷɐ 'dumɐł ɐ sva'jix rad'nɨx,

писал им письма. После трехлетнего
ɲi'sał im 'ɲiṣmɐ. 'poṣḷə trɔx'ḷetɲəvɐ

пребывания в школе Коля выдержал
prɐbɨ'vaɲijɐ 'fʃkoḷə 'koḷɐ 'vɨdɐrʒɐ ł

экзамен и возвратился на родину.
ɛg'zamən i vɛzvra'tɕiłṣɐ na 'rɔdịnu.

своих, *P/P* von свой seine

родной Angehörige(r)

писать schreiben

им ihnen

трёхлетний dreijährig

пребывание Aufenthalt
выдержать bestehen
экзамен Prüfung
возвратиться *pf.* zurückkehren
родина Heimat

Erläuterungen   48

1) Nach den Zahlen 2-4 steht der Genitiv Singular [15/6].
2) заниматься mit dem Instrumental „sich beschäftigen mit etwas".
3) Beachte diese typisch russische Stellung: Wenn ein Attribut (нужный) eine Ergänzung (для жизни) bei sich hat, so steht diese Ergänzung unmittelbar nach dem Attribut. Weiteres Beispiel: трудная по технике работа eine technisch schwierige Arbeit.
4) вообще ist ein eingeschalteter Ausdruck [15/4].
5) стать mit dem Instrumental „etwas werden".
6) Durch die Voranstellung wird часто besonders hervorgehoben [12 b].

2. Ученый сын
u'tɕonɨj sɨn   49

Сын[1] приехал из города к отцу в
sɨn prɪ'jexɐł iz 'gorɐdɐ kat'tsu

деревню. Отец ему сказал: „Теперь у
wdɪ'ṛevṇu. a'tɕets jɪ'mu ska'zał: tɪ'ṇeṛ u

нас покос, возьми грабли[2] и помоги
nas pa'kɔs, vaẓ'mi 'grabḷi i pɐma'gị

мне." А сыну не хотелось работать и
mṇɛ. a 'sɨnu ṇə xa'tɕełəṣ ra'bɔtɐt i

он ответил: „Я учился наукам и все
ɔn at'ṿetɪł: ja u'tɕiłṣɐ na'ukɐm i fṣɛ

мужицкие слова забыл. Что такое[3]
mu'ʒitsķijə słа'va za'bɨł. ʃtɔ ta'kojə

грабли?" — Как только он пошел по[4]
'grabḷi? — kak 'tɔḷkɐ ɔn pa'ʃoł 'pɔ

учёный gelehrt
сын[1] Sohn
приехать *pf.* angereist kommen
из (*G*) aus
деревня, *G/P* -вень Dorf
отец, отца Vater
сказать sagen
покос Heumahd
возьми nimm
грабли *nur pl.*, *G/P*-бель *u.*
-блей Rechen
помоги hilf   [keine Lust]
мне не хотелось ich hatte]
ответить antworten
мужицкий bäuerlich
слово (1) Wort
забыть vergessen
что такое[4] was ist
как только sobald, als
он пошёл [51 c] er ging
двор (3) Hof
по двору über den Hof

двору и наступил на грабли, они
dveru i nɛstuˈn̦il̦ na ˈgrabl̦i, aˈn̦i

ударили его по[4] лбу. Тогда он и вспом-
uˈdar̦il̦i jɪˈvɔ ˈpɔ łbu. tagˈda ɔn i ˈfspɔm-

нил, что такое грабли, хватился за лоб
n̦ił, ʃtɔ taˈkɔjə ˈgrabl̦i, xvaˈțił̦şɛ za łɔp

и сказал: „И[5] что за дурак тут грабли
i skaˈzał: i ʃtɔ za duˈrak tut ˈgrabl̦i

бросил!“
ˈbrɔşił!

(По Толстому)
(pɛ tałˈstɔmu)

наступи́ть на (A) treten auf
уда́рить *pf.* schlagen
лоб, лба Stirn
по́ лбу auf (gegen) die Stirn
тогда́ dann, da
вспо́мнить sich erinnern
хвати́ться за (A) sich fassen an
дура́к (3) Dummkopf
что за дура́к was für ein Dummkopf
тут hier
бро́сить (hin)werfen
по Толсто́му nach Tolstoj

50 **Erläuterungen**

1) сын (1) gehört einer Variante zum Grundtyp der Maskulina an, die im Nominativ Plural (außer sonstigen Unregelmäßigkeiten in der Bildung) die Endung ья haben: *pl.* сыновья́, -е́й, -ья́м usw.

2) гра́бли „Rechen" ist ein Pluraletantum wie кани́кулы *f*, *G/P* кани́кул.

3) ..., was ein Rechen ist, ... тако́е steht zusätzlich oft nach что. Redensart: Что тако́е? Was ist? Was gibt's? Was ist los?

4) Nicht selten geht bei präpositionalen Verbindungen (besonders bei ein- und zweisilbigen Wörtern) der Akzent auf die Präposition über: по́ лбу, по́ двору.

5) **И** что за дура́к ... Was für ein Dummkopf hat **denn** hier den Rechen hingeworfen!

Grammatik

51 ### Die Bildung des Präteritums

Das Bildesuffix des Präteritums ist л; рабо́та-ть (arbeiten)							
я	ты	он	она́	оно́	мы	вы	они́
рабо́та-л *m*							
-ла *f*		-л	-ла	-ло			-ли
-ло *n*							

a) Das Präteritum im Russischen hat keine Personalendungen, sondern nur verschiedene Endungen für die drei Geschlechter des Singulars und eine Endung für den Plural. Wie oben werden alle Präterita von Infinitivstämmen mit auslautendem Vokal gebildet, und zwar sowohl von der e- als auch von der и-Konjugation. Я рабо́тала sagt eine weibliche Person; mit ты рабо́тала redet man eine solche an; я, ты, оно́ рабо́тало setzt etwas Sächliches als Subjekt voraus.

b) Bei einigen Verben tritt eine Akzentverschiebung ein, die keinem Gesetz unterliegt. So ist z.B. bei einigen einsilbigen Infinitivstämmen die weibliche Form endungsbetont: брать (nehmen), брал, брала́, бра́ло, бра́ли; быть (sein), был, была́, бы́ло, бы́ли. Bei einigen mit Präfix gebildeten Verben zieht das Präfix den Ton auf sich, und nur die weibliche Form ist endungsbetont: поня́ть (verstehen), по́нял, поняла́, по́няло, по́няли. Vgl. hierzu das „Verzeichnis der Zeitwörter".

c) Die reflexiven Verben werden ebenfalls so gebildet:
по́льзоваться (benutzen), по́льзовал-ся, по́льзовал-ась, -ось, -ись;
хвати́ться (greifen), хвати́л-ся, хвати́л-ась, -ось, -ись;
идти́ (gehen) hat шёл, шла, шло, шли;
пойти́ (gehen), пошёл, пошла́, пошло́, пошли́.

Zeitstufen und Aspekte　52

a) Im Deutschen gibt es 6 Zeitstufen (Präsens, Imperfekt, Perfekt, Plusquamperfekt, 1. und 2. Futur), im Russischen nur drei (Präsens, Präteritum, Futur). In einer Erzählung, Schilderung oder Beschreibung ordnet der Deutsche die Handlung in die Zeitstufe ein, in der sie sich abspielt. Der Russe berücksichtigt daneben unbewußt, ob eine Handlung zeitlich unbegrenzt, also unvollendet ist oder sich wiederholt abspielt oder ob sie zeitlich begrenzt, vollendet oder einmalig ist. Der Deutsche gebraucht z.B. in der Erzählung das Imperfekt ohne Rücksicht darauf, ob die Handlung durch diese Merkmale gekennzeichnet ist. Für die Wahl der richtigen Verbform sind dagegen im Russischen die Begriffe „Unvollendung" (zeitlich unbegrenzt) und „Vollendung" (zeitlich begrenzt), die man als Aspekte (vom lateinischen Verb aspicere „ansehen, betrachten") bezeichnet, von ausschlaggebender Bedeutung.

b) Das **Präsens**. Ob ich sage „Er spielt gut" (d.h. überhaupt, immer) oder „Er spielt etwas vor" (d.h. gegenwärtig) oder „Er spielt schon eine Stunde" (also eine längere Zeit) oder „Er spielt jeden Tag eine Stunde" (wiederholte Handlung), — in allen diesen Fällen bringt das Präsens eine Handlung zum Ausdruck, die zeitlich unbegrenzt und unvollendet ist. Wir sagen kurz: Das Präsens ist unvollendet (durativ, Abkürzung dur.).

c) Anders verhält es sich beim **Präteritum**, das unabhängig davon, ob es im Deutschen im Imperfekt, Perfekt oder Plusquamperfekt steht, sowohl eine zeitlich unbegrenzte als auch eine zeitlich begrenzte Handlung ausdrücken kann. Vgl.:
Ich las (habe gelesen, hatte gelesen) täglich eine Stunde lang (wiederholte Handlung, also zeitlich unbegrenzt).

5*

Heute las (habe ich gelesen, hatte ich gelesen) ich nur die Zeitung (einmalige Handlung, also zeitlich begrenzt).

Im 1. Text lernte Kolja 3 Jahre; die Schüler beschäftigten sich täglich mit lebenswichtigen Fächern, sie trieben Sport usw. Alle diese Präterita drücken eine Handlung aus, die sich wiederholt, also zeitlich unbegrenzt ist. Und endlich „bestand" Kolja die Prüfung und „kehrte zurück". Diese beiden letzten Verben drücken eine einmalige Handlung aus, sind also zeitlich begrenzt. Sie sind vollendet (perfektiv, Abkürzung *pf.*), während alle übrigen durativ sind.

Im 2. Text wird eine fortlaufende Geschichte erzählt. Alle Präterita sind perfektiv, und nur учился zum Ausdruck der Dauer ist durativ. Die perfektiven Präterita führen die Handlung weiter, sie „erzählen"; die durativen Präterita drücken die Dauer oder Wiederholung aus, sie „beschreiben" oder „schildern".

d) Alle Zeiten, die eine zeitlich unbegrenzte, unvollendete oder wiederholte Handlung ausdrücken (was für das Präsens, das Präteritum und auch — wie wir später sehen werden — für das Futur möglich ist), können nur von durativen Verben gebildet werden.

Alle Zeiten, die eine zeitlich begrenzte, vollendete und damit einmalige Handlung ausdrücken (was für das Präteritum und das Futur möglich ist) können nur von perfektiven Verben gebildet werden.

Einem deutschen Infinitiv entsprechen also meist zwei russische Infinitive, von denen der eine durativ, der andere perfektiv ist. In [31 c] wird der durative Infinitiv писáть erwähnt, in [29] der perfektive Infinitiv написáть. Das Präsens kann nur von писáть gebildet werden, das Präteritum sowohl von писáть als auch von написáть. Der Bedeutungsunterschied ergibt sich aus folgenden Beispielen:

Я писáл всё ýтро, кáждый день.
Ich schrieb (habe, hatte geschrieben) den ganzen Morgen (*Dauer*), jeden Tag (*Wiederholung*).

Я написáл емý письмó.
Ich schrieb (habe, hatte geschrieben) ihm einen Brief (*einmalige, vollendete Handlung*).

e) Für den praktischen Gebrauch der russischen Verben ergibt sich aus dieser Betrachtung, daß der Lernende sich für ein deutsches Verb (in den meisten Fällen) zwei russische Verben einprägen muß, den durativen und den perfektiven Infinitiv, und für die

Bildung der Zeiten die 1. und 2. Person Präsens; denn alle russischen Verbformen werden entweder vom Infinitivstamm oder vom Präsensstamm abgeleitet. Für z. B. „antworten" muß er also lernen: отвечáть (e) *dur.*; отвéтить, отвéчу, отвéтишь *pf.*

Die Infinitivpaare sind aus dem alphabetisch geordneten „Verzeichnis der Verben" zu ersehen und zu lernen.

Die Deklination der Adjektive auf erweichten Stammauslaut (Langform) 53

	m		*n*		*f*	
N/S	сúний	сúтец	сúнее	мóре	сúняя	матéрия
G	сúнего	сúтца	сúнего	мóря	сúней	матéрии
D	сúнему	сúтцу	сúнему	мóрю	сúней	матéрии
A	сúний	сúтец	сúнее	мóре	сúнюю	матéрию
I	сúним	сúтцем	сúним	мóрем	сúней	матéрией
P	о сúнем	сúтце	сúнем	мóре	сúней	матéрии

a) Vgl. die Endungen dieser weichen Deklination mit denen der harten [27].

b) Die Adjektive auf erweichten Stammauslaut haben stets ein **н** vor der Endung: лúшний [38], срéдний [47].

c) Die weibliche Form des Instrumentals Singular endet (seltener) auch auf ею; dies gilt auch für die Adjektive auf harten Stammauslaut [27] u. [34].

N/P	сúние	сúтцы,	моря́,	матéрии
G	сúних	сúтцев,	морéй,	матéрий
D	сúним	сúтцам,	моря́м,	матéриям
A	сúние	сúтцы,	моря́,	матéрии
I	сúними	сúтцами,	моря́ми,	матéриями
P	о сúних	сúтцах,	моря́х,	матéриях

Übungen 54

a) Beantworten Sie folgende Fragen (1. Text):

1. Скóлько лет (Jahre) учúлся Кóля в москóвской срéдней шкóле? 2. Какóй он был ученúк? 3. Чем занимáлись учáщиеся в шкóле? 4. Какúе предмéты онú изучáли? 5. Чем онú занимáлись пóсле заня́тий? 6. Кем онú стáрались стать? 7. В чём онú принимáли учáстие по вечерáм? 8. Что онú

иногда́ устра́ивали? 9. Ко́ля ча́сто ду́мал о свои́х родны́х? 10. Что он им писа́л? 11. Когда́ он вы́держал экза́мен? 12. Куда́ он возврати́лся по́сле экза́мена?

b) Beantworten Sie folgende Fragen (2. Text):

1. Кто прие́хал из го́рода? 2. Куда́ он прие́хал? 3. Что ему́ сказа́л оте́ц? 4. Почему́ (weshalb) сы́ну не хоте́лось помо́чь (helfen) отцу́? 5. Что случи́лось (geschah), как то́лько сын пошёл по́ двору́? 6. Вспо́мнил ли[1] сын тогда́, что тако́е гра́бли? 7. Что он сказа́л?

c) Bilden Sie die vier Formen des Präteritums von folgenden Verben:

1. знать, 2. отдыха́ть, 3. изуча́ть, 4. слу́шать, 5. ду́мать, 6. жела́ть, 7. смотре́ть, 8. входи́ть, 9. стоя́ть, 10. сто́ить, 11. служи́ть, 12. купи́ть, 13. брать, 14. выпи́сывать, 15. диктова́ть, 16. следи́ть, 17. тре́бовать, 18. занима́ться, 19. находи́ться, 20. устра́иваться, 21. нра́виться, 22. име́ться.

d) Beachten Sie die Aspekte in folgender Übersetzung:

1. Als Tatjana [2]in Moskau [1]war, [2]trieb [1]sie (beschäftigte sie sich) verschiedene Fächer. 2. So zum Beispiel (наприме́р, *eingeschobener Ausdruck*!) [2]lernte [1]sie auch die deutsche Sprache. 3. Kolja konnte (знать) die russische Literatur, als er [2]im (на) Examen [1]war. 4. Was [2]machte [1]er nach dem Unterricht? — Er trieb Sport. 5. Was [2]machte [1]er nach dem Examen? — Er kehrte in das heimatliche Dorf zurück. 6. Abends [3]sprach [1]sie [2]oft mit den Kameraden, die [2]im Klub [1]waren. 7. Er [1]ist [2]ein guter Sportler [1]geworden. 8. In Moskau [2]nahm [1]ich an dem Zirkel für Radioamateure teil. 9. Ich ging zur letzten (после́дний) Vorstellung ins Kino. 10. Die Vorstellung [3]hat [1]mir [2]sehr gefallen.

e) Übersetzen Sie:

Als Kolja [2]aus Moskau [3]ins Dorf [1]zurückgekehrt war, hatte er keine Lust, [2]dem Vater auf dem Feld zu [1]helfen. Eines Tages (одна́жды) bat (попроси́л) [2]ihn [1]der Vater, [2]den Rechen [zu] [1]nehmen und [4]aufs Feld [zu] [3]gehen, [um zu] arbeiten. Der Sohn sagte: „Was ist ein Rechen? Ich habe die Bauernausdrücke vergessen." Als er [2]über den Hof [1]ging, [2]trat [1]er auf den Rechen, der [2]ihn [3]auf die Stirn [1]schlug. Da erinnerte er sich, was ein Rechen ist; er faßte sich an die Stirn, indem er sagte (sagend говоря́): „Was für ein Dummkopf hat den Rechen hier[her-] geworfen!"

---

[1]) Über ли vgl. [102 d].

70

8. LEKTION

1. Разлука с родной деревней
razˈłukɐ   sradˈnɔj   dɪˈɻevŋəj

Алеша жил в деревне. Он наслушался
aˈłɔʃɐ ʒɨł wdɪˈɻevŋə. ɔn naˈsłuʃełʂɐ

рассказов о городе и городской жизни,
raˈskazɐf a ˈgɔrɐdə i gɐratˈskɔj ˈʒɨʐɳi,

и ему захотелось[1] пожить в городе.
i jɪˈmu zɐxaˈʈełɐʂ paˈʒɨʈ ˈwgɔrɐdə.

Ему казалось странным, что молодые
jɪˈmu kaˈzałɐʂ ˈstrannɨm, ʃtɔ mełaˈdɨjə

крестьяне[2] тоскуют, когда им прихо-
kɻɪˈʂʈjaŋə taˈskujut, kagˈda im pɻiˈxɔ-

дится[1] уходить в город на заработки.
ditsɐ uxaˈdɪʈ ˈwgɔrɐt na ˈzarɐbɐtҟi.

„О чем тут тосковать?[3]“ говорил он.
a ʈɕɔm tut tɐskaˈvaʈ? gɐvaˈɻɨł ɔn.

„Что хорошего[4] в нашей деревне?
ʃtɔ xaˈrɔʃɐvɐ ˈwnaʃəj dɪˈɻevŋə?

Хаты, поле да[5] лес, — и больше ничего.“
ˈxatɨ, ˈpɔłə da ļes, — i ˈbɔłʃə ɳiʈɕɪˈvɔ.

Прошло время. Алеша вырос. Надо[1]
praˈʃłɔ ˈvɻemŋɐ. aˈłɔʃɐ ˈvɨrɐs. ˈnadɐ

было ему пойти в город на заработки.
ˈbɨłɐ jɪˈmu pajˈʈi ˈwgɔrɐt na ˈzarɐbɐtҟi.

Когда настала минута расставания с
kagˈda naˈstałɐ m̩iˈnutɐ rɐstaˈvaŋijɐ

родителями, с родной деревней, заныло
sraˈdɪʈələm̩i, sradˈnɔj dɪˈɻevŋəj, zaˈnɨłɐ

у него сердце. „Эх“, говорит, „лучше
u ɳɪˈvɔ ˈʂertsə. ɛx, gɐvaˈɻit, ˈłutʃɕə

бы мне дома оставаться!“ — „На город
bɨ mŋə ˈdɔmɐ astaˈvatsɐ! — na ˈgɔrɐt

посмотришь[8]“, сказал ему отец: „за-
paˈsmɔʈɻiʃ, skaˈzał jɪˈmu aˈʈets: za-

разлу́ка с (I) Trennung von **55**
родно́й heimatlich
Алёша *Dim. zu* Алексе́й
Aljoscha, Alexej
жить *dur.* leben, wohnen
наслу́шаться (G) *pf.* (zur
Genüge an)hören
расска́з Erzählung
городско́й städtisch,⎰
ему́ ihm [Stadt...⎱
пожи́ть *pf.* [58/2] (eine
Zeitlang) leben, wohnen
каза́ться *dur.* scheinen
стра́нный seltsam
молодо́й jung
крестья́нин[2] Bauer
тоскова́ть *dur.* traurig sein
когда́ wann, wenn
прихо́дится man muß
им прихо́дится[1] sie müssen
уходи́ть *dur.* weggehen
за́работок, -тка Verdienst
на за́работки zum Ver-⎰
о чём worüber [dienen⎱
на́шей *P/S von* на́ша unser
ха́та (Bauern-)Hütte
по́ле (1) Feld
да[5] *hier:* und
лес (1), *N/P* -á Wald
бо́льше mehr; *hier:* weiter
ничего́ nichts
пройти́ *pf.* vergehen
вре́мя *n* [109] Zeit
вы́расти *pf.* aufwachsen
на́до (es ist) nötig
на́до бы́ло es war nötig
пойти́ *pf.* gehen
когда́ als
наста́ть *pf.* (heran)nahen
мину́та Minute [von⎰
расстава́ние с (I) Trennung⎱
роди́тели Eltern [(zu) tun⎰
заны́ть *pf.* (anfangen) weh⎱
у него́ bei ihm
се́рдце[6] Herz
эх ach [besser für mich⎰
лу́чше бы мне es wäre⎱
до́ма[7] zu Hause
остава́ться *dur.* bleiben

---

[1]) Von der 8. Lektion an wird jedes Verb durch die Abkürzungen *dur.* oder *pf.* als durativ oder perfektiv bezeichnet. Den zum durativen (perfektiven) Infinitiv gehörenden perfektiven (durativen) Infinitiv findet der Lernende im „Verzeichnis der Verben“.

был[8], что ли, как хотелось[1] тебе
'bɨł, 'ʃtɔ ļi, kak xa'tɛłɐş ţɪ'þɛ

в городе пожить!" — „Бог[9] с ним,
'wgɔrɐdə pa'ʒɨţ! — bɔx şɳim,

с городом!" отвечает Алеша, а сам пла-
'sgɔrɐdɐm! atɣɪ'ţɕajɪt a'ļɔʃɐ, a sam 'płɐ-

чет, как[10] малое дитя. — На весну
ţɕət, kak 'małɐjə đi'ţa. — nɐ ɣɪs'nu

Алеша вернулся домой. Веселый и
a'ļɔʃɐ ɣɪr'nułşɐ da'mɔj. ɣɪ'şɔłɪj i

счастливый[11] шел он по знакомой
ɕţɕɪ'şļivɨj ʃɔł ɔn pɐ zna'kɔmɐj

улице, вошел в родную хату. — „Ну,
'uļɪtsə, va'ʃɔł wrad'nuju 'xatu. — nu,

что же, хорошо в городе?" спраши-
'ʃtɔ ʒə, xɐra'ʃɔ 'wgɔrɐdə? 'spraʃɪ-

вает его отец. „Получше, я думаю,
vɐjɪt jɪ'vɔ a'ţɛts. pa'łuţɕʃə, ja 'dumɐju,

чем[10] у нас в деревне? Пожалуй, тебе
ţɕɛm u nas wđɪ'rɛvɳə? pa'ʒałuj, ţɪ'þɛ

домой-то идти и не хотелось?" — „Ну,
da'mɔjtɐ i'ţţi i ɳɪ xa'tɛłɐş? — nu,

нет, батюшка", отвечает Алеша: „в го-
ɳɛt, 'baţuʃkɐ, atɣɪ'ţɕajɪt a'ļɔʃɐ: 'wgɔ-

роде хорошо, а дома все-таки лучше."
rɐdə xɐra'ʃɔ, a 'domɐ 'fşɔtɐķi 'łuţɕʃə.

(По Толстому)

посмотреть на (A) pf. ansehen

что ли etwa

тебе dir

бог с ним *wörtlich* Gott mit ihm, d. h. ich will nichts mehr mit ihm (*hier*: ihr) zu tun haben

отвечать (e) dur. antworten

сам selbst

плакать dur. weinen

малый klein

дитя n [105/9] Kind

весна Frühjahr, Frühling

на весну zum Frühjahr

вернуться pf. zurückkehren

домой[7] nach Hause

весёлый fröhlich

счастливый glücklich

по (D) auf, über

знакомый bekannt

войти pf. hineingehen, eintreten

ну nun

что же wie ist es

хорошо gut

спрашивать (e) dur. fragen

получше etwas besser

чем als (*nach Komp.*)

пожалуй vielleicht, schließlich

нет nein

батюшка lieber Vater

---

56 Erläuterungen

1) Es gibt im Russischen zahlreiche **unpersönliche Ausdrücke**, die meist in Verbindung mit einem Infinitiv unpersönliche Sätze bilden; eine etwaige Person als Subjekt des deutschen persönlichen Satzes steht im Russischen im **Dativ**.

Захотелось пожить в городе.	Man möchte gern eine Zeitlang in der Stadt wohnen.
Ему захотелось ...	Er möchte gern ...
(Им) приходится уходить в город на заработки.	Man muß (sie müssen) in die Stadt zum Verdienen (weg)gehen.
Надо (ему) [было] идти в город.	Man (er) muß [mußte] in die Stadt gehen.

2) Maskulina auf **-янин** (**-анин**) [Variante zum Grundtyp A der Maskulina] крестья́нин, -а, -у (*sg. regelmäßig*); *pl.* крестья́не, **-я́н**, **-я́нам**, **-я́н**, **-я́нами**, **-я́нах**. Weitere Beispiele: граждани́н, (Bürger), *pl.* гра́ждане; англича́нин (Engländer), *pl.* англича́не.

3) „Worüber (soll man) hier traurig sein?" Vgl. deutsch „Was tun?", französisch „Que faire?" — Der Infinitiv steht nach einem Interrogativpronomen oder Frageadverb zum Ausdruck einer Überlegung, eines Zweifels usw. Eine Person als Subjekt des deutschen Satzes tritt in den Dativ: О чём **мне** тут тоскова́ть? Worüber soll ich hier traurig sein?

4) Что хоро́шего ... Was gibt es Gutes ... Vgl.: Что но́вого? Was gibt's Neues? — Ничего́ но́вого. Es gibt nichts Neues.

5) **да** knüpft in der Bedeutung „und" zwei Ausdrücke enger zusammen als и.

6) Die Neutra auf **-це** stehen als Variante zu dem Grundtyp B der Neutra unter dem Einfluß des **LG IV**: Nach dem stets harten ц steht a für я, у für ю, ы für и; се́рдце, -а, -у, -е, -ем, -е; *pl.* сердца́, серде́ц, сердца́м.

7) Zu дом „Haus" haben sich die alten Lokative (Kasusformen des Ortes) до́ма (lateinisch: domi) „zu Hause" und домо́й (lateinisch: domum) „nach Hause" erhalten.

8) Das Personalpronomen wird in der Umgangssprache sehr häufig ausgelassen: (ты) посмо́тришь, (ты) забы́л.

9) Beachte die abweichende Aussprache von бог; in den obliquen Kasus бо́га usw. wird normales [g] gesprochen.

10) Vor как und чем in der Bedeutung „als" bei einem Vergleich steht ein Komma.

11) „Fröhlich und glücklich ging er durch die bekannte Straße." — Im Deutschen werden „fröhlich" und „glücklich" als Adverbien aufgefaßt; im Russischen sind diese Wörter isolierte Attribute zur Bezeichnung einer Gemütsstimmung mit Bezug auf das Subjekt, mit dem sie in Kasus, Numerus und Genus übereinstimmen. Weiteres Beispiel: Она́ ухо́дит молчали́вая. Sie geht schweigend fort.

2. Разгово́р
rɛzga'vɔr

— Катя, есть ли у тебя деньги? —
— 'katʲe, jeşt ļi u tɪ'bʲa 'denɡi? —

Зачем? — На билет в кино. — Нет, у
za'tɕem? — ne bi'lʲet fķi'nɔ. — net, u

меня денег нет. Спроси у Андрея: он
mɪ'ɲa 'denək net. spra'şi u an'dɾeje: ɔn

получил получку. — А даст? — Ты
pełu'tɕił pa'łutɕku. — a dast? — tɪ

его знаешь, он всегда даст, если у него
jɪ'vɔ 'znajɪʃ, ɔn fsɪɡ'da dast, 'jeşļi u ɲɪ'vɔ

есть. — (Приходит Андрей.) — Андрю-
jeşt. — (pɾi'xɔdit an'dɾej.) — an'dɾu-

разгово́р Gespräch **57**
Ка́тя *Dim. zu* Екатери́на Katja, Katharina

есть ли у тебя́? hast du?

де́ньги[1] Geld

заче́м weshalb, wozu

биле́т Eintrittskarte

кино́[2] Kino, Lichtspieltheater

у меня́ нет (*G*) ich habe kein

спроси́ть (у *G*) *pf.* fragen (j-n)

Андре́й Andrej

получи́ть *pf.* erhalten, bekommen

полу́чка Lohn

ша, есть ли у тебя деньги на билет в
ʃɐ, jeʂt ļi u tʂɪ'ba 'denɡ̍i nɐ bʲi'ļɛt

кино для меня? — Если ты идешь со
fķɪ'nɔ dʲļə mʲɪ'ɲa? — 'jeʂļi tɨ i'dɔʃ sa

мной, у меня есть. — А Катя? — У нее,
mnɔj, u mʲɪ'ɲa jeʂt. — a 'kaţɐ? — u ɲɪ'jɔ,

насколько я знаю, уже есть билет. —
na'skɔļkɐ ja 'znaju, u'ʒɛ jeʂt bʲi'ļɛt. —

Ну, прекрасно, тогда мы пойдем все
nu, pʂɪ'krasnɐ, tag'da mɨ paj'dɔm fʂɛ

вместе.
'vmʲeʂtə.

дать *pf.* geben
даст (er) wird geben
знать *dur.* wissen, kennen
всегда́ immer
е́сли wenn
приходи́ть *dur.* (an)kommen
Андрю́ша *Dim. zu* Андре́й
со мно́й mit mir
у неё bei ihr
наско́лько soviel, soweit
прекра́сно ausgezeichnet
все alle
вме́сте zusammen

Erläuterungen

1) де́ньги (*nur pl.*) Geld, де́нег, деньга́м, де́ньги, деньга́ми, о деньга́х.
2) кино́ wird nicht dekliniert [152/4].

Grammatik

58   **Über die Bildung der durativen und perfektiven Infinitive**

Dem Lernenden drängt sich die Frage auf: „Wie stehen die beiden
Verben, die den durativen und perfektiven Aspekt vertreten,
formal zueinander?"

1.
[на]писа́ть schreiben,	[по]благодари́ть danken,
пить *dur.*, вы́пить *pf.* trinken	

Verben ohne Präfix (einfache Verben) sind meist durativ; **durch
ein Präfix werden sie perfektiv:** писа́ть ist also durativ, написа́ть
perfektiv. Ein Präfix, das dem einfachen Verb nur den Sinn der
Vollendung gibt, nennt man „leeres" Präfix. Bei den perfektiven
Verben mit dem Präfix вы́ übernimmt das Präfix die Betonung.

2.
бежа́ть *dur.* laufen	побежа́ть *pf.*	**anfangen** zu laufen, **losrennen**
пла́кать *dur.* weinen	запла́кать *pf.*	**anfangen** zu weinen
жить *dur.* wohnen, leben	пожи́ть *pf.*	**eine Zeitlang** leben, **wohnen**
знать *dur.* wissen, kennen	узна́ть *pf.*	erfahren

Präfixe (die dann keine leeren Präfixe mehr sind) können dem perfektiven Verb eine besondere Bedeutung geben.

3.

подписа́ть *pf.*, *dazu durative*	подпи́сывать	unterschreiben
описа́ть *pf.* *Komposita*	опи́сывать	beschreiben
заня́ть *pf.*	занима́ть	einnehmen
предложи́ть *pf.*	предлага́ть	anbieten
забы́ть *pf.*	забыва́ть	vergessen

In den meisten Fällen aber hat sich zu dem Verb mit einem Präfix, das eine neue Bedeutung erhalten hat, durch Änderung des Stammes ein duratives Kompositum gebildet, das nach der e-Konjugation konjugiert wird.

4.

a) купи́ть *pf.*	покупа́ть *dur.*	kaufen
b) подкупи́ть *pf.*	подкупа́ть *dur.*	bestechen
c) взять *pf.*	брать *dur.*	nehmen
d) разре́зать *pf.*	разреза́ть *dur.*	zerschneiden
e) обеща́ть *dur. u. pf.*	versprechen (*pf. a.* пообеща́ть)	
f) состоя́ть *nur dur.*	bestehen	
g) наслу́шаться *nur pf.*	zur Genüge hören	

Neben den ersten drei Fällen, die am häufigsten vorkommen, finden sich noch folgende Bildungen: Eine Anzahl einfacher Verben sind perfektiv und gehören meist der и-Konjugation an. Die dazugehörigen Durativa werden meist nach der e-Konjugation konjugiert (a). — Aber auch diese einfachen Verben können Vorsilben annehmen und erhalten dadurch eine neue Bedeutung (b). — In einigen Fällen werden Vollendung und Unvollendung durch Infinitive verschiedener Stämme wiedergegeben (c). — Die beiden Infinitive unterscheiden sich nur durch die Betonung (d). — Ein Infinitiv vertritt beide Aspekte (e). — Einige Verben vertreten nur einen Aspekt, entweder (meist) den durativen (f) oder den perfektiven (g).

Das Verb быть (sein)   59

Präsens: я ich bin, ты du bist usw.; [2/3] u. Seite 39, Fußnote [2]). Über есть in der Bedeutung „es gibt" [9/6].

Präteritum: я был (*f* была́, *n* бы́ло) ich war, bin (war) gewesen [51 b]; *pl.* мы (вы, они́) бы́ли; verneint betont man не́ был, не была́, не́ было, не́ были.

Futur: я бу́ду (ich werde sein), ты бу́дешь, он (она́, оно́) бу́дет, мы бу́дем, вы бу́дете, они́ бу́дут.

Die Bildung der beiden Futura   60

a) я бу́ду писа́ть,   b) я напишу́ ich werde schreiben

Sowohl vom durativen als auch vom perfektiven Infinitiv kann ein Futur gebildet werden. Das durative Futur ist eine mit **бу́ду** in der Bedeutung „ich werde" + durativem Infinitiv umschriebene Verbform (a); das perfektive Futur wird durch die **Präsensform des perfektiven Infinitivs** ausgedrückt (b).

61 **Die Aspekte des Futurs**

a) Я сейча́с напишу́ э́то письмо́.	Ich werde diesen Brief sofort schreiben.
b) Сего́дня ве́чером я бу́ду писа́ть пи́сьма.	Heute abend werde ich Briefe schreiben.
c) По вечера́м мы бу́дем занима́ться му́зыкой.	Abends werden wir musizieren.

Das perfektive Futur bezeichnet eine Handlung, deren Abschluß dem Sprecher auf kurz oder lang vorschwebt. Die Handlung ist also zeitlich begrenzt. Der Sprecher drückt die Absicht aus, den Abschluß der Handlung herbeizuführen, also den Brief fertig zu schreiben (a). — Das durative Futur drückt eine gewisse Dauer einer Handlung in der Zukunft aus oder auch eine Handlung in der Zukunft, deren Eintreten als ungewiß bezeichnet wird. Zum mindesten hat der Schreiber die Absicht, sich mit dem Schreiben von Briefen zu beschäftigen; dabei bleibt es offen, ob der Sprecher dazu kommt, mehrere Briefe zu schreiben und die Handlung bis zum Ende durchzuführen (b). — Das durative Futur drückt aber auch die Wiederholung einer Handlung in der Zukunft aus (c).

Der Deutsche gebraucht sehr häufig das Präsens im Sinne eines Futurs: „Ich schreibe diesen Brief sofort." „Heute abend schreibe ich Briefe." Bei der Übersetzung eines deutschen Präsens ist also stets darauf zu achten, ob es Futurbedeutung hat. (Über eine Ausnahme [86/8].)

62 **Das Personalpronomen**

		1. Person	2. Person	3. Person		
N/S		я ich	ты du	он er	оно́ es	она́ sie
G		меня́	тебя́	его́	его́	её
D		мне	тебе́	ему́	ему́	ей
A		меня́	тебя́	его́	его́	её
I		мной (мно́ю)	тобо́й (тобо́ю)	им	им	ей (е́ю)
P	обо мне [217/3]		о тебе́	о нём	о нём	о ней

	1. Person	2. Person	3. Person
N/P	мы wir	вы ihr, Sie	они́ sie
G	нас	вас	их
D	нам	вам	им
A	нас	вас	их
I	на́ми	ва́ми	и́ми
P	о нас	о вас	о них

a) In его wird г wie [v] gesprochen. In den Formen им, их, ими wird и jetzt ohne j-Anlaut gesprochen [im, ix 'imi]; ältere Aussprache: [jim, jix, 'jimi].

b) In Briefen werden die Formen вы, вас usw. (Sie, Ihrer usw.) mit großen Anfangsbuchstaben geschrieben (Вы, Вас usw.).

c) In Abhängigkeit von Präpositionen wird den Formen der 3. Person ein н vorgesetzt: о нём über ihn, для него́ (неё, них) für ihn (sie), к нему́ zu ihm.

Das Verb „haben" 63

a)

У него́ (есть) кни́га (кни́ги).	Er hat ein Buch (Bücher).
У Никола́я был биле́т (была́ кни́га, бы́ло письмо́; бы́ли биле́ты, кни́ги, пи́сьма).	Nikolaj hatte eine Eintrittskarte (ein Buch, einen Brief; Eintrittskarten, Bücher, Briefe).
У Татья́ны бу́дет кни́га (бу́дут кни́ги).	Tatjana wird ein Buch (Bücher) haben.

„Bei mir ist …" ist die übliche Umschreibung für „ich habe". Есть kann hinzugefügt werden, wenn auf „haben" ein gewisser Nachdruck liegt. Есть steht auch bei einem Subjekt im Plural. — Im Präteritum müssen die Formen von быть mit dem russischen Subjekt (deutsches Objekt) in Numerus und Genus übereinstimmen, im Futur nur in Numerus.

b)

У тебя́ (есть) биле́т? } Есть ли у тебя́ биле́т? }	Hast du eine Eintrittskarte?
Была́ ли у него́ кни́га?	Hatte er ein Buch?
Бу́дут ли у неё ну́жные кни́ги?	Wird sie die nötigen Bücher haben?

In der Frage wird есть meist hinzugefügt; есть ли, был ли, бу́дет ли steht nur, wenn die Frage damit beginnt.

c)

У меня нет (не было, не будет) книги (книг).	Ich habe (hatte, werde haben) kein Buch (keine Bücher).
У него нет (не было, не будет) книги (книг)? Нет ли (не было ли, не будет ли) у него книги (книг)?	Hat er (hatte er, wird er haben) kein Buch (keine Bücher)?

In der Verneinung wird der russische Satz unpersönlich: „Bei mir gibt es nicht des Buches." Das Verb steht in der 3. Person Singular, das Präteritum in der sächlichen Form, das deutsche Objekt im Genitiv.

64   Übungen

a) Beachten Sie die Anwendung der Aspekte des Futurs in den folgenden Sätzen:

1. In (на) den Ferien ¹werde [ich] ³alle Briefe ²schreiben. 2. Ich gehe (werde gehen) in die Stadt. 3. In (через A) einem Jahr ¹werde [ich] ³russische Bücher ²lesen. 4. Wir ²kommen ¹schon ⁴abends ³nach Hause zurück. 5. Ich ²werde ¹immer Sport treiben. 6. Ich schreibe diesen Brief heute abend. 7. Vielleicht (может быть) ³werden ¹sie ²mich fragen. 8. Zuerst ²werde ¹ich ³einen Brief schreiben, und (a) dann werde ich das Buch lesen, das mir ²mein Vater ¹gegeben hat (дал). 9. Ich ²werde ³Ihnen ¹immer ⁴helfen. 10. Ich kann mit Ihnen in (на) die Kinovorführung gehen. 11. Wir werden nach dem Unterricht arbeiten. 12. Wohin (куда) ²gehen ¹Sie nach der Kinovorführung? 13. Wissen [Sie] was — wir ¹werden ³mit ihm ²sprechen. 14. Wann ²wird ¹er ⁴von hier (отсюда) ³weggehen? 15. Wird er immer ²um diese (в это) Zeit ¹weggehen? 16. Was ²werden ¹Sie ⁴morgen (завтра) ³machen?

b) Übersetzung:

1. Ich habe den Schluß der Erzählung. 2. Sie hatte ein neues Zimmer. 3. Haben Sie eine gute Zeitschrift? 4. Nein (нет), ich habe nur die letzte Zeitung. 5. Hatten Sie keine anderen russischen Bücher? 6. Ich werde die nötigen Bücher haben. 7. Sie wird kein blaues Kostüm (костюм) haben. 8. Hatte Tatjana kein graues Kleid (платье)? 9. Wir haben eine große Auswahl von Damenstoffen. 10. Wieviel ³Meter ²haben ¹Sie? 11. Haben Sie keinen Rubel? 12. Wir haben im Zirkel einen bekannten Radiospezialisten. 13. Wird Nikolaj keine Stenotypistin haben? 14. Die Stenotypistin hatte keine Geschäftsbriefbogen. 15. Hatte der Bürger keine anderen Angehörigen? 16. Wird er kein Telefon haben? 17. Welche Telefonnummer haben Sie?

c) Beantworten Sie folgende Fragen:

1. Где жил Алёша? 2. О чём он наслу́шался расска́зов?
3. Что ему́ захоте́лось? 4. Что ему́ каза́лось стра́нным? 5. Что
он говори́л? 6. Что ему́ на́до бы́ло сде́лать, когда́ он вы́рос?
7. Когда́ у него́ заны́ло се́рдце? 8. Что он говори́л, когда́
наста́ла мину́та расстава́ния? 9. Что сказа́л ему́ оте́ц? 10. Что
отвеча́ет Алёша? 11. Когда́ он верну́лся домо́й? 12. В како́м
настрое́нии (Stimmung) он шёл по знако́мой у́лице? 13. О чём
спра́шивает его́ оте́ц? 14. Что отвеча́ет Алёша?

9. LEKTION

В центре большого города
'ftsɛntrə baḷ'ʃɔvɐ   'gɔrɐdɐ

центр Zentrum   65

Алексей (из города): Сегодня я поведу
aḷɪk'ʂej   (iz 'gɔrɐdɐ): ʂɪ'vɔdnɐ ja pɐʏɪ'du

сего́дня (г *wie* [v]) heute
[по]вести́[4] führen, bringen
v/t.

тебя в самую оживленную часть города.
tɪ'ḅa   'fsamuju aʒɪ'vḷɔnnuju   tḷaʂt 'gɔrɐdɐ.

тебя́ dich
оживлённый belebt
са́мый оживлённый der
belebteste
часть *f* Teil
Ива́н Iwan
ра́зве denn, etwa
движе́ние Bewegung, Ver-
kehr
здесь hier
да ja

Иван (из деревни): Как? Разве там
i'van   (iz dɪ'rɛvn̥i): kak?   'razʏə tam

больше движения[1], чем здесь?
'bɔḷʃə dʏi'ʒɛnijɐ,   tḷɛm ʒdɛʂ?

Алексей: Да. Тут движение неболь-
da. tut dʏi'ʒɛnijə ŋəbaḷ-

шое. Мои родители живут в самой
'ʃɔjə. ma'ji ra'dʲiṭəḷi ʒɪ'vut   'fsamɐj

небольшо́й nicht groß
мой meine

тихой части города. Центр — это дру-
'ṭixɐj 'tḷaʂṭi 'gɔrɐdɐ. tsɛntr — 'ɛtə dru-

ти́хий ruhig, still

гое[2]! Глаза будешь[3] таращить!
'gɔjə! gła'za   'budəʃ   ta'raḷtḷiṭ!

глаз (1), *N/P* -á Auge
тара́щить *dur.* aufreißen

Иван: Как мы туда попадем?
kak mɪ tu'da pɐpa'dɔm?

туда́ dorthin
попа́сть *pf.* gelangen

Алексей: Вот как раз идет наш трам-
vɔt kak ras i'dɔt naʃ tram-

как раз gerade, (so)eben
наш unser

вай.
'vaj.

Иван: Номер седьмой. Куда он идет?
'nɔmjər şɪd'mɔj. ku'da ɔn i'dɔt?

Алексей: Он прямо повезет нас
ɔn 'prʲamɐ pɐɣɪ'zɔt nas

в самый центр города. Скорей! Вот оста-
'fsamij tsɛntr 'gɔrɐdɐ. ska'rej! vɔt asta-

новка. (Они садятся в трамвай. Трам-
'nɔfkɐ. (a'ɲi sa'dʲatsɐ ftram'vaj. tram-

вай отходит и везет друзей³ через мно-
'vaj at'xɔdit i ɣɪ'zɔt dru'zej 'tɕerəs 'mnɔ-

жество улиц.)
zəstvɐ 'uʎits.)

Алексей: На следующей остановке
na 'sʲledujuɕɕəj asta'nɔfkə

выйдем³. Там начинается главная
'vijdəm. tam netɕi'najɪtsɐ 'glavnɐjɐ

улица.
'uʎitsɐ.

Иван: Значит, эта часть считается
'znatɕit, 'ɛtɐ tɕaʂt ɕtɕi'tajɪtsɐ

центром города. Да, улица широкая.
'tsɛntrɐm 'gɔrɐdɐ. da, 'uʎitsɐ ʂɪ'rɔkɐjɐ.

Какое движение!
ka'kɔjə dɣi'ʒenijə!

Алексей: Улица эта пересекает значи-
'uʎitsɐ 'ɛtɐ pərəʂɪ'kajɪt zna'tɕɕi-

тельную часть нашего города.
tʲəlʲnuju tɕaʂt 'naʃəvɐ 'gɔrɐdɐ.

Иван: Это действительно другой вид,
'ɛtɐ dɪj'stvʲitʲəlʲnɐ dru'gɔj vit,

чем у нас в деревне.
tɕem u nas wdɪ'revnə.

Алексей: Смотри, сколько больших
sma'tri, 'skɔlʲkɐ balʲ'ʃɪx

идёт kommt, fährt
номер седьмой Nummer sieben, „die Sieben"
куда wohin
прямо direkt, unmittelbar
[по]везти⁴ fahren, bringen v/t.
в самый центр unmittelbar ins Zentrum
скорей schnell(er)
остановка Haltestelle
садиться dur. sich setzen, einsteigen
отходить dur. weggehen, abfahren
друг⁵ Freund
через (A) durch
множество Menge
через множество улиц durch viele Straßen
следующий folgend

выйти pf. hinausgehen, aussteigen
начинаться dur. anfangen v/i.
главный Haupt...

значит es heißt, also
считаться dur. gelten (als I)

широкий breit

пересекать dur. durchschneiden, -kreuzen

значительный bedeutend

вид Anblick

80

красивых[1] магазинов тянется[6] по сто-
kra'ṣivɨx mɐga'ẓinɐʃ 'ṭanǝtsɐ pɐ stɐ-

ронам улицы, один за другим. Посмо-
ra'nam 'uḷitsɨ, a'dᶾin zɐ dru'g̟im. pa'smɔ-

трим, что лежит в витринах!
ṭrim, ʃtɔ ḷɪ'ᶾɨt vᶹi'ṭrinɐx!

Иван: Самые интересные товары!
'samɨjǝ inṭɪ'ṛesnɨjǝ ta'varɨ!

Один красивее другого! Какие хорошие
a'dᶾin kra'ṣivǝjǝ dru'gɔvɐ! ka'k̟ijǝ xa'rɔʃɨjǝ

костюмы! Мужские и дамские[7].
ka'ṣṭumɨ! muʃ'ṣk̟ijǝ i 'damṣk̟ijǝ.

Алексей: А там ботинки — черные,
a tam ba'ṭink̟i — 'ṭɕɔrnɨjǝ,

коричневые, желтые. Вот такие туфли
ka'ṛiṭɕnǝvɨjǝ 'ᶾɔɫtɨjǝ. vɔt ta'k̟ijǝ 'tuʃḷi

мне как раз нужны.
mn̠ɛ kak ras nuᶾ'nɨ.

Иван: Вот бы мне такой велосипед[8]!
'vɔt bɨ mn̠ɛ ta'kɔj ᶹǝɫɐṣi'n̠et!

Алексей: А лучше еще мотоцикл, что[9]
a 'ɫutɕʃǝ jɪ'ɕṭɕɔ mɐta'tsɨkɫ, ʃtɔ

там стоит.
tam sta'jit.

Иван: А[10] что это за странные аппа-
a ʃtɔ 'ɛtɐ za 'strannɨjǝ apa-

раты?
'ratɨ?

Алексей: Это телевизоры. Тебе еще
'ɛtɐ ṭǝḷɪ'ᶹizɐrɨ. ṭɪ'b̠ɛ jɪ'ɕṭɕɔ

не приходилось видеть телевизионную
n̠ǝ prᶾixa'dᶾiḷɐṣ 'ᶹidǝṭ ṭǝḷǝᶹizi'ɔnnuju

передачу?
n̠ǝṛɪ'datɕu?

красивый schön
тянуться *dur.* sich erstrecken

сторона Seite
по сторонам an den Seiten
один за другим einer nach dem anderen
лежать *dur.* liegen

интересный interessant
товар Ware

красивее schöner
хороший *hier:* schön

костюм Kostüm; (Herren-) Anzug
красивее другого schöner als der (*hier:* die) andere [72/3]
ботинок, -нка Schuh
чёрный schwarz
коричневый braun
жёлтый gelb
такой, такая, такое solch
туфля, G/P -фель Halbschuh
мне как раз нужны ich brauche gerade
вот бы мне ich möchte haben
велосипед Fahrrad
а aber
мотоцикл Motorrad

аппарат Apparat

телевизор Fernsehapparat
тебе ещё не приходилось du hast noch keine Gelegenheit gehabt
видеть *dur.* sehen
телевизионный Fernseh...

передача Übertragung

Иван: Нет еще.
    ŋet   jı'ʃtʃɔ.

Алексей: Может быть, найдется эта
    'mɔʒət bɨ̬,   naj'dɔtsɐ   'ɛtɐ

возможность. Пойдем дальше!
vaz'mɔʒnɐʃ.   paj'dɔm   'daljə!

Иван: Что это за высокое здание?
    ʃtɔ   'ɛtɐ zɐ vɨ'sɔkɐjə   'zdaŋijə?

Алексей: Это универмаг. А рядом
    'ɛtɐ   uŋiɣɪr'mak.   a   'ɽadɐm

кинотеатр.
ķinɐ̯ɪ'atr.

нет ещё noch nicht

мо́жет быть vielleicht
найти́сь *pf.* sich finden

возмо́жность *f* Möglichkeit,
  Gelegenheit
да́льше weiter

высо́кий hoch
зда́ние Gebäude

ря́дом daneben

кинотеа́тр Lichtspieltheater

(*Окончание следует.*)
(akan'ʃʃaŋijə 'şļedujıt.)

(*Окончание следует.*)
(akan'ʃʃaŋijə 'şļedujıt.)

66   **Erläuterungen**

1) Vgl. [23/2].
2) 'Это друго́е. Das ist etwas anderes.
3) Ausfall von мы [56/8].
4) Wird der perfektive Infinitiv durch ein Präfix gebildet (z. B. [по]везти́), so ist das einfache Verb (везти́) durativ, das präfigierte (повезти́) perfektiv. — Beachte den Unterschied in der Schreibung von [по]вести́ und [по]везти́ (die Aussprache ist die gleiche!). Beide Verben haben den Grundbegriff „führen". „Zu Fuß führen" ist [по]вести́, in irgendeinem Gefährt (Auto, Wagen, Straßenbahn usw.) irgendwohin „führen", damit „fahren" oder „bringen" heißt [по]везти́. Dieser Unterschied (gehen, fahren) wird auch noch bei einigen transitiven und intransitiven Verben der Bewegung gemacht. — Dagegen sagt man z. B. von der Straßenbahn, dem Zug usw. intransitiv идти́: Идёт трамва́й. Die Straßenbahn kommt. По́езд идёт о́чень ско́ро. Der Zug fährt sehr schnell.
5) друг gehört zu der Variante der Maskulina mit der Pluralendung auf ья; vgl. [50/1]: *sg. regelmäßig, pl.* друзья́, -зе́й, -зья́м, -зе́й, -зья́ми, -зья́х.
6) Im Gegensatz zum Deutschen steht nach dem singularischen ско́лько das Prädikat im Singular.
7) „Herrenanzüge und (Damen-)Kostüme", da костю́м sowohl Anzug als auch Kostüm heißt; костю́мы braucht nicht wiederholt zu werden.
8) In freier Übersetzung: „Wie gern hätte ich so ein Fahrrad!" — Der Konjunktiv in diesem Wunschsatz wird durch die Partikel бы ausgedrückt.
9) Man erwartet ... мотоци́кл, кото́рый ... In der Umgangssprache wird gern что für кото́рый gebraucht, aber nur im Nominativ oder Akkusativ; что kann für den Singular und Plural und für alle Geschlechter stehen.
10) Ein Fragesatz wird gern durch a (das in diesem Fall nicht übersetzt wird) eingeleitet.

Grammatik

	Infinitiv	Ableitungs-form	Imperativ
1.	рабо́тать (arbeiten)	рабо́та-ют	рабо́та-й(те)arbeite(t),
	откры́ть *pf.* (öffnen)	откро́-ют	откро́-й(те) (arbeiten
2. a)	писа́ть (schreiben)	пи́ш-ут	пиш-и́(те) Sie)
	взять *pf.* (nehmen)	возьм-у́т	возьм-и́(те)
b)	ста́вить (stellen)	ста́в-ят	ста́в-ь(те)
	стать *pf.* (werden)	ста́н-ут	ста́н-ь(те)
3.	по́мнить(sich erinnern)	по́мн-ят	по́мн-и(те)

Vor der Endung der Ableitungsform (der 3. Person Plural des Präsens, beim vollendeten Verb — des Futurs) steht

1. ein **Vokal**:
   Endung des Imperativs ist **й** für den Singular, **йте** für den Plural;
2. ein **Konsonant**:
   a) Der Infinitiv oder bei einsilbigen Infinitiven die Ableitungsform ist endungsbetont: **й, йте.**
   b) Der Infinitiv oder bei einsilbigen Infinitiven die Ableitungsform ist nicht endungsbetont: **ь, ьте.**
3. Der Endung der Ableitungsform gehen **mehrere Konsonanten** voraus. Endung des Imperativs: **и, ите.**
4. Bei den reflexiven Verben steht **ся** (für **сь** vgl. 40, a) nach den Imperativendungen der Einzahl **-й** und **-ь**: оста́нься (bleibe), верни́тесь (kommen Sie zurück).
5. Die Pluralform dient auch als Höflichkeitsform.

Пиши́ пра́вильно!	Schreibe richtig! (*d. h. immer*)
Пиши́те поча́ще!	Schreiben Sie recht oft! (*Wiederholung*)
Напиши́те мне хоть не́сколько строк!	Schreiben Sie mir wenigstens einige Zeilen! (*Einmaligkeit*)

Vgl. auch die Beispiele in den Texten: [22] Покажи́те, пожа́луйста. Предста́вьте себе́. Скажи́ Татья́не Ива́новне, ... [49] ... возьми́ гра́бли и помоги́ мне. [57] Спроси́ у Андре́я. [65] Смотри́. Alle diese Imperative (mit Ausnahme von смотри́) sind perfektiv; sie drücken eine einmalige Aufforderung aus, die Handlung ist also zeitlich begrenzt. Über die Form смотри́ vgl. 142,6.

a) Посмо́трим!	Schauen wir!
b) Пойдём**те**!	Gehen wir!
c) Дава́й(те) начнём!	Fangen wir an!
d) Дава́й(те) говори́ть по-ру́сски!	Sprechen wir russisch!
e) Идём!	Gehen wir!

a) Meist wird der Imperativ der 1. Person durch die 1. Person Plural des perfektiven Futurs ohne мы wiedergegeben.

b) Die Silbe **те** kann angehängt werden, wenn die Aufforderung sich an mehrere Personen oder an eine Person, zu der man „Sie" sagt, richtet.

c) Gebräuchlich ist auch **дава́й**(**те**) in Verbindung mit der 1. Person Plural des perfektiven Futurs ohne мы (Silbe **те** wie unter b) oder

d) seltener mit dem durativen Infinitiv.

e) Seltener dient auch die 1. Person Plural des (durativen) Präsens ohne мы als Imperativ.

70 **Die Komparation des attributiven Akjektivs** (Langform)

интере́сная кни́га	das interessante Buch
бо́лее интере́сная кни́га	das interessantere Buch
са́мая интере́сная кни́га	das interessanteste Buch

Der **Komparativ** wird mit dem vorangestellten, unveränderlichen **бо́лее** („mehr") gebildet, der Superlativ mit **са́мый**, das sich (wie auch das dazugehörige Adjektiv) dem Bestimmungswort in Genus, Kasus und Numerus anpaßt. Са́мый wird wie ein attributives Adjektiv auf -ый dekliniert. Beispiele aus dem Text: са́мая оживлённая часть го́рода, са́мая ти́хая часть го́рода, са́мые интере́сные това́ры.

71 **Das attributive** (Langform) **und prädikative** (Kurzform) **Adjektiv**

Das attributive Adjektiv ist wie im Deutschen deklinierbar und richtet sich in Genus, Numerus und Kasus nach seinem Beziehungswort (интере́сная кни́га). Das prädikative Adjektiv, das im Deutschen unveränderlich ist („Der Mann, die Frau, das Kind ist gut; die Kinder sind gut"), ist auch im Russischen nicht deklinierbar, richtet sich aber in Genus und Numerus nach dem Subjekt (vgl. hierüber [100]). Im Gegensatz zum Deutschen kann im Russischen auch die attributive Form in vielen Fällen prädikativ verwendet werden. Vgl. die Beispiele in [65]:

Движе́ние небольшо́е.	Der Verkehr ist nicht groß.
'Улица широ́кая.	Die Straße ist breit.

kommt in der russischen Redeweise häufiger vor als der Komparativ der attributiven Form und wird mit Rücksicht auf Text [65] vor der Besprechung der Kurzform des Positivs hier vorweggenommen.

1.

a) ва́жный	(wichtig)	важне́е	wichtiger
ну́жный	(nötig)	нужне́е	nötiger
ско́рый	(schnell)	скоре́е	schneller
b) краси́вый	(schön)	краси́вее	schöner
приле́жный	(fleißig)	приле́жнее	fleißiger
c) весёлый	(fröhlich)	веселе́е (*Akz.*!)	fröhlicher

Bildung: An Stelle der adjektivischen Endung ый tritt **ee** (*Umgangssprache* **ей**).

Betonung: Bei zweisilbigen Adjektiven wird -ée betont (a); bei mehrsilbigen Adjektiven bleibt der Akzent der attributiven Form (b); hierunter gibt es Ausnahmen (c).

2.

большо́й	(groß)	бо́льше	größer, mehr
высо́кий	(hoch)	вы́ше	höher
далёкий	(weit)	да́льше	weiter
дешёвый	(billig)	дешéвле	billiger
дорого́й	(teuer)	доро́же	teurer
ма́лый, ма́ленький	(klein)	ме́ньше	kleiner, weniger
молодо́й	(jung)	моло́же	jünger
ти́хий	(ruhig)	ти́ше	ruhiger
хоро́ший	(gut)	лу́чше	besser
широ́кий	(breit)	ши́ре	breiter

Zahlreiche prädikative Adjektive haben die Endung **e**, wobei neben Konsonantenwechsel auch noch sonstige Unregelmäßigkeiten auftreten.

3.

Мать моло́же, чем отéц. ⎱	Mutter ist jünger als Vater.
Мать моло́же отца́. ⎰	
Оди́н това́р краси́вее друго́го.	Die eine Ware ist schöner als die andere.

Der prädikative Komparativ ist unveränderlich; „als" wird durch чем (mit Komma davor!) oder durch den **Genitiv des Vergleiches** übersetzt, wobei „als" wegfällt.

4.

Полу́чше, я ду́маю, чем у нас в дере́вне.	Etwas besser, denke ich, als bei uns im Dorf.

Das Präfix **по** vor dem prädikativen Komparativ hat einschränkende Bedeutung: помоло́же etwas jünger, поти́ше etwas ruhiger.

5.

| Иди́ скоре́й! | Geh schneller! |

Die prädikative Form des Komparativs ist zugleich Adverb.

6.

| Покажи́те мне това́р подеше́вле (деше́вле э́того). | Zeigen Sie mir eine billigere Ware (die billiger als diese ist). |

Die nachgestellte Kurzform des Komparativs wird auch attributiv verwendet; dabei erhält sie entweder das Präfix по, oder es folgt ein Vergleichswort (meist Genitiv des Vergleiches).

73   Übungen

a) Beachten Sie in der folgenden Übersetzung, welchen Aspekt der Sinn des Satzes verlangt, und übersetzen Sie jeden Satz mit dem Imperativ des Singulars und des Plurals:

1. Fordere (Fordern Sie) Reinheit und Klarheit des Stils! 2. Bleibe jetzt im Klub! 3. Arbeite in dem Zirkel für Radioamateure! 4. Treibe Sport! 5. Schreibe richtig! 6. Schreibe einen Brief an die Eltern (*Dativ*)! 7. Denke daran (erinnere dich), daß die Arbeit (рабо́та) sehr wichtig ist! 8. Denke an die Freunde und schreibe ihnen recht oft (поча́ще)! 9. Nimm einen Rechen und hilf dem Vater auf dem Feld! 10. Sage der Mutter, wie „guten Tag" deutsch heißt (ist)! 11. Beziehe dich bei der Antwort immer auf den letzten Brief! 12. Erlaube ihm, in die Kinovorführung zu gehen! 13. Vermeide überflüssige Redensarten! 14. Diktiere ihr den Brief! 15. Benutze den Autobus ins Zentrum der Stadt! 16. Kaufe Stoff für einen Anzug!

b) Übersetzung:

1. Schauen wir, was er treibt! 2. Machen wir es folgendermaßen (так)! 3. Gehen wir zu mir! 4. Vergessen wir diese ganze (всю э́ту) Geschichte! 5. Iwan lebt in einem Dorf. Es ist ein großes Dorf, aber (но) es ist natürlich (коне́чно [-'ɲɛʃ-]) kleiner als eine kleine Stadt. 6. In der Hauptstraße des Dorfes ist immer viel Verkehr, aber weniger als bei uns in der Stadt. 7. Aljoscha lebt in einer Stadt. In der Klasse (класс) ist er der jüngste, aber der fleißigste von (из *G*) den Schülern. Er ist fleißiger als die anderen. 8. In der Klasse lerne ich viel. Aber im Literaturzirkel lerne ich mehr. Der Literaturzirkel ist interessanter als die Schule (шко́ла). 9. Iwan hat weniger Bücher als Alexej. Alexej hat viele interessante

deutsche Bücher. Er spricht besser deutsch als Iwan. 10. Die Hauptstraße der Stadt ist breiter als die (та), wo meine Eltern wohnen. 11. Die Städtische Bibliothek ist größer als das Theater, wo Tatjana angestellt ist. 12. Schau, wie viele Autos (автомашина)! Die neuen Autos sind besser als die alten (старый). 13. Heute waren wir in einem großen Kaufhaus. Dieses Kaufhaus ist größer als alle (все, *G/P* всех) Geschäfte der Stadt. Alexej kaufte einen Anzug, und (a) Tatjana kaufte ein Kleid. Alexej sagte zu der Verkäuferin: „Zeigen Sie mir einen billigeren Anzug"! 14. Im Zentrum sind mehr Geschäfte als in den anderen Teilen der Stadt. 15. Die Sieben (d.h. Straßenbahn) fährt in den ruhigsten Teil der Stadt. 16. In den Schaufenstern liegen die schönsten Waren. Hier dieses braune Kostüm ist schöner als die anderen. Mir gefällt das gelbe. Es ³ist (kostet) ¹auch ²billiger. Ich nehme das gelbe. Tu, was du willst! Das braune Kostüm ist das schönste von allen (из всех).

c) Beantworten Sie folgende Fragen:

1. Где живёт Алексей? 2. Где живёт Иван? 3. Куда Алексей поведёт Ивана? 4. Где больше движения, в центре или в других частях города? 5. Где живут родители Алексея? 6. Как они попадут в центр города? 7. Идёт ли трамвай? 8. 'Это какой номер? 9. Куда идёт номер седьмой? 10. Что делают друзья, когда останавливается (hält) трамвай? 11. Где выйдут друзья? 12. Где начинается главная улица города? 13. Какую часть города пересекает главная улица? 14. Что Иван видит на главной улице? 15. Что лежит на витринах магазинов? 16. Какие костюмы лежат в витринах? 17. Какие туфли Алексею как раз нужны? 18. Что Ивану особенно нравится? 19. Что нравится Алексею? 20. Какие странные аппараты стоят в витрине? 21. Ивану ещё не приходилось видеть телевизионную передачу? 22. Найдётся ли возможность видеть телевизионную передачу? 23. Какое высокое здание находится на главной улице? 24. Что находится рядом с универмагом?

10. LEKTION

В центре большого города   74
'ftsɛntrə baĮ'ʃɔvɐ   'gɔrɐdɐ

(Окончание)
(akan'ʈʃaɲijə)   поспешить *pf.* eilen
                                     казаться *dur.* scheinen
Алексей: Поспешим! Как раз, кажется, кажется es scheint, wie es
    pɐspɪ'ʃɨm!   kak ras, 'kaʒətsɐ, scheint

начинается новый сеанс. Сегодня по-
nɐʦɕiˈnajɪtsɐ   ˈnɔvɨj   ʂɪˈans.   ʂɪˈvɔdɲɐ   ра-

сеа́нс Vorführung

казывают[1] интересный цветной фильм,
ˈkazɨvɐjut   inˌtɪˈrɛsnɨj   tsvɨtˈnɔj   fiˌlm,

пока́зывать *dur.* zeigen
цветно́й фильм Farbfilm

действие которого[2] происходит на Кав-
ˈdejstvijə   kaˈtɔrɐvɐ   prɐis'xɔdit   nɐ kav-

де́йствие Handlung
происходи́ть *dur.* geschehen, vor sich gehen

казе. Мы увидим красивые пейзажи.
ˈkazɐ.   mɨ   uˈvidim   kraˈʂivɨjə   ɲɪjˈzaʒɨ.

Кавка́з Kaukasus
на Кавка́зе im Kaukasus
уви́деть *pf.* sehen, erblicken
пейза́ж Landschaft

Войдем!
vajˈdɔm!

наро́д Volk

Иван: Сколько народа толпится у кас-
ˈskɔl̪kɐ   naˈrɔdɐ   taɫˈɲitsɐ   u   ˈkas-

толпи́ться *dur.* sich (zusammen)drängen

сы.
sɨ.

у ка́ссы an der Kasse

Алексей: Ничего[3], театр большой:
ɲiʨɪˈvɔ,   ʧɪˈatr   baɫˈʃɔj:

ничего́ das macht nichts
теа́тр Theater

всем места хватит[4]. (Они подходят к
fsɛm   ˈmɛstɐ   ˈxvatit.   (aˈɲi   patˈxɔdət

хвати́ть *pf.* ausreichen
всем ме́ста хва́тит für alle
ist genug Platz vorhanden
подходи́ть *dur.* heran-
treten

кассе и берут билеты.)
ˈkkaʂʂə   i   bɪˈrut   bɪˈlʲetɨ.)

Алексей (после сеанса): Теперь перей-
(ˈpɔʂlə   ʂɪˈansɐ):   ʧɪˈɲeɪ̯   ɲɐɪ̯ˈɲej-

перейти́ *pf.* hinübergehen

дем на другую сторону улицы. Мне
ˈdɔm   nɐ   druˈguju   ˈstɔrɐnu   ˈulitsɨ.   mɲɛ

мне хо́чется ich will, ich
möchte

хочется показать тебе выставку самых
ˈxɔʧətsɐ   pɐkaˈzat   ʧɪˈbʲe   ˈvɨstɐfku   ˈsamɨx

показа́ть *pf.* zeigen
вы́ставка Ausstellung

модных спортивных принадлежностей.
ˈmɔdnɨx   sparˈʦivnɨx   prɪinaˈdʲlɛʒnɐʂʦəj.

мо́дный modern
спорти́вный Sport...
принадле́жность *f* Zubehör,
Gerät

Иван: Мне кажется, переход через
mɲɛ   ˈkaʒətsɐ,   ɲɐʧˈxɔt   ˈʧɕerəs

перехо́д Übergang

улицу прямо опасен.
ˈulitsu   ˈprʲamɐ   aˈpaʂən.

опа́сный gefährlich

Алексей: Ничего подобного[3]! Не так
ɲiʨɪˈvɔ   paˈdɔbnɐvɐ!   ɲɪ   tak

подо́бный ähnlich
ничего́ подо́бного nichts
dergleichen, nicht im ge-
ringsten

опасно, как у вас в деревне, где каждый
aˈpasnɐ,   kak   u   vas   wdɪˈrʲevnʲə,   gdʑ   ˈkaʒdɨj

так so
ка́ждый jeder
е́хать *dur.* fahren

едет где угодно.
ˈjedət   gdʑɛ   uˈgɔdnɐ.

где уго́дно wo er will, wo
es ihm gefällt

Иван: Ты шутишь, дружок! Такое
tɨ 'ʃutʲiʃ, dru'ʒɔk! ta'kɔjə

движение! Автомашинам⁵ пределу нет⁶!
dʋi'ʒɛnʲijə! aftɛma'ʃɨnɐm prʲɪ'dɛłu ɳɛt!

Легковые, грузовые⁵, автобусы — один
ləxka'ʋɨjə, gruza'ʋɨjə, af'tɔbusɨ — a'dʲin

едет быстрее другого, и постоянно
'jedət bɨ'strʲejə dru'gɔvɐ, i pɛsta'jannɐ

перегоняют друг друга⁷.
pɛrəga'ɳajut druk 'drugɐ.

Алексей: А все-таки не так опасно,
a 'fsʲɔtɐ̞ki ɳi tak a'pasnɐ,

по крайней мере⁸, для пешеходов. Ты
pa 'krajnəj 'mʲɛrə, dłə pɛʃɨ'xɔdɐf. tɨ

видишь этот фонарь по середине пере-
'ʋidʲiʃ 'ɛtɐt fa'narʲ pɐ sɛrʲɪ'dʲinə pɛrʲɪ-

крестка?
'krɔstkɐ?

Иван: А что это такое?
a ʃtɔ 'ɛtɐ ta'kɔjə?

Алексей: Это светофор, при помощи
'ɛtɐ sʋəta'fɔr, prʲi 'pɔmɐ̞ɕɕi

которого² регулируется уличное дви-
ka'tɔrɐvɐ rʲəgu'lʲirujɪtsɐ 'ulʲitɕnɐjə dʋi-

жение. Смотри, теперь он показывает
'ʒɛnʲijə. sma'trʲi, tʲɪ'pʲerʲ ɔn pa'kazɨvɐjɪt

красный цвет, это значит, все дви-
'krasnɨj tsʋʲet, 'ɛtɐ 'znatɕɕit, fsʲɔ dʋi-

жение в нашем направлении должно
'ʒɛnʲijə 'wnaʃəm nɐpra'vlʲenʲii dałʒ'nɔ

остановиться. И автомашины и пеше-
astɐna'ʋitsɐ. i aftɛma'ʃɨnɨ i pɛʃɨ-

ходы должны ждать, пока не появится
'xɔdɨ dałʒ'nɨ ʒdatʲ, pa'ka ɳə pa'jaʋitsɐ

зеленый цвет, который указывает
zʲɪ'lʲɔnɨj tsʋʲet, ka'tɔrɨj u'kazɨvɐjɪt

проездной путь. Вот теперь зеленый
prɛjɪz'nɔj putʲ. vɔt tʲɪ'pʲerʲ zʲɪ'lʲɔnɨj

шутить *dur.* scherzen
дружо́к, -жка́ Freundchen,
lieber Freund
тако́й solch
(авто)маши́на⁵ Auto
преде́л Grenze
автомаши́нам преде́лу нет
die Autos nehmen kein
Ende
легкова́я (автомаши́на)
Pkw, Personenkraftwagen
грузова́я (автомаши́на)
Lkw, Lastkraftwagen
авто́бус Autobus, Omnibus
бы́стрый schnell
постоя́нно beständig
перегоня́ть *dur.* überholen
друг дру́га einander
по кра́йней ме́ре wenigstens
пешехо́д Fußgänger

фона́рь (3) *m* Laterne
среди́на Mitte
по среди́не in der Mitte
перекрёсток, -стка Straßen-
kreuzung

А что э́то тако́е? Was ist
denn das?

светофо́р Verkehrsampel
по́мощь *f* Hilfe
при по́мощи mit Hilfe
регули́ровать *dur.* regeln,
lenken
у́личный Straßen...

кра́сный rot
цвет (1), *pl.* -á Farbe
зна́чить *dur.* bedeuten
всё ganz [78]
на́шем *P/S von* наш unser
направле́ние Richtung
до́лжен, -жна́, -жно́, *pl.*
-жны́ müssen
останови́ться *pf.* anhalten
ждать *dur.* warten
пока́ не solange nicht, bis
появи́ться *pf.* erscheinen
зелёный grün
ука́зывать *dur.* anzeigen

прое́здной путь *m* Fahr-
straße, *hier*: freie Durchfahrt

цвет! Все люди[9] могут[10] безопасно
tsyɛt! fʂɛ 'lüdi 'mɔgut ḫəza'pasnɐ

переходить на другую сторону.
pərəxa'dit͜ nɐ dru'guju 'stɔrɐnu.

Иван: Вот здорово! Это как шлагбаум
vɔt 'zdɔrɐvɐ! 'ɛtɐ kak ʃlag'baum

железнодорожного переезда.
ʐəlʲəznɐda'rɔʒnɐvɐ pərɪ'jɛzdɐ.

Алексей: Совершенно правильно!
sɐvɪr'ʃɛnnɐ 'praviln ɐ!

Только не задерживайся[11]! Надо все-
'tɔlkɐ ɲə za'dɛrʒivɐjʂɐ! 'nadɐ 'fʂɔ-

таки переходить побыстрее. С другой
tɐkʲi pərəxa'dit͜ pɐbɨ'strʲejə. zdru'gɔj

стороны улицы мы можем спокойно
stɐra'nɨ 'ulitsɨ mɨ 'mɔʒəm spa'kɔjnɐ

смотреть на все. (На другой стороне:)
sma'trʲet͜ na fʂɔ. (nɐ dru'gɔj stɐra'ɲɛ:)

Недавно один мой друг[12] перешел
ɲɪ'davnɐ a'dʲin mɔj druk pərɪ'ʃɔl

улицу в недозволенном месте. Мили-
'ulitsu wɲəda'zvɔlənnɐm 'mʲeʂʧɐ. mʲilʲi-

ционер его задержал.
tsɨa'ɲɛr jɪ'vɔ zɐdʲɪr'ʒał.

Иван: А что с ним случилось дальше?
a ʃtɔ sɲim słu'ʧ͜ʎiłɐʂ 'dalʲʃə?

Алексей: Его оштрафовали, и после
jɪ'vɔ aʃtrɐfa'valʲi, i 'pɔsʎə

этого он никогда не переходит улицу
'ɛtɐvɐ ɔn ɲikag'da nə pərɪ'xɔdit͜ 'ulitsu

в недозволенном месте. Таким образом
wɲəda'zvɔlənnɐm 'mʲeʂʧɐ. ta'kʲim 'ɔbrɐzɐm

в большом городе люди приучаются
wbal'ʃɔm 'gɔrɐdə 'lüdi prʲiu'ʧ͜ʎajutsɐ

к соблюдению правил уличного дви-
ksɐblʲu'dʲeɲiju 'pravił 'ulʲiʧ͜ʎnɐvɐ dvʲi-

жения.
'ʒeɲijɐ.

все alle [78]

люди[9] Menschen

мочь[10] *dur.* können

безопа́сно ohne Gefahr

переходи́ть *dur.* hinübergehen

вот здо́рово! Das ist großartig!

шлагба́ум Schlagbaum

железнодоро́жный Eisen-
bahn...

железнодоро́жный перее́зд
Bahnübergang

соверше́нно пра́вильно
sehr richtig

то́лько nur

заде́рживаться *dur.* sich
aufhalten

побыстре́е etwas schneller

с друго́й стороны́ von der
anderen Seite aus

споко́йный ruhig

неда́вно neulich

недозво́ленный unerlaubt

ме́сто (1) Ort, Stelle

милиционе́р Milizionär

задержа́ть *pf.* zurück-, anhalten

случи́ться *pf.* geschehen

оштрафова́ть *pf.* (mit Geld-
strafe) bestrafen

по́сле э́того danach

никогда́ (не) niemals [83]

таки́м о́бразом auf diese
Weise, so

приуча́ться *dur.* sich gewöhnen

соблюде́ние Beachtung

пра́вило Regel

Иван: Так и нужно. Что это за боль-
tak i 'nuʒnɐ. ʃtɔ 'ɛtɐ za baʎ-

шой автобус?
'ʃɔj af'tɔbus?

так и нужно so ist es auch nötig
что э́то за was ist das für

Алексей: Это не автобус, это — трол-
'ɛtɐ ɲə af'tɔbus, 'ɛtɐ — tra-

лейбус. Он движется по улице электри-
'lleibus. ɔn 'dʋiʒətsɐ pa 'uʎitsə ɛʎɪk'tr̝i-

троллейбус Trolleybus, Obus

дви́гаться dur. sich bewegen
электри́ческий elektrisch

ческим то́ком[13]. Ты видишь провода?
t̝ɭəʂk̝im 'tɔkɐm. tɨ 'ʋidiʃ prɔvɐ'dɐ?

ток Strom
про́вод (1), pl. -á Draht

Иван: Да, вижу. А как мы вернемся
da, 'ʋiʒu. a kak mɨ ʋɪr'ɲɔmʂɐ

домой? Пешком идти далеко.
da'mɔj? ɲɪʃ'kɔm i'ţ̝i dɐɭɪ'kɔ.

пешко́м zu Fuß
далеко́ (es ist) weit

Алексей: Или опять трамваем или
'iʎi a'ɲaţ tram'vajəm 'iʎi

автобусом[14]. На этот раз мы восполь-
af'tɔbusɐm. na 'ɛtɐt ras mɨ vas'pɔʎ-

и́ли ... и́ли entweder ... oder

раз Mal
на э́тот раз diesmal

зуемся автобусом номер пять[15]. Этот
zujəmʂɐ af'tɔbusɐm 'nɔmər ɲæţ. 'ɛtɐt

автобус как раз доедет до нашей улицы.
af'tɔbus kak ras da'jedət da 'naʃəj 'uʎitsɨ.

по́льзоваться dur. (I) benutzen
пять fünf
дое́хать (до G) fahren (bis), erreichen

Erläuterungen 75

1) они́ пока́зывают sie zeigen; пока́зывают (ohne они́) man zeigt. — Auf diese Art wird oft das deutsche „man" ausgedrückt; zuweilen aber auch durch die 3. Person Singular eines reflexiven Verbs: Об э́том мно́го гово-ря́т (говори́ли) oder говори́тся (говори́лось). Darüber spricht (sprach) man viel. Am häufigsten wird das deutsche „man" durch die zahlreichen unpersönlichen Ausdrücke wiedergegeben: мо́жно man kann, на́до man muß usw.

2) Über де́йствие кото́рого (dessen Handlung) und при по́мощи кото́рого (mit deren Hilfe, durch die) vgl. [77/2].

3) ничего́ heißt „nichts"; ничего́ подо́бного nichts dergleichen. Als allein-stehende Redensart heißt es oft „das macht nichts". Über ничего́ in Ver-bindung mit einem Verb [83].

4) Всем места́ (G/S) хва́тит. Für alle reicht es an Platz, ist Platz vorhanden. Хвати́ть kommt nur unpersönlich vor: perfektives Futur хва́тит (es wird reichen, langen), pt. хвати́ло (es reichte); was ausreicht, steht im Genitiv.

5) Das Wort автомоби́ль m „Automobil" kommt nur in der literarischen Sprache vor. In der Umgangssprache heißt „Auto" автомаши́на oder ein-

fach маши́на, wenn von einem Auto die Rede ist. Die Ausdrücke легкова́я und грузова́я (*ergänze* автомаши́на) entsprechen etwa den Abkürzungen Pkw und Lkw.

6) Wörtlich „Für die Autos gibt es keine Grenze". Nach нет steht der Genitiv; vgl. [63 c]. Einen Genitiv Singular auf y (für a) und ю (für я) haben einige Maskulina auf Konsonant [6] und й [17] vor allem nach Ausdrücken der Menge, in feststehenden präpositionalen Redensarten und manchmal bei Verneinung:

кило́ са́хару	ein Kilo Zucker	с ви́ду	von Ansehen
мно́го наро́ду	viel Volk	ни ра́зу	kein einziges Mal
ча́шка ча́ю	eine Tasse Tee	и́з дому	aus dem Hause

7) In dem Ausdruck друг дру́га „einander" wird nur die zweite Form regelmäßig nach (6) dekliniert; ihr Kasus ist von dem jeweiligen Verb abhängig:

Они́ помога́ют друг дру́гу.   Sie helfen einander.

8) Vgl. [15/4].

9) *sg.* челове́к (der Mensch) (6), *pl.* лю́ди, люде́й, лю́дям, люде́й, людьми́, о лю́дях.

10) Bei den Verben auf -чь [160], die alle nach der e-Konjugation konjugiert werden, endet der Präsensstamm entweder auf г oder к. Vor den e-Endungen wird г zu ж und к zu ч: мочь (können), могу́, мо́жешь, мо́жет, мо́жем, мо́жете, мо́гут; течь (fließen), теку́, течёшь, течёт, течём, течёте, теку́т. In der 3. Person Plural kommt also vor y der ursprüngliche Konsonant wieder zum Vorschein. Beachte die gleiche Erscheinung bei бежа́ть (laufen) [95/1].

11) „Halte dich nicht auf!" Der Lernende erwartet hier den perfektiven Imperativ (задержи́сь), weil die Aufforderung eine einmalige ist. Jedoch besteht beim **verneinten** Imperativ (wie überhaupt bei verneinten Verbformen!) die Neigung, die durative Form zu gebrauchen, weil mit der Verneinung die Vorstellung verbunden ist, daß eine Handlung fortdauern oder wiederholt werden soll.

12) Russische Ausdrucksweise für „einer meiner Freunde".

13) Instrumental als Mittel, wodurch etwas geschieht.

14) Instrumental des Fortbewegungsmittels.

15) но́мер пя́тый oder besonders umgangssprachlich но́мер пять. Man sagt: Я е́зжу на пя́том но́мере. Ich fahre mit der Fünf.

Grammatik

76   **Das prädikative Adjektiv** (Kurzform) (Fortsetzung zu [71])

Im Prädikat tritt das Adjektiv sehr häufig als Kurzform auf. (Eine ausführliche Darstellung der Bildung der Kurzform folgt [100].) Bisher sind in den Texten folgende Kurzformen vorgekommen, aus denen ersichtlich ist, daß die männliche Form (zuweilen mit Einschub von o oder e) keine Endung hat, die sächliche Form auf **o** und der Plural auf **ы** endet. Ein Beispiel für die weibliche Form auf **a** fehlt noch:

[14] У нас вы́бор нева́жен (нева́жный). 'Э́то сли́шком до́рого (дорого́й). — [55] В го́роде хорошо́ (хоро́ший). — [65] Вот таки́е

туфли мне как раз нужны́ (ну́жный). — [74] Перехо́д че́рез у́лицу пря́мо опа́сен (опа́сный). Не так опа́сно. Соверше́нно пра́вильно (пра́вильный). Так и ну́жно. Далеко́ (далёкий).

Einige Pronomen, die wie Adjektive dekliniert werden 77

1. Demonstrativpronomen

тако́й	велосипе́д	ein solches Fahrrad	
така́я	автомаши́на	ein solches Auto	
тако́е	письмо́	ein solcher Brief	
таки́е	велосипе́ды автомаши́ны пи́сьма	solche	Fahrräder Autos Briefe
тако́й же	магази́н	das gleiche Geschäft	
така́я же	мате́рия	der gleiche Stoff	
тако́е же	окно́	das gleiche Fenster	
таки́е же	магази́ны мате́рии о́кна	die gleichen	Geschäfte Stoffe Fenster

2. Relativ- und Interrogativpronomen

a) **кото́рый** als Relativpronomen:

Клуб, кото́рый нахо́дится в го́роде, ...	Der Klub, der sich in der Stadt befindet, ...
Машини́стка, кото́рую мы ви́дели, ...	Die Stenotypistin, die wir gesehen haben, ...
Предприя́тие, кото́рому адресу́ется письмо́, ...	Das Unternehmen, an das der Brief adressiert wird, ...
Татья́на, ко́мната кото́рой ...	Tatjana, deren Zimmer ...
Ива́н, мотоци́кл кото́рого ...	Iwan, dessen Motorrad ...
Друзья́, маши́на кото́рых ...	Die Freunde, deren Auto ...

Beachte die Stellung von кото́рого (-рой, -рых) bei der Wiedergabe von „dessen, deren".

b) **кото́рый** als Interrogativpronomen:

Кото́рый костю́м вам бо́льше нра́вится?	Welcher Anzug gefällt Ihnen besser?
Кото́рый час?	Wieviel Uhr ist es?

c) **како́й** als Interrogativpronomen:

Кака́я сего́дня пого́да?	Was für ein Wetter ist heute?
Како́е движе́ние!	Was für ein Verkehr!

Како́й fragt nach der Eigenschaft des mit ihm verbundenen Begriffes und steht auch im Ausruf.

3. Definitivpronomen

a) **са́мый** selbst

dient zur Bildung des Superlativs [70]:

са́мый интере́сный предме́т   das interessanteste Fach

Es verstärkt die Demonstrativpronomen **э́тот** (dieser) und **тот** (jener):

э́тот (же) са́мый учени́к   eben (genau) derselbe Schüler
та (же) са́мая продавщи́ца   diese gleiche Verkäuferin

Es steht bei Orts- und Zeitangaben im Sinne von ,,unmittelbar'', ,,ganz'', ,,gleich'':

в са́мый центр го́рода   unmittelbar (ganz) ins Zentrum
                           der Stadt
с са́мого нача́ла   gleich von Anfang an

b) **ка́ждый, вся́кий** (jeder)

werden im wesentlichen ohne Unterschied gebraucht:

ка́ждый день jeder (jeden) Tag; на вся́кий слу́чай auf jeden Fall. — Ка́ждый до́лжен помо́чь. Jeder muß helfen.

78   **Das Definitivpronomen весь** (ganz)

		m	n	f	$pl.$
N		весь	всё	вся	все
G		всего́	всего́	всей	всех
D		всему́	всему́	всей	всем
A		N od. G^1	всё	всю	N od. G
I		всем	всем	всей (все́ю)	все́ми
P	обо	всём	всём	всей	всех

весь дом   das ganze Haus   все лю́ди   alle Menschen
вся шко́ла   die ganze Schule   Я всё забы́л.   Ich habe alles
всё письмо́   der ganze Brief   vergessen.

,,Ganz'' heißt auch це́лый im Sinne von ,,ungeteilt'' und ,,unversehrt'': це́лое я́блоко ein ganzer Apfel, стака́н был цел [100, a] das Glas war ganz.

---

[1] N oder G, d. h. der Akkusativ ist gleich dem Nominativ, wenn er mit etwas Leblosem, gleich dem Genitiv, wenn er mit einem Substantiv, das ein Lebewesen bezeichnet, verbunden ist.

Deklination:

1 оди́н *m*	оди́н, одного́, одному́, *N od. G*, одни́м, об одно́м
одно́ *n*	одно́, одного́, одному́, одно́, одни́м, об одно́м
одна́ *f*	одна́, одно́й, одно́й, одну́, одно́й (-о́ю), об одно́й
одни́ *pl.*	одни́, одни́х, одни́м, *N od. G*, одни́ми, об одни́х
2 два *m, n* две *f*	два, две $\Big\}$ двух, двум, *N od. G*, двумя́, о двух
3 три	три, трёх, трём, *N od. G*, тремя́, о трёх
4 четы́ре	четы́ре, четырёх, четырём, *N od. G*, четырьмя́, о $\big\}$
5 пять	пять, пяти́, пяти́, пять, пятью́, о пяти́ [четырёх $\big\}$
6 шесть 7 семь $\Big\}$	wie пять
8 во́семь	во́семь, восьми́, восьми́, во́семь, восьмью́, о восьми́
9 де́вять 10 де́сять $\Big\}$	wie пять

a) оди́н дом	ein Haus
одна́ ко́мната	ein Zimmer
одно́ окно́	ein Fenster
b) Я здесь оди́н (одна́).	Ich bin hier allein.
Вы оди́н (одна́)?	Sind Sie allein?
Вы одни́?	Seid ihr allein?
c) оди́н мой друг	einer meiner Freunde
одно́ предприя́тие	ein (gewisses) Unternehmen
d) оди́н из друзе́й	einer der Freunde
одна́ из де́вушек	eins von den Mädchen
e) 'Это для тебя́ одного́ (для вас одни́х).	Das ist nur für dich (für euch, für Sie).

a) Wie im Deutschen steht nach оди́н der Nominativ.

b) Оди́н heißt auch „allein".

c) Bedeutung „ein gewisser".

d) Nach оди́н kann nur die Präposition из mit dem Genitiv stehen.

e) Bedeutung „nur".

81   **Die Zahlen два bis четы́ре**

a) два (три, четы́ре) ученика́	zwei (drei, vier) Schüler
две (три, четы́ре) кни́ги	zwei (drei, vier) Bücher
b) Я ви́дел двух (трёх, четы-рёх) ученико́в.	Ich habe zwei (drei, vier) Schüler gesehen.
c) Я шёл с двумя́ де́вушками.	Ich ging mit zwei Mädchen.
Мы говори́ли о трёх уче-ника́х.	Wir sprachen von drei Schü-lern.

a) Nach dem Nominativ oder Akkusativ der Zahlen 2-4 steht das zugehörige Substantiv im Genitiv Singular.

b) In Verbindung mit Substantiven, die ein Lebewesen bedeuten, ist der Akkusativ der Zahlen 2-4 in Übereinstimmung mit dem Substantiv gleich dem Genitiv.

c) In den obliquen Kasus stimmen Kardinalzahl und Substantiv überein.

82   **Die Zahlen пять bis де́сять**

a) пять ученико́в (книг)	fünf Schüler (Bücher)
b) Я ви́дел пять ученико́в.	Ich habe fünf Schüler gesehen.
c) Я говори́л с пятью́ ученика́ми.	Ich habe mit fünf Schülern ge-sprochen.

a) Nach dem Nominativ oder Akkusativ der Kardinalzahlen ab 5 steht der Genitiv Plural.

b) Die Regel [81 b] gilt nicht für die Zahlen ab 5.

c) In den obliquen Kasus stimmen auch die Zahlen ab 5 und das zugehörige Substantiv überein.

83   **Sätze mit verneinenden Pronomen und Adverbien**

a) Никто́ **не** прихо́дит.	Es kommt niemand.
Я ничего́ **не** зна́ю.	Ich weiß nichts.
Он никогда́ **не** перехо́-дит у́лицу в недозво́-ленном ме́сте.	Er überschreitet die Straße nie an einer verbotenen Stelle.
b) Никто́ мне **никогда́ ничего́ не** говори́т.	Niemand sagt mir **je etwas.**

a) Bei den mit der verneinenden Partikel **ни** gebildeten Pronomen und Adverbien wird die Verneinung in einem vollständigen Satz durch **не** vor dem Prädikat wiederholt.

b) In solchen Sätzen werden Indefinitivpronomen und Indefinitivadverbien durch die entsprechenden verneinenden Pronomen und Adverbien (z. B. „je" durch никогда́, „etwas" durch ничего́) übersetzt.

Übungen 84

a) Beantworten Sie folgende Fragen:

1. Что пока́зывают в кинотеа́тре? 2. Где происхо́дит де́йствие цветно́го фи́льма? 3. Что уви́дят друзья́? 4. Вхо́дят ли они́ в кинотеа́тр? 5. Мно́го ли наро́ду толпи́тся у ка́ссы? 6. Большо́й ли теа́тр? 7. Где они́ беру́т биле́ты? 8. Что друзья́ де́лают по́сле сеа́нса? 9. Что хо́чет Алексе́й показа́ть Ива́ну? 10. Опа́сен ли перехо́д че́рез у́лицу? 11. Где, по мне́нию (nach der Meinung) Алексе́я, опа́снее переходи́ть че́рез у́лицу? 12. Почему́ в дере́вне опа́снее? 13. Мно́го ли автомаши́н на гла́вной у́лице? 14. Каки́е там есть автомаши́ны? 15. Бы́стро ли они́ е́дут? 16. Опа́сен ли перехо́д че́рез у́лицу для пешехо́дов? 17. Что нахо́дится по середи́не перекрёстка? 18. Что тако́е светофо́р? 19. Что происхо́дит, когда́ светофо́р пока́зывает кра́сный свет? 20. Когда́ все лю́ди мо́гут безопа́сно переходи́ть на другу́ю сто́рону? 21. Мо́гут ли лю́ди заде́рживаться, переходя́ че́рез у́лицу? 22. Что сде́лал оди́н друг Алексе́я? 23. Кто его́ задержа́л? 24. А что случи́лось с ним да́льше? 25. К чему́ приуча́ются лю́ди в большо́м го́роде? 26. Что принима́ет (hält) Ива́н за (für) авто́бус? 27. Чем дви́жется тролле́йбус? 28. Далеко́ ли идти́ пешко́м домо́й? 29. Чем они́ мо́гут попа́сть домо́й? 30. Чем они́ по́льзуются на э́тот раз? 31. Дое́дет ли авто́бус но́мер пять до у́лицы, где живёт Алексе́й?

b) Deklinieren Sie:

1. 1 Stadt, 2. 2 Städte, 3. 2 Dörfer, 4. 6 Briefe, 5. 10 Höfe.

c) Übersetzen Sie:

1. Er ist jetzt allein. 2. Sie fuhr allein. 3. Allein [4]kann ich [1]natürlich [2]nichts [3]machen. 4. Wir waren ganz allein in Moskau. 5. Er (sie) [2]möchte [1]so sehr (так) [4]allein [3]bleiben. 6. Eins von den Büchern liegt im Zimmer. 7. Geben Sie mir bitte zwei Eintrittskarten! 8. Einer der Kameraden ist aus der Stadt gekommen. 9. Eins von den Mädchen ist Stenotypistin. 10. Eine der Verkäuferinnen hat ein rotes Kleid. 11. Tatjana hat zwei Brüder. Ich

habe nur einen Bruder. 12. Heute habe ich zwei Vorlesungen gehört. 13. Ich bleibe bei ihm nur noch eine Woche. 14. Hast du drei Anzüge oder nur zwei? 15. Sie ist Mutter von zwei Söhnen und fünf Töchtern. 16. Wieviel ²Bücher sind ¹hier? — Hier sind sieben Bücher. 17. Ich gehe ²mit drei Büchern ¹in die Bibliothek. 18. Wieviel Tage hat (иметь) eine Woche? — Eine Woche hat sieben Tage. 19. Sechs Tage in der Woche (в неделю) ²arbeiten ¹wir, und (a) am Sonntag (в воскресенье) ³tun ¹wir ²nichts, wir ruhen uns aus. 20. Mein Buch kostet sechs Rubel. 21. Zählen Sie (считать до G) bis zehn! 22. Ich sehe nur einen Menschen (nur ein Mädchen, nur zwei Menschen, nur zwei Mädchen, nur fünf Mädchen). 23. Ich bin mit vier Kameraden angekommen. 24. ²Man hat ¹sie (pl.) im Lichtspieltheater gesehen. 25. Man sagt, daß Alexej jetzt in einer großen Stadt lebt. 26. ²Man hat ¹uns gesagt, daß er ²in einem Kaufhaus ¹angestellt ist. 27. Kann man (можно) nach Hause gehen? 28. Kann ich ins Lichtspieltheater gehen? 29. Sie erholt sich, [wie] es scheint, im Kaukasus. 30. ²Man hat ¹mich gebeten, ²diesen (это) Brief zu ¹schreiben. 31. Meine Tochter, die ³in Moskau ²als Verkäuferin („als Verkäuferin" I) ¹angestellt war, wohnt bei uns im Dorf. 32. Wieviel ¹hat ²der grüne Stoff ¹gekostet? — Er hat neun Rubel gekostet. 33. Das Geschäft, dessen Auslagen dir so gefallen haben, befindet sich in der Hauptstraße. 34. Heute kommt (ft.) Anna (¹Анна), deren Fahrrad du kaufen willst. 35. Welcher Schüler hat mehr Bücher? 36. Das Mädchen, mit dem ich gesprochen habe, ¹ist ²nach Hause ¹zurückgekehrt. 37. Die Straßenbahn, mit (на P) der wir in den Klub fahren, fährt durch einen großen Teil der Stadt. 38. Welches Buch ³lesen ¹Sie ²jetzt? 39. Was für ein schönes Motorrad! 40. Was für ein schöner Ausblick (вид)! 41. Welche Zeitung ²kannst ¹du ⁴mir ³geben? 42. Welche Zeitung brauchst du (ist dir nötig)? 43. [Ich] ²weiß ¹nicht, ¹welches ⁴Buch ich ²Ihnen ³geben [soll]. 44. Das Buch ist nicht so (такой) interessant wie das letzte. 45. Ich bin kein so guter Schüler. 46. Ich habe solchen Durst (жажда). 47. Solche Leute gibt es überall (везде). 48. Alle ²kennen ¹ihn. 49. Sage alles, was ¹du ³über ihn ²weißt. 50. Er hat mir die ganze Bücherei des Klubs gezeigt. 51. Die ganze Stadt spricht über sie. 52. ²Ich habe ¹hier eine ganze Bibliothek. 53. Das Kostüm ist ganz (unbeschädigt). 54. Ich habe den ganzen Tag (die ganze Woche) gearbeitet. 55. Wir warten schon einen ganzen Tag. 56. Ist das alles? 57. Bei uns gibt es fast (почти) nur Bauern. 58. Alle für (за A) einen, und einer für alle. 59. Niemand kannte den Schüler. 60. ¹Ich ³habe ⁴sie (f) ²nie gesehen. 61. Er ³hat ¹mir ²nichts gesagt. 62. Ich ³bin ²noch

¹nie ⁴in Moskau gewesen. 63. Jeder Fußgänger überschreitet die Straße, wenn die Verkehrsampel ²grünes Licht ¹zeigt. 64. In jeder Stadt befindet sich eine Filiale der Staatsbank. 65. Ich sehe ihn jeden Tag. 66. Die Straßenbahn fährt alle (каждый) zehn Minuten (минута). 67. Jedermann (всякий) will helfen. 68. Jedermann kann sagen, wo ich wohne.

11. LEKTION

Кто мо́жет знать, что бу́дет?

Челове́чество не зна́ет того́[1], что случи́тся. Мы не мо́жем предста́вить себе́ и со́той до́ли того́[1], свиде́телями[2] чего́ бу́дут на́ши пото́мки. Пре́жде всего́ на́ша мысль обраща́ется к путя́м[3] сообще́ния. В э́той о́бласти те́хника обеща́ет челове́честву о́чень мно́го сюрпри́зов. Уже́ тепе́рь пробле́ма междупланéтного сообще́ния занима́ет умы́ совреме́нников. По моему́ мне́нию мы бу́дем лета́ть с одно́й плане́ты на другу́ю с тако́й же лёгкостью, как тепе́рь переезжа́ем[4] с одного́ куро́рта на друго́й. 'Эти междупланéтные поезда́ несомне́нно бу́дут име́ть ещё бо́льший комфо́рт, чем тепе́решние. Наприме́р, там мо́жно[5] бу́дет принима́ть ва́нны с тако́й же простото́й, как в любо́м оте́ле. Поэ́тому че́рез сто лет[6] лю́ди бу́дут свиде́телями[2] тако́й[7] сце́ны. Где́-нибудь в Берли́не встре́тятся две знако́мые да́мы и всту́пят в тако́й[7] разгово́р: Ну, куда́ вы, фрау Шу́льце, отправля́етесь[8] в э́том году́ на ле́тний о́тдых? — Ах, моя́ ми́лая, мой муж обеща́л[9] мне провести́ свой о́тпуск на Ма́рсе. Про́шлым ле́том[10] там уже́ побыва́ла[11] фрау Мю́ллер и расска́зывала чудеса́[12] об э́той удиви́тельной плане́те. Поэ́тому я хоте́ла бы ли́чно убеди́ться в правди́вости её расска́за. Я ду́маю, что э́то бу́дет замеча́тельная пое́здка. Говоря́т, что доро́га туда́ займёт не бо́лее одни́х су́ток.[14]

человечество Menschheit
то[1], что das, was ...
того́ [ta'vɔ] G/S von то jenes, das [89]
предста́вить себе́ pf. sich vorstellen
со́тый hundertste(r)
до́ля (2), G/P -ле́й Teil

свиде́тель m Zeuge
на́ши pl. unsere
пото́мок, пото́мка Nachkomme
пре́жде всего́ [fsi'vɔ] vor allem
на́ша f unsere [90]
мысль f Gedanke
обраща́ться (к D) dur. sich wenden (zu, an)

путь³ *m* Weg
пути́ сообще́ния Verkehrswege
э́той *P/S zu* э́та diese [89]
о́бласть (2) *f* Gebiet
те́хника Technik
обеща́ть versprechen
мно́го (*G*) viel
сюрпри́з Überraschung
пробле́ма Problem
междупланéтное сообще́ние Verkehr zwischen den Planeten
занима́ть *dur.* beschäftigen
ум (3) Verstand; *pl.* Geister
совреме́нник Zeitgenosse
моему́ *D/S von* мой mein [90]
мне́ние Meinung
лета́ть *dur.* fliegen
плане́та Planet
тако́й же ebensolcher
лёгкость *f* Leichtigkeit
переезжа́ть *dur.* hinüberfahren
куро́рт Kurort
э́ти *pl.* diese [89]
по́езд (1), *pl.* -а́ (Eisenbahn-)Zug
несомне́нно *Adv.* zweifellos
бо́льший größer
комфо́рт Komfort
тепе́решний jetzig
мо́жно бу́дет man wird können
ва́нна Wanne; Wannenbad
принима́ть *dur.* [213] ва́нну ein Wannenbad nehmen
простота́ Einfachheit
с тако́й же простото́й ebenso einfach
любо́й beliebig
оте́ль *m* Hotel
поэ́тому deshalb
че́рез сто лет in hundert Jahren
сце́на Szene
где́-нибудь irgendwo

Берли́н Berlin
встре́титься *pf.* sich treffen
да́ма Dame
вступи́ть *pf.* eintreten
фра́у Frau
отправля́ться *dur.* sich begeben, reisen
в э́том году́ in diesem Jahr
ле́тний о́тдых Sommerfrische
ах ach
моя́ ми́лая meine Liebe (*in der Anrede*)
муж (1), *pl.* мужья́, муже́й, мужья́м (Ehe-)Mann [50/1]
провести́ *pf.* verbringen
свой sein [90]
о́тпуск Urlaub
Марс Mars
про́шлый vergangen, vorig
побыва́ть *pf.* besuchen¹¹
расска́зывать *dur.* erzählen
чу́до, *pl.* чудеса́¹² Wunder
удиви́тельный wunderbar
хоте́ть *dur.* wollen
я хоте́ла бы ich möchte
ли́чно *Adv.* persönlich
убеди́ться *pf.* (в *P*) sich überzeugen (von)
правди́вость *f* Wahrhaftigkeit, Wahrheit
ду́мать *dur.* denken, glauben
замеча́тельный bemerkenswert
пое́здка Reise
доро́га Weg; Reise
туда́ dorthin
заня́ть *pf.* beanspruchen
су́тки *f/pl.*, *G/P* су́ток¹³ (Zeit von) 24 Stunden
не бо́лее одни́х [80 e] су́ток nicht mehr als nur 24 Stunden

Erläuterungen

86

1) Eine stilistische Eigentümlichkeit ist der Gebrauch des Demonstrativpronomens тот [89] vor Nebensätzen: „Die Menschheit weiß nicht (das), was geschehen wird.“ Im Deutschen fehlt das Demonstrativpronomen in den meisten Fällen. Weitere Beispiele:

Я был свиде́телем того́, как ...   Ich war Zeuge (dessen), wie ...
Я убеждён в том, что ...   Ich bin überzeugt (davon), daß ...
Не всё то зо́лото, что блести́т.   Es ist nicht alles (das) Gold, was glänzt.

Im folgenden Satz des Lesetextes klingt das Demonstrativpronomen „dessen" (od. „von dem") natürlich, weil „Teil" eine Ergänzung verlangt.

2) Über den Instrumental bei быть [88].

3) путь ‚Weg' ist *m*, hat aber (mit Ausnahme des Instrumental Singular) weibliche Endungen: путь, пути́, пути́, путь, путём, о пути́; *pl.* пути́, путе́й, путя́м, пути́, путя́ми, о путя́х.

4) Beachte, daß hier мы (wir) fehlt: Bei gleichem Subjekt in einer Satzverbindung (oder einem Satzgefüge) fällt das Personalpronomen des beigeordneten (untergeordneten) Satzes gewöhnlich fort. Weiteres Beispiel: Я бою́сь, что не успе́ю на по́езд. Ich fürchte, daß ich den Zug nicht erreiche.

5) мо́жно man kann, мо́жно бы́ло man konnte, мо́жно бу́дет man wird können. Durch Hinzufügung eines Dativs der Person wird der russische unpersönliche Satz im Deutschen persönlich: мне мо́жно ich kann.

6) год ‚Jahr' hat im Plural го́ды (seltener года́), годо́в, года́м. Der Genitiv Plural heißt nach Grundzahlen von 5 ab und nach Mengenbezeichnungen лет (Genitiv Plural von ле́то ‚Sommer'): два го́да, пять лет, не́сколько (einige) лет.

7) тако́й steht oft in der Bedeutung „folgender"; ebenso так (so) in der Bedeutung „folgendermaßen".

8) Bemerkenswert ist das Präsens an Stelle des erwarteten Futurs für eine in der Zukunft liegende Handlung. Das Präsens wird (wie im Deutschen) im Sinne eines Futurs besonders oft in der Umgangssprache gebraucht, wenn der Wille des Sprechers zum Ausdruck kommen soll, eine Handlung innerhalb eines bestimmten Zeitraumes auszuführen. In diesem Fall ist sowohl das Präsens als auch das perfektive Futur zulässig:
За́втра (по)е́ду в Берли́н. Morgen fahre ich nach Berlin.

9) Vgl. [58/4 e].

10) про́шлым ле́том ‚im vergangenen Sommer' ist ein **Instrumental der Zeit** auf die Frage „wann?". Vgl. ferner ле́том im Sommer, о́сенью im Herbst, зимо́й im Winter, весно́й im Frühling; у́тром morgens, днём am Tage, ве́чером abends (по вечера́м an den Abenden, jeden Abend), но́чью nachts.

11) побыва́ть heißt ‚ein Land besuchen' mit der Vorstellung, daß der Besucher an mehreren Orten geweilt hat, und steht mit der Präposition в mit dem Präpositiv: Я побыва́л в Герма́нии. Ich habe Deutschland (und zwar verschiedene Orte) besucht. Die Verbindung mit dem Präpositiv erklärt auch там im Text. Man übersetze hier: „... ist schon dort gewesen".

12) чу́до (1) ‚Wunder', *pl.* чудеса́, чуде́с, чудеса́м usw.; ebenso не́бо ‚Himmel', *pl.* небеса́.

13) Für су́тки ‚(Zeit von) 24 Stunden' gibt es keinen entsprechenden Ausdruck im Deutschen. Das Wort wird zuweilen für „Tag" gebraucht, wenn die Nacht in den Zeitraum eingeschlossen ist.

14) Der Lernende beachte den Gebrauch der Aspekte. In der Darstellung dieses Zukunftsbildes ist das durative Futur zum Ausdruck der andauernden oder sich wiederholenden Handlung charakteristisch. Auf die einmalige Handlung weisen die perfektiven Futura случи́тся, встре́тятся, вступят, займёт hin. Die vollendete Handlung des Präteritums vertreten die Präterita обеща́л, побыва́ла, die Wiederholung расска́зывала.

Grammatik

Verneinte Sätze

1.

a) Он **не** живёт у нас.	Er wohnt nicht bei uns.
b) Это **не** автобус, это — троллейбус.	Das ist kein Autobus, das ist ein O-Bus.
c) Мы **не** мóжем éхать на трамвáе.	Wir können nicht mit der Straßenbahn fahren.
d) Сегóдня я пойдý **не** в клуб.	Heute gehe ich nicht in den Klub (*sondern anderswohin*).

a) Wenn der ganze Satz verneint ist, so steht die Verneinung не unmittelbar vor dem Verb.

b) Wenn das Prädikat ein Prädikatsnomen (Substantiv, Adjektiv) ist, so steht не vor dem Prädikatsnomen.

c) Bei einer Verbindung von Hilfsverb und Infinitiv steht не vor dem Hilfsverb.

d) Wenn nicht der ganze Satz, sondern ein einzelnes Wort verneint ist, so steht не vor diesem.

2.

a) Человéчество не знáет **тогó**, что случѝтся.	Die Menschheit weiß nicht, was geschehen wird.
b) Я не могý писáть это письмó (этого письмá).	Ich kann diesen Brief nicht schreiben.

a) Wenn ein transitives Verb verneint ist, so steht das direkte Objekt im Genitiv.

b) Ist das direkte Objekt von einem Infinitiv in Verbindung mit einem Hilfsverb (хотéть wollen, мочь können usw.) abhängig, so steht das direkte Objekt gewöhnlich im Akkusativ, seltener im Genitiv. Weitere Beispiele:

Я никогдá не вѝдел такóго мотоцѝкла.	Ich habe nie ein solches Motorrad gesehen.
Я не берý билéта.	Ich nehme keine Eintrittskarte.

Der Kasus des Prädikatsnomens bei быть

a) Кóля был прилéжный (-ным) ученѝк (-кóм) [47].	Kolja war ein fleißiger Schüler.
b) Лю̀ди бýдут свидéтелями такóй сцéны.	Die Menschen werden Zeugen folgender Szene sein.

Bei dem Präteritum und Futur von быть steht ein Substantiv als Prädikatsnomen meist im Instrumental; der Nominativ (a) ist auch möglich, zumal wenn es sich um eine dauernde Eigenschaft oder einen Dauerzustand handelt. Jedoch wird der Unterschied nicht streng eingehalten. Dagegen steht beim Infinitiv stets der Instrumental: быть прилéжным fleißig sein.

Die Demonstrativpronomen э́тот (dieser) und тот (jener)   89

	m	n	f	m	n	f
N/S	э́тот	э́то	э́та	тот	то	та
G	э́того	э́того	э́той	тогó	тогó	той
D	э́тому	э́тому	э́той	томý	томý	той
A	N od. G	N od. G	э́ту	N od. G	N od. G	ту
I	э́тим	э́тим	э́той (-ою)	тем	тем	той (тóю)
P	об э́том	э́том	э́той	о том	том	той

N/P	э́ти		те
G	э́тих	(Eine Pluralform	тех
D	э́тим	für alle	тем
A	N od. G	Geschlechter)	N od. G
I	э́тими		тéми
P	об э́тих		о тех

In der Genitivendung ого wird г wie [v] gesprochen ⑳.

Die Possessivpronomen мой (mein), твой (dein), свой (sein)   90
наш (unser)

	m	n	f	m	n	f
N/S	мой	моё	моя́	наш	нáше	нáша
G	моегó	моегó	моéй	нáшего	нáшего	нáшей
D	моемý	моемý	моéй	нáшему	нáшему	нáшей
A	N od. G	N od. G	мою́	N od. G	N od. G	нáшу
I	мои́м	мои́м	моéй (-éю)	нáшим	нáшим	нáшей (-ею)
P	о моём	моём	моéй	нáшем	нáшем	нáшей

N/P	мои́		нáши
G	мои́х	(Eine Pluralform	нáших
D	мои́м	für alle	нáшим
A	N od. G	Geschlechter)	N od. G
I	мои́ми		нáшими
P	о мои́х		о нáших

Genau wie мой: **твой**   dein   **свой**   sein

Genau wie наш: **ваш**   euer, Ihr

a) In der Genitivendung его wird г wie [v] ausgesprochen ㉒.

b) In Briefen schreibt man die Höflichkeitsformen Ваш usw. mit großen Anfangsbuchstaben.

c) Im Gegensatz zum Deutschen kann свой auch mit Rückbeziehung auf die 1. und 2. Person angewandt werden. Jedoch ist мой, твой auch richtig, und наш, ваш sind sogar gebräuchlicher:

Я ви́жу своего́ (моего́) отца́.	Ich sehe meinen Vater.
Ты ви́дишь своего́ (твоего́) отца́.	Du siehst deinen Vater.
Он (она́) ви́дит своего́ отца́.	Er (sie) sieht seinen (ihren) Vater.
Мы ви́дим на́шего (своего́) отца́.	Wir sehen unseren Vater.
Вы ви́дите ва́шего (своего́) отца́.	Ihr (Sie) seht (sehen) euren (Ihren) Vater.
Они́ ви́дят своего́ отца́.	Sie sehen ihren Vater.

d) Für das **nicht reflexive** „sein", „ihr", das die Zugehörigkeit eines Gegenstandes zu einer dritten Person oder zu dritten Personen ausdrückt, gebraucht man im Russischen die unveränderlichen Formen **его́** mit Bezug auf eine männliche, **её** mit Bezug auf eine weibliche Person und **их** mit Bezug auf mehrere Personen:

Он мне даёт свою́ газе́ту.		Er gibt mir seine (eigene) Zeitung.
	его́ газе́ту	seine Zeitung (d.h. die eines anderen)
	её газе́ту	ihre Zeitung (d.h. die einer anderen)
	их газе́ту	ihre Zeitung (d.h. die anderer Personen)

91   **Die Steigerung des attributiven Adjektivs** (Langform)
(Ergänzung zu [70])

Neben den mit бо́лее gebildeten Komparativen gibt es noch einige besondere Formen auf -ший, die sowohl als Komparative als auch noch häufiger als Superlative Verwendung finden:

хоро́ший ⎫ gut ⎭	лу́чший besser ⎫ бо́лее хоро́ший ⎭	(са́мый) лу́чший beste
худо́й ⎫ плохо́й ⎭ schlecht	ху́дший бо́лее худо́й (плохо́й)	(са́мый) ху́дший
большо́й groß	бо́льший	**са́мый большо́й**

ма́ленький ⎫ klein ⎬	ме́ньший ⎫ бо́лее ма́ленький ⎬	(са́мый) ме́ньший
молодо́й jung	**мла́дший**	(са́мый) мла́дший
ста́рый alt	**ста́рший**	(са́мый) ста́рший
высо́кий ⎫ hoch ⎬	вы́сший ⎫ бо́лее высо́кий ⎬	(са́мый) вы́сший
ни́зкий ⎫ niedrig ⎬	ни́зший ⎫ бо́лее ни́зкий ⎬	(са́мый) ни́зший

a) Als **Komparative** sind die Formen auf -ший gebräuchlicher als бо́лее mit dem Positiv. Man sagt nur бо́льший (der größere), ста́рший (der ältere) und мла́дший (der jüngere).

b) Als **Superlative** sind die Formen auf -ший (mit oder ohne са́мый) überhaupt gebräuchlicher. Man sagt aber stets са́мый большо́й (der größte). — Ob eine dieser Formen Komparativ oder Superlativ ist, ergibt sich beim Übersetzen aus dem Russischen aus dem Zusammenhang des Satzes. — Bei einigen ist auch са́мый mit dem Positiv gebräuchlich:

са́мый молодо́й, са́мый высо́кий.

Die Rektion der Attribute nach Kardinalzahlen 92
(Ergänzung zu [81] und [82])

a) два знако́м**ых** (**-ые**) специали́ста	zwei bekannte Spezialisten
две знако́м**ые** (**-ых**) да́мы	zwei bekannte Damen
b) пять знако́м**ых** специали́стов (дам)	fünf bekannte Spezialisten (Damen)
c) с двумя́ (пятью́) но́выми кни́гами	mit zwei (fünf) neuen Büchern

a) Nach dem Nominativ oder Akkusativ der Kardinalzahlen 2-4 steht ein mit einem Substantiv verbundenes **Attribut** im Nominativ Plural (meist bei Feminina) oder Genitiv Plural (meist bei Maskulina).

b) Nach dem Nominativ oder Akkusativ der Kardinalzahlen ab 5 steht das **Attribut** im Genitiv Plural.

c) In den obliquen Kasus stimmen Numerus, Attribut und Substantiv überein.

a) Beantworten Sie folgende Fragen:

1. Кто мо́жет знать, что бу́дет? 2. Чего́ челове́чество не зна́ет? 3. К чему́ на́ша мысль обраща́ется пре́жде всего́? 4. Что обеща́ет те́хника челове́честву в о́бласти путе́й сообще́ния? 5. Кака́я пробле́ма уже́ тепе́рь занима́ет умы́ совреме́нников? 6. Что мы бу́дем де́лать по мне́нию а́втора (Verfasser)? 7. Како́й комфо́рт бу́дут име́ть междупланéтные поезда́? 8. Что, наприме́р, бу́дет возмо́жно (möglich)? 9. Како́й сце́ны лю́ди бу́дут свиде́телями че́рез сто лет? 10. Кто встреча́ется в Берли́не? 11. Что спра́шивает одна́ из дам? 12. Что обеща́л муж друго́й да́мы? 13. Кто уже́ побыва́л на Ма́рсе про́шлым ле́том? 14. Что расска́зывала фрау Мю́ллер об э́той удиви́тельной плане́те? 15. В чём хоте́ла бы ли́чно убеди́ться фрау Шу́льце? 16. Что ду́мает фрау Шу́льце о пое́здке на Марс? 17. Ско́лько вре́мени (Zeit) займёт доро́га туда́?

b) Verwandeln Sie folgende Sätze in die verneinte Form:

1. Он мне обеща́л кни́гу. 2. 'Эта мысль занима́ет умы́ челове́чества. 3. Моя́ мать име́ла возмо́жность говори́ть с заве́дующим лаборато́рией. 4. Он провёл о́тпуск в дере́вне. 5. Она́ забы́ла ру́сский язы́к. 6. Я изуча́л неме́цкий язы́к. 7. Я купи́л себе́ костю́м. 8. Я хочу́ чита́ть его́ письмо́. 9. Она́ мо́жет взять э́ти кни́ги.

c) Übersetzen Sie folgende Sätze:

1. Das ist der Sohn meines besten Freundes. 2. Der Vater hat seiner Tochter geholfen. 3. Meine Mutter hat an seinen Vater geschrieben. 4. Unsere Eltern sind mit meiner guten Arbeit zufrieden (дово́льны). 5. Ich kannte ihre (*f*) Eltern. 6. Er wird Ihnen von meiner Reise erzählen. 7. Machen Sie das für seine Schüler! 8. In diesem Zimmer ist alles, was ich besitze (habe). 9. Auf jenem Tisch [стол (3)] sind keine Bücher. 10. Wie denken Sie, soll ich dieses oder jenes Kostüm kaufen? 11. Wer war Zeuge dieser Szene? 12. Gib mir dein Buch! — Das ist nicht das meinige, das ist ihr (*f*) Buch. 13. Haben Sie schon ihr neues Kostüm gesehen? 14. Sein Bekannter hat mir von seiner Reise nach dem Kaukasus erzählt. 15. Als sie in (на) diesem Unternehmen angestellt war, war sie meine Stenotypistin. 16. Nina Alexandrowna war die älteste Tochter von Alexander Smirnow. Ihr Vater war in unserem Geschäft Angestellter (слу́жащий). Sein jüngerer Sohn lernt bei uns. 17. Meinen Angehörigen gefällt es nicht, daß ich die Ferien nicht bei ihnen verlebe (проводи́ть). 18. Ich wünsche Ihnen alles Gute! 19. Sie hat ein besseres Zim-

mer. 20. Er spricht russisch besser als ich. 21. Es ist besser, nicht an ihn zu denken. 22. Ich fühle mich besser (mir ist es besser). 23. Erzählen Sie lieber (besser) nicht! 24. Wir haben nur die beste Ware. 25. Sie wird zu ihren Eltern zurückkehren. — Das ist das beste. 26. Er ist der schlechteste Schüler in unserer Klasse. 27. Berlin (Die Stadt Berlin) ist sehr groß. 28. Mein Zimmer könnte etwas größer sein. 29. Ihr Zimmer ist ebenso groß wie (auch) das meinige. 30. Ihr Zimmer ist das größte von allen. 31. Er ist kleiner als ich. 32. Aber sie ist größer als ich. 33. Er war noch klein, als ich schon Student (студе́нт) war. 34. Er war der kleinste in unserem Zirkel. 35. Der eine Bruder ist um ein Jahr (*I*) jünger als ich, und der andere ist um (на *A*) 5 Jahre[1] älter als ich. 36. Tatjana ist noch jung. 37. Sie ist die jüngste in unserem Zirkel. 38. Er lernt schon höhere Mathematik.

12. LEKTION

1. Гри́ша и Ми́тя 94

Два ма́льчика, Гри́ша и Ми́тя, вхо́дят в кафе́ и садя́тся за сто́лик, на кото́ром стои́т таре́лка с пиро́жными. — Гри́ша (ра́достно): Я бу́ду есть[1] пиро́жные. — Он начина́ет[2] ку́шать. Пото́м, обду́мывая, спроси́л: Как бу́дет знать официа́нт, ско́лько я съел пиро́жных? — Ми́тя: Он сосчита́ет, ско́лько оста́лось. — Гри́ша (ликуя́): Ла́дно! Я ни одного́ не[4] оста́влю!

Гри́ша Grischa, *Dim. von* Григо́рий Grigori
Ми́тя Mitja, *Dim. von* Дми́трий Dmitri
ма́льчик Junge, Knabe
входи́ть *dur.* hineingehen
кафе́ *n* [57/2] Café
сади́ться *dur.* sich setzen
за сто́лик an ein Tischchen
таре́лка, *G/P* -лок Teller
пиро́жное Kuchen [36]
ра́достный froh, erfreut
есть[3] *dur.* essen
начина́ть *dur.* anfangen *v/t.*
ку́шать[3] *dur.* essen

пото́м dann
обду́мывать *dur.* überlegen
обду́мывая überlegend
спроси́ть *pf.* fragen
официа́нт Kellner
съесть[3] *pf.* aufessen
сосчита́ть *pf.* zusammenzählen
оста́ться *pf.* bleiben
ликова́ть *dur.* frohlocken
ликуя́ frohlockend
ла́дно! *Adv.* schön!
ни оди́н nicht ein, kein
оста́вить *pf.* (bleiben *od.* liegen) lassen

---

[1]) Der Instrumental oder на mit dem Akkusativ wird ohne Unterschied gebraucht.

1) есть ‚essen' gehört zu den vier Verben der gemischten Konjugation, die neben anderen Besonderheiten im Präsens Endungen der e- und и-Konjugation haben:

есть (essen) *dur., pr.* ем, ешь, ест, еди́м, еди́те, едя́т
дать (geben) *pf., ft.* дам, дашь, даст, дади́м, дади́те, даду́т
бежа́ть (laufen) *dur., pr.* бегу́, бежи́шь, бежи́т, бежи́м, бежи́те, бегу́т
хоте́ть (wollen) *dur., pr.* хочу́, хо́чешь, хо́чет, хоти́м, хоти́те, хотя́т

2) Der durative Infinitiv steht immer nach den Verben, die den Begriff des Anfangens, Fortfahrens und Aufhörens enthalten:

Продолжа́йте чита́ть!   Fahren Sie mit Lesen fort! Lesen Sie weiter!
Он переста́л руга́ться.   Er hörte auf zu schimpfen.

3) Für „essen" gibt es die Verben есть *dur.* und ку́шать *dur.* (поку́шать *pf.*). Die perfektiven Infinitive съесть und ску́шать haben die Bedeutung „aufessen". Im Sinne einer höflichen Aufforderung sagt man stets: [по]ку́шайте, пожа́луйста! Essen Sie, bitte!

4) Auch die Partikel **ни** bedingt wie die durch ни verneinten Pronomen und Adverbien [87] die Wiederholung der Verneinung durch не vor dem Prädikat.

96   **2. Ва́ля и Ва́ся**

Ва́ля оби́дчива, сде́ржанна, упря́ма. Ва́ся всегда́ весёлый, о́чень услу́жливый. Ва́ля — аккура́тная, домови́тая. Ва́ся — сама́ ще́дрость, поры́вистость, но[1] не́сколько беспоря́дочен. Ва́ля лю́бит ти́хие, споко́йные заня́тия: чте́ние, рукоде́лие[2]. Ва́ся к кни́гам соверше́нно равноду́шен; он предпочита́ет живо́тных, движе́ние, физи́ческий труд. Ва́ля непро́чь поворча́ть. 'Если она́ недово́льна и́ли заупря́мится — уйдёт[3] в уголо́к и там что́-то беззву́чно шепчет себе́ под нос. Ва́ся, в отли́чие от Ва́ли, вспы́льчив. При мале́йшей оби́де он мо́жет накрича́ть, дать тумака́, но о́чень отхо́дчив и немно́го безво́лен.

(Из рома́на Пфла́умера „Моя́ семья́"[4])

Ва́ля Walja, *Dim. von* Валенти́на Valentina
оби́дчивый empfindlich
сде́ржанный zurückhaltend
Ва́ся Wasja, *Dim. von* Васи́лий Wassili
упря́мый eigensinnig
услу́жливый gefällig
аккура́тный sorgfältig
домови́тый häuslich
ще́дрость *f* Freigebigkeit

сама́ ще́дрость die Freigebigkeit selbst
поры́вистость *f* Heftigkeit
не́сколько etwas
беспоря́дочный unordentlich
люби́ть *dur.* lieben
чте́ние Lektüre
рукоде́лие Handarbeit
равноду́шный (к *D*) gleichgültig (gegen)
предпочита́ть *dur.* vorziehen

живо́тное Tier
физи́ческий körperlich
труд (3) Arbeit
я непро́чь ich bin nicht abgeneigt
поворча́ть *pf.* (eine Weile) murren
недово́льный unzufrieden
заупря́миться *pf.* anfangen eigensinnig zu sein
уйти́ *pf.* weggehen
уголо́к, -лка́ Winkel
что́-то etwas
беззву́чный lautlos
шепта́ть *dur.* flüstern

нос (1) Nase
шепта́ть себе́ под нос etwas vor
sich hinmurmeln
в отли́чие от (*G*) zum Unterschied
von
вспы́льчивый aufbrausend
мале́йший geringste
оби́да Beleidigung
накрича́ть *pf.* anbrüllen
тума́к (1), *pl.* -á Puff, Stoß
отхо́дчивый nicht nachtragend
немно́го ein wenig
безво́льный willenlos

Erläuterungen 97

1) „aber" heißt но und а; но drückt einen stärkeren, а einen schwächeren
Gegensatz aus. Wenn man für „aber" auch „und" sagen kann, so heißt es а:
Он игра́ет в футбо́л, а я занима́юсь. Er spielt Fußball, ich aber (und ich)
lerne (beschäftige mich).

2) „Lektüre **und** Handarbeit". Bei Aufzählungen fehlt oft das verbindende и
(und). Vgl. auch den folgenden Satz im Lesetext: „Tiere, Bewegung **und**
körperliche Arbeit."

3) заупря́мится und уйдёт sind der Form nach perfektive Futura, deren Handlung in der Zukunft liegt. Bei diesen beiden Formen aber liegt sowohl der
Eintritt als auch der Abschluß der Handlung in der Gegenwart des
Sprechenden. Eine solche Präsensform eines perfektiven Verbs, die formal
mit dem perfektiven Futur übereinstimmt, nennt man **perfektives Präsens,**
das im Russischen immer dann gebraucht wird, wenn eine Handlung in der
Gegenwart oder auch in der Vergangenheit wiederholt eintritt oder eintreten
kann, was hier zutrifft.

4) Beachte die so übliche Wortstellung: „Aus dem Roman ,Meine Familie' von
Pflaumer." Weiteres Beispiel: Актри́са Большо́го теа́тра Смирно́ва. Die
Schauspielerin Smirnowa vom Großen Theater.

3. Письмо́ из о́тпуска 98
Дорога́я ма́ма!

Вот, наконе́ц, я прие́хала! Сейча́с же[1] по́сле прибы́тия я нашла́
хоро́шую ко́мнату вблизи́ пля́жа. Пое́здка сюда́ была́ замеча́-
тельна. Она́ заняла́ 14 часо́в. Мно́гое я могла́ бы тебе́ расска-
за́ть. Когда́ я вы́шла в пе́рвый раз и́з дому, я встре́тила Мари́ю
Ива́новну Чи́жикову[4] с му́жем[5]. По́мнишь, мы с ни́ми позна-
ко́мились в Москве́? Они́ то́же наме́рены провести́ свой о́тпуск
здесь. Мы посиде́ли в ма́леньком кафе́, кото́рое нахо́дится

109

вблизи́ пля́жа. Они́ мне рассказа́ли мно́го интере́сного[6] о свое́й пое́здке на Кавка́з, где они́ про́были[7] два ме́сяца. Су́дя по их расска́зу, там должно́ быть замеча́тельно. Здесь пого́да прекра́сная. Я бу́ду тебе́ ча́сто писа́ть. Будь здоро́ва!

Твоя́ Са́ша

мáма Mama
вот, наконéц nun endlich
сейчáс sofort
прибы́тие Ankunft
найти́ *pf.* finden
нашлá (ich *f*) habe gefunden
вблизи́ in der Nähe
пляж Strand
заня́ть *pf.* in Anspruch nehmen, *hier*: dauern
четы́рнадцать 14
час[2] Stunde
мнóгое vieles
рассказáть *pf.* erzählen
вы́йти *pf.* (hin)ausgehen
вы́шла (ich *f*) ging aus

в пéрвый раз[3] zum ersten Mal
и́з дому [50/3] aus dem Hause
пóмнить *dur.* sich erinnern
познакóмиться *pf.* bekannt werden, kennenlernen
тóже auch
я намéрен ich beabsichtige
посидéть *pf.* (kurze Zeit) sitzen
на Кавкáз nach dem Kaukasus
пробы́ть *pf.* sich aufhalten
судя́ по их расскáзу nach ihrer Erzählung zu urteilen
погóда Wetter
прекрáсный schön, vortrefflich
Сáша[8] Sascha

99 Erläuterungen

1) Die nachgestellte Partikel **же** gibt dem vorangestellten Wort einen gewissen Nachdruck: сейчáс же gleich nach der Ankunft, там же ebendort, сегóдня же noch heute, говори́те же! sprechen Sie doch!, что же? (od. что ж? — ж oft nach Wörtern mit auslautendem Vokal) was ist denn?

2) час (1) ‚Stunde‘, Genitiv Singular nach Zahlen часá, Plural часы́ heißt „Stunden“ und „Uhr“: два часá a) 2 Stunden, b) 2 Uhr; пять часóв a) 5 Stunden, b) 5 Uhr [169].

3) во вторóй раз zum zweiten Mal, в трéтий раз zum dritten Mal.

4) Die meisten russischen Familiennamen sind sogenannte besitzanzeigende Adjektive; die weiblichen Angehörigen haben daher auch eine weibliche Endung. Diese Familiennamen enden auf ов (Чи́жиков), ев (Николáев) und ин (Пýшкин). Deklination:
männliche Form: Чи́жиков, -а, -у, -а, -ым, -е
weibliche Form: Чи́жикова, -вой, -вой, -ву, -вой, -вой
Plural (die Tschishikows): Чи́жиковы, -ых, -ым, -ых, -ыми, -ых
Seltener sind die Familiennamen in der üblichen Form des Adjektivs:
Достоéвский, weibliche Angehörige: Достоéвская.
Ausländische Familiennamen werden dekliniert, wenn sie in das System der russischen Deklination hineinpassen. So werden Namen wie Шýльц, Гéте (Goethe) nicht dekliniert, wohl aber Ши́ллер (Schiller), Карл Маркс (Karl Marx), Лист (Liszt), Мю́ллер, aber gewöhnlich nur die männlichen Träger dieser Namen: сочинéния Кáрла Мáркса die Werke von Karl Marx.

5) „mit **ihrem** Mann“. — Bei Verwandtschaftsnamen fehlt zuweilen das Possessivpronomen, wenn das verwandtschaftliche Verhältnis (wessen Mann?) aus dem Satzzusammenhang hervorgeht.

6) „viel Interessantes“ [56/4].

7) Beachte die Betonung про́был, пробыла́, про́было, про́были [51 b].

8) Cа́ша ist das Diminutiv von Алекса́ндра (Alexandra) und zugleich von dem männlichen Vornamen Алекса́ндр (твой Cа́ша).

Grammatik

Die Bildung des prädikativen Adjektivs (Kurzform)   **100**
(Vgl. [71], [76])

Die Kurzformen zeigen Unregelmäßigkeiten in der Betonung, die gesetzmäßig nicht bestimmt werden können. Die weibliche Form vorwiegend von zweisilbigen Adjektiven ist oft endungsbetont.

a) Regelmäßige Bildung

краси́вый : краси́в, краси́ва, краси́во, *pl.* краси́вы	schön
дорого́й : до́рог, дорога́, до́рого, до́роги (LG I)	teuer

Im Maskulinum fällt die Endung (ый, ий, ой) fort, ая wird zu **a,** ое (ее) zu **o,** ые (ие) zu **ы (и).**

Die Kurzformen der bisher vorgekommenen Adjektive:

весёлый: ве́сел, весела́, ве́село, ве́селы	fröhlich
высо́кий: высо́к, высока́, высоко́, высоки́	hoch
дешёвый: дёшев, дешева́, дёшево, дёшевы	billig
домови́тый: домови́т, домови́та, домови́то, домови́ты	häuslich
знако́мый: знако́м, знако́ма, знако́мо, знако́мы	bekannt
молодо́й: мо́лод, молода́, мо́лодо, мо́лоды	jung
оби́дчивый: оби́дчив, оби́дчива, оби́дчиво, оби́дчивы	empfindlich
отхо́дчивый: отхо́дчив, отхо́дчива, отхо́дчиво, отхо́дчивы	nicht nachtra-⎫
ско́рый: скор, скора́, ско́ро, ско́ры	schnell [gend⎭
счастли́вый: сча́стлив, сча́стлива, сча́стливо, сча́стливы	glücklich
ти́хий: тих, тиха́, ти́хо, ти́хи	ruhig
упря́мый: упря́м, упря́ма, упря́мо, упря́мы	eigensinnig
услу́жливый: услу́жлив, услу́жлива, услу́жливо, услу́жливы	gefällig
хоро́ший: хоро́ш, хороша́, хорошо́, хоро́ши	gut
широ́кий: широ́к, широка́, широко́, широки́	breit

b) Vokaleinschub in der männlichen Form

лёгкий : лёгок, легка́, легко́, легки́	leicht
ва́жный : ва́жен, важна́, ва́жно, ва́жны	wichtig
опа́сный : опа́сен, опа́сна, опа́сно, опа́сны	gefährlich

Einschub von o zwischen einem harten Konsonanten (außer ж) und к; sonst steht e (betont ё).

Bisher vorgekommene Adjektive:

аккура́тный: аккура́тен, аккура́тна, аккура́тно, аккура́тны	sorgfältig
беззву́чный: беззву́чен, беззву́чна, беззву́чно, беззву́чны	lautlos
беспоря́дочный: беспоря́дочен, беспоря́дочна, беспоря́дочно, беспоря́дочны	unordentlich
изве́стный: изве́стен, изве́стна, изве́стно, изве́стны	bekannt
интере́сный: интере́сен, интере́сна, интере́сно, интере́сны	interessant
несомне́нный: несомне́нен, несомне́нна, несомне́нно, несомне́нны	zweifellos
ну́жный: ну́жен, нужна́, ну́жно, нужны́	nötig
обы́чный: обы́чен, обы́чна, обы́чно, обы́чны	gewöhnlich
подо́бный: подо́бен, подо́бна, подо́бно, подо́бны	ähnlich
равноду́шный: равноду́шен, равноду́шна, равноду́шно, равноду́шны	gleichgültig
серде́чный: серде́чен, серде́чна, серде́чно, серде́чны	herzlich

c) ь oder й vor der Endung wird in der männlichen Form zu e

значи́тельный: значи́телен, значи́тельна, значи́тельно, значи́тельны	bedeutend
споко́йный: споко́ен, споко́йна, споко́йно, споко́йны	ruhig

Bisher vorgekommene Adjektive:

безво́льный: безво́лен, безво́льна, безво́льно, безво́льны	willenlos
замеча́тельный: замеча́телен, замеча́тельна, замеча́тельно, замеча́тельны	bemerkenswert
(не)дово́льный: (не)дово́лен, (не)дово́льна, (не)дово́льно, (не)дово́льны	(un)zufrieden
пра́вильный: пра́вилен, пра́вильна, пра́вильно, пра́вильны	richtig
удиви́тельный: удиви́телен, удиви́тельна, удиви́тельно, удиви́тельны	erstaunlich

d) Daneben gibt es auch noch unregelmäßige Bildungen.

Als Kurzform von **большо́й** (groß) ist вели́к, велика́, -о́, -и́, (von вели́кий ‚groß‘) und von **ма́ленький** (klein) ist мал, мала́, ма́ло, ма́лы (von ма́лый ‚klein‘) gebräuchlich.

Oft vorkommende Kurzformen (nach denen — mit Ausnahme von прав — meist ein Infinitiv folgt) sind:

он до́лжен	er muß	он наме́рен	er beabsichtigt
она́ должна́	sie muß	она́ наме́рена	sie beabsichtigt
оно́ должно́	es muß	они́ наме́рены	sie beabsichtigen
мы должны́	wir müssen		
я рад	ich bin froh	он прав	er hat recht
она́ ра́да	sie ist froh	она́ права́	sie hat recht
мы ра́ды	wir sind froh	они́ пра́вы	sie haben recht

e) Kurzformen können nur von „qualitativen“ Adjektiven (die eine Eigenschaft bezeichnen, z.B. хоро́ший gut, краси́вый schön) und nicht von „bezüglichen" Adjektiven (die eine Beziehung zu einer Person oder einem Gegenstand bezeichnen) gebildet werden. Danach scheiden aus z.B. да́мский, городско́й, торго́вый, пи́сьменный, родно́й, гла́вный, спорти́вный, ли́чный, друго́й usw. Aber es gibt auch qualitative Adjektive, die keine Kurzform haben.

Keine Kurzformen haben (mit wenigen Ausnahmen) die Adjektive auf -ний (сре́дний, ли́шний, си́ний), auf -ский und -цкий (ру́сский, физи́ческий, неме́цкий, мужи́цкий), auf -овой (делово́й) und viele auf -о́й (цветно́й). Ziemlich selten sind auch die Kurzformen von Adjektiven, die Farben bezeichnen (чёрный, жёлтый).

f) Wie schon in [76] bemerkt, ist die Langform auch im Prädikat in den meisten Fällen möglich. Zwischen дома́ но́вые und дома́ но́вы (die Häuser sind neu) ist praktisch kein Unterschied. Die vielfach aufgestellte Regel, daß die Langform im Prädikat eine ständige Eigenschaft, die Kurzform einen vorübergehenden Zustand bezeichnet, ist nur beschränkt richtig. In vielen Fällen gibt die Langform im Prädikat (durch die Stimme unterstützt) dem Adjektiv eine stärkere Betonung.

Das Adverb   101

Zahlreiche ursprüngliche Adverbien (там, везде́, так, иногда́, сего́дня, о́чень usw.) hat der Lernende schon in den Lehrtexten kennengelernt.

a) Он говори́т **хорошо́**.	Er spricht **gut**.
b) Он говори́т **по-ру́сски**.	Er spricht **russisch**.
Он **физи́чески** здоро́в.	Er ist **körperlich** gesund.
c) Иди́ **скоре́й**!	Geh **schneller**!
d) ʼЭто мне нра́вится **лу́чше всего́**.	Das gefällt mir **am besten**.
Она́ мне нра́вится **лу́чше всех**.	Sie gefällt mir **am besten**.

a) Das Adverb des Adjektivs ist die neutrale Kurzform.

b) Adjektive auf -ский und -цкий haben die Endungen ски und цки teils mit, teils ohne vorgesetztes по-; Adjektive, die Sprachen bezeichnen, haben stets по- (по-ру́сски, по-неме́цки).

c) Das Adverb des Komparativs ist die Kurzform des Komparativs.

d) Das Adverb des Superlativs ist die Kurzform des Komparativs mit всего́ (als alles) oder всех (als alle).

a) Кто пришёл?	Wer ist gekommen?
Какýю кнѝгу вы тепéрь читáете?	Welches Buch lesen Sie jetzt?
b) Что он дéлает дóма?	Was macht er zu Hause?
Что дéлает твой отéц дóма?	Was macht dein Vater zu Hause?
c) Мать ужé пришлá?	Ist Mutter schon gekommen?
d) Дóма ли он?	Ist er zu Hause?
Нрáвится ли вам рýсский язы́к?	Gefällt Ihnen die russische Sprache?
e) Есть ли у вас рубль? — Есть. (Нет.)	Haben Sie einen Rubel? — Ja. (Nein.)
Вы бы́ли дóма? — Был. (Нет, нé был.)	Waren Sie zu Hause? — Ja. (Nein.)
Вы купѝли матéрию на плáтье? — (Да,) купѝл. — Нет, не купѝл.	Haben Sie Stoff für ein Kleid gekauft? — Ja. (Nein.)

a) Fragesätze, die mit einem Interrogativpronomen oder Frageadverb eingeleitet werden, unterscheiden sich im allgemeinen nicht von der deutschen Konstruktion.

b) Ein Personalpronomen steht meist vor, ein Substantiv meist nach dem Prädikat.

c) Fragesätze ohne Interrogativpronomen oder Frageadverb behalten die Wortfolge des Aussagesatzes bei und werden nur mit fragendem Ton gesprochen. Diese Form des Fragesatzes ist besonders in der Umgangssprache gebräuchlich.

d) Literarischer klingt die mit der Partikel **ли** gebildete Frage, die nur in Fragesätzen ohne Interrogativpronomen oder Frageadverb möglich ist. Die Partikel **ли** kommt nach dem Wort, das im Satz besonders betont ist. Meist ist es das Verb.

e) „Ja" heißt **да**, „nein" **нет**. Häufig wiederholt der Russe in der Antwort das Wort der Frage, auf dem der Nachdruck liegt. Meist ist es das Verb.

103 ## Übungen

a) Bilden Sie die Kurzformen der folgenden, in den nächsten Lektionen vorkommenden Adjektive. Die durch Sterne gekennzeichneten sind in der weiblichen Form endungsbetont:

1. безобра́зный (häßlich), 2. бога́тый (reich), 3. *ве́рный (treu), 4. *вла́жный (feucht), 5. *глу́пый (dumm), 6. *глухо́й (taub), 7. гото́вый (bereit), 8. губи́тельный (verderblich), 9. *до́брый (gut), 10. доста́точный (hinreichend), 11. здоро́вый (gesund), 12. *мо́дный (modisch), 13. *мо́щный (mächtig), 14. *мя́гкий (weich), 15. небре́жный (nachlässig), 16. невку́сный (nicht schmackhaft), 17. необходи́мый (nötig), 18. неприли́чный (unanständig), 19. обяза́тельный (verbindlich), 20. пра́вильный (richtig), 21. прекра́сный (vortrefflich), 22. приле́жный (fleißig), 23. проти́вный (widerlich), 24. *пья́ный (betrunken), 25. равнод у́шный (gleichgültig), 26. разли́чный (verschieden) [ра́зный bildet keine Kurzformen], 27. *ре́дкий (selten), 28. свобо́дный (frei), 29. *си́льный (stark), 30. *ску́чный (langweilig), 31. *стра́шный (schrecklich), 32. *те́сный (eng), 33. *тру́дный (schwierig), 34. *у́зкий (eng), 35. *чи́стый (rein), 36. *чу́дный (wunderbar), 37. *я́сный (klar).

b) Mit **како́в (какова́, -о́, -ы́)** „was für ein“, „wie (beschaffen)“ fragt man nach der Eigenschaft oder dem Zustand einer Person oder Sache. Како́в журна́л? Was ist das für eine Zeitschrift? Wie ist die Zeitschrift — Журна́л стар (ста́рый). Die Zeitschrift ist alt. — Beantworten Sie folgende Fragen mit Benutzung der in Klammern stehenden Adjektive:

1. Како́в спекта́кль? (интере́сный). 2. Какова́ автомаши́на? (*бы́стрый). 3. Каково́ движе́ние? (удиви́тельный). 4. Какова́ ко́мната? (большо́й, *вели́кий). 5. Какова́ у́лица? (*широ́кий). 6. Како́в Вася? (молодо́й). 7. Какова́ Ва́ля? (упря́мый). 8. Какова́ де́вушка? (*весёлый). 9. Како́в рома́н Пфла́умера? (интере́сный). 10. Каково́ пла́тье? (дешёвый). 11. Како́в официа́нт? (услу́жливый). 12. Како́в перехо́д? (опа́сный). 13. Каковы́ пи́сьма Татья́ны? (серде́чный). 14. Каковы́ уча́стники кружка́? (молодо́й).

c) Übersetzung:

1. Die Beschäftigung im Laboratorium ist für mich nicht besonders interessant, aber mit der Zeit (со вре́менем) ²wird ¹sie interessanter. 2. Unsere Bibliothek ist noch klein, aber bald (ско́ро) ²werden ¹wir viele neue Bücher bekommen. 3. Wir waren sehr froh, ²uns (einander) zu ¹sehen. 4. Ich glaube, daß sie recht hat. 5. Die Tschishikows sagten, daß die kaukasische (кавка́зский) Landschaft sehr schön ist. 6. Ich wußte, daß dies alles wahr war. 7. Er ist allen Menschen bekannt. 8. Der Kellner in unserem kleinen Café ist immer gefällig. 9. Der Zug bewegt sich schnell. 10. Er arbeitet gewöhnlich an den Abenden. 11. Sprechen Sie besser russisch als deutsch? 12. Können Sie

gut sehen? 13. Kann man die ³Straße, wo Sie wohnen, ¹leicht
²finden? 14. Wasja schreibt erstaunlich richtig. 15. ³Vergessen
²Sie ¹leicht Adressen? 16. Wünschen Sie, unser großes Kaufhaus
zu sehen? 17. Wieviel muß ich zahlen? 18. Kann Ihre Mutter
Deutsch? 19. Gefällt Ihnen die russische Sprache? 20. Wo
studiert (lernt) er? 21. Wo studiert Walja? 22. Sie müssen
diesen Brief ²in (на) russischer Sprache ¹schreiben. 23. Sie muß
Russisch lernen. 24. Ich habe ohne Schwierigkeit (leicht) diese
ganze Geschichte verfolgt. 25. Alle Menschen können ohne Gefahr über die Straße gehen. 26. Man muß trotzdem etwas schneller
gehen. 27. Schreibe gut! 28. Schreiben Sie schnell! 29. Wer
spricht besser deutsch, Ljuba oder Walja? 30. Er hat immer leise
gesprochen. 31. Das Buch ist schwarz. 32. Ist dieses Buch
schwarz? 33. Die Farbe ist rot. 34. Ist dein Kleid gelb? — Nein,
es ist grau. 35. Ist sein Zimmer klein? — Nein, es ist groß.
36. Mein Zimmer ist groß. 37. Heute ist der Himmel grau. 38. Wir
sind froh, wenn wir Briefe aus Moskau bekommen. 39. Wir sind
unzufrieden, wenn das Wetter schlecht ist. 40. Es ist gefährlich,
im Winter in leichten Kleidern zu gehen (ходи́ть).

d) Beantworten Sie folgende Fragen zu Text [94]:

1. Кто вхо́дит в кафе́? 2. Куда́ они́ садя́тся? 3. Что стои́т
на сто́лике? 4. Что говори́т Гри́ша? 5. Что он спра́шивает,
ку́шая (während er ... ißt) пиро́жные? 6. Как официа́нт бу́дет
знать, ско́лько пиро́жных съел Гри́ша? 7. Что отвеча́ет Гри́ша
на замеча́ние (Bemerkung) своего́ дру́га?

e) Fragen zu Text [96]:

1. Какова́ Ва́ля? 2. Како́в Ва́ся? 3. Что лю́бит Ва́ля? 4. Как
Ва́ся отно́сится (verhält sich) к кни́гам? 5. Что он предпочи-
та́ет? 6. Что де́лает Ва́ля, когда́ она́ недово́льна? 7. Како́в
Ва́ся в отли́чие от Ва́ли? 8. Что он де́лает при мале́йшей
оби́де?

f) Fragen zu Text [98]:

1. Кто написа́л письмо́ из о́тпуска? 2. Что нашла́ Са́ша
сейча́с же по́сле прибы́тия? 3. Какова́ была́ её пое́здка? 4.
Ско́лько часо́в заняла́ пое́здка? 5. Мно́гое бы она́ могла́ рас-
сказа́ть? 6. Что случи́лось, когда́ она́ вы́шла в пе́рвый раз и́з
дому? 7. Где она́ познако́милась с Мари́ей Ива́новной Чи́жи-
ковой? 8. Что Чи́жиковы наме́рены сде́лать? 9. Где они́ по-
сиде́ли? 10. Где нахо́дится э́то ма́ленькое кафе́? 11. Что Чи́жи-
ковы рассказа́ли Са́ше? 12. Ско́лько вре́мени (Zeit) они́ про́-
были на Кавка́зе? 13. Кака́я пого́да там, где нахо́дится Са́ша?
14. Что Са́ша обеща́ет ма́тери в конце́ (am Ende) письма́?

13. LEKTION

Иван Иванович[1]

Прекрасный человек Иван Иванович! Какой у него дом[2] в Миргороде! Вокруг него со[3] всех сторон навес на дубовых столбах; под навесом везде скамейки. Иван Иванович, когда сделается слишком жарко, скинет с себя и бекешу и исподнее, сам останется в одной рубашке и отдыхает под навесом и глядит, что делается во дворе и на улице. Какие у него яблони и груши под самыми окнами! Отворите только окно, — так ветви и врываются в комнату. 'Это всё перед домом; а посмотрели бы[4], что у него в саду[5]! Чего там нет! Сливы, вишни, черешни, овощи всякие[6], подсолнечники, огурцы, дыни, стручки, даже гумно и кузница.

Прекрасный[7] человек Иван Иванович! Он очень любит дыни; это его любимое кушанье. Как только отобедает и выйдет в одной рубашке под навес, сейчас приказывает Гапке принести две дыни, и уже сам разрежет, соберёт семена в особую бумажку и начнёт кушать. Потом велит Гапке принести чернильницу и сам, собственною рукою, сделает надпись на бумажке с семенами: «Сия[8] дыня съедена такого-то числа». 'Если при этом был какой-нибудь гость, то: «участвовал такой-то».

Детей[9] у него не было. У Гапки есть дети и бегают часто по двору. Иван Иванович всегда даёт каждому из них или по[10] бублику, или по кусочку дыни, или грушу. Гапка — девка здоровая, с свежими икрами и щеками.

Иван Iwan (Johann)
Миргород Stadt im Gebiet Charkow
вокруг (G) um (herum)
со всех сторон von allen Seiten
навес Schutzdach
дубовый eichen
столб (3) Pfosten
под (I) unter
везде überall
скамейка, G/P скамеек Bank
сделаться pf. werden

жаркий heiß
скинуть pf. (Kleider) ausziehen, abwerfen
с (G) von (herab)
и ... и sowohl ... als auch
бекеша Pekesche (kurzer Pelzrock)
исподний untere
исподнее (платье) Unterzeug
рубашка, G/P рубашек Hemd
в одной рубашке nur im Hemd [80]
глядеть dur. schauen

дѐлаться *dur.* geschehen
я́блоня [41] Apfelbaum
гру́ша Birne; Birnbaum
окно́ (4), *G/P* о́кон Fenster
под са́мыми о́кнами unmittelbar
(gleich) unter den Fenstern [77/3]
отвори́ть *pf.* öffnen
ветвь (2) *f* Zweig
врыва́ться *dur.* eindringen
пѐред (*I*) vor
посмотрѐть *pf.* schauen
сад (1) (Obst-)Garten
сли́ва Pflaume, Pflaumenbaum
ви́шня, *G/P* ви́шен Sauerkirsche;
Sauerkirschbaum
черѐшня, *G/P* -шен Süßkirsche;
Süßkirschbaum
о́вощи *f/pl.*, -щей Gemüse
подсо́лнечник Sonnenblume
огурѐц, -рца́ Gurke
ды́ня (Zucker-)Melone
стручо́к, -чка́ Schote
да́же sogar
гумно́ (4) Tenne
ку́зница Schmiede
люби́мый beliebt; Lieblings...
ку́шанье Speise, Essen
отобѐдать *pf.* das Mittagessen beenden
прика́зывать *dur.* befehlen
Га́пка Gapka (*Vorname*)
принести́ *pf.* bringen
разрѐзать *pf.* zer-, aufschneiden
собра́ть *pf.* sammeln
осо́бый besonder

бума́га Papier
бума́жка Papierchen
нача́ть *pf.* anfangen
велѐть *dur. u. pf.* [58/4 e] befehlen
черни́льница Tintenfaß
сам [110]
со́бственный eigen
рука́ (6) Hand
сдѐлать *pf.* machen, tun
на́дпись *f* Aufschrift
сия́[8] diese
съедена́ (ist) aufgegessen [vgl.
съесть]
тако́го-то числа́ den soundsoviel-
ten
при э́том dabei
како́й-нибудь irgendein
гость (2) *m* Gast
то so, dann
уча́ствовать *dur.* teilnehmen
тако́й-то der und der
бѐгать *dur.* (hin und her) laufen
дава́ть *dur.* geben
из (*G*) von
по (*D*) je
бу́блик Kringel
кусо́чек, -чка Stückchen
дѐвка Magd
здоро́вый gesund
свѐжий frisch
икра́ (4), *meist pl.* и́кры Waden
щека́ (5), *pl.* щёки, щёк, щека́м
Wange

105   E r l ä u t e r u n g e n

1) Bruchstück aus der Erzählung „Wie Iwan Iwanowitsch sich mit Iwan Ni'ki-
forowitsch entzweite" von Gogol (1809-1852). — Die Benennung mit Vor-
und Vaternamen, die Hochachtung ausdrückt, ist unter Menschen, die sich
kennen, nicht nur in der Anrede [30/1] gebräuchlich, sondern auch dann,
wenn man von dritten Personen spricht.

2) „Was für ein Haus hat er ..."

3) Die Präposition **c** hat mit dem Genitiv die Bedeutung „von", „von ... an",
„von ... herab" usw.; vgl. c mit dem Instrumental [9/1]. Einige Präpositionen (z. B. с, к, из) hängen ein о an (со, ко, изо), wenn das folgende
Wort mit вс, мн, вт und überhaupt mit mehreren Konsonanten beginnt:
ко мне zu mir, со всѐми mit allen, изо рта aus dem Munde usw. [217/1].

4) „und (aber) würde man sehen, ..." [107].

5) в саду́ ‚im Garten'. — Einige vorwiegend einsilbige Maskulina auf Konsonant [6] und einige wenige auf -й [17] haben nach den Präpositionen **в** und **на** einen stets betonten Präpositiv Singular auf ý (ю́): на берегу́ am Ufer, в пе́рвом году́ im ersten Jahr, на краю́ (край Rand) am Rande.

6) „Gemüse aller Art" [77/3].

7) „Ein prachtvoller Mensch ist Iwan Iwanowitsch."

8) **сей, сия́, сие́** (od. **сё**) ‚dieser' ist veraltet und findet sich in der modernen Sprache nur noch in einigen gebräuchlichen Redewendungen: до сих пор bis jetzt, bis hierher, сию́ мину́ту u. сейча́с sofort, jetzt, при сём u. сим hiermit; ferner in сего́дня heute.

9) дитя́ *n* ‚Kind' ist in den obliquen Kasus im Singular nicht mehr gebräuchlich; *pl.* де́ти, дете́й, де́тям, дете́й, детьми́, о де́тях. Für den Singular gebraucht man ребёнок ‚Kind', *G/S* ребёнка. Der Plural ребя́та, ребя́т, -я́там, -я́т, -я́тами, о ребя́тах hat neben der Bedeutung „Kinder" (besonders in der vertraulichen Anrede) noch die Bedeutungen „Freunde", „Kameraden", „Burschen und Mädel" usw.

10) Im Deutschen sagen wir „entweder einen Kringel oder ein Stückchen Melone". Im Russischen ist in diesem Fall der distributive Gebrauch der Präposition по mit dem Dativ in der Bedeutung „je" üblich [216].

Grammatik

Das perfektive Präsens   106

a) In [97/3] ist das perfektive Präsens kurz charakterisiert worden. In Text [104] findet sich das perfektive Präsens im folgenden Satz: Ива́н Ива́нович, когда́ сде́лается (wird) ... ски́нет (wirft ab) ... оста́нется (bleibt) ...; und jedesmal, wenn dies geschieht, so (он) отдыха́ет ... и гляди́т. Das Tempus geht also wieder in das durative Präsens über.
Die Handlung des perfektiven Präsens kann zeitlich auch zurückliegen und wird dann durch ein Tempus der Vergangenheit übersetzt: Как то́лько отобе́дает (*pf. pr.*) и вы́йдет (*pf. pr.*) в одно́й руба́шке под наве́с, сейча́с же прика́зывает (*dur. pr.*) ... Sobald er zu Mittag **gegessen hat** und im bloßen Hemd unter das Schutzdach (hinaus) **getreten ist**, befiehlt er ... Und gleich danach wird die gewohnheitsmäßige Handlung durch das perfektive Präsens (разре́жет, соберёт, начнёт, сде́лает) weitergeführt. Der Gebrauch des perfektiven Präsens zum Ausdruck von ge wohn heitsmäßigen Handlungen ist vor allem in Erzählungen beliebt; es trägt außerordentlich dazu bei, die Handlung lebendig zu gestalten.

b) Sehr häufig wird das perfektive Präsens aber auch für eine ein malige Handlung gebraucht, für die der Eintritt und Abschluß in der Gegenwart charakteristisch ist. Dieser Gebrauch des perfektiven Präsens läßt immer eine gewisse s u b j e k t i v e Stellung-

nahme des Sprechers erkennen, die bei der Übersetzung ins
Deutsche häufig durch die Verwendung von modalen Verben
(wollen, sollen, können) zum Ausdruck kommt:

Вот что я тебе́ скажу́.	Ich will dir mal was sagen.
И не поду́маю!	Ich denke nicht daran! (Es fällt mir nicht ein!)
Здесь же заме́чу то́лько, что ...	Hier will ich nur bemerken, daß ...
Что вы на э́то ска́жете?	Was meinen (sagen) Sie dazu?
Кто его́ поймёт?	Wer soll ihn verstehen?
Обо всём в письме́ не напи́шешь.	Über alles kann man in einem Brief nicht schreiben.

107 Der Konjunktiv

a) *dur.*	он писа́л бы	er schriebe, er würde schreiben,
pf.	он написа́л бы	er habe (hätte) geschrieben, er würde geschrieben haben
b)	ꞌЕсли бы (е́сли б) он пришёл	Wenn er käme, gekommen wäre
	Кто бы мог поду́мать!	Wer hätte das gedacht!
	Как бы найти́ его́?	Wie könnte ich ihn finden?
c)	Всё бы вы зна́ли.	Alles würden Sie wissen (hätten Sie gewußt).

Der Konjunktiv im Russischen wird durch das Präteritum mit der
Partikel бы (verkürzt б) wiedergegeben. Diese eine russische Form
entspricht allen deutschen Formen zum Ausdruck des Möglichen (a).
Ob durativ oder perfektiv, richtet sich nach dem Aspekt, den die
Handlung erfordert. Die Partikel бы steht in normaler Stellung
nach dem Präteritum, stets aber nach е́сли (und einigen anderen
Konjunktionen) und fast immer nach Interrogativpronomen und
Adverbien (b); praktisch kann бы nach jedem Wort stehen, das
dadurch besonders hervorgehoben wird (c).

108 Die Neutra auf -ье (-ьё)
(Variante zum Grundtyp C der Neutra [33])

пла́т-ье (Kleid), -ья, -ью, -ье, -ьем, -ье (od. -ьи); *pl.* пла́т-ья, -ьев,
-ьям, -ья, -ьями, -ьях. Ebenso ку́шанье (Speise).

бел-ьё (*o. pl.*, Wäsche), -ья́, -ью́, -ьё, -ьём, -ье́.

Die wenigen Neutra auf -мя weichen in der Deklination von allen anderen Deklinationen ab:

вре́мя (Zeit), -мени, -мени, -мя, -менем, -мени; *pl.* врем-ена́, -ён, -ена́м, -ена́, -ена́ми, -ена́х. Ebenso и́мя Vorname, Name; се́мя, *G/P* семя́н Same.

Das Definitivpronomen сам (selbst)   **110**

	m	*n*	*f*	*pl.*
N	сам	само́	сама́	са́ми
G	самого́	самого́	само́й	сами́х
D	самому́	самому́	само́й	сами́м
A	самого́	само́	самое́	сами́х
I	сами́м	сами́м	само́й (-о́ю)	сами́ми
P	о само́м	само́м	само́й	сами́х

a) Über den Gebrauch von са́мый wiederhole [77/3].

b) сам steht vorwiegend in Verbindung mit Personen, seltener mit Gegenständen:

Прие́дет сам оте́ц (*od.* оте́ц сам). Der Vater selbst wird kommen. Говори́те са́ми! Sprechen Sie selbst! Она́ всё де́лает сама́. Sie macht alles selbst. Ва́ся — сама́ ще́дрость. Wasja ist die Freigebigkeit selbst.

Der männliche Akkusativ Singular und Akkusativ Plural wird in Verbindung mit leblosen Dingen durch са́мый und са́мые ersetzt:

Я ви́дел са́мый дом (са́мые дома́).
Ich habe das Haus (die Häuser) selbst gesehen.

Die Kardinalzahlen von 11-100   **111**

		Deklination:
11	оди́ннадцать	wie пять
12	двена́дцать	⎫
13	трина́дцать	
14	четы́рнадцать	
15	пятна́дцать	
16	шестна́дцать	wie пять, aber mit festem Akzent
17	семна́дцать	
18	восемна́дцать	
19	девятна́дцать	⎭
20	два́дцать	wie пять

21	два́дцать оди́н (одна́, одно́)	
22	два́дцать два (две)	
23	два́дцать три	
30	три́дцать	wie пять
31	три́дцать оди́н	
32	три́дцать два	
40	со́рок	со́рок, сорока́, сорока́, со́рок, сорока́, о сорока́
50	пятьдеся́т	пятьдеся́т, пяти́десяти, пяти́десяти, пятьдеся́т, пятью́десятью, о пяти́десяти
60	шестьдеся́т	
70	се́мьдесят	wie пятьдеся́т
80	во́семьдесят	
90	девяно́сто	N, A девяно́сто, sonst девяно́ста (vgl. со́рок)
100	сто	N, A сто, sonst ста (vgl. со́рок)

a) Die Kasus der Substantive richten sich nach [80], [81] und [82], die ihrer Attribute nach [92]. Bei zusammengesetzten Zahlen richtet sich der Kasus der von der Zahl abhängigen Wörter nach der letzten Zahl. So steht z. B. nach два́дцать оди́н der Nominativ, nach два́дцать два bis четы́ре der Genitiv Singular und nach два́дцать пять der Genitiv Plural:

три́дцать оди́н но́вый учени́к 31 neue Schüler,
со́рок две ста́рые (-ых) кни́ги 42 alte Bücher,
пятьдеся́т шесть неме́цких городо́в 56 deutsche Städte

b) In zusammengesetzten Zahlen wird jede Zahl dekliniert:

с тридцатью́ четырьмя́ но́выми учени́ками   mit 34 neuen Schülern

о шести́десяти трёх неме́цких города́х   über 63 deutsche Städte

без (G) девяно́ста шести́ рубле́й   ohne die 96 Rubel

112   **Übungen**

a) Übersetzen und deklinieren Sie folgende Ausdrücke:
1. 2 fleißige Bauern, 2. 5 junge Mädchen, 3. 45 hohe Gebäude, 4. 67 neue Teilnehmer.

b) Übersetzen Sie:

1. Hier arbeiten 85 Arbeiter (рабо́чий). 2. In unserer Schule lernen 46 Kinder. 3. Auf dem Tischchen liegen 13 Bücher zum Lesen (чте́ние). 4. Die Fahrkarten, die ich gekauft habe, haben 23 Rubel gekostet. 5. Wir haben für (за *A*) diese Zeitschriften 18 Rubel bezahlt. 6. Er wohnt schon 22 Jahre (27 Jahre) in Berlin. 7. Ich bleibe noch eine Woche (noch einen Monat, noch ein Jahr) in Samara. 8. Ich habe Zeit. 9. Ich habe keine Zeit. 10. Die Zeit vergeht (идёт) schnell. 11. Alles zu (в *A*) seiner Zeit. 12. Unser Radiospezialist ist ein Mann mit Namen. 13. Ich habe nach (о *P*) seinem Namen gefragt. 14. Ich kenne ihn nur dem Namen nach (по *D*). 15. Sie hat immer teure Kleider.

c) Übersetzung (Konjunktiv):

1. Tatjana selbst könnte in diesem Dorf nicht wohnen. 2. Ich selbst hätte Ihnen dieses Zimmer angeboten. 3. Ich müßte (на́до) eine ganze Woche bleiben. 4. Er hätte mir einen Brief geschrieben. 5. Das wäre für mich eine große Hilfe. 6. Wenn er käme, so würde ich ihm die Zeitschrift geben. 7. Sie würde kommen, wenn sie nur könnte. 8. Wenn sie könnte, würde sie den Urlaub auf dem Lande (im Dorf) verleben (провести́). 9. Wenn ich selbst Geld hätte, so würde ich in den Kaukasus fahren. 10. Wenn das geschähe, so wären wir selbst sehr glücklich. 11. Wenn Sie mein Freund wären, so würden Sie mir helfen. 12. Wenn Wasja selbst jetzt hier säße, so würde ich ihn bitten, dies zu tun. 13. Ich muß alles selbst machen. 14. Sie macht alles selbst. 15. Ich muß mit ihr selbst sprechen. 16. Das ist für mich selbst. 17. Er sprach leise mit sich selbst. 18. Er ist also ein Dummkopf? — Du bist selbst ein Dummkopf! 19. Es ist immer besser, die Arbeit selbst zu machen, als andere zu bitten, sie zu tun.

d) Beantworten Sie folgende Fragen:

1. Како́й челове́к Ива́н Ива́нович? 2. Опиши́те (beschreiben Sie) его́ дом! 3. Что сде́лает Ива́н Ива́нович, когда́ ста́нет жа́рко? 4. Что нахо́дится под са́мыми о́кнами до́ма? 5. Что случа́ется, когда́ отворя́ют окно́? 6. Что у него́ есть в саду́? 7. Что лю́бит Ива́н Ива́нович? 8. Что случа́ется, как то́лько он отобе́дает и вы́йдет под наве́с? 9. Что он вели́т Га́пке принести́? 10. Каку́ю на́дпись он де́лает на бума́жке с семена́ми? 11. Есть ли у него́ де́ти? 12. Есть ли де́ти у Га́пки? 13. Что даёт Ива́н Ива́нович ка́ждому из дете́й? 14. Како́е замеча́ние (Bemerkung) де́лает Го́голь о Га́пке?

14. LEKTION

Иван Иванович

А¹ какой богомольный человек Иван Иванович! Каждое воскресенье² надевает он³ бекешку и идёт в церковь⁴. Вошедши в неё, Иван Иванович, раскланявшись на все стороны, обыкновенно помещается на клиросе и очень хорошо подтягивает басом. Когда же окончится⁵ служба³, Иван Иванович никак не утерпит, чтобы не обойти всех нищих. Он бы, может быть, и не хотел заняться таким скучным делом, если бы не побуждала его к тому природная доброта³.

Здорово⁶, бедная⁷! — обыкновенно говорил он³, отыскавши самую искалеченную бабу, в изодранном, сшитом из заплат платье⁸.

Откуда ты, бедная?

Я из хутора пришла, третий день, как не пила, не ела; выгнали меня собственные дети.

Бедная головушка! чего ж ты пришла сюда?

А так⁹, милостыню просить, не даст ли¹⁰ кто-нибудь хоть на хлеб.

Гм! что ж, тебе разве¹¹ хочется хлеба¹²? — обыкновенно спрашивал Иван Иванович³.

Как не хотеть¹³! Голодна, как собака.

Гм! — отвечал обыкновенно Иван Иванович³. — Так тебе, может, и мяса хочется?

Да¹⁴ всё, что милость ваша даст, всем буду довольна.

Гм! Разве мясо лучше хлеба¹⁵?

Где уж голодному разбирать¹³? Всё, что пожалуете, всё хорошо. При этом старуха обыкновенно протягивала руку.

Ну, ступай же с богом, — говорил Иван Иванович³. — Чего же ты стоишь? Ведь я тебя не бью!

И, обратившись с такими расспросами к другому, к третьему, наконец возвращается домой или заходит выпить рюмку водки к соседу.

богомо́льный gottesfürchtig, fromm
воскресе́нье Sonntag
надева́ть *dur.* anziehen
беке́шка Pekesche
це́рковь[4] *f* Kirche
вошéдши *ap. pt. zu* войти́
раскла́няться *pf.* (einander) begrüßen
обыкнове́нно gewöhnlich
помеща́ться *dur.* Platz finden
кли́рос Platz für den (Kirchen-) Chor
подтя́гивать *dur.* mitsingen
бас Baß(stimme)
ба́сом (im) Baß
око́нчиться *pf.* zu Ende gehen
слу́жба Dienst
ника́к не durchaus nicht
утерпе́ть *pf.* ertragen
чтобы (um) zu
обойти́ *pf.* einen Rundgang machen bei
ни́щий Bettler
ску́чный langweilig, traurig
де́ло (1) Sache, Angelegenheit
побужда́ть *dur.* anregen, bewegen
к тому́ dazu
приро́дный angeboren
доброта́ Herzensgüte
здоро́во! (*volkstümlich*) guten Tag!
бе́дный arm
отыска́ть *dur.* aufsuchen
искале́ченный verkrüppelt
ба́ба Weib
изо́дранный zerrissen
сшить *pf.* nähen
сши́тый genäht
запла́та Flicken
отку́да woher
ху́тор, *N/P* -á Meierei, Vorwerk
прийти́ *pf.* (an)kommen

как *hier*: daß
пить *dur.* trinken
éла *von* есть *dur.* essen
вы́гнать *pf.* wegjagen
голо́вушка Köpfchen
чего́ wozu, wofür
ми́лостыня Almosen
проси́ть *dur.* bitten
даст *von* дать *pf.* geben
кто́-нибудь jemand
хоть wenigstens
хлеб Brot
гм! (*Aussprache wie im Deutschen*) hm!
что ж nun
голо́дный hungrig
соба́ка Hund
мо́жет *für* мо́жет быть vielleicht
мя́со Fleisch
ми́лость *f* Gnade
всем *I von* всё alles
дово́льный (*I*) zufrieden (mit)
уж = уже́ schon
разбира́ть*dur.*auseinandernehmen, sortieren, *hier*: wählerisch sein
пожа́ловать *pf.* verleihen, schenken
стару́ха Alte, Greisin
протя́гивать *dur.* ausstrecken
ступа́ть *dur.* treten, schreiten, gehen
ведь doch
бить *dur.* schlagen
обрати́ться (к *D*) sich wenden (an)
расспро́сы *pl.* Fragen, Ausfragerei
заходи́ть *dur.* (к *D*) vorsprechen (bei), besuchen
вы́пить *pf.* trinken
рю́мка (Schnaps-)Glas
во́дка Schnaps, Branntwein
сосе́д, *pl.* сосе́ди, -ей, -ям Nachbar

Erläuterungen   114

1) A ‚und' knüpft an das Vorhergehende an.

2) Die übrigen Wochentage sind: понеде́льник Montag, вто́рник Dienstag, среда́ (6) Mittwoch, четве́рг (3) Donnerstag, пя́тница Freitag, суббо́та Sonnabend. Auf die Frage „wann?" steht в mit dem Akkusativ: в понеде́льник (am) Montag, во вто́рник, в сре́ду usw.

3) Inversion (Umstellung) von Objekt (он) und Prädikat (надева́ет) ist in eingeschobenen Sätzen feste Regel: ...обыкнове́нно говори́л он; ...

спрáшивал Ивáн Ивáнович (vgl. auch die folgenden Beispiele im Text). Sonst findet sich die Inversion oft nach Ausdrücken (Adverbien) der Zeit, des Ortes, der Art und Weise (Кáждое воскресéнье надевáет он), bei intransitiven Verben, die kein substantivisches Subjekt bei sich haben (Когдá же окóнчится слýжба ...), in Nebensätzen (... éсли бы не побуждáла егó к томý прирóдная добротá.) und in sonstigen Fällen, auf die gegebenenfalls hingewiesen wird.

4) цéрковь gehört zu den wenigen **Feminina auf -ь mit flüchtigem o**, das nur noch im Instrumental Singular auftritt: цéрковь, цéркви, цéркви, цéрковь, цéрковью, о цéркви; *pl.* цéркви, церквéй, церквáм, цéркви, церквáми, о церквáх (beachte a statt des regelmäßigen я). Ebenso: любóвь, любвú, любóвью (*o. pl.*) Liebe; ложь, лжи, лóжью Lüge. — Dagegen bleibt in dem Frauennamen Любóвь o erhalten: Любóви usw.

5) Perfektives Präsens; beachte auch die folgenden perfektiven Präsentia.

6) Das volkstümliche здорóво ‚guten Tag!' (für здрáвствуй[те]) verwechsle man nicht mit здóрово [74].

7) бéдная ‚Arme' wie auch das folgende бéдная голóвушка entsprechen etwa dem deutschen „meine Ärmste".

8) Zu der Wortstellung сшúтом из заплáт плáтье [48/3].

9) „nur so".

10) Die Fragepartikel **ли** [102] leitet den **indirekten Fragesatz** ohne Interrogativpronomen oder Frageadverb ein und entspricht dem deutschen „ob"; sie steht nach dem Wort, das im Satz hervorgehoben wird: „..., ob mir jemand wenigstens (etwas Geld) für Brot geben wird".

11) Auf die mit **рáзве** (denn, etwa) eingeleitete Frage erwartet der Fragende eine widersprechende Antwort: die Stellung тебé рáзве ist willkürlich; die normale Stellung ist рáзве тебé ...

12) тебé рáзве хóчется **хлéба**? möchtest du denn etwa Brot? — Der partitive Genitiv [23/2] zur Bezeichnung eines Teiles vom Ganzen steht auch unabhängig von einem vorausgehenden Ausdruck der Menge und des Maßes (vgl. französisch je veux du pain): Принесúте хлéба и мяса. Bringen Sie Brot und Fleisch.

13) „Wie sollte ich es nicht wollen?" [56/3]. Das Personalpronomen „ich" (das hier durch мне übersetzt werden müßte) kommt nicht zum Ausdruck, was in der Umgangssprache sehr oft der Fall ist [56/7], wenn sich die Person aus dem Satz ohne weiteres ergibt. Ивáн Ивáнович aber fragt: Так **тебé** ...? — Vgl. im folgenden: „Wo (was) soll der Hungrige schon sortieren (wählerisch sein)?"

14) **да** ist hier ein Flickwort, das das folgende Wort hervorhebt; oft nicht übersetzbar. Hier etwa: „Nun alles ..."

15) Vgl. [72/3].

Grammatik

Die Adverbialpartizipien

Das Adverbialpartizip ist das Adverb des Partizips. In „der frohlockende Grischa" ist „frohlockende" Partizip. In „Grischa rief frohlockend aus" ist „frohlockend" Adverb des Partizips. Es gibt ein ap.pr. (Aktiv) und ein ap.pt. (Aktiv). Beide Formen kommen fast nur in der literarischen Sprache, in der Umgangssprache sehr selten vor. Das Adverbialpartizip bezieht sich immer auf das Subjekt des Satzes. Deshalb ist ein gemeinsames Subjekt von Haupt- und Nebensatz Vorbedingung, wenn ein untergeordneter Satz durch das Adverbialpartizip verkürzt werden soll.

Das Adverbialpartizip Präsens   116

a) **Отдыха́я** от рабо́ты, Ива́н за коро́ткое вре́мя успева́ет (успева́л, успе́л, бу́дет успева́ть, успе́ет) чита́ть.	Wenn (Während) Iwan sich von der Arbeit ausruht (ausruhte, ausruhen wird), kommt er (kam er, wird er kommen) für einige Zeit zum Lesen.
b) Он **ликуя** воскли́кнул.	Er rief frohlockend aus.

a) Das ap.pr. dient zur Verkürzung eines deutschen Konjunktional-satzes (wörtlich „sich ausruhend von der Arbeit"). Die Wahl der Konjunktion richtet sich nach dem gedanklichen Zusammenhang der beiden Sätze. Die durch das ap.pr. ausgedrückte Handlung fällt mit der Handlung des übergeordneten Satzes zeitlich zusammen, wobei es gleich ist, ob die Handlung des übergeordneten Satzes sich in der Gegenwart, Vergangenheit oder Zukunft bewegt. Man beachte, daß das Subjekt stets zu Beginn des übergeordneten Satzes steht.

b) In diesem Satz hat das ap.pr. die Funktion eines Adverbs; deshalb wird es nicht durch Komma abgetrennt.

Die Bildung des Adverbialpartizips Präsens   117

отдыха́ть	sich ausruhen	отдыха́-ют	отдыха́-я	sich ausruhend
ликова́ть	frohlocken	лику́-ют	лику́-я	frohlockend
вести́	führen	вед-у́т	вед-я́	führend
гляде́ть	schauen	гляд-я́т	гля́д-я́	schauend
иска́ть	suchen	и́щ-ут	ищ-а́	suchend

Ableitungsform ist die 3. Person Plural Präsens; an Stelle der Endung tritt **я** (nach Zischlaut **a**). Die **Betonung** richtet sich nach der 1. Person Singular. (Die zweifache Möglichkeit der Betonung von гля́дя́ ist eine Ausnahme.)

Das ap.pr. kann nur von durativen Infinitiven und bei weitem nicht von allen Verben gebildet werden. Es kommt verhältnismäßig selten vor.

ist eine in der literarischen Sprache sehr beliebte und oft gebrauchte Verbform.

Вошéдши в цéрковь, Ивáн Ивáнович, **расклáнявшись** на все стóроны, обыкновéнно помещáется на клúросе.	Wenn Iwan Iwanowitsch die Kirche betreten und nach allen Seiten hin gegrüßt hat, findet er gewöhnlich auf dem Chor Platz.

Das ap.pt. bezeichnet meist die V o r z e i t i g k e i t zur Handlung des übergeordneten Satzes, ganz gleich, in welchem Tempus dieser steht. Vgl. auch die folgenden Beispiele aus Text [113]: отыскáвши nachdem er aufgesucht hatte, обратúвшись nachdem er sich gewandt hatte.

Онá сéла на дивáн, закры́в глазá.	Sie setzte sich auf den Diwan und schloß die Augen.

Das ap.pt. kann aber auch die Handlung des übergeordneten Satzes fortführen; in diesem Fall wird es bei der Übersetzung ins Deutsche gewöhnlich durch „und" mit dem übergeordneten Satz verknüpft.

119   **Die Bildung des Adverbialpartizips Präteritum**

1. отыскáть *pf.* aufsuchen	отыскá-л	отыскá-в(ши) aufgesucht habend
2. обратúться *pf.* sich wenden	обратú-лся	обратú-вшись sich gewandt habend
3. дать *pf.* geben	да-л	дá-вши gegeben habend
4. [по]везтú fahren	[по]вёз	[по]вёз-ши gefahren habend

Ableitungsform ist bei allen Verben, deren Infinitivstamm auf V o k a l endet, das Präteritum auf л:

1. An die Stelle von л tritt bei mehrsilbigen Verben die Endung **вши** oder oft verkürzt **в**.

2. Die reflexiven Verben haben stets die Endung **вшись**.

3. Einsilbige Verben haben meist die volle Endung **вши**.

4. Ableitungsform ist bei allen Verben, deren Präteritum auf Konsonant endet, die männliche Form, an die **ши** angehängt wird.

Die **Betonung** richtet sich nach der Ableitungsform.

Unter den Adverbialpartizipien des Präteritums gibt es viele Sonderbildungen. So hat z.B.:

войти́ *pf.* hineingehen вошёл воше́дши hineingegangen seiend
[по]вести́ führen повёл [по]ве́дши geführt habend

Das ap.pt. kann von durativen und perfektiven Infinitiven gebildet
werden.

Die Kardinalzahlen über 100   120

Deklination:

101	сто оди́н	
111	сто оди́ннадцать	
121	сто два́дцать оди́н	
200	две́сти	две́сти, двухсо́т, двумста́м, две́сти, двумяста́ми, о двух-ста́х
300	три́ста	три́ста, трёхсо́т, трёмста́м, три́ста, тремяста́ми, о трёх-ста́х
400	четы́реста	четы́реста, четырёхсо́т, четы-рёмста́м, четы́реста, четырь-мяста́ми, о четырёхста́х
500	пятьсо́т	пятьсо́т, пятисо́т, пятиста́м, пятьсо́т, пятьюста́ми, о пя-тиста́х
600	шестьсо́т	
700	семьсо́т	wie пятьсо́т
800	восемьсо́т	
900	девятьсо́т	
1 000	ты́сяча	ты́сяча, -чи, -че, -чу, -чей (-чею), о ты́сяче; *pl.* ты́ся-чи, ты́сяч, -ам, -чи, -чами, о ты́сячах
2 000	две ты́сячи	
5 000	пять ты́сяч	
100 000	сто ты́сяч	
Million	миллио́н	wie Substantive [6]
Milliarde	миллиа́рд	

Die Rektion richtet sich bei zusammengesetzten Zahlen nach der
letzten Zahl [81], [82] und [92].

a) Wie aus den bisher behandelten Bildungen der Zeitformen des Verbs hervorgeht, unterscheiden sich e- und и-Konjugation vorwiegend im Präsens. Nach der Häufigkeit des Vorkommens gleichartiger Bildungen im Präsens läßt sich der Verbalbestand in Klassen einteilen. Die Zugehörigkeit eines Verbs zu der einen oder anderen Klasse bestimmt der vokalische oder konsonantische Auslaut des Infinitivstammes und Präsensstammes. Den **Infinitivstamm,** der als Ableitungsform für Infinitiv und Präteritum dient, erhält man durch Abtrennung der Infinitivendungen **ть** und **ти**:

дѐла-ть, диктова́-ть, говори́-ть, сказа́-ть, вез-ти́, вес-ти́

Den **Präsensstamm,** der als Ableitungsform für Präsens und Imperativ dient, erhält man durch Abtrennung der Endung der 3. Person Plural des Präsens:

дѐла-ют, дикту́-ют, говор-я́т, ска́ж-ут, вез-у́т, вед-у́т

Bei manchen Verben stimmen Infinitivstamm und Präsensstamm überein.

b) Bei der Bildung des Präsens zeigen sich sehr oft starke lautliche Veränderungen durch **Konsonantenwechsel** (ви́деть sehen, ви́жу; носи́ть tragen, ношу́; иска́ть suchen, ищу́), durch **Konsonanteneinschub** (купи́ть kaufen, куплю́), durch **Konsonantenausfall** (слѐдовать folgen, слѐдую), durch **Vokalwechsel** (сесть sich setzen, ся́ду), durch **Vokaleinschub** (брать nehmen, беру́) und durch **Vokalausfall** (бить schlagen, бью).

c) Folgende **Betonung** des Präsens ist möglich:

> 1. дѐлать (machen), дѐлаю, дѐлаешь
> 2. a) сиде́ть (sitzen), сижу́, сиди́шь
>   b) писа́ть (schreiben), пишу́, пи́шешь
> 3. a) брать (nehmen), беру́, берёшь
>   b) мыть (waschen), мо́ю, мо́ешь
>   c) гнать (jagen) гоню́, го́нишь

---

[1] Die Behandlung der Verbalklassen soll dem Lernenden einen Einblick in die Struktur des russischen Verbs gewähren. Diese Betrachtung erhält dadurch eine Einschränkung, daß mit wenigen Ausnahmen nur im Lehrbuch vorkommende Verben als Beispiele zitiert werden. Sie gilt nicht als Memorierstoff.

1. Ist der Infinitiv **nicht endungsbetont,** so wird die Betonung beibehalten.

2. Der Infinitiv ist **endungsbetont:**

   a) entweder bleibt die Endung betont,

   b) oder die Betonung geht von der 2. Person Singular an auf die vorhergehende Silbe über und bleibt auch in den folgenden Personen auf dieser Silbe.

3. Ein **einsilbiger Infinitiv** hat ein zweisilbiges Präsens:

   a) Entweder ist die Endung betont,

   b) oder der Stammvokal ist betont,

   c) oder die Betonung geht von der 2. Person Singular an auf die erste Silbe über und bleibt dort auch in den folgenden Personen.

Wichtig ist also, daß zu jedem Infinitiv die 1. und 2. Person Singular hinzugelernt wird.

Übungen 122

a) Bilden Sie das Adverbialpartizip Präsens von folgenden Verben:

1. обуча́ть, 2. изуча́ть, 3. слу́шать, 4. устра́ивать, 5. ду́мать, 6. жела́ть, 7. смотре́ть, 8. служи́ть, 9. находи́ть, 10. благодари́ть, 11. диктова́ть, 12. тре́бовать, 13. приезжа́ть, 14. находи́ться. 15. учи́ться, 16. по́льзоваться, 17. начина́ться, 18. ссыла́ться.

b) Verkürzen Sie folgende Sätze durch das Adverbialpartizip Präsens:

1. Когда́ Ко́ля у́чится в сре́дней шко́ле, он живёт в Москве́. 2. Она́ ничего́ не покупа́ет и выхо́дит из магази́на. 3. Когда́ она́ нахо́дится в магази́не, она́ встреча́ет свою́ мать. 4. Он чита́л газе́ту и одновре́менно (gleichzeitig) диктова́л письмо́ свое́й машини́стке. 5. Так как Татья́на не име́ла ни бума́ги ни черни́льницы, она́ не могла́ писа́ть э́то письмо́.

c) Benutzen Sie in der folgenden Übersetzung das Adverbialpartizip Präsens:

1. Als ich nach Hause zurückkehrte, traf ich Anna auf der Straße. 2. Als Wanja sich in der Stadt befand, kam er, um mich zu besuchen (повида́ть). 3. Sie saß [da] und dachte an ihr Kind.

4. Als Grischa sah, daß wir nicht weiter gehen konnten, bat er uns zu sich (к себе). 5. Während ich sie betrachtete, dachte ich, daß sie eine gute Ehefrau (жена) sein würde (wird).

d) Bilden Sie das Adverbialpartizip Präteritum von folgenden Verben:

1. увидеть, 2. воспретить, 3. говорить, 4. сказать, 5. поехать, 6. занимать, 7. занять, 8. позвать, 9. ответить, 10. попросить, 11. стать, 12. обратиться, 13. становиться, 14. научиться, 15. заниматься, 16. заняться.

e) Benutzen Sie in der folgenden Übersetzung das Adverbialpartizip Präteritum:

1. Nachdem ich den Brief geschrieben hatte, ging ich in die Stadt. 2. Als Wanja das Examen bestanden hatte, kehrte er in [seine] Heimat zurück. 3. Als wir nach Hause gekommen waren, begannen wir sogleich mit der Arbeit (zu arbeiten) im Garten. 4. Da er die Adresse vergessen hatte, konnte er das Haus, in dem (wo) sein Freund wohnte, nicht finden. 5. Nachdem wir die Eintrittskarten erhalten hatten, gingen wir ins Theater. 6. Nachdem er drei Monate in einem Laboratorium praktisch gearbeitet hatte, nahm er eine Stellung (место) in Berlin an. 7. Er las alle neuen Zeitungen und Zeitschriften im Lesesaal des Klubs durch und sprach dann lange (долго) mit dem Leiter der Bibliothek. 8. Ljuba erhielt den Kassenzettel und ging [darauf] zur Kasse. 9. Nachdem Kolja drei Jahre in der höheren Schule gelernt hatte, reiste er zu [seinen] Eltern.

f) Beantworten Sie folgende Fragen:

1. Иван Иванович — богомольный человек? 2. Куда он идёт каждое воскресенье? 3. Что он делает в церкви? 4. К чему побуждает его природная доброта после богослужения (Gottesdienst)? 5. Кого он отыскивает? 6. Откуда пришла баба? 7. Сколько дней она не пила, не ела? 8. Кто её выгнал? 9. С какой целью (zu welchem Zweck) она пришла сюда? 10. Что обыкновенно спрашивает Иван Иванович? 11. Что отвечает нищая? 12. Хочется ли нищей и мяса? 13. Что отвечает нищая на вопрос Ивана Ивановича, мясо ли лучше хлеба? 14. С какими словами он отпускает (entläßt) нищую? 15. Что делает Иван Иванович в конце концов (zum Schluß)?

15. LEKTION

Климат СССР[1]

На $4^1/_2$[2] тысячи киломе́тров протяну́лся СССР с се́вера на юг. Се́верная часть СССР лежи́т за поля́рным кру́гом, омыва́ется холо́дным Се́верным Ледови́тым океа́ном и поэ́тому име́ет холо́дный кли́мат.

Бо́льшая[3] часть СССР располо́жена в уме́ренном по́ясе. Так как СССР име́ет большо́е протяже́ние с се́вера на юг, то приро́да его о́чень разнообра́зна. На са́мом ю́ге кли́мат стано́вится да́же уме́ренно-тёплым[4]. С измене́нием кли́мата меня́ется расти́тельный и живо́тный мир.

Нау́чные иссле́дования показа́ли, что пого́да се́верной поля́рной зо́ны си́льно влия́ет на на́шу пого́ду. Что́бы предска́зывать пого́ду у нас, на́до знать, как изменя́ется пого́да в се́верной поля́рной зо́не, как дви́жутся льды в Се́верном Ледови́том океа́не.

По берега́м Се́верного Ледови́того океа́на расстила́ется ту́ндра. Кли́мат ту́ндры суро́в. Зима́ продолжа́ется 8-9[5] ме́сяцев. Ле́то в ту́ндре коро́ткое. Со́лнце сла́бо прогрева́ет зе́млю. К ю́гу от ту́ндры че́рез весь СССР протяну́лись хво́йные леса́ — тайга́. Ле́том здесь со́лнце вы́ше поднима́ется и сильне́е прогрева́ет зе́млю. Зима́ в тайге́ холо́дная и продолжи́тельная, но коро́че, чем в ту́ндре. В за́падной ча́сти тайги́ кли́мат бо́лее мя́гкий. Азиа́тская часть отлича́ется осо́бой суро́востью кли́мата. Зимо́й здесь ча́сто быва́ют моро́зы в 40 и 50°[6]. В го́роде же[7] Верхоя́нске моро́зы дохо́дят до 70°[9] — э́то са́мое холо́дное ме́сто на земно́м ша́ре.

Зо́на сме́шанных лесо́в располо́жена на ю́го-за́паде от тайги́. Грани́ца её с тайго́й прохо́дит приблизи́тельно по ли́нии Ленингра́д-Каза́нь. На ю́ге грани́ца идёт от Каза́ни до Ки́ева[8]. Кли́мат зо́ны сме́шанных лесо́в тепле́е кли́мата тайги́. Ве́тры, кото́рые ду́ют с за́пада, прино́сят тепло́ и смягча́ют зи́мние моро́зы. Благодаря́ мя́гкости кли́мата здесь расту́т разли́чные ли́ственные дере́вья[10]: дуб, клён, ли́па, берёза, я́сень. Хво́йные и лист-

венные дере́вья расту́т впереме́шку. Два больши́х промы́шлен-
ных райо́на нахо́дятся в зо́не сме́шанных лесо́в. Оди́н — о́коло
Ленингра́да[8], друго́й — ме́жду города́ми Москво́й и Го́рьким[8].

Южне́е лесо́в, с за́пада на восто́к, на ты́сячи киломе́тров поло-
со́й[11] раски́нулись чернозёмные сте́пи. Они́ начина́ются у за́пад-
ной грани́цы СССР, прохо́дят че́рез всю европе́йскую часть
Сою́за и проника́ют далеко́ в глубь 'Азии.

(Оконча́ние сле́дует.)

кли́мат Klima
СССР[1] UdSSR
ты́сяча tausend; Tausend
киломе́тр Kilometer
протяну́ться *pf.* sich ausdehnen
се́вер Norden.
юг Süden
с се́вера на юг von Norden nach
  Süden
се́верный nördlich
за (*I*) hinter
поля́рный Polar...
круг (1) Kreis
омыва́ться *dur.* bespült werden
холо́дный kalt
Ледови́тый океа́н Eismeer
располо́жен, -а, -о, -ы ist gelegen,
  liegt
уме́ренный gemäßigt
по́яс (1), *pl.* -á Gürtel, Zone
так как da, weil
протяже́ние Ausdehnung
то so (*im Nachsatz*)
приро́да Natur
разнообра́зный verschiedenartig
станови́ться *dur.* werden
тёплый warm
измене́ние Veränderung
меня́ться *dur.* wechseln *v/i*
расти́тельный Pflanzen...
живо́тный Tier...
мир (1) Welt
нау́чный wissenschaftlich
иссле́дование Forschung
показа́ть *pf.* zeigen
зо́на Zone
влия́ть на (*A*) Einfluß haben auf
предска́зывать *dur.* voraussagen
изменя́ться *dur.* sich verändern

лёд, льда Eis, *pl.* льды Eismassen
по (*D*) *hier*: an
бе́рег (1), *pl.* -á Ufer
расстила́ться *dur.* sich ausbreiten
ту́ндра Tundra
суро́вый rauh
зима́ (4), *A/S* зи́му Winter
продолжа́ться *dur.* dauern
коро́ткий kurz
со́лнце (л *ist stumm*!) Sonne [56/6]
сла́бый schwach
прогрева́ть *dur.* durch-, erwärmen
земля́ (4), *A/S* зе́млю, *G/P* земе́ль
  Erde
к югу от (*G*) südlich von
хво́йный Nadel...
тайга́ Taiga
ле́том im Sommer
вы́ше höher
поднима́ться *dur.* sich erheben,
  steigen
продолжи́тельный anhaltend
коро́че kürzer
за́падный westlich
мя́гкий weich, mild
азиа́тский asiatisch
отлича́ться *dur.* sich unterscheiden,
  sich auszeichnen
суро́вость *f* Rauheit
зимо́й im Winter
моро́з Frost
гра́дус Grad
Верхоя́нск Werchojansk
земно́й Erd...
шар (1) Kugel
сме́шанный Misch...
на ю́го-за́паде от (*G*) südwestlich
  von
проходи́ть *dur.* sich erstrecken

ли́ния Linie
по ли́нии in Richtung
Ленингра́д Leningrad
Каза́нь *f* Kasan
на ю́ге im Süden
Ки́ев Kiew
тепле́е wärmer
ве́тер, -тра Wind
дуть *dur.* blasen, wehen
приноси́ть *dur.* bringen
тепло́ Wärme
смягча́ть *dur.* mildern
благодаря́ (*D*) dank
мя́гкость *f* Milde
расти́ *dur.* wachsen
разли́чный verschieden
ли́ственный Laub...
де́рево Baum
дуб Eiche
клён Ahorn
ли́па Linde

берёза Birke
я́сень *m* Esche
вперемешку durcheinander
промы́шленный Industrie...
райо́н Bezirk, Gebiet
о́коло (*G*) bei
ме́жду (*I*) zwischen
Го́рький Gorki
южне́е (*G*) südlich (von)
за́пад Westen
восто́к Osten
полоса́, *pl.* по́лосы, поло́с, полоса́м
  Streifen, Zone
раски́нуться *pf.* sich ausbreiten
чернозёмный Schwarzerde...
степь (2) *f* Steppe
европе́йский europäisch
проника́ть *dur.* eindringen
глубь *f* Tiefe, *hier*: tief in
'Азия Asien

Erläuterungen   124

1) СССР Abkürzung für Сою́з Сове́тских Социалисти́ческих Респу́блик· Man liest entweder кли́мат СССР [эс эс эс эр] oder кли́мат Сою́за Сове́т ских Социалисти́ческих Респу́блик (Union der Sozialistischen Sowjetrepubliken).

2) на четы́ре с полови́ной (wörtlich „vier mit der Hälfte"); полови́на (die Hälfte) bleibt ohne Einfluß auf die Rektion des folgenden Wortes; daher steht nach четы́ре der Genitiv Singular ты́сячи. Nach den Substantiven ты́сяча, миллио́н u. миллиа́рд steht der Genitiv Plural.

3) Wenn бо́льшая Komparativ ‚der größere Teil' ist, so ist es üblich, zur Unterscheidung von больша́я ‚groß' auch in russischen Texten einen Akzent zu setzen.

4) станови́ться *dur.* (стать *pf.*) ‚werden' steht mit dem Instrumental.

5) Lies: во́семь де́вять.

6) Lies: в со́рок и пятьдеся́т гра́дусов.

7) же heißt hier „aber": „In der Stadt Werchojansk aber ..."

8) Wie die Familiennamen [99/4], so werden auch die **Ortsnamen** ihrer Endung gemäß dekliniert: от Каза́ни до Ки́ева, о́коло Ленингра́да; auch wenn sie mit einem Gattungsnamen verbunden sind: в го́роде же Верхоя́нске, ме́жду города́ми Москво́й и Го́рьким.

9) до семи́десяти гра́дусов.

10) Einige Neutra auf -o haben im Nominativ Plural die Endung ья: де́рево Baum, *pl.* дере́вья, -ьев, -ьям, -ья, -ьями, -ьях. Ebenso перо́ (4) Feder, *pl.* пе́рья, -ьев, -ьям usw.

11) полосо́й ist der Instrumental bei einem Vergleich: „wie ein Streifen".

Grammatik

A) Der attributive Superlativ auf -ейший (-айший)
(Ergänzung zu [70, 91])

1.

a) 'Это — важн**ейший** вопрóс.	Das ist die wichtigste Frage.
Я читáю нов**ейшие** газéты.	Ich lese die neuesten Zeitungen.
b) Он нахóдится в велич**áй-шей** опáсности.	Er befindet sich (schwebt) in der größten Gefahr.

Die Superlative auf -ейший (-айший) können nicht von allen Adjektiven gebildet werden; sehr oft werden sie nur in Verbindung mit bestimmten Substantiven gebraucht. Einige finden nur in übertragenem Sinne Verwendung.

Bildung: an Stelle von ый, ой, ий tritt **ейший** und nach г, к, х **айший** mit gleichzeitigem Konsonantenwechsel.

Betonung: Die Formen auf -ейший werden wie die prädikativen Komparative auf -ee [72] betont, die auf -айший haben den Ton stets auf á. Weitere Beispiele:

ýмный	klug	умнéйший человéк	der klügste Mensch
сильный	stark	сильнéйшее срéдство	das stärkste Mittel
рéдкий	selten	редчáйший слýчай	der seltenste Zufall
велúкий	groß	с величáйшим удовóльствием	
			mit dem größten Vergnügen
нúзкий	niedrig	нижáйший поклóн	ergebenster Gruß
мáлый	klein	без малéйшего сомнéния	
			ohne den geringsten Zweifel

Anm.: Einige Formen auf -ейший haben komparativische Bedeutung:
дальнéйшие переговóры die weiteren Verhandlungen
в дальнéйшем im weiteren, weiterhin, fernerhin
позднéйшие наблюдéния spätere Beobachtungen

2.

a) **наи**беднéйший человéк	der allerärmste Mensch
b) **наи**лýчшее срéдство	das allerbeste Mittel
c) **наибóлее** широкая ýлица	die allerbreiteste Straße

Zum Ausdruck eines verstärkten Superlativs dient das Präfix **наи** a) mit Formen auf -ейший, b) auf -ший; c) sehr gebräuchlich ist auch **наибóлее** mit dem Positiv.

3.

a) са́мый интере́сный вопро́с	eine höchst interessante Frage
b) Он добре́йший челове́к. ⎱ c) Он **пре**до́брый челове́к. ⎰	Er ist ein sehr guter Mensch.

Die superlativen Formen a) са́мый mit dem Positiv, b) auf -ейший (-айший), -ший, und c) пре mit dem Positiv können auch einen sehr hohen Grad der Eigenschaft ohne Vergleich ausdrücken.

B) Der prädikative Superlativ

Die Ausdrucksweise für den prädikativen Superlativ ergibt sich aus folgenden Beispielen:

'Это лу́чше всего́.	Das ist am besten (besser als alles).
Наш дом вы́ше всех.	Unser Haus ist am höchsten (höher als alle).

Die Ordinalzahlen 1.–100. 126

Како́й по поря́дку?	Der wievielte?	15.	пятна́дцатый
Кото́рый раз?	Das wievielte Mal?	16.	шестна́дцатый
1. пе́рвый, -ая, -ое	der erste	17.	семна́дцатый
2. второ́й, -а́я, -о́е	der zweite	18.	восемна́дцатый
3. тре́тий, -ья, -ье	der dritte	19.	девятна́дцатый
4. четвёртый		20.	двадца́тый
5. пя́тый		21.	два́дцать пе́рвый
6. шесто́й		22.	два́дцать второ́й
7. седьмо́й		30.	тридца́тый
8. восьмо́й		40.	сороково́й
9. девя́тый		50.	пятидеся́тый
10. деся́тый		60.	шестидеся́тый
11. оди́ннадцатый		70.	семидеся́тый
12. двена́дцатый		80.	восьмидеся́тый
13. трина́дцатый		90.	девяно́стый
14. четы́рнадцатый		100.	со́тый

Ordinalzahlen werden wie attributive Adjektive dekliniert. Bei den Ordinalzahlen, die aus mehreren Zahlwörtern bestehen, ist nur die letzte Zahl Ordinalzahl, die auch dekliniert wird, während die vorhergehenden Zahlen durch Kardinalzahlwörter ausgedrückt werden, die unverändert bleiben:

со́рок девя́тый, -ая, -ое; со́рок девя́того, -ой usw.

Von den Ordinalzahlen wird nur тре́тий wie ein Gattungsadjektiv dekliniert:

	m	n	f	pl.
N	тре́т-ий,	-ье	-ья	-ьи
G	-ьего	-ьего	-ьей	-ьих
D	-ьему	-ьему	-ьей	-ьим
A	N od. G,	-ье	-ью	N od. G
I	-ьим	-ьим	-ьей	-ьими
			(-ьею)	
P	-ьем	-ьем	-ьей	-ьих

Gattungsadjektive bezeichnen eine Eigenschaft, die einer besonderen Gattung eigentümlich ist; sie sind oft von Tiernamen abgeleitet:

ры́бий жир   Lebertran
во́лчий аппети́т   Wolfshunger
ба́бье ле́то   Altweibersommer

---

128   **Das Reflexivpronomen себя́** (sich)

N	—
G	себя́
D	себе́
A	себя́
I	собо́й (-о́ю)
P	о себе́

a) Он говори́т о себе́.   Er spricht von sich.
    Она́ говори́т о себе́.   Sie spricht von sich.
    Они́ говоря́т о себе́.   Sie sprechen von sich.
b) Я говорю́ о себе́.   Ich spreche von **mir**.
    Ты сам себя́   Du kennst **dich**
      зна́ешь.   selbst.
    Мы поста́вили себе́   Wir haben **uns** dieses
      э́ту цель.   Ziel gesetzt.

a) Себя́ hat keinen Nominativ und steht für alle Geschlechter und für alle Personen im Singular und Plural.

b) Себя́ ersetzt nicht nur die 3. Person (wie im Deutschen), sondern auch die 1. und 2. Person, wenn das Objekt sich auf das Subjekt des Satzes zurückbezieht.

---

129 Feminina auf -ь mit endbetontem Präpositiv Singular auf -и́ nach в (in) und на (auf)

степь (2)	Steppe	в степи́	in der Steppe
дверь (2)	Tür	на двери́	auf der Tür
печь (2)	Ofen	в печи́	im Ofen

Der regelmäßige Präpositiv Singular bei diesen einsilbigen Feminina auf -ь, die alle nach (2) betont werden, ist unbetontes и. Aber nach den Präpositionen в und на geht der Akzent auf die Endung über.

Verbenbestand der e-Konjugation:

1. Verben mit vokalisch auslautendem Stamm in Infinitiv und Präsens.

a) **Infinitivstamm und Präsensstamm stimmen überein;** die Endungen des Präsens werden unmittelbar an den Stamm angehängt. Zu dieser Klasse gehören

die meisten Verben auf -ать u. -ять	де́ла-ть	machen	де́ла-ю, -ешь
	ду́ма-ть	glauben	ду́ма-ю, -ешь
	жела́-ть	wünschen	жела́-ю, -ешь
	влия́-ть	beeinflussen	влия́-ю, -ешь
	изменя́-ть	verändern	изменя́-ю, -ешь
einige auf -еть	име́-ть	haben	име́-ю, -ешь
	уме́-ть	können	уме́-ю, -ешь
wenige einsilbige auf -уть	ду-ть	blasen	ду́-ю, -ешь

Übungen   131

a) Beantworten Sie folgende Fragen:

1. На ско́лько киломе́тров протяну́лся СССР с се́вера на юг? 2. Где лежи́т се́верная часть СССР? 3. Каки́м океа́ном она́ омыва́ется? 4. Како́й она́ име́ет кли́мат? 5. В како́м по́ясе располо́жена бо́льшая часть СССР? 6. Почему́ приро́да СССР о́чень разнообра́зна? 7. Како́в кли́мат на са́мом ю́ге? 8. Что меня́ется с измене́нием кли́мата? 9. Что показа́ли нау́чные иссле́дования? 10. Что на́до знать, что́бы предска́зывать пого́ду в СССР? 11. Что расстила́ется по берега́м Се́верного Ледови́того океа́на? 12. Како́й кли́мат в ту́ндре? 13. Ско́лько вре́мени продолжа́ется зима́? 14. Како́е ле́то в ту́ндре? 15. Со́лнце си́льно прогрева́ет зе́млю? 16. Что протяну́лось к ю́гу от ту́ндры че́рез весь СССР? 17. Вы́ше ли поднима́ется со́лнце ле́том? 18. Кака́я зима́ в тайге́? 19. Како́й кли́мат в за́падной ча́сти тайги́? 20. Чем отлича́ется азиа́тская часть? 21. Каки́е здесь быва́ют моро́зы зимо́й? 22. До ско́льких гра́дусов моро́зы дохо́дят в го́роде Верхоя́нске? 23. Где располо́жена зо́на сме́шанных лесо́в? 24. По како́й ли́нии прохо́дит грани́ца её с тайго́й? 25. Где идёт грани́ца на ю́ге? 26. Како́й кли́мат име́ет зо́на сме́шанных лесо́в? 27. Что прино́сят ве́тры, кото́рые ду́ют с за́пада?

28. Как они влияют на погоду? 29. Какие деревья здесь растут благодаря мягкости климата? 30. Как растут хвойные и лиственные деревья? 31. Какие промышленные районы находятся в зоне смешанных лесов? 32. Что раскинулось южнее лесов? 33. Где начинаются чернозёмные степи? 34. Через какую часть Союза они проходят? 35. Куда они проникают?

b) В каком году вы родились? In welchem Jahr sind Sie geboren?

Я родился (*f* родилась) в тысяча девятьсот сорок третьем году. Ich bin 1943 geboren.

Der Lehrer wendet sich mit dieser Frage an jeden Schüler.

c) Übersetzen Sie folgende Sätze:

1. An dem kältesten Tage des Jahres 1955 waren wir in Kasan, wo damals ²meine älteste Schwester ¹wohnte. 2. Ihr (*pl.*) ältester Sohn besucht die höhere Schule, aber der jüngste geht (ходит) noch nicht in die Schule. 3. Die chinesische (китайский) Sprache ist eine der schwersten Sprachen. 4. Die Laboratorien nehmen die größten Zimmer im zweiten Stockwerk ein. 5. Tatjana hat den größeren Teil der Briefe geschrieben und ich den kleineren. 6. Sie nahm sich den besten Teil der Arbeit. 7. Wir haben dies für Sie mit dem größten Vergnügen gekauft. 8. Ich habe mir schon eine Karte an der Kasse gekauft. 9. Nina geht schon das dritte Jahr in die Schule. 10. Ich habe mir Bücher zum Lesen mitgenommen. 11. Das sind die neuesten Zeitschriften, die man mir in der Bibliothek gegeben hat. 12. Denke an dich selbst! 13. Du denkst nur an dich. 14. Es ist schwer, sich selbst zu erkennen (познавать). 15. Haben Sie sich beim Kellner schon eine Tasse (чашка) Tee bestellt (заказать)? 16. Die Gäste ließen (заставили) auf sich warten. 17. Fühlen (чувствовать) Sie sich gut? — Gestern fühlten wir uns alle schlecht, aber heute fühle ich mich wenigstens wieder gut. 18. Die Kinder fühlen sich immer wohl, wenn sie gesund sind. 19. Sie haben uns zu sich gebeten. 20. Ich werde Ihnen die allerbeste Sorte (сорт) geben. 21. Eine gerade (прямой) Linie ist (есть) die allerkleinste Entfernung zwischen zwei Punkten (точка).

d) Neue Wörter:

подруга	Freundin	большое	vielen Dank
спасибо	danke	спасибо (за *A*)	(für)

домáшний	häuslich, Privat...	одея́ло	Decke
вéчер (1), *pl.* -á	Abend, Abendunterhaltung	дивáн	Diwan
		смотр (1)	Schau
институ́т	Institut	худóжествен-	künstlerisch
недáвно	vor kurzem	ный	
óпера	Oper	самодéятель-	eigene Betätigung
Князь *m* 'Игорь	Fürst Igor	ность *f*	
		худóжествен-	Laienkunst
фильм	Film	ная самодéя-	
ромáнс	Romanze	тельность	
погóда сто-	Das Wetter ist	райóн	Bezirk
и́т плохáя	anhaltend schlecht	райóнный	Bezirks...
		фестивáль *m*	Festival, Festspiel(e)
то ... то	bald ... bald		
дождь (3) *m*	Regen	нóвость (2) *f*	Neuigkeit
вышивáнье	Stickerei	передáть *pf.*	Grüße ausrichten,
вышивáть *dur.*	sticken	привéт	grüßen

Übersetzung: Brief von einer Freundin.

Guten Tag[1], Tatjana!

Vielen Dank für den Brief. Nun, wie ist Deine Gesundheit? [Ich] schreibe den Brief an Deine Privatadresse, da [ich] nicht weiß, wo Du jetzt bist. [2]Gestern [3]war [1]ich auf einer Abendunterhaltung im Institut. Es war sehr, sehr fröhlich. Vor kurzem hörte ich die Oper „Fürst Igor". Sie hat mir gefallen. In unserer Stadt (bei uns in der Stadt) wird bald der deutsche Film „Eine Berliner Romanze" laufen (идти́). Zur Zeit (сейчáс) ist das Wetter bei uns anhaltend schlecht, bald Regen, bald sehr starker Wind. Ich beschäftige mich jetzt mit Stickerei, ich sticke eine Decke für den Diwan. Bei uns im Institut ist zur Zeit eine Laienkunstschau zu dem Bezirksfestival. Was machst Du jetzt? Was gibt es für (welche) Neuigkeiten? Schreibe über alles. [Ich] warte (*G.*) auf Antwort.

Viele Grüße (mit Gruß)

Lida

Grüße Deine Eltern!

---

[1]) Beliebte Einleitung eines freundschaftlichen Briefes.

16. LEKTION

Кли́мат СССР

(Оконча́ние)

Ле́то быва́ет[1] о́чень жа́ркое и продолжи́тельное. Оно́ начина́ется[2] уже́ в ма́е. В коро́ткое вре́мя[3] просыпа́ется вся приро́да. 'Если нет губи́тельной за́сухи, то степь даёт оби́льные урожа́и — роди́т прекра́сные хлеба́[4] и разнообра́знейшие плоды́ и о́вощи. Чернозёмные сте́пи — хле́бная жи́тница СССР. Но зо́на чернозёмных степе́й бога́та не то́лько плодоро́дными по́чвами. В её не́драх залега́ют и ва́жные поле́зные ископа́емые — осо́бенно мно́го ка́менного у́гля и желе́зной руды́. Вся э́та ме́стность, где залега́ет ка́менный у́голь, называ́ется[5] Доне́цким ка́менноуго́льным бассе́йном, и́ли Донба́ссом. На за́паде от Донба́сса, за реко́й Днепро́м, у го́рода Криво́го Ро́га, име́ются больши́е запа́сы желе́зной руды́.

На се́вере от Каспи́йского мо́ря до грани́ц с Кита́ем лежи́т зо́на сухи́х степе́й. В сухи́х степя́х ле́то ещё бо́лее жа́ркое и сухо́е, чем в чернозёмных. Сюда́ ре́дко доно́сятся тёплые и вла́жные ве́тры с Атланти́ческого океа́на, и дожде́й ле́том почти́ не быва́ет. Зима́ здесь коро́ткая, но бо́лее суро́вая. К восто́ку от Каспи́йского мо́ря, южне́е полосы́ сухи́х степе́й, лежи́т зо́на пусты́нь. Она́ окружена́ гора́ми. Здесь ещё бо́лее су́хо и жа́рко, чем в сухи́х степя́х. Жара́ дохо́дит днём в тени́[6] до 50°.

В Сове́тском Сою́зе име́ются и таки́е места́, где не быва́ет зимы́. 'Это субтропи́ческая зо́на СССР. К субтропи́ческой зо́не отно́сятся: ю́жный бе́рег Кры́ма и черномо́рское побере́жье Кавка́за. Они́ располо́жены по берега́м тёплого Чёрного мо́ря. Лу́чшее вре́мя на ю́жном берегу́ Кры́ма — а́вгуст[7], сентя́брь и октя́брь. В э́ти ме́сяцы со́лнце не так печёт, как ле́том, стои́т я́сная и тёплая пого́да. Крым — здра́вница СССР. Сухо́й и тёплый кли́мат, чи́стый морско́й во́здух, виногра́д[8] и фру́кты привлека́ют на ю́жный бе́рег Кры́ма мно́го отдыха́ющих. Осо́бенно поле́зен Крым для лёгочных больны́х. Дворцы́ царя́, придво́рной зна́ти и да́чи богаче́й превращены́ в санато́рии[9] и дома́ о́тдыха для трудя́щихся.

Черномо́рское побере́жье Кавка́за лежи́т к восто́ку от Кры́мского побере́жья. Побере́жье зали́то со́лнцем. В во́здухе так тепло́, что лю́ди хо́дят в лёгкой оде́жде, а мно́гие купа́ются в мо́ре. Нигде́ в СССР нет тако́й мо́щной расти́тельности, как в э́том тёплом и вла́жном уголке́ страны́. Лю́дям прихо́дится всё вре́мя вести́ борьбу́ с э́той бу́йной расти́тельностью. Забро́шенное по́ле в 1-2 го́да[10] зараста́ет па́поротником в 2 ме́тра[10] и́ли ле́сом в 5-6 ме́тров[10] высоты́. Дожди́ быва́ют[1] кру́глый год[11]. Иногда́ за су́тки на побере́жье выпада́ет бо́льше оса́дков, чем в други́х места́х СССР за год[11]. Здесь выра́щивают це́нные культу́рные расте́ния: чай, лимо́ны, апельси́ны, мандари́ны, ра́зные техни́ческие и лека́рственные расте́ния[12].

быва́ть *dur.* (zu) sein (pflegen)
май Mai
просыпа́ться *dur.* erwachen
губи́тельный verderblich
за́суха Dürre
оби́льный reichlich, ergiebig
урожа́й Ernte
роди́ть *dur. u. pf.* gebären, hervorbringen
плод (3) Frucht
хле́бный Getreide...
жи́тница Speicher
бога́тый (*I*) reich (an)
плодоро́дный fruchtbar
по́чва Boden
не́дра (*nur pl.*) Schoß (Innere der Erde)
залега́ть *dur.* lagern
ва́жный wichtig
поле́зный nützlich
поле́зные ископа́емые Bodenschätze
ка́менный Stein...
у́голь *m*, у́гля Kohle
желе́зный eisern, Eisen...
руда́ (4) Erz
ме́стность *f* Gegend
называ́ться (*I*) *dur.* heißen
доне́цкий Donez...
каменноуго́льный Steinkohlen...
бассе́йн Becken
река́ (4) Fluß
Днепр (3) Dnepr
Криво́й Рог Kriwoj Rog
запа́с Vorrat

Кита́й China
грани́ца с Кита́ем chinesische Grenze
ре́дкий selten
доноси́ться *dur.* herangetragen werden
вла́жный feucht
атланти́ческий atlantisch
почти́ fast
пусты́ня Wüste
окружи́ть *pf.* umgeben
гора́ (6) Berg
жара́ Hitze
днём am Tage
тень (2) *f* Schatten
в тени́ im Schatten [129]
субтропи́ческий subtropisch
относи́ться (к *D*) gehören (zu)
черномо́рский Schwarzmeer...
побере́жье [108] Küste
а́вгуст August
печь *dur.* brennen
стоя́ть *dur.* anhalten
здра́вница Heilstätte
чи́стый rein
виногра́д[8] Weintrauben
привлека́ть *dur.* anziehen
отдыха́ющий Kurgast
лёгочный Lungen...
больно́й krank; Kranke(r)
дворе́ц, -рца́ Palast, Schloß
царь (3) *m* Zar
придво́рная знать *f* Hofadel
да́ча Landhaus
бога́ч (3), *G/P* -е́й Reiche(r)

превратить *pf.* verwandeln
санаторий[9] Sanatorium
дом отдыха Erholungsheim
трудящийся Werktätige(r)
залить *pf.* überschwemmen
ходить *dur.* [136] gehen
лёгкий leicht
одежда Kleidung
многий viel
купаться *dur.* baden
нигде (не) [83] nirgends
мощный mächtig
растительность *f* Vegetation
вести *dur.* führen
борьба (с *I*) Kampf (gegen)
буйный üppig
забросить *pf.* vernachlässigen

зарастать *dur.* verwildern
папоротник Farnkraut
высота, *pl.* высоты Höhe
дожди *pl.* Regenfälle, -zeit
круглый год das ganze Jahr
выпадать *dur.* fallen
осадок, -дка Niederschlag
за (*A*) während
выращивать *dur.* züchten
ценный wertvoll
культурный Kultur...
растение Pflanze
лимон Zitrone
апельсин Apfelsine
мандарин Mandarine
технический technisch
лекарственный Arznei...

133   Erläuterungen

1) Лето очень жаркое. Der Sommer ist sehr heiß. Лето **бывает** очень жаркое. Der Sommer **pflegt** sehr heiß **zu sein, ist gewöhnlich** sehr heiß.

2) Beachte den Unterschied in der Wiedergabe des transitiven u. intransitiven „beginnen, anfangen": Я начинаю урок. Ich beginne (*v*/*t*.) die Lehrstunde. Урок начинается. Die Lehrstunde beginnt (*v*/*i*.).

3) **в** mit dem Akkusativ bei Zeitangaben steht auf die Frage „wann?": в этот день an diesem Tag, в воскресенье am Sonntag; aber auch in der Bedeutung „innerhalb, im Verlauf": Я это сделаю в короткое время, в одну неделю. Ich mache das in kurzer Zeit, in einer Woche.

4) хлеб heißt „Brot" und „Getreide" und hat einen doppelten Plural: хлебы „Brote" u. хлеба [18] „Getreide(arten)".

5) Nach называться steht der Instrumental.

6) Vgl. [129].

7) Die Monatsnamen sind:

январь (3) *m* Januar	май Mai	сентябрь (3) *m* September
февраль (3) *m* Februar	июнь *m* Juni	октябрь (3) *m* Oktober
март März	июль *m* Juli	ноябрь (3) *m* November
апрель *m* April	август August	декабрь (3) *m* Dezember

Bei Monatsnamen steht auf die Frage „wann?" в mit dem Präpositiv: в августе im August.

8) виноград ist ein Einzahlwort (Singularetantum); die (einzelne) Weintraube heißt виноградина od. виноградинка. Ebenso картофель *m* Kartoffeln; die Kartoffel картофелина.

9) санаторий gehört zu den Maskulina auf **-ий** (Variante zum Grundtyp C der Maskulina): санаторий, -ия, -ию, -ий, -ием, -ии; *pl.* санатории, -иев, -иям, -ии, -иями, -иях. Weiteres Beispiel: пролетарий Proletarier. Ebenso werden die **Vornamen auf -ий** dekliniert, die jedoch in den obliquen Kasus и meist in ь verwandeln: Василий (Wassili), Васил-ья, -ью, -ья, -ьем, -ьи.

10) Lies в один два года; в два метра; в пять шесть метров.

144

11) Der bloße Akkusativ als Zeitangabe steht auf die Frage „während welcher Zeit?“: кру́глый год das ganze Jahr (hindurch), це́лый день den ganzen Tag, це́лую неде́лю die ganze Woche, одну́ неде́лю eine Woche, всю зи́му den ganzen Winter.

12) Die Texte [123] und [132] sind der „Геогра́фия“ von Тере́хов-Эрде́ли entnommen.

Grammatik

Unpersönliche Sätze (Vgl. hierzu [56/1, 86/5])   134

1.

a) Хо́лодно.	Es ist kalt.
b) Бы́ло о́чень ве́село.	Es war sehr lustig.
c) Темне́ет. Темне́ло.	Es dunkelt. Es dunkelte.

In unpersönlichen Sätzen wird „es“ nicht übersetzt. Ein Adjektiv steht in der sächlichen Kurzform. Ein Präteritum steht im Neutrum. — Das Prädikat kann auch ein unpersönliches reflexives Verb sein [56/1].

Verneinte unpersönliche Sätze   135

Ива́на нет (не́ было, не бу́дет) до́ма.	Iwan ist (war, wird sein) nicht zu Hause.
Там не быва́ет зимы́.	Dort gibt es (gewöhnlich) keinen Winter.

Die unpersönliche verneinte Satzkonstruktion ist schon bei der Wiedergabe von „nicht haben“ [63 c] behandelt worden. Die unpersönliche Satzkonstruktion mit dem deutschen Subjekt im russischen Genitiv steht in verneinten Sätzen bei dem Verb **быть** (sein) und bei Verben, die dem Begriff des Seins nahestehen. Weitere Beispiele:

Дожде́й ле́том почти́ **не быва́ет.**	Regenfälle kommen im Sommer fast nicht vor.
Про́тив э́того **не име́ется** возраже́ний.	Dagegen gibt es keine Einwendungen.
Заве́дующего библиоте́кой на ме́сте **не оказа́лось.**	Der Verwalter der Bibliothek war (wörtlich „erwies sich“) nicht anwesend.

Beachte folgenden Unterschied:

1.

a) Ива́н не́ был до́ма.	
b) Ива́на не́ было до́ма.	Iwan war nicht zu Hause.

a) Die persönliche Konstruktion ist nur möglich, wenn nicht das Subjekt, sondern ein anderer Satzteil verneint wird: Iwan war sonstwo.

b) **Iwan** war nicht zu Hause, wohl aber seine Eltern usw. Die Verneinung betrifft das Subjekt.

2.

'Этого не на́до.	Das ist nicht nötig.
Мне вас не слы́шно.	**Ich** höre Sie nicht.

Die gleiche Konstruktion steht bei verneinten unpersönlichen Adjektiven und sonstigen unpersönlichen Ausdrücken. Ein etwaiges deutsches Subjekt tritt in den Dativ. Weitere Beispiele:

Никого́ не ну́жно.	Es ist niemand nötig.
Мне никого́ не ну́жно, кро́ме вас.	Ich brauche niemanden außer Ihnen.
Тут не тре́буется больши́х зна́ний.	Hier werden keine großen Kenntnisse gefordert.

136   **Die Doppelverben**

1.

bestimmt	unbestimmt	
бежа́ть, бегу́, бежи́шь [95/1]	бе́га-ть, -ю, -ешь	laufen
везти́, везу́, везёшь	вози́ть, вожу́, во́зишь	fahren v/t.
вести́, веду́, ведёшь	води́ть, вожу́, во́дишь	führen
е́хать, е́ду, е́дешь	е́здить, е́зжу, е́здишь	fahren v/i.
идти́, иду́, идёшь	ходи́ть, хожу́, хо́дишь	gehen
лете́ть, лечу́, лети́шь	лета́-ть, -ю, -ешь	fliegen
нести́, несу́, несёшь	носи́ть, ношу́, но́сишь	tragen
плыть, плыву́, плывёшь	пла́ва-ть, -ю, -ешь	schwimmen

Unter Doppelverben (von denen die hier angegebenen am häufigsten vorkommen) versteht man Verben der Bewegung, die eine be- stimmte und eine unbestimmte Form des Infinitivs haben. Sie sind alle durativ.

2.

a) По́сле заня́тий мы идём в клуб.	Nach dem Unterricht gehen wir in den Klub.
b) Лю́ди хо́дят по у́лицам.	Menschen gehen auf den Straßen.

a) Die bestimmten Verben drücken eine Bewegung in bestimmter Richtung aus, oft mit Angabe eines Zieles. Es findet nur eine **Hinbewegung** statt.

b) Die unbestimmten Verben drücken eine Bewegung in unbestimmter Richtung mit der Vorstellung einer **Hinundherbewegung** aus. Die Menschen gehen bald hierhin, bald dorthin; eine bestimmte Richtung wird also nicht eingehalten.

In den Texten kamen bisher folgende Beispiele vor:

Алёша шёл по знако́мой у́лице.	Aljoscha ging auf der bekannten Straße (nämlich nach Hause).
Мы бу́дем лета́ть с одно́й плане́ты на другу́ю.	Wir werden von einem Planeten zum anderen fliegen.
Де́ти ча́сто бе́гают по́ двору.	Die Kinder laufen oft über den Hof (nämlich hin und her).

Weitere Beispiele:

Я е́ду домо́й.	Ich fahre nach Hause.
Он е́здит на велосипе́де по у́лицам.	Er fährt auf dem Fahrrad durch die Straßen.
Куда́ ты бежи́шь?	Wohin läufst du?
Он везёт у́голь.	Er fährt Kohlen.
Он ведёт нас.	Er führt uns.

3.

a) Ва́ня уже́ хо́дит (ходи́л) в шко́лу.	Wanja geht (ging) schon in die Schule.
b) Ва́ня ка́ждый день хо́дит (ходи́л) в шко́лу.	Wanja geht (ging) jeden Tag in die Schule.
c) Алёша уже́ хо́дит.	Aljoscha geht schon (kann schon gehen).
d) Сего́дня я ходи́л в го́род.	Heute bin ich in die Stadt gegangen.

Mit der Vorstellung der Hinundherbewegung ergeben sich für die unbestimmte Form noch weitere Möglichkeiten der Anwendung:

a) Sie bedeutet auch eine gewohnheitsmäßige Handlung („er geht jeden Tag in die Schule"), mit der die Vorstellung einer Rückkehr (nämlich nach Hause) verbunden ist.

b) Die gewohnheitsmäßige Handlung schließt die Wiederholung ein.

c) Der gewohnheitsmäßigen Handlung steht die Möglichkeit, Fertigkeit und Fähigkeit, eine Bewegung auszuführen, sehr nahe.

d) Und endlich bedeutet die unbestimmte Form die einmalige oder wiederholte Handlung in einer bestimmten Richtung, die aber auch die Vorstellung der Rückkehr einschließt.

Anm.: Einerseits treffen diese Bedeutungen nicht für alle Doppelverben zu, andererseits ist die Verwendungsmöglichkeit der Doppelverben mit der obigen Darstellung noch nicht erschöpft. Vgl. folgende Beispiele aus Text [132]: Лю́ди хо́дят в лёгкой оде́жде. Der Gebrauch der unbestimmten Form ergibt sich ohne weiteres aus dem Sinn des Satzes. Die bestimmte Form findet häufig im übertragenen Sinn Verwendung: вести́ борьбу́ einen Kampf führen.

Über die präfigierten Formen in Text [132] (пойдём, поведу́ usw.) siehe [146].

137   **Die Ordinalzahlen über 100.** (Ergänzung zu [126])

200. двухсо́тый	1104. ты́сяча сто четвёртый
300. трёхсо́тый ⎫ Haupton auf o,	1235. ты́сяча две́сти три́д-
400. четырёхсо́тый ⎭ Nebenton auf ё	цать пя́тый
500. пятисо́тый	2000. двухты́сячный
600. шестисо́тый	5000. пятиты́сячный
700. семисо́тый	10000. десятиты́сячный
800. восьмисо́тый	40000. сорокаты́сячный
900. девятисо́тый	90000. девяностоты́сячный
1000. ты́сячный	100000. стоты́сячный
1001. ты́сяча пе́рвый	102000. стодвухты́сячный
1023. ты́сяча два́дцать	millionste миллио́нный
тре́тий	milliardste миллиа́рдный

Bei den zusammengesetzten Ordinalzahlen 50-80, 200 usw., 2000 usw. steht die erste Zahl im Genitiv; unverändert bleiben nur девяно́сто und сто als erster Bestandteil.

138   **Datum und Jahreszahl**

Како́е сего́дня число́?	Der wievielte ist heute?
Сего́дня пя́тое (*ergänze* число́) ма́я.	Heute ist der 5. Mai.
Како́го числа́?	An welchem Datum?
Пя́того (числа́) апре́ля ты́сяча девятьсо́т пятьдеся́т седьмо́го го́да [*Abk.* 5 апре́ля 1957 г. od. 5. 4. (19)57 г. (го́да)].	Am 5. April 1957.

Das Datum wird durch die Ordinalzahl, die sich im Geschlecht nach dem in Gedanken zu ergänzenden число́ richtet, und durch den Genitiv des Monatsnamens ausgedrückt. Auf die Frage „wann?" stehen Ordinalzahl, Monatsname und Jahreszahl im Genitiv. Nach den Ordinalzahlen steht im Russischen kein Punkt; wohl aber, wenn Tag und Monat durch Zahlen bezeichnet werden.

b) Infinitivstamm und Präsensstamm sind verschieden; das Präsens zeigt verschiedene Bildungen. Hierzu gehören

Verben auf -овать, -евать (-ов- wird zu у, -ев- zu ю [nach Zischlaut у]) Fremdwörter: „-ieren"	чу́вствовать заве́довать сле́довать тре́бовать сова́ть диктова́ть регули́ровать	fühlen leiten folgen fordern (hin)einstecken diktieren regulieren	чу́вству-ю, -ешь заве́ду-ю, -ешь сле́ду-ю, -ешь тре́бу-ю, -ешь су-ю́, -ёшь дикту́-ю, -ешь регули́ру-ю, -ешь
Verben auf -авать, -знавать, -ставать	дава́ть узнава́ть встава́ть оостава́ться	geben erkennen aufstehen bleiben	да-ю́, -ёшь узна-ю́, -ёшь вста-ю́, -ёшь оста-ю́сь, -ёшься
Einige Verben auf -ять	се́ять наде́яться смея́ться	säen hoffen lachen	се́-ю, -ешь наде́-юсь, -ешься сме-ю́сь, -ёшься
Verben auf -ыть	мыть крыть ры́ться	waschen bedecken wühlen	мо́-ю, -ешь кро́-ю, -ешь ро́-юсь, -ешься
(Beachte)	плыть	schwimmen	плыв-у́, -ёшь

Übungen 140

a) Übersetzen Sie: Morgen (за́втра) ist

1. der 12. Juli, 2. der 4. August, 3. der 22. Oktober, 4. der 17. September, 5. der 9. Januar, 6. der 29. Dezember, 7. der 12. März, 8. der 21. Februar, 9. der 3. April, 10. der 19. Mai, 11. der 11. Juni, 12. der 18. November.

b) Ich fahre nach Berlin

1. am 12. Juli (usw. wie vorher).

c) Übersetzen Sie:

1. Es gab keine Früchte. 2. Es ist auch nicht (ни mit Verneinung durch не) ein einziger Kuchen übriggeblieben. 3. Es wird auch nicht ein einziger Fehler (оши́бка) in dem Brief sein. 4. Dies ist leider (к сожале́нию) nicht geschehen. 5. Das Haus ist nicht zu sehen. 6. Im Winter gibt es [gewöhnlich] keine Regenfälle. 7. Es ist still und kalt. [3]Menschen sind [1]nicht [2]zu sehen (ви́дно). 8. In der Tasche (карма́н) ist kein Geld. 9. Bei ihnen ist kein einziger Mensch im Hause.

d) Übersetzen Sie:

1. Er ging im Zimmer [auf und ab]. 2. Ich gehe [gerade] zur (Lehr-)Stunde. 3. Er geht schon (er besucht) zur Stunde. 4. Iwan trägt Holz (дрова́) ins Haus. 5. Er trägt das Holz ins Haus (es ist seine Aufgabe). 6. Sie führt die Kinder [gerade] spazieren. 7. Sie führt die Kinder immer spazieren. 8. Wohin führt [136 *Anm.*] diese Straße? 9. Jedes (вся́кий) Mal, wenn (когда́) ich in die Stadt fahre, treffe ich ihn. 10. Das Flugzeug (самолёт) fliegt nach Berlin. 11. Wo sind Sie gewesen? — In den Klub bin [ich] gegangen (gefahren). 12. Alexej lief nach (за *I*) einem Doktor (до́ктор). 13. Heute abend hat sie den Brief zur Post (на по́чту) gebracht (getragen). 14. Ich war bei Ihnen (war zu Ihnen gegangen), aber Sie waren nicht zu Hause. 15. Wir sind bald ins Theater gefahren. 16. Er ist auf (по *D*) allen Meeren gefahren (geschwommen). 17. Ich bin von (из *G*) Hamburg nach London gefahren (geschwommen). 18. Abends ging ich zu meinem Kameraden. 19. Er lief sehr schnell, als wir ihn sahen. 20. Sie lebte auf dem Lande (in einem Dorf) und fuhr selten in die Stadt. 21. Die Schwalben (ла́сточка) wuchsen bald auf und begannen zu fliegen. 22. Während (во вре́мя *G*) der Ferien habe ich schwimmen gelernt (научи́ться). 23. Iwan Iwanowitsch trägt einen braunen Anzug. 24. Führe mich sofort zu ihm!

e) Beantworten Sie folgende Fragen:

1. Како́е ле́то быва́ет в чернозёмных степя́х? 2. Когда́ оно́ начина́ется? 3. При каки́х усло́виях (unter welchen Bedingungen) степь даёт оби́льные урожа́и? 4. Что ро́дит степь? 5. Как называ́ются чернозёмные сте́пи? 6. Что залега́ет в не́драх чернозёмных степе́й? 7. Как называ́ется вся ме́стность, где залега́ет ка́менный у́голь? 8. Что име́ется на за́паде от Донба́сса? 9. Кака́я зо́на лежи́т на се́вере от Каспи́йского мо́ря до грани́ц с Кита́ем? 10. Како́е ле́то в сухи́х степя́х? 11. Доно́сятся ли туда́ тёплые и вла́жные ве́тры с Атланти́ческого океа́на? 12. А ле́том там быва́ют дожди́? 13. Кака́я здесь зима́? 14. Кака́я зо́на лежи́т к восто́ку от Каспи́йского мо́ря? 15. Чем она́ окружена́? 16. Како́й кли́мат в зо́не пусты́нь? 17. До ско́льких гра́дусов дохо́дит жара́? 18. Есть ли в Сове́тском Сою́зе таки́е места́, где не быва́ет зимы́? 19. Каки́е ме́стности отно́сятся к субтропи́ческой зо́не? 20. Где они́ располо́жены? 21. Каки́е ме́сяцы явля́ются (sind) лу́чшим вре́менем на ю́жном берегу́ Кры́ма? 22. Печёт ли со́лнце, как ле́том? 23. Кака́я там пого́да? 24. Как называ́ется Крым? 25. Что привлека́ет мно́го отдыха́ющих туда́? 26. Для каки́х

больны́х Крым осо́бенно поле́зен? 27. Что случи́лось с дворца́ми царя́, придво́рной зна́ти и с да́чами богаче́й? 28. Где лежи́т черномо́рское побере́жье Кавка́за? 29. Мно́го ли там со́лнца? 30. В како́й оде́жде хо́дят лю́ди? 31. Что де́лают мно́гие? 32. Кака́я там расти́тельность? 33. Что лю́дям прихо́дится де́лать? 34. Что случа́ется с забро́шенным по́лем? 35. Мно́го ли там дожде́й? 36. Мно́го ли там оса́дков? 37. Каки́е культу́рные расте́ния там выра́щиваются?

17. LEKTION

Медсестра́   141

Сто́лик для дежу́рной сестры́ в медици́нском учрежде́нии. На стене́ портре́т Луи́ Пастёра, откры́вшего, как изве́стно, сы́воротку про́тив бе́шенства. За столо́м сиди́т сестра́ в бе́лом хала́те и косы́нке. Она́ скуча́ет. Она́ говори́т так:

— Го́споди[1], тоска́ кака́я! ... Хоть бы где́-нибудь кто́-нибудь взбеси́лся[2] ... Мо́жет, тогда́ пришёл бы кто[3] ... (зева́ет). Вон подру́га моя́ Ду́ся Ага́пкина — на хоро́шей рабо́те: слу́жит то́же сестро́ю при вытрезви́теле. Так в э́тот вытрезви́тель ка́ждые пять мину́т пья́ного приво́дят. Оди́н пья́ный так руга́ется, друго́й — э́так, тре́тий дерётся, четвёртого тошни́т ... как в теа́тре. Ду́ся рабо́тает так интере́сно ... А тут пока́ кого́-нибудь уку́сят, засо́хнешь[4], ей-бо́гу ...

Вхо́дит посети́тель. Он говори́т почти́ подобостра́стно:

— Здра́вствуйте, това́рищ сестра́ ...

— Здра́вствуйте.

— Вот у меня́, понима́ете, како́й вопро́с[5] ...

— Како́й ещё?

— Пря́мо да́же со́вестно обраща́ться[6]. Был я вчера́ у знако́мых ...

— Ну?

— А там у них щено́к есть, не́кто Бо́бик.

— Укуси́л?

— Да. А вы отку́да зна́ете?

— Раз уж к нам пришли ... Давайте заполним анкету, гражданин.
И сестра вынимает лист бумаги в полтора метра длиною.

— Какая же анкета? ... Я на службу опоздаю. Вы мне сделайте укол, и я пойду себе[7] ...

Но сестра говорит железным голосом:

— Чем занимаетесь, укушенный?

— Я не укушенный! Я экономист!

— Где работаете, укушенный?

— В конторе Химкокс[8].

— Как вы говорите?

— Химкокс.

— Какой ещё кокс?

— Хим.

— Какой хим?

— Кокс.

— Укушенный, вы понимаете, что вы говорите?

— Я-то[9] понимаю, а вы понимаете?!

— Нет.

— А пишете.

— Не ваше дело! Отвечайте: вас до этого кто-нибудь кусал[6]?

— Не кусал.

— Почему не кусал?

— Ну, невкусный я, неаппетитный ...

— Так. Сёстры и братья у вас есть?

— Нету!

— Их кусали когда-нибудь?

— Как же их могли кусать, когда их нету?

— Укушенный, если вы будете кричать, я вызову санитаров, и вас свяжут. Родителей ваших кусали?

— Боже[1] мой ... кто? ... Кто кусал моих родителей?

— Ну, я не знаю, может, знакомые.

— 'Это у вас такие знакомые[10]?

— Укушенный, не острите! Отвечайте на вопросы: какое животное вас укусило?

— Я же вам сказал: щенок!

— Такого животного официально не бывает.

— Как не быва́ет! Ну, соба́ка, соба́чий ребёнок[11].

— Так и говори́те: соба́ка.

— Я так и говорю́ вам: со-ба́-ка!

— Саме́ц и́ли са́мка?

— Ох! Кобе́ль!

— Уку́шенный, е́сли вы бу́дете говори́ть неприли́чные слова́ ...

— Не могу́ же я сказа́ть, что она́ су́ка, когда́ она́ была́ кобе́ль!

— Уку́шенный, я позову́ санита́ров!

— Сама́ ты уку́шенная!

— Нет, я не уку́шенная.

Посети́тель приближа́ется к сестре́:

— Ну, зна́чит, сейча́с бу́дешь уку́шенная ...

Сестра́ убега́ет с кри́ком:

— Ба́тюшки! Взбеси́лся, да как ско́ро!

Посети́тель, слома́в всё, что мо́жно слома́ть в ко́мнате, ухо́дит.
Сестра́ осторо́жно выгля́дывает и говори́т:

— Так и есть! Убежа́л. Он тепе́рь наде́лает дело́в[12] в го́роде ...
Челове́к[13] со́рок[14] перекуса́ет ...

Тут она́ берёт телефо́нную тру́бку и, захлёбываясь, торопли́во
произно́сит:

— Аллё, аллё ... да́йте Ско́рую по́мощь ... Да ... Ско́рая по́мощь?
Слу́шайте, прими́те ме́ры, тут у нас оди́н бе́шеный убежа́л. Да
зна́ете, они́ у нас всегда́ проявля́ют при́знаки бе́шенства по́сле
тридцати́ вопро́сов. А э́тот и пятна́дцати вопро́сов не вы́дер-
жал. Что? ... Коне́чно, куса́ется. Нет, меня́ он не успе́л тя́пнуть,
потому́ что мы́-то[9] зна́ем, как с ни́ми на́до обраща́ться. Ведь мы
— медици́нский персона́л. Мы уме́ем их доводи́ть до бе́шенства ...

(Ви́ктор Ардо́в)

медсестра́ Krankenschwester
дежу́рный diensttuend, vom Dienst
сестра́ (4), N/P сёстры, G/P сестёр
 Schwester
медици́нский medizinisch
учрежде́ние Anstalt
стена́ (6) Wand
портре́т Porträt
Луи Пасте́р Louis Pasteur

откры́ть pf. öffnen; entdecken
сы́воротка Serum
бе́шенство Tollwut
стол (3) Tisch
сиде́ть dur. sitzen
бе́лый weiß
хала́т Arbeitskittel
косы́нка Kopftuch
скуча́ть dur. sich langweilen

господи! Herrgott!
тоска́ Langeweile
хоть бы wenn doch
взбеси́ться *pf.* wüten, tollwütig werden
зева́ть *dur.* gähnen
вон (= вот) da, dort
подру́га Freundin
Ду́ся *Dim. zu* Евдоки́я Dussja, Jewdokia (Eudoxia)
рабо́та Arbeit
вытрезви́тель *m* Ernüchterungsanstalt
пья́ный betrunken, Betrunkene(r)
приводи́ть *dur.* her(bei)führen
руга́ться *dur.* schimpfen
э́так so
дра́ться *dur.* sich raufen
меня́ тошни́т es wird mir übel
пока́ ehe, bevor
укуси́ть *pf.* beißen
засо́хнуть *pf.* vertrocknen
ей-бо́гу! bei Gott!
посети́тель *m* Besucher
подобостра́стный schmeichlerisch
това́рищ Kamerad(in), Genosse, Genossin
понима́ть *dur.* verstehen
вопро́с Frage
ещё noch, *hier:* denn
пря́мо geradezu
пря́мо да́же es ist mir geradezu schon
со́вестно peinlich
обраща́ться sich wenden, *hier:* hierherkommen
вчера́ gestern
щено́к, -нка́ junger Hund
не́кто ein gewisser
раз wenn, da schon
запо́лнить *pf.* ausfüllen
дава́йте запо́лним füllen wir aus
анке́та Fragebogen
граждани́н Bürger
вынима́ть *dur.* herausnehmen
лист (3) Blatt, Bogen
полтора́ anderthalb
длина́ Länge
в полтора́ ме́тра длино́ю anderthalb Meter lang
опозда́ть *pf.* zu spät kommen
уко́л Injektion
пойти́ *pf.* gehen
я пойду́ себе́ ich gehe schon
го́лос (1), *pl.* -á Stimme

уку́шенный, *p.pt.p. von* укуси́ть
экономи́ст Ökonom
конто́ра Kontor
не ва́ше де́ло das geht Sie nichts an
до э́того bis jetzt, bisher
куса́ть *dur.* beißen
невку́сный nicht schmackhaft
неаппети́тный unappetitlich
брат, *pl.* бра́тья Bruder
сёстры и бра́тья Geschwister
вы́звать *pf.* herausrufen
санита́р Sanitäter
связа́ть *pf.* binden, fesseln
бо́же мой um Gottes willen
остри́ть *dur.* Witze machen
официа́льный offiziell, amtlich
соба́чий [127] Hunde...
ребёнок, -нка Kind
саме́ц, -мца́ Männchen ⎱ (*von*
са́мка Weibchen ⎰ *Tieren*)
ох ach
кобе́ль (3) *m* Rüde
неприли́чный unanständig
су́ка Hündin
позва́ть *pf.* rufen
приближа́ться (к *D*) *dur.* sich nähern
убега́ть *dur.* davonlaufen
крик Schrei
ба́тюшки! ach, du meine Güte!
да *hier:* und
ско́ро schnell, bald
слома́ть *pf.* zerbrechen
осторо́жно vorsichtig
выгля́дывать *dur.* hinausschauen
так и есть so ist es (also)
убежа́ть *pf.* davonlaufen
наде́лать *pf.* дело́в[12] viel Unheil anrichten
перекуса́ть *pf.* der Reihe nach beißen
телефо́нный Telefon...
тру́бка Hörer
захлёбываться *dur.* sich verschlucken
торопли́во hastig
произноси́ть *dur.* aussprechen, sagen
алле́ hallo
Ско́рая по́мощь Erste Hilfe
приня́ть *pf.* ме́ры Maßnahmen ergreifen
бе́шеный toll, tollwütig

проявля́ть *dur.* zeigen
при́знак Anzeichen, Merkmal
коне́чно [ч *wie* ш] natürlich
куса́ться *dur.* beißen (*v/i.*)
успе́ть *pf.* gelingen
он не успе́л es gelang ihm nicht
тя́пнуть *pf.* (*Volkssprache*) fassen, packen

потому́ что weil
обраща́ться (с *I*) umgehen (mit)
персона́л Personal
уме́ть *dur.* können, verstehen
доводи́ть (до *G*) hinführen, bringen (zu)

Erläuterungen 142

1) го́споди! Herrgott! (sprich r wie h) ist ein alter Vokativ von госпо́дь; ebenso бо́же! Gott! von бог (r wie x).

2) „Wenn doch irgendwo irgendjemand tollwütig würde". -бы mit dem folgenden Präteritum entspricht dem deutschen Konjunktiv [107]. — Über где́-нибудь, кто́-нибудь vgl. [147].

3) кто (jemand) steht hier für кто́-нибудь, was in der Volkssprache häufig vorkommt; regelmäßig steht кто für кто́-нибудь nach е́сли u. ли (ob).

4) „Aber bevor man hier jemand beißt (beißen wird), kann man vertrocknen". „**Man**" wird durch die 2. Person Singular (meist des perfektiven Präsens) wiedergegeben, wenn man sich selbst in Gedanken einschließt. Weiteres Beispiel: Его́ не поймёшь. Aus ihm wird man nicht klug (*wörtlich* ihn wirst du nicht verstehen).

5) Frei übersetzt: „Es handelt sich nämlich um folgendes".

6) Der Lernende erwartet hier den perfektiven Infinitiv обрати́ться. Der Besucher aber sagt обраща́ться, weil es ihm nicht nur in diesem Fall, sondern überhaupt peinlich ist, sich an das Institut für Tollwütige zu wenden. Hierzu kommt noch die Neigung, in der Umgangssprache den durativen Aspekt auch dann zu gebrauchen, wenn eine eindeutig einmalige, abgeschlossene Handlung vorliegt. Der Sprecher empfindet in seinem Unterbewußtsein nicht das Ergebnis, sondern den Verlauf der Handlung in ihren einzelnen Phasen. — Der Lernende erwartet auch das perfektive укуси́л für das durative куса́л. In freier Übersetzung würde man sagen: „Sind Sie bisher (schon mal) von jemandem gebissen worden?", wodurch die Einmaligkeit der in dieser Frage ausgedrückten Handlung noch stärker betont wird. Der durative Aspekt wird aber auch gebraucht, wenn eine Handlung zeitlich weiter zurückliegt. Man fragt z.B.: „Что писа́л (für написа́л) Пу́шкин?" „Was hat Puschkin geschrieben?", obwohl ein längst abgeschlossener Vorgang zugrunde liegt. Aber die schriftstellerische Tätigkeit Puschkins gehört der Vergangenheit an und erstreckt sich außerdem auf viele Jahre. — Wenn jemand sagt: „Открыва́йте (für откро́йте) окно́", so erscheint der durative Imperativ nach der strengen Regel durch nichts gerechtfertigt. Und trotzdem wird man öfter открыва́йте als откро́йте hören, weil der durative Imperativ mehr nach einer Bitte, der perfektive mehr nach einem Befehl klingt. — Aus dieser Betrachtung ergibt sich, daß es keine festen Regeln für den Gebrauch der Aspekte gibt. Der Lernende kann erst durch reichliche Lektüre mit ihrem Gebrauch vertraut werden. Dabei wird er feststellen, daß die literarische Sprache die Freiheiten der Umgangssprache vermeidet.

7) себе́ gibt dem Verb einen Ausdruck des Sichbegnügens. Vgl. im Deutschen : „Sei mir nur ganz zufrieden".

8) Химкóкс eine moderne Abkürzung für хими́ческий кокс chemischer Koks, die die Krankenschwester nicht versteht.

9) Angehängtes -то gibt dem Wort eine starke Betonung.

10) „Haben Sie denn solche Bekannte?"

11) Die Maskulina auf **-ёнок** (*G/S* -ёнка) (Variante zum Grundtyp A der Maskulina) haben im Nominativ Plural -я́та:
ребёнок, -ёнка usw.; *pl.* ребя́та, -я́т, -я́там, -я́т, -я́тами, -я́тах.
Ebenso werden vorzugsweise Namen von Tierjungen dekliniert:
телёнок, -ёнка Kalb; *pl.* теля́та; жеребёнок, -ёнка Füllen; *pl.* жеребя́та; поросёнок, -ёнка Ferkel; *pl.* порося́та; цыплёнок, -ёнка Kücken; *pl.* цыпля́та.

12) делóв falscher volkssprachlicher Genitiv Plural von дéло (Sache), *G/P* дéл.

13) человéк (Mensch) gehört zu einer Gruppe von Maskulina, bei denen der Genitiv Plural gleich dem Nominativ Singular ist. Человéк ist nur im Singular gebräuchlich (*pl.* лю́ди), und der Genitiv Plural kommt nur nach Zahlen in der Bedeutung „Mann" vor: сóрок человéк 40 Mann. Zu dieser Gruppe gehören:
глаз (1) Auge, *pl.* глазá [18], глаз, глазáм
раз (1) Mal, *pl.* разы́, раз, разáм; пять раз fünfmal
чулóк, чулкá Strumpf, *pl.* чулки́, чулóк, чулкáм; пáра чулóк ein Paar Strümpfe

14) сóрок человéк 40 Mann, человéк сóрок **etwa** 40 Mann. — Steht ein Substantiv vor dem Zahlwort, so wird dadurch die ungefähre Anzahl ausgedrückt.

Grammatik

143   ## Die Partizipien

Die Partizipien kommen mit Ausnahme des Partizips Präteritum Passiv fast nur in der literarischen Sprache vor. Es gibt zwei Partizipien des Aktivs und zwei des Passivs. Der Form nach sind sie Adjektive und wie diese veränderlich in bezug auf Numerus, Genus und Deklination. Als Verbformen regieren sie den gleichen Kasus wie das Verb, von dem sie abgeleitet sind, und die beiden Partizipien des Präteritums treten als Aspektformen durativ und perfektiv auf.

144   ### Das Partizip Präsens Aktiv

рабóтать	arbeiten	рабóта-ют	рабóта-ющий	der arbeitende
писáть	schreiben	пи́ш-ут	пи́ш-ущий	der schreibende
слéдовать	folgen	слéду-ют	слéду-ющий	der folgende
служи́ть	dienen	слу́ж-ат	слу́ж-ащий	der dienende
учи́ться	lernen	у́ч-атся	уч-а́щий-ся	der lernende

Ableitungsform: 3. Person Plural Präsens; **Betonung:** p.pr.a. der e-Konjugation wie die Ableitungsform, die der и-Konjugation wie der Infinitiv. In einigen Fällen ist die Betonung unregelmäßig (слу́жащий). Bei reflexiven Verben wird stets ся angehängt.

a) пи́шущая маши́нка, теку́щий но́мер	Schreibmaschine, laufende Nummer
b) слу́жащий, уча́щийся	der Angestellte, der Lernende (Schüler)
начина́ющий, успева́ющий	der Anfänger, der Fortgeschrittene
c) Я посеща́ю (посеща́л, посети́л, бу́ду посеща́ть, посещу́) ма́ть, живу́щую в дере́вне. Я посеща́ю живу́щую в дере́вне мать.	Ich besuche (besuchte, werde besuchen) die Mutter, die auf dem Lande lebt.
d) Я посеща́л (посети́л) жи́вшую (живу́щую) в дере́вне мать.	Ich besuchte (habe besucht) die Mutter, die auf dem Lande lebt.

a) Das p.pr.a. tritt häufig als Attribut auf oder b) als Substantiv;

c) es dient auch zur Verkürzung eines Relativsatzes. Hierbei fällt die durch das p.pr.a. ausgedrückte Handlung zeitlich mit der Handlung des Hauptsatzes zusammen, wobei es gleich ist, ob die Handlung des Hauptsatzes im Präsens, Präteritum oder Futur steht. — Beachte die beiden möglichen Wortstellungen.

d) Drückt das Verb des Hauptsatzes ein Präteritum aus, so steht an Stelle des p.pr.a. gewöhnlich das durative p.pt.a.

Jedes Partizip stimmt mit seinem Beziehungswort in Numerus, Genus und Kasus überein.

Das Partizip Präteritum Aktiv   145

1.

рабо́тать *dur.*	рабо́та-л	рабо́та-вший	ein gearbeitet
[на]писа́ть	[на]писа́-л	[на]писа́-вший	habender
[по]сле́довать	[по]сле́дова-л	[по]сле́дова-вший	(einer, der
[по]служи́ть	[по]служи́-л	[по]служи́-вший	gearbeitet
учи́ться *dur.*	учи́-лся	учи́-вший-ся	hat)
вы́учиться *pf.*	вы́учи-лся	вы́учи-вший-ся	

Ableitungsform: Präteritum auf -л. An Stelle der Endung л wird вший angehängt. So werden alle p.pt.a. gebildet, deren Infinitivstamm auf Vokal endet, und einige andere. **Betonung:** meist die der Ableitungsform. Das p.pt.a. kann von durativen und perfektiven Verben gebildet werden.

2.
a) происходи́вшие собы́тия	die vorkommenden Ereignisse
b) пострада́вший	der Geschädigte
c) Я говори́л с людьми́, занима́вшимися спо́ртом.	Ich sprach mit den Leuten, die Sport trieben.
d) На стене́ виси́т портре́т Луи Пасте́ра, откры́вшего сы́воротку про́тив бе́шенства.	An der Wand hängt ein Porträt Louis Pasteurs, der das Serum gegen die Tollwut entdeckt hat.

a) Das p.pt.a. tritt als Attribut auf, b) vereinzelt auch als Substantiv.

c) Das durative p.pt.a. drückt, wie aus dem Beispiel [144 d] hervorgeht, eine Handlung aus, die mit der Handlung des Hauptsatzes gleichzeitig verläuft. Es kann, wie aus dem Beispiel [145 c] hervorgeht, aber auch eine Handlung ausdrücken, die im Präteritum andauert oder sich wiederholt.

d) Das perfektive p.pt.a. drückt eine Handlung aus, die der Handlung des Hauptsatzes vorausgeht.

146   **Die präfigierten Doppelverben** (Ergänzung zu [136])

Einfache Doppelverben [136] können ein Präfix erhalten und werden dadurch perfektiv.

1. Bestimmte Formen

по- betont den Eintritt der Handlung (was bei der Übertragung ins Deutsche nur selten wiedergegeben werden kann).	пойти́	(los)gehen
	пое́хать	(los-, ab)fahren
	побежа́ть	die Flucht ergreifen
	полете́ть	(los)fliegen

2. Unbestimmte Formen

с- betont die Einmaligkeit der Handlung.	съе́здить	(einmalig) (irgendwohin) fahren (mit der Vorstellung der Rückkehr)
за- betont den Beginn der Handlung.	заходи́ть	anfangen (hin und her) zu gehen (Hinundherbewegung)

по- beschränkt die Dauer der Handlung. Deutsch: „eine Zeitlang, ein wenig".		походить	eine Weile (hin und her) gehen
		поносить	eine kurze Zeit tragen
		постоять	eine kurze Zeit stehen

Beispiele:

Нáдо емý пойти́ в гóрод.	Er muß in die Stadt gehen.
Пойдём все вмéсте!	Gehen wir alle zusammen!
Вчерá он слетáл в Москвý.	Gestern ist er nach Moskau geflogen.
Зáвтра я съéзжу к своéй подрýге.	Morgen werde ich zu meiner Freundin fahren.
Дéти забéгали.	Die Kinder fingen an zu laufen.
Они́ побéгали в садý.	Sie liefen ein wenig im Garten herum.

Indefinitivpronomen 147

Die Indefinitivpronomen, die Verbindungen von Interrogativpronomen und den Partikeln -то, -нибудь, -либо, кое- (кой-) und не- darstellen, werden wie die entsprechenden Interrogativpronomen dekliniert.

1. Verbindungen mit den nachgestellten Partikeln -то, -нибудь, -либо

кто́-**то**, кто́-**нибудь**, кто́-**либо**	(irgend) jemand
что́-**то**, что́-**нибудь**, что́-**либо**	(irgend) etwas

Jedes Interrogativpronomen und Interrogativadverb kann mit diesen Partikeln verbunden werden: какóй-то, -нибудь, -либо irgendein, гдé-то, -нибудь, -либо irgendwo usw.

Die **Verbindungen mit -то** bezeichnen bestimmte Personen oder Sachen, die jedoch nicht näher bezeichnet werden können oder vielleicht sogar unbekannt sind.

Die **Verbindungen mit -нибудь oder dem selteneren -либо** bezeichnen eine völlig unbestimmte Person oder Sache, von der man nichts weiß. Darum stehen sie besonders in Sätzen, die ihrem Inhalt nach eine Ungewißheit, Annahme oder Vermutung ausdrücken.

Anm.: In Aussagesätzen überwiegen die Verbindungen mit -то, in Konditionalsätzen, beim Imperativ und in Sätzen, deren Handlung in der Zukunft liegt, solche mit -нибудь (-либо).

Beispiele:

Кто́-то, како́й-то студе́нт пришёл.	Jemand, irgendein Student ist gekommen.
Я хочу́ тебе́ сказа́ть что́-то.	Ich will dir etwas sagen.
Когда́-то я чита́л э́ту кни́гу.	Irgendwann habe ich dieses Buch gelesen.
'Е́сли кто́-нибудь придёт, скажи́, что меня́ нет до́ма.	Wenn jemand kommt, sage, daß ich nicht zu Hause bin.
Хо́чешь сказа́ть мне что́-нибудь?	Willst du mir etwas sagen?
Позови́ кого́-нибудь из това́рищей!	Rufe jemand von den Kameraden!

2. Verbindungen mit vorgesetztem кое- (кой-)

ко́е-кто́ (ко́й-кто́)	dieser und jener, einige
ко́е-что́ (ко́й-что́)	dieses und jenes, einiges

Ebenso: ко́е-где́ hier und dort, ко́е-когда́ hin und wieder usw.

Beispiele:

Ко́е-кто́ из госте́й уже́ прие́хал.	Der eine und andere (einige) der Gäste ist (sind) schon gekommen.
Мне ну́жно тебе́ ко́е-что́ рассказа́ть.	Ich muß dir einiges erzählen.
Ко́е-ка́к сде́лаю э́ту рабо́ту.	Mit Mühe und Not (so oder so) werde ich die(se) Arbeit machen.

Eine Präposition wird zwischengestellt:

Мой друг говори́л ко́е с ке́м из учителе́й.	Mein Freund sprach mit diesem und jenem der Lehrer (mit einigen Lehrern).

3. Verbindungen mit vorgesetztem не

a) Вошёл **не́кто** в припо́днятом настрое́нии.	Es kam jemand in gehobener Stimmung herein.
не́кий Гаври́лов	ein gewisser Gawrilow
письмо́ не́коего Гаври́лова	der Brief eines gewissen Gawrilows
b) **не́что** но́вое	etwas Neues

160

c) **не́которое** вре́мя; в не́кото-ром отноше́нии	einige Zeit; in einiger (mancher) Beziehung
Не́которые (из них) бы́ли дово́льны.	Einige (von ihnen) waren zufrieden.
d) **не́сколько** друзе́й	einige Freunde
с не́сколькими друзья́ми	mit einigen Freunden

a) не́кто wird nur im Nominativ und vorwiegend substantivisch gebraucht. Die fehlenden Kasus werden durch **не́кий** (ein gewisser) ersetzt:

m	не́кий,	не́коего,	не́коему,	*N od. G*	не́коим,	не́коем
n	не́кое,	не́коего,	не́коему,	не́кое,	не́коим,	не́коем
f	не́кая,	не́коей,	не́коей,	не́кую,	не́коей,	не́коей
pl.	не́кии,	не́коих,	не́коим,	*N od. G*	не́коими,	не́коих

Zur Bezeichnung einer Person hat не́кто leicht etwas Geringschätzendes. Adjektivisch ist не́кий auch im Nominativ gebräuchlicher als не́кто.

b) не́что wird nur im Nominativ und Akkusativ gebraucht.

c) не́который wird im Singular nur adjektivisch, im Plural auch substantivisch verwendet.

d) *Deklination:* не́сколько, -ких, -ким, *N od. G* не́сколькими, -ких. Nach dem Nominativ oder Akkusativ steht das abhängige Wort im Genitiv Plural, in den übrigen Kasus stimmen beide Wörter überein.

Die Verbalklassen (Fortsetzung zu [139])   **148**

2. Verben mit vokalisch auslautendem Infinitivstamm und konsonantisch auslautendem Präsensstamm. Hierzu gehören

zahlreiche Verben auf -ать mit Konsonantenwechsel	пла́кать	weinen	пла́чу, пла́чешь
	иска́ть	suchen	ищу́, и́щешь
	писа́ть	schreiben	пишу́, пи́шешь
	сказа́ть	sagen	скажу́, ска́жешь
	слать	schicken	шлю, шлёшь
und einige ohne Konsonantenwechsel	врать	lügen	вру, врёшь
	ждать	warten	жду, ждёшь
	éхать	fahren	éду, éдешь
	брать	nehmen	беру́, берёшь
	звать	rufen	зову́, зовёшь

Verben auf -ять (nach Zischlaut -ать) mit н oder м im Präsensstamm (Nasalstämme)	нача́ть взять приня́ть заня́ть поня́ть стать	anfangen nehmen annehmen besetzen verstehen werden	начну́, начнёшь возьму́, возьмёшь приму́, при́мешь займу́, займёшь пойму́, поймёшь ста́ну, ста́нешь
inchoative Verben (die ein Entstehen ausdrücken)	ги́бнуть исче́знуть дости́гнуть	zugrunde gehen verschwinden erreichen	ги́бну, ги́бнешь исче́зн-у, -ешь дости́гн-у, -ешь
Momentanverben (die eine plötzlich eintretende Handlung bezeichnen) u. einige andere auf -нуть	дви́нуть ки́нуть тро́нуть верну́ть обману́ть	bewegen hinwerfen berühren zurückgeben betrügen	дви́ну, дви́нешь ки́ну, ки́нешь тро́ну, тро́нешь верну́, вернёшь обману́, обма́нешь
einsilbige Verben auf -ить mit Präsens auf -ью	бить пить шить	schlagen trinken nähen	бью, бьёшь пью, пьёшь шью, шьёшь
Ausnahmen:	жить плыть	wohnen schwimmen	живу́, живёшь плыву́, плывёшь
wenige Verben auf -оть	коло́ть боро́ться	spalten kämpfen	колю́, ко́лешь борю́сь, бо́решься
wenige Verben auf -ереть	запере́ть умере́ть	verschließen sterben	запру́, запрёшь умру́, умрёшь

149 Die Bildung des Präteritums der Inchoativa und der Verben auf -ереть

ги́бнуть *dur.*	zugrunde gehen	гиб, ги́бла, -о, -и
исче́знуть *pf.*	verschwinden	исче́з, исче́зла, -о, -и
дости́гнуть *pf.*	erreichen	дости́г, дости́гла, -о, -и
запере́ть *pf.*	verschließen	за́пер, заперла́, за́перло, -и
умере́ть *pf.*	sterben	у́мер, умерла́, у́мерло, -и

Das л der männlichen Form fällt weg, außerdem verlieren die Verben auf -нуть das Suffix -ну-. Beachte die Verschiebung des Akzentes bei den Verben auf -ереть. Einige Verben auf -нуть haben oft noch ein regelmäßig gebildetes Präteritum, z. B. дости́гнул.

Übungen

a) Beantworten Sie folgende Fragen:

1. Что нахо́дится для дежу́рной сестры́ в медици́нском учрежде́нии? 2. Что виси́т (hängt) на стене́? 3. Что откры́л Луи Пасте́р? 4. Кто сиди́т за столо́м? 5. В како́м настрое́нии сестра́? 6. Что она́ говори́т сама́ себе́ (zu sich selbst)? 7. Что она́ расска́зывает о свое́й подру́ге Ду́се Ага́пкиной? 8. Где слу́жит Ду́ся Ага́пкина? 9. Что происхо́дит в вытрезви́теле ка́ждые пять мину́т? 10. Как веду́т себя́ (benehmen sich) пья́ные? 11. Кто вхо́дит? 12. Что он расска́зывает? 13. Что медсестра́ счита́ет (hält für) ну́жным? 14. Како́й длины́ (wie lang) анке́та? 15. Что говори́т посети́тель, ви́дя анке́ту в полтора́ ме́тра длино́й? 16. Что тепе́рь начина́ется? 17. Чем конча́ется э́тот разгово́р? 18. Что де́лает медсестра́ по́сле ухо́да посети́теля? 19. Почему́ она́ счита́ет посети́теля осо́бенно опа́сным? 20. Почему́ посети́тель не успе́л укуси́ть медсестру́?

b) Bilden Sie das p.pr.a. von folgenden Verben:

1. ду́мать, 2. дуть, 3. е́хать, 4. звать, 5. звони́ть, 6. изуча́ть, 7. ги́бнуть, 8. находи́ть, 9. обеща́ть, 10. обходи́ть, 11. плати́ть, 12. понима́ть, 13. приноси́ть, 14. ры́ться, 15. находи́ться.

c) Verkürzen Sie folgende Relativsätze durch das p.pr.a.:

1. Машини́стка, кото́рая пи́шет письмо́, уже́ три го́да слу́жит у нас. 2. Официа́нт, кото́рый счита́ет пиро́жные, зна́ет, ско́лько съел Гри́ша. 3. Студе́нт, кото́рый посеща́ет медици́нский институ́т, жил не́которое вре́мя в на́шей дере́вне. 4. Мате́рия, кото́рая лежи́т на по́лке, ра́ньше сто́ила то́лько 9 ма́рок. 5. Де́вушка, кото́рая говори́т с э́тим граждани́ном, сестра́ одного́ из на́ших студе́нтов. 6. Ви́дите ли вы спортсме́на, кото́рый сиди́т за тем столо́м? 7. До́ктор посмотре́л на ребёнка, кото́рый спал на дива́не. 8. Кем явля́ется челове́к, кото́рый чита́ет газе́ту? 9. Медсестра́, кото́рая сле́дует за на́ми, хо́чет говори́ть с ва́ми. 10. Челове́к, кото́рый чита́ет кни́ги, зна́ет бо́льше. 11. Ребя́та, кото́рые занима́ются спо́ртом, здоро́вы. 12. Лю́ди, кото́рые интересу́ются (sich interessieren) литерату́рой, мно́го чита́ли. 13. Я не зна́ю де́вушек, кото́рые разгова́ривают (sich unterhalten) с на́шими това́рищами.

d) Bilden Sie das p.pt.a. von folgenden Verben:

1. ду́мать, 2. дуть, 3. пое́хать, 4. позва́ть, 5. позвони́ть, 6. изу-
ча́ть, 7. изучи́ть, 8. крича́ть, 9. находи́ть, 10. обеща́ть, 11. обхо-
ди́ть, 12. заплати́ть, 13. понима́ть, 14. поня́ть, 15. приноси́ть,
16. ры́ться, 17. находи́ться.

e) Übersetzen Sie folgende Sätze ins Deutsche:

1. Я говори́л с журнали́стом, чита́вшим после́дние газе́ты.
2. Пото́м пришёл мой оте́ц, прочита́вший после́дние теле-
гра́ммы. 3. Наконе́ц-то я встре́тил де́вушку, написа́вшую э́то
неприли́чное письмо́. 4. Когда́ Лю́ба разгова́ривала с продав-
щи́цей, она́ вдруг (plötzlich) уви́дела Ива́на, входи́вшего в
магази́н. 5. В чита́льне клу́ба я всегда́ встреча́л Лю́бу, зани-
ма́вшуюся англи́йским (englisch) языко́м.

f) Übersetzen Sie folgende Sätze ins Russische:

1. Seine Eltern wohnen in irgendeiner Kleinstadt (провинци-
а́льный городо́к, -дка́). 2. Jemand schlug vor, ins Kino zu
gehen. 3. Irgendein Student, ein gewisser Smirnow, fragt nach
dir (dich). Soll ich ihm etwas sagen? 4. Bitte ihn, irgendwann
(ка́к-нибудь) in (на) der nächsten Woche zu mir zu kommen.
5. Irgendwann habe ich dieses Buch schon gelesen. 6. Wenn
jemand [142/3] kommt, so sagen Sie, daß ich nicht zu Hause
bin. 7. [Ich] will dir etwas sagen. 8. Er spricht mit jemandem.
9. Er hat die ganze Geschichte irgendwo erfahren. 10. Er hat
Ihnen irgendeinen Brief gebracht. 11. Einige denken nicht so.
12. Er wandte sich mit diesen und jenen Fragen an mich. 13. Sie
sprechen von irgendetwas Interessantem. 14. Das eine oder andere
weiß ich, aber nicht alles. 15. Ich suche irgendeine interessante
Arbeit (G). 16. Ich habe die Geschichte von einigen gehört.
17. Während der Abendgesellschaft habe ich mich mit diesem
und jenem unterhalten. 18. Vor (пе́ред I) dem Hause habe ich
jemanden gesehen. 19. Irgendwo ist [irgend] etwas gefallen
(упа́ло). 20. Er ist irgendwoher vom Dorf gekommen. 21. Kaufen Sie mir irgendeinen interessanten Roman. 22. Heute werde
ich irgendwo in der Stadt zu Mittag essen. 23. Sie können
irgendeinen von Ihren Kameraden mitbringen (привести́).
24. Dieses Dorf liegt irgendwo in Deutschland (Герма́ния). 25.
Gehen wir irgendwohin! 26. Er ist mit irgendetwas beschäftigt
(за́нят).

18. LEKTION

1. Деловы́е пи́сьма

a) Союзи́мпорт[1]   Москва́, 4. 7. 1957 г.

    Фи́рме

    Ви́ткамп и Ко[2]

    Амстерда́м

Настоя́щим про́сим Вас сообщи́ть нам, по[3] каки́м це́нам и на каки́х усло́виях вы мо́жете предложи́ть нам ко́фе[4] сре́днего и вы́сшего ка́чества[5].

                     С почте́нием
                 Союзи́мпорт, Москва́

b) Witkamp & Co.   Amsterdam, 15. 7. 1957

    Amsterdam

    Dijksgracht 48

    Союзи́мпорт

    Москва́

На Ваш запро́с от 4-го с. м.[6] сообща́ем, что мы то́лько что получи́ли не́сколько па́ртий прекра́сного ко́фе[5], кото́рый мо́жем предложи́ть Вам фра́нко Москва́ по сле́дующим це́нам:

Ко́фе сре́днего ка́чества ‚Ри́о‘ $ 11.85[7] за це́нтнер.

Ко́фе вы́сшего ка́чества ‚Са́нтос‘, $ 13.15 за це́нтнер.

Одновре́менно с э́той по́чтой посыла́ем Вам отде́льно наш нове́йший прейскура́нт и образцы́ ука́занных сорто́в.

В ожида́нии Ва́шего[8] отве́та остаёмся

                  с почте́нием
                 Witkamp & Co.

c) Союзи́мпорт   Москва́, 2. 8. 1957 г.

    Фи́рме

    Ви́ткамп и Ко

    Амстерда́м

Мы получи́ли Ва́ше письмо́ от 15-го ию́ля, а та́кже упомя́нутые в нём образцы́[9]. По вку́су[10] бо́лее всего́ понра́вился нам Ваш ко́фе ‚Са́нтос‘, облада́ющий действи́тельно то́нким вку́сом и

хоро́шим арома́том. Мы про́сим Вас вы́слать нам 50 це́нтнеров
э́того со́рта на сообщённых Ва́ми усло́виях⁹, т. е. по цене́ в
$ 13.15 за це́нтнер, фра́нко Москва́. При расчёте нали́чными мы,
как обыкнове́нно, ожида́ем ски́дку в 3⁰/₀. Получе́ние зака́за
про́сим подтверди́ть.

С почте́нием
Союзи́мпорт, Москва́

d) Witkamp & Co. Amsterdam, 12. 8. 1957
   Amsterdam
   Dijksgracht 48
      Союзи́мпорт
      Москва́

Подтвержда́я получе́ние Ва́шего письма́ от 2-го с. м., в кото́ром
Вы заказа́ли 50 це́нтнеров ‚Са́нтос' по цене́ в $ 13.15 за це́нтнер,
мы благодари́м Вас за э́то поруче́ние, кото́рое неме́дленно бу́дет
вы́полнено на ука́занных на́ми усло́виях⁹, а и́менно:
Срок поста́вки: не поздне́е 20-го¹¹ а́вгуста с. г. Усло́вия пла-
тежа́: нали́чными со ски́дкой в 3⁰/₀. Отпра́вка: фра́нко Москва́
ма́лой ско́ростью.

С почте́нием
Witkamp & Co.

настоя́щим mit Gegenwärtigem,
  hiermit
сообщи́ть *pf.* mitteilen
цена́ (4) Preis
усло́вие Bedingung
ко́фе *m* (*ind.*) Kaffee
сре́дний mittlere
вы́сший höchste, beste
ка́чество Qualität
почте́ние Achtung, Hochachtung
запро́с Anfrage
сообща́ть *dur.* mitteilen
то́лько что soeben
па́ртия Posten
фра́нко franko, frei
це́нтнер Zentner
одновреме́нный gleichzeitig
по́чта Post
отде́льный einzeln

отде́льно gesondert
прейс-кура́нт Preisliste
образе́ц, -зца́ Muster
указа́ть *pf.* angeben
сорт (1), *pl.* -á Sorte
ожида́ние Erwartung
упомяну́ть *pf.* erwähnen
вкус Geschmack
бо́лее всего́ am meisten
понра́виться *pf.* gefallen
облада́ть *pf.* (*I*) besitzen, verfügen
  (über)
то́нкий dünn, fein
арома́т Aroma
вы́слать *pf.* zuschicken
расчёт Berechnung
нали́чными in bar
ожида́ть *dur.* erwarten
ски́дка (в *A*) Rabatt (von)

процéнт Prozent
3⁰/₀ = три процéнта
получéние Empfang
закáз Bestellung
подтвердúть *pf.* bestätigen
подтверждáть *dur.* bestätigen
заказáть *pf.* bestellen
по ценé (в *A*) zum Preis (von)
немéдленно unverzüglich
вúполнить *pf.* erfüllen

а úменно und zwar
срок Frist
постáвка Lieferung
не позднéе spätestens
с. г. = сегó гóда
платёж (3), -тежá Zahlung
отпрáвка Versand
скóрость *f* Schnelligkeit
мáлой скóростью als Frachtgut

Erläuterungen 152

1) Союзúмпорт, moderne Abkürzung für Союзный úмпорт Unionsimport.
2) Ко, Abkürzung für компáния Kompagnie, Gesellschaft.
3) „zu welchen Preisen".
4) кóфе *m* ist undeklinierbar. Die Fremdwörter auf -e, -и (вúски Whisky), -о (рáдио Radio), -у (какадý Kakadu) und -ю (меню́ Menü) sind nicht deklinierbar und sächlich. Nur кóфе und Tierbezeichnungen sind männlich.
5) „Kaffee mittlerer und bester Qualität" (Genitiv der Beschaffenheit, Genitivus qualitatis). Vgl. später: пáртия прекрáсного кóфе.
6) Abkürzung für сегó ([105/8], г wie [v] gesprochen) мéсяца dieses Monats.
7) Abkürzung für дóллар Dollar. Man liest одúннадцать дóлларов, вóсемьдесят пять (цéнтов); цент Cent.
8) In Briefen schreibt man Вы, Ваш usw. mit großem Anfangsbuchstaben.
9) Zu der Stellung упомя́нутые в нём образцы́ die darin (in ihm) erwähnten Muster [144 с].
10) „nach dem Geschmack".
11) двадцáтого (Genitiv des Vergleichs).

2. Из юмористúческих журнáлов 153

Счáстье в несчáстье

Студéнт: Простúте, быть мóжет[1], вы знáете, кто э́тот протúвный человéк?

Студéнтка: Как же! 'Это председáтель экзаменациóнной комúссии, профéссор Вóлин. — А вы знáете, кто — я?

Студéнт: Нет.

Студéнтка: Я егó дочь!

Студéнт: А знáете ли вы, кто — я?

Студéнтка: К сожалéнию, нет.

Студéнт: Слáва бóгу!

Голос из публики

Какой-то оратор, горячо защищая запрет вина, воскликнул: Где бы мы теперь все были, если бы не было такого закона! — Голос из публики: В каком-нибудь баре за хорошей рюмкой виски!

Различие

Володя: Сколько времени ты одеваешься утром?
Ваня: Двадцать минут.
Володя: А я только десять.
Ваня: 'Эко² диво — я-то и умываюсь.

Молодой прыгун

Молодой человек бежал со всех ног, чтобы поспеть на пароход, который должен был вот-вот отойти. Он подбежал к пристани, когда пароход отошёл от берега. Молодой человек с разбегу³ прыгнул через узкую полоску воды и растянулся на палубе парохода. Минут через пять, отдышавшись и встав на ноги, он окинул взглядом широкую водную гладь, отделяющую пароход от берега. Его глаза расширились, и он изумлённо⁴ воскликнул: — Вот это прыжок!

юмористический humoristisch
счастье Glück
несчастье Unglück
студент(ка) Student(in)
простить *pf.* verzeihen
быть может vielleicht
противный widerlich
как же! natürlich!
председатель Vorsitzende(r)
экзаменационный Prüfungs...
комиссия Ausschuß
профессор (1), *pl.* -á Professor
к сожалению leider
слава богу Gott sei Dank
голос (1), *pl.* -á Stimme
публика Publikum
оратор Redner
горячий heiß
горячо *Adv.* hitzig, heftig

защищать *dur.* verteidigen
запрет Verbot
вино (4) Wein; Branntwein
воскликнуть *pf.* ausrufen
закон Gesetz
бар Bar
за (*I*) *hier:* bei
виски *n* (*ind.*) Whisky
различие Unterschied
Володя, *Dim. zu* Владимир Wolodja, Wladimir
сколько времени wie lange
одеваться *dur.* sich anziehen
утро (1) Morgen
утром morgens
диво Wunder
эко диво! Kein Wunder!
умываться *dur.* sich waschen
прыгун (3) Springer

бежа́ть *dur.* (hin)laufen
нога́ (6) Bein, Fuß
со всех ног so schnell wie möglich
поспе́ть *pf.* rechtzeitig kommen, erreichen
парохо́д Dampfer
до́лжен был sollte
вот-вот jeden Augenblick
отойти́ *pf.* weggehen, abfahren
подбежа́ть *pf.* herbeilaufen
при́стань (2) *f* Anlegestelle
разбе́г Anlauf
с разбе́гу mit einem Anlauf
пры́гнуть *pf.* springen
у́зкий schmal
поло́ска *Dim. zu* полоса́ Streifen

вода́ (6) Wasser
растяну́ться *pf.* sich strecken, sich lang hinlegen
па́луба Deck
отдыша́ться *pf.* zu Atem kommen, sich verpusten
встать *pf.* на́ ноги aufstehen
оки́нуть *pf.* взгля́дом einen Blick werfen auf
во́дный Wasser...
гладь *f (o. pl.)* Fläche, Spiegel
отделя́ть *dur.* trennen
расши́риться *pf.* sich weiten, sich weit öffnen
изумлённый erstaunt
прыжо́к, -жка́ Sprung

Erläuterungen   154

1) „vielleicht" heißt мо́жет быть oder быть мо́жет oder oft nur мо́жет.

2) э́кий, э́кая, э́кое (Volkssprache *f* э́ка, *n* э́ко) „solch ein, so ein" gehört der Umgangssprache an.

3) Über с разбе́гу [75/6].

4) изумлённо ist das Adverb des p.pt.p. изумлённый.

Grammatik

Das Partizip Präsens Passiv   155

уважа́ть achten	мы уважа́ем	p.pr.p.	уважа́ем-ый geachtet (werdend)
люби́ть lieben	мы лю́бим		люби́м-ый geliebt (werdend)

Ableitungsform: 1. Person Plural Präsens, Endung des p.pr.p. ый. **Betonung** wie die 1. Person Singular.

Das p.pr.p., das wie ein attributives Adjektiv dekliniert wird, kann nicht von allen Verben gebildet werden. Es ist verhältnismäßig selten; jedoch sind einige Formen auch in der Umgangssprache gebräuchlich: Уважа́емый това́рищ! (Sehr) geehrter Kamerad (Genosse)!, люби́мая арти́стка eine beliebte Künstlerin.

	Ableitungs-form	*p.pt.p.*	*Kurzform* (m, f, n, pl.)
a) показа́ть *pf.* zeigen	показа́-ть	пока́за-нный	пока́за-н, -на, -но, -ны
b) позво́лить *pf.* erlauben	позво́л-ю	позво́л-енный	позво́л-ен, -ена, -ено, -ены
пояснѝть *pf.* erklären	поясн-ю́	поясн-ённый	поясн-ён, -ена́, -ено́, -ены́
попросѝть *pf.* bitten	попрош-у́	попро́ш-енный	попро́ш-ен, -ена, -ено, -ены
c) вестѝ *dur.* führen	вед-ёшь	вед-ённый	вед-ён, -ена́, -ено́, -ены́
d) взять *pf.* nehmen	взя-ть	взя́-тый	взя-т, -та́, взя́-то, взя́ты

Ableitungsformen:

a) Die Infinitivendung ть wird zu нный bei zahlreichen Verben auf -ать, -ять und bei vielen auf -еть.

b) Die Endung der 1. Person des perfektiven Futurs (bei durativen Verben des Präsens) ю, у wird zu енный (betont ённый) bei den Verben auf -ить. Etwaiger Konsonantenwechsel wird vom Futur (Präsens) übernommen.

c) Die Endung der 2. Person Präsens (Futur) ёшь (selten ешь) wird zu ённый (енный) bei den konsonantenstämmigen Verben.

d) Die Infinitivendung ть wird zu тый bei allen anderen Verben, d. h.: 1. bei den transitiven Verben der Nasalklasse [148] und 2. bei den wenigen einsilbigen Stämmen auf -ить und -ереть [148]; ferner bei den Verben auf -уть, -нуть, -ыть und -оть (alle nach der e-Konjugation).

Betonung: Im allgemeinen wird die Betonung der Ableitungsform beibehalten. Bei den endungsbetonten Verben geht der Ton häufig auf die vorhergehende Silbe über (пока́занный, попро́шенный). Die Verben mit dem Präfix вы betonen stets das Präfix (вы́слать, *p.pt.p.* вы́сланный).

Die **Deklination** ist (wie bei allen Partizipien) die der attributiven Adjektive.

Eine besondere Bedeutung haben die Kurzformen der p.pt.p., weil mit ihnen passivische Formen gebildet werden.

Kurzformen: Die Endung

	m	f	n	pl.	
-анный wird zu	-ан,	-ана,	-ано,	-аны	feste Betonung
-янный	-ян,	-яна,	-яно	-яны	feste Betonung
-енный	-ен,	-ена,	-ено,	-ены	feste Betonung
-ённый	-ён,	-ена́,	-ено́,	-ены́	endungsbetont
-тый	-т,	-та́,	-то,	-ты	f oft endungs-betont

Sowohl in der Bildung als auch in der Betonung gibt es Sonderfälle. So geht z. B. bei einigen (meist präfigierten) Verben der Ton des Infinitivs (analog zum Präteritum) auf die vorhergehende Silbe über, während nur die weibliche Form endungsbetont ist: приня́ть annehmen, *pt.* при́нял, *p.pt.p.* при́нятый, *Kf.* при́нят, -а́, при́нято, -ы. Das p.pt.p. kommt von allen Partizipien am häufigsten vor, und zwar auch in der Umgangssprache. Es kann von **transitiven** perfektiven und von einigen durativen Verben gebildet werden.

Gelegentlich tritt das p.pt.p. als Adverb auf:

Он изумлённо воскли́кнул. Er rief erstaunt aus.

Besonderheiten in der Konstruktion abhängiger Aussagesätze und Interrogativsätze   157

a) Я знал, что он до́ма.	Ich wußte, daß er zu Hause **war.**
b) Я знал, что он **был** до́ма.	Ich wußte, daß er zu Hause **gewesen war.**
c) Я спроси́л его́, за́нят ли он.	Ich fragte ihn, ob er beschäftigt **sei (wäre).**
d) Я спроси́л его́, **был** ли он за́нят вчера́.	Ich fragte ihn, ob er gestern beschäftigt **gewesen sei (wäre).**

Das Präsens im Russischen bezeichnet in a) und c) eine Handlung, die mit der Handlung des Hauptsatzes gleichzeitig verläuft; im Deutschen steht in diesem Fall im Gegensatz zum Russischen das Imperfekt. Steht im Russischen ein Präteritum, so bezeichnet es eine Handlung, die der Handlung des Hauptsatzes vorausgeht [b) *u.* d)]. Diese Regel von der **Folge der Zeiten** ist streng zu beachten. Der im Deutschen übliche Konjunktiv zum Ausdruck der subjektiven Stellungnahme zum Inhalt des abhängigen Satzes wird im Russischen durch den Indikativ wiedergegeben [c) *u.* d)].

a) Боюсь встретиться с ним.   Ich fürchte, mit ihm zusammenzutreffen.

b) Боюсь, что он придёт.   Ich fürchte, daß er kommt.

c) Боюсь, что он не придёт.   Ich fürchte, daß er nicht kommt.

d) Боюсь, чтобы (*od.* как бы) он не пришёл.   Ich fürchte, er könnte kommen.

Die Konstruktionen a), b) und c) stimmen mit dem Deutschen überein. Das Präsens im Deutschen wird als eine in der Zukunft liegende Handlung durch das perfektive Futur wiedergegeben. In d) betont чтобы mit dem verneinten Präteritum das Unerwünschte noch stärker.

159   Чтобы nach verneintem Hauptsatz

a) Я никогда не видел, чтобы она плакала.   Ich habe nie gesehen, daß sie weinte (geweint hätte).

b) Я сомневаюсь, чтобы это удалось.   Ich bezweifle, ob das wohl gelingt.

c) Я сомневаюсь, что это удастся.   Ich bezweifle, daß das gelingt.

Nach einem verneinten Hauptsatz oder einem Hauptsatz mit verneinendem Sinn steht чтобы mit dem Präteritum, wenn der Nebensatz eine subjektive Stellungnahme ausdrückt. Vgl. dagegen c), wo dies nicht der Fall ist.

160   Die Verbalklassen (Fortsetzung zu [148])

3. Verben mit konsonantisch auslautendem Infinitiv- und Präsensstamm

Hierzu gehören:

Verben auf -ти	везти	fahren *v/t.*	вез-у́, -ёшь
	нести	tragen	нес-у́, -ёшь
	вести	führen	вед-у́, -ёшь
	расти	wachsen	раст-у́, -ёшь
	идти	gehen	ид-у́, -ёшь
Verben auf -ть	прочесть	durchlesen	прочт-у́, -ёшь
	класть	legen	клад-у́, -ёшь
	сесть	sich setzen	ся́д-у, -ешь

Verben auf -чь (Hierbei tritt ein Konsonantenwechsel vor e ein: г wird zu ж, к zu ч.)	беречь	hüten	бере-гу́, -жёшь, -гу́т
	мочь	können	могу́, мо́жешь, мо́гут
	печь	backen	пе-ку́, -чёшь, -ку́т
	течь	fließen	те-ку́, -чёшь, -ку́т

Das Präteritum der Präsensstämme auf д, т   161

вести́	führen	вед-у́	*pt.* вёл, вела́, вело́, вели́
класть	legen	клад-у́	клал, кла́ла, кла́ло, кла́ли
сесть	sich setzen	ся́д-у	сел, се́ла, се́ло, се́ли
изобрести́	erfinden	изобрет-у́	изобрёл, изобрела́, -ло́, -ли́

д und т verschwinden vor л; e wird meist zu ё.

Das Präteritum der Präsensstämme auf з, с, г, к   162

везти́	fahren	вез-у́	*pt.* вёз, везла́, -ло́, -ли́
нести́	tragen	нес-у́	нёс, несла́, -ло́, -ли́
мочь	können	мог-у́	мог, могла́, -ло́, -ли́
печь	backen	пек-у́	пёк, пекла́, -ло́, -ли́

Das л der männlichen Form verschwindet; e wird meist zu ё.

Das Partizip und Adverbialpartizip Präteritum Aktiv der konsonantenstämmigen Verben   163

			pt.	*p.pt.a.*	*ap.pt.a.*
a)	везти́	fahren	вёз	вёз-ший	вёз-ши
	нести́	tragen	нёс	нёс-ший	нёс-ши
	мочь	können	мог	мо́г-ший	мо́г-ши
	печь	backen	пёк	пёк-ший	пёк-ши
b)	класть	legen	кла-л	кла́-вший	кла́-вши
	сесть	sich setzen	се-л	се́-вший	се́-вши
	изобрести́	erfinden	изобрё-л	изобре́-вший	изобре́-вши
c)	вести́	führen	вё-л	ве́д-ший	ве́д-ши
	идти́	gehen	шё-л	ше́д-ший	ше́д-ши

a) Bei den Präsensstämmen auf з, с, г, к werden die Endungen ший, шая, шее für das p.pt.a. und ши für das ap.pt.a. an die männliche Form des Präteritums angehängt.

b) Einige д- und т-Stämme bilden diese Formen nach [161].

c) Dazu gibt es einzelne Sonderbildungen.

a) Bilden Sie das p.pt.p. und seine Kurzformen von folgenden Verben:

1. показа́ть, 2. бро́сить, 3. возврати́ть, 4. воспрети́ть, 5. сказа́ть, 6. сде́лать, 7. поду́мать, 8. забы́ть, 9. заказа́ть, 10. ко́нчить, 11. сократи́ть, 12. купи́ть, 13. вы́пить, 14. получи́ть, 15. встре́тить, 16. вы́звать, 17. вы́разить.

b) Verkürzen Sie folgende Relativsätze durch das p.pt.p.
Zum Beispiel:

Она́ сего́дня отве́тила на все пи́сьма, кото́рые получи́ла вчера́. Она́ сего́дня отве́тила на все полу́ченные вчера́ пи́сьма.

1. Ни́на пошла́ на киносеа́нс, кото́рый устро́или студе́нты университе́та. 2. В ма́леньком городке́, кото́рый он посети́л, находи́лась чита́льня со мно́гими кни́гами, газе́тами и журна́лами. 3. Комфо́рт, кото́рый она́ уви́дела на э́том куро́рте, превы́сил (überstieg) её ожида́ния (Erwartungen). 4. Усло́вия, кото́рые сообщи́ла голла́ндская (holländisch) фи́рма, нам не нра́вятся. 5. Докла́д (Bericht), кото́рый продиктова́л заве́дующий на́шим отде́лом, уже́ напи́сан на маши́нке. 6. Рома́н, кото́рый написа́л э́тот писа́тель (Schriftsteller), о́чень интере́сен. 7. Лю́ба пошла́ с че́ком, кото́рый вы́писала продавщи́ца, к ка́ссе. 8. Все вме́сте шли в кино́ с биле́тами, кото́рые купи́л Андре́й. 9. Кавка́зские пейза́жи, кото́рые показа́ли в кино́, бы́ли удиви́тельны. 10. Официа́нт сосчита́л пиро́жные, кото́рые оста́вил Гри́ша.

c) Übersetzen Sie folgende Sätze:

1. Die Schwester meines Freundes fragte mich, ob ich englische Bücher läse. 2. Ich fragte sie, ob sie englisch sprechen könne (könnte). 3. Er sagte mir, er könne (daß er) diesen Brief nicht schreiben. 4. Wir wußten, daß er sehr beschäftigt ist (sei, war). 5. Sein Bruder wußte auch, daß er sehr beschäftigt gewesen war. 6. Ich dachte, er sei ein ganz (совсе́м) junger Mensch. 7. Wir dachten, das Wetter sei warm. 8. Sie sagte, Anna sei sehr böse (серди́та). 9. Ich habe gesagt, ich würde diese Arbeit machen (daß ich werde). 10. Mein Bekannter war überzeugt (уве́рен), daß Sie ihn verstehen würden. 11. Sie haben geglaubt, ich würde dieses Buch nehmen. 12. Ich habe gehört, Sie hätten Ihre Arbeit am 1. Juni beendet. 13. Ich habe viele Bücher gelesen, die

Tolstoj (Толстóй) geschrieben hat. 14. Hier ist die Uhr, die Ihre
Schwester verloren hat. 15. Ich zweifle nicht, daß Sie die Arbeit
machen werden. 16. Ich glaube nicht, daß er bald zurück-
kommt.

d) Neue Wörter:

давнó	seit langem	высóкий	groß
позавчерá	vorgestern	стрóйный	schlank
строкá (5)	Zeile	кáрий	braun
готóвиться (к)	sich vorbereiten (zu)	тёмный	dunkel
экзáмен	Examen	вóлос, *pl.* вó-лосы, волóс, волосáм	Haar
я рад	ich freue mich		
познакóмить-ся с ним	seine Bekannt-schaft machen	симпатúчный	sympathisch
		надéяться	hoffen

Gespräch (Übersetzung):

1. Sie haben lange keinen Brief von Alexej bekommen? —
2. Nein, vorgestern habe ich einige Zeilen von ihm erhalten. —
3. Schreibt er Ihnen oft? — 4. Nicht so oft, alle zwei Monate. —
5. Er ist jetzt, wissen Sie, sehr beschäftigt. Er bereitet sich zum
Examen vor. Aber nach dem Examen kommt er hierher. — 6. Ich
werde mich freuen, seine Bekanntschaft zu machen. — 7. Ja, er
wird Ihnen gefallen. Er ist groß und schlank. Er hat ein hübsches
Gesicht, braune Augen und dunkles Haar. Ich bin noch keinem
²sympathischeren ¹Menschen begegnet. — 8. Ich hoffe, daß wir
gute Freunde sein werden.

e) Beantworten Sie folgende Fragen zu den Texten [153]:

1. Что спрáшивает студéнт у молодóй дáмы? 2. Почемý
молодáя дáма знáет профéссора? 3. Что оказáлось счáстьем
для студéнта? — 4. Что восклúкнул орáтор, котóрый так
горячó защищáл запрéт винá? 5. Какóй отвéт был емý дан из
пýблики? — 6. Скóлько врéмени одевáется Вáня? 7. А скóлько
— Волóдя? 8. Почемý тóлько дéсять минýт? — 9. Почемý
молодóй человéк бежáл со всех ног? 10. В какóй момéнт (Mo-
ment) он подбежáл к прúстани? 11. Что он восклúкнул пóсле
прыжкá, отдышáвшись и встав нá ноги?

19. LEKTION

1. Деловы́е пи́сьма

(Продолже́ние)

e) Witkamp & Co.   Amsterdam, 14. 8. 57
   Amsterdam
   Dijksgracht 48

   Союзи́мпорт
   Москва́

Всле́дствие Ва́шего зака́за от 2-го с. м. мы сего́дня отпра́вили ма́лой ско́ростью 50 мешко́в ко́фе, на како́й това́р при сём препровожда́ем Вам дублика́т накладно́й за № 8456 и наш счёт за № 7845[1].

f) Счёт   № 7845

Наклад- на́я	Числó мест	Наименова́ние това́ра	Цена́ за це́нтнер		Су́мма	
			$	ц.	$	ц.
8456	50 меш- ко́в	Отпра́влено Вам по тре́бо- ванию ма́лой ско́ростью: 50 це́нтнеров ко́фе „Са́нтос“	13	15	657	50
		Ски́дка в 3%			19	72
		Ито́го			637	78

(Про́писью: шестьсо́т три́дцать семь до́лларов се́мьдесят во́семь це́нтов.)

> Согла́сно сде́лке от 13 с. м. прете́нзии покупа́телей должны́ быть заяв-
> лены не по́зже 3 дней со дня получе́ния това́ра с желе́зных доро́г и па-
> рохо́дных пристане́й.

g) Союзи́мпорт   Москва́, 22. 8. 57 г.
   Фи́рме
   Ви́ткамп и Ко
   Амстерда́м

При сём препровожда́ем Вам в покры́тие Ва́шего счёта от 14-го а́вгуста с. г. $ 637.78.

Про́сим Вас подтверди́ть получе́ние платежа́.

                                              Союзи́мпорт, Москва́

h) Witkamp & Co. Amsterdam, 5. 9. 57
 Amsterdam
 Dijksgracht 48

 Союзимпорт
 Москва́

Настоя́щим подтвержда́ем получе́ние, в покры́тие на́шей факту́ры от 14-го а́вгуста с. г. за № 7845[1], $ 637.78, каку́ю су́мму мы записа́ли в кре́дит Ва́шего у нас счёта.

всле́дствие (G) infolge
отпра́вить pf. abschicken
мешо́к, -шка́ Sack
при сём anbei
препровожда́ть dur. übersenden
дублика́т Duplikat
накладна́я Frachtbrief
за № = за но́мером unter der
 Nummer
счёт (1), pl. счета́ Rechnung
ме́сто (1) (Gepäck-)Stück
наименова́ние Bezeichnung
су́мма Summe
тре́бование Forderung; Bestellung
ито́г Betrag
итого́ (г wie [v] gesprochen) insgesamt

про́писью in Worten
согла́сно (D) gemäß
сде́лка Abmachung, Geschäft
прете́нзия Forderung, Reklama-⎫
покупа́тель m Käufer [tion⎭
заяви́ть pf. anzeigen, anmelden
по́зже später
день, дня Tag
желе́зная доро́га Eisenbahn
парохо́дный Dampfer...
3 дней = трёх дней
покры́тие Deckung
в покры́тие zur Deckung, zum
 Ausgleich
факту́ра Warenrechnung
записа́ть pf. einschreiben, eintragen
записа́ть в кре́дит gutschreiben

Erläuterungen 166

1) **за № 7845**: за но́мером семь ты́сяч восемьсо́т со́рок пя́тым.

2. Из юмористи́ческих журна́лов 167

Ско́лько мух?[1]

Молодо́й лейтена́нт инспекти́рует ку́хню своего́ подразделе́ния.

— В о́бщем у вас всё в поря́дке, вот[2] то́лько сли́шком мно́го мух.

— Слу́шаюсь, това́рищ лейтена́нт. А разреши́те узна́ть, ско́лько их должно́[3] быть?

Гото́вность к же́ртвам

Офице́р: Вы должны́ встава́ть в пять часо́в.

Новобра́нец: Обы́чно я встаю́ к полу́дню, но я заста́влю себя́ спать до пяти́...

Спра́вка

Где да́же некраси́вый челове́к ещё мо́жет найти́ любо́вь? — Отве́т: В энциклопеди́ческом словаре́ под бу́квой „л“!

Она́ его́ зна́ет

Муж (жене́): Наде́жда Ники́тична, хоте́ла бы ты быть[4] мужчи́ной[5]?

Жена́: Да — а ты?

Сове́т

Ве́ра Алексе́евна, неда́вно за́мужем[6], спра́шивает свою́ подру́гу, Варва́ру Ильи́ничну: Что ты даёшь своему́ му́жу, когда́ обе́д ему́ не понра́вился?

Варва́ра Ильи́нична[7]: Его́ пальто́ и шля́пу!

му́ха Fliege
лейтена́нт Leutnant
инспекти́ровать *dur.* inspizieren
ку́хня, *G/P* ку́хонь Küche
подразделе́ние Abteilung
в о́бщем im allgemeinen
поря́док, -дка Ordnung
слу́шаюсь zu Befehl
разреши́ть *pf.* gestatten
узна́ть *pf.* erfahren
гото́вность *f* Bereitschaft
же́ртва Opfer
офице́р Offizier
встава́ть *dur.* aufstehen
в пять часо́в um 5 Uhr
новобра́нец, -нца Rekrut
по́лдень *m* Mittag
к полу́дню gegen Mittag

заста́вить *pf.* zwingen
спать *dur.* schlafen
спра́вка Auskunft
некраси́вый häßlich
любо́вь *f* [114/3] Liebe
энциклопеди́ческий enzyklopädisch
слова́рь (3) *m* Wörterbuch
под (*I*) unter
бу́ква Buchstabe
жена́ (4), *pl.* жёны (Ehe-)Frau
мужчи́на *m* Mann
сове́т Rat(schlag)
неда́вно unlängst
за́мужем verheiratet
обе́д Mittagessen
пальто́ [152/4] (*ind.*) Mantel
шля́па Hut

178

1) ско́лько мух [23/2].

2) вот [23/1].

3) я до́лжен heißt „ich muß" [100 d], „ich soll": „...‚ wieviel es sein sollen."

4) Nach быть steht der Instrumental [88].

5) мужчи́на ist Maskulinum, wird aber wie ein Femininum auf -a [25] dekliniert.

6) Я за́мужем „ich bin verheiratet" sagt eine Frau, я жена́т sagt ein Mann. „heiraten" heißt von der Frau выходи́ть (вы́йти pf.) за́муж, vom Mann жени́ться dur. u. pf.

7) Ergänzung zu [30/1]: Die Endung des Genitivs Singular ья wird zu ьевич (ьевна), ы und и zu ич (инична, gesprochen inı∫nə):

Васи́лий,	Васи́лья,	Васи́льевич (-ьевна)
Фома́,	Фомы́,	Фоми́ч (-и́нична)
Илья́,	Ильи́,	Ильи́ч (-и́нична)

Grammatik
Die Uhrzeit   169

1. Кото́рый час (на ва́ших часа́х)?
Wieviel Uhr ist es (auf Ihrer Uhr)?

(ро́вно) час, два (три) часа́	(genau) 1, 2, 3 Uhr	Bei der ersten
пять часо́в	5 Uhr	Hälfte der
пять (де́сять) [мину́т] второ́го	1.05 (1.10)	Stunde nennt
пятна́дцать (мину́т) второ́го		man die Zahl
че́тверть второ́го	1.15	der Minuten,
два́дцать пять (мину́т) тре́тьего	2.25	die von der angebrochenen
три́дцать (мину́т) четвёртого	3.30	Stunde ver-
полови́на (od. пол) четвёртого	halb vier	flossen sind.
без двадцати́ (мину́т) два (часа́)	1.40; 20 vor 2	Bei der zweiten
без че́тверти два (часа́)	1.45; ³/₄2	Hälfte der Stunde gibt man
три че́тверти второ́го	Dreiviertel 2	an, wieviel
без пяти́ (четырёх, трёх, двух)	5 (4, 3, 2) [Minuten]	Minuten noch bis zur vollen
[мину́т] шесть	vor 6	Stunde fehlen.

2. В кото́ром часу́?
Um wieviel Uhr?

(ро́вно) в час, в два (три, четы́ре) часа́ (пополу́дни)	(genau) um ein Uhr, um 2 (3, 4) Uhr (nachmittags)
в де́вять часо́в утра́	um 9 Uhr morgens
в де́сять часо́в ве́чера	um 10 Uhr abends
в два часа́ но́чи	um 2 Uhr nachts
в че́тверть второ́го	um 1¼ Uhr
в полови́не (od. в пол) второ́го	um 1½ Uhr
в два (часа́) со́рок (мину́т)	um 2.40 Uhr

в де́сять тре́тьего	um 2.10 Uhr
в шестна́дцать (часо́в) пятьдеся́т (мину́т)	um 16.50 Uhr
по́сле десяти́	nach 10 Uhr
о́коло двух (трёх, пяти́) часо́в	etwa um 2 (3, 5) Uhr
к двум (трём, четырём, пяти́) [часа́м]	gegen 2 (3, 4, 5) [Uhr]

3. Ско́лько вре́мени?   **Wie lange?**

до пяти́ (часо́в)	bis 5 (Uhr)
с двух до трёх	von 2 bis 3 Uhr
с утра́ до ча́су дня	von morgens bis 1 Uhr mittags

170   **Zusammensetzungen mit пол**

1. пол heißt in Verbindung mit dem Genitiv Singular eines Substantivs „halb"

полчаса́	eine halbe Stunde	*Deklination:* полчаса́, пол(у)ча́са, пол(у)ча́су, полчаса́, пол(у)ча́сом, о пол(у)ча́се; *pl.* пол(у)часы́, -со́в, -са́м, -сы́, -са́ми, о -са́х.
полмину́ты	eine halbe Minute	
полбуты́лки	eine halbe Flasche	

Das Substantiv wird für sich dekliniert; an пол kann außer im Akkusativ Singular ein у hinzugefügt werden, das in der Umgangssprache oft fortfällt.

2. пол, полу bildet mit dem Nominativ eines Substantivs einen neuen Begriff

по́лдень	Mittag	*Deklination:* по́лдень, полу́дня, полу́дню, по́лдень, полу́днем, о полу́дне; *pl.* пол(у́)дни, полу́дней, полу́дням, пол(у́)дни, полу́днями, о полу́днях
по́лночь	Mitternacht	
полуго́дие	Halbjahr	

Außer im Akkusativ Singular wird nach пол ein betontes у́ hinzugefügt, das im Nominativ Plural und Akkusativ Plural fehlen kann.

Beachte die adverbialen Nebenformen: в два часа́ пополу́дни, пополу́ночи um 2 Uhr nachmittags, nachts.

3. полтора́ *m, n;* **полторы́** *f* anderthalb (Rektion wie два [81])

полтора́ часа́	anderthalb Stunden	*Deklination: N, A* полтора́ (полторы́), in allen übrigen Kasus полу́тора.
полторы́ мину́ты	anderthalb Minuten	
о́коло полу́тора часо́в	etwa anderthalb Stunden	

180

Чей (это) каранда́ш?		Wessen Bleistift ist das?	
Чья (это) кни́га?		Wessen Buch ist das?	
Чьё бы́ло ве́чное перо́?		Wessen Füllfederhalter war das?	
Чьи (это) ве́щи?		Wessen Sachen sind das?	
О чьей кни́ге вы говори́те?		Über wessen Buch sprecht ihr?	
Чьим перо́м вы пи́шете?		Mit wessen Feder schreiben Sie?	
Чей э́тот велосипе́д?		**Wem gehört** das (dieses) Fahrrad?	
Чья э́та газе́та?		Wem gehört die Zeitung?	
Чьё э́то ме́сто?		Wem gehört der Platz?	
Чьи э́ти де́ньги?		Wem gehört das Geld?	

	m	*n*	*f*	*pl.*
N	чей	чьё	чья	чьи
G	чьего́	чьего́	чьей	чьих
D	чьему́	чьему́	чьей	чьим
A	*N od. G*	чьё	чью	*N od. G*
I	чьим	чьим	чьей (чье́ю)	чьи́ми
P	о чьём	чьём	чьей	чьих

Чей bezieht sich nur auf Personen und richtet sich nach seinem Beziehungswort in Genus, Numerus und Kasus. (Beachte, daß man bei den Formen mit ь ein deutliches j hört.)

Die Verbalklassen (Fortsetzung zu [160])   **172**

1. Verben auf -ить und -ять mit vokalisch auslautendem Stamm

Verbenbestand der и-Konjugation

сто́ить, сто́-ю, -ишь kosten, стоя́ть, сто-ю́, -и́шь stehen, стро́ить, стро́-ю, -ишь bauen, боя́ться, бо-ю́сь, -и́шься fürchten Alle Verben dieser Klasse haben mit wenigen Ausnahmen einen festen Akzent.

2. Verben auf -ить und -еть mit konsonantisch auslautendem Stamm

a) ohne Konsonantenwechsel:

говори́ть, говор-ю́, -и́шь sprechen

положи́ть, положу́, поло́жишь legen

веле́ть, вел-ю́, -и́шь befehlen

получи́ть, получу́, полу́чишь bekommen

кури́ть, курю́, ку́ришь rauchen

служи́ть, служу́, слу́жишь dienen

смотре́ть, смотрю́, смо́тришь гнать, гоню́, го́нишь
  schauen   jagen

Bei den endungsbetonten Verben auf -ить geht der Akzent von der
2. Person Singular an meist auf die vorhergehende Silbe über.

b) mit Konsonantenwechsel:

д wird zu ж	е́здить	fahren	е́зжу, е́здишь
	освободи́ть	befreien	освобожу́, освободи́шь
	подтверди́ть	bestätigen	подтвержу́, подтверди́шь
	ви́деть	sehen	ви́жу, ви́дишь
	гляде́ть	schauen	гляжу́, гляди́шь
	сиде́ть	sitzen	сижу́, сиди́шь
	ходи́ть	gehen	хожу́, хо́дишь
з wird zu ж	вози́ть	fahren	вожу́, во́зишь
с wird zu ш	бро́сить	werfen	бро́шу, бро́сишь
	висе́ть	hängen	вишу́, виси́шь
	носи́ть	tragen	ношу́, но́сишь
	проси́ть	bitten	прошу́, про́сишь
	спроси́ть	fragen	спрошу́, спро́сишь
ст wird zu щ	прости́ть	verzeihen	прощу́, прости́шь
	пусти́ть	lassen	пущу́, пу́стишь
т wird zu ч	лете́ть	fliegen	лечу́, лети́шь
	плати́ть	bezahlen	плачу́, пла́тишь
т wird zu щ	возврати́ть	zurückgeben	возвращу́, возврати́шь
	запрети́ть	verbieten	запрещу́, запрети́шь
	защити́ть	verteidigen	защищу́, защити́шь
	обрати́ть	wenden	обращу́, обрати́шь
	посети́ть	besuchen	посещу́, посети́шь
л-Einschub	ста́вить	stellen	ста́влю, ста́вишь
	купи́ть	kaufen	куплю́, ку́пишь
	люби́ть	lieben	люблю́, лю́бишь
(Beachte)	спать	schlafen	сплю, спишь

173   **Übungen**

a) Übersetzen Sie folgende Sätze:

1. Wessen Buch wollen Sie mir geben? 2. In wessen Buch
lesen Sie? 3. Wessen Haus befindet sich in der Hauptstraße?
4. Wessen Söhne haben die Universität besucht? 5. In wessen
Haus wohnt Aljoscha? 6. In wessen Zimmer ging Vera (Bépa)?
7. Auf wessen Maschine hat sie meinen Brief geschrieben? 8. Wem
gehört das Kind? 9. Wem gehören diese Kinder? 10. Wem gehört

dieser Kuchen? 11. Wessen Garten ist das? 12. Wessen Schreibmaschine ist das?

b) Neue Wörter:

среда́ (5)	Mittwoch	молоко́	Milch	фунт	Pfund
по среда́м	mittwochs	дю́жина	Dutzend	копе́йка,	Kopeke
база́р	Markt	яйцо́ (4), Ei		*G/P* -е́ек	
база́рный	Markt...	*G/P* яйц		капу́ста	Kohl
вре́мя под-	es geht auf	кило́ (*ind.*) Kilo		се́льтер-	Selter-
хо́дит к (*D*)	... zu	помидо́р	Tomate	ская вода́ wasser	
литр	Liter	почём? wie teuer?		ле́дник	Eisschrank

Gespräch: 1. Mittwochs ist bei uns hier gewöhnlich Markt.
Heute ist Markttag. 2. Waren Sie auf dem Markt? — 3. Sehr
spät, es ging auf Mittag zu. — 4. Was haben Sie gekauft[1]? —
5. Ich (*f*) habe ein halbes Liter Milch, ein halbes Dutzend Eier
und ein halbes Kilo Fleisch gekauft. — 6. Gab es heute auf dem
Markt Tomaten? — 7. Ja, es gab welche (es waren), sehr
schöne (gute). — 8. Wie teuer sind die Tomaten? — 9. Für
anderthalb Pfund habe ich 45 Kopeken bezahlt. — 10. Das ist
nicht teuer. Aber Ihr Kohl ist nicht besonders. — 11. Es ist die
zweite Sorte. Ich habe ihn für den halben Preis bekommen. Oh,
wie heiß mir ist! Tanja, gib schnell (дава́й скоре́й) die halbe
Flasche Selterwasser, die im Eisschrank steht!

c) Beispiele: Есть ли у вас рубль? — Есть (ja); нет (nein). Вы
бы́ли в теа́тре? — Был (ja); не́ был (nein). — An Stelle des einfachen да (ja) oder нет (nein) wiederholt der Russe in der Antwort
gern das Wort der Frage, auf dem der Nachdruck liegt; meist
ist es das Prädikat.

Beantworten Sie folgende Fragen mit „ja" und „nein":

1. Живёт ли он ещё в до́ме Ива́на Ива́новича? 2. До́лго ли
посеща́л Ко́ля ле́кции профе́ссора Тата́ринова? 3. Купи́ла ли
себе́ Татья́на ко́фе? 4. Ра́зве ты не зна́ешь, что он перее́хал
(umgezogen ist) на но́вую кварти́ру? 5. Что, он был здесь в
то вре́мя, когда́ я сиде́л в кафе́? 6. Зако́нчил ли он свою́
рабо́ту? 7. Оте́ц пришёл домо́й?

d) Neue Wörter:

[по]за́втракать (e)	frühstücken	за́втрак	Frühstück
опа́здывать (e) *dur.*	sich ver- späten	о́тпуск	Urlaub
		в отпуску́	im Urlaub

---

[1]) Hier wird man покупа́ли sagen, weil der Fragende die Tätigkeit des Einkaufens als eine
zeitlich unbegrenzte Handlung ansieht. Er empfindet im Unterbewußtsein die einzelnen Phasen
des Einkaufens. Dagegen ist im 5. Satz „ich habe gekauft" eine zeitlich abgeschlossene Handlung.

183

лес (1), *pl.* -á	Wald	у́жин	Abendessen
обра́тно	zurück	игра́ть (e) *dur.*	Karten spie-
заво́дская столо́вая	Werkkantine	в ка́рты	len
сёстры и бра́тья	Geschwister	спа́льня, *G/P*	Schlafzimmer
го́рничная	Zimmer-	-лен	
	mädchen	раздева́ться (e)	sich auszie-
самова́р	Teemaschine	*dur.*	hen
разлива́ть (e) *dur.*	eingießen	ложи́ться (и)	sich legen
отправля́ться (e)	spazieren-	*dur.*	
гуля́ть *dur.*	gehen		

Übersetzung: Im Sommer stand ich um 5 Uhr auf. Aber heute bin ich erst um halb sieben aufgestanden. Es war noch dunkel. Ich habe etwa um sieben Uhr gefrühstückt. Aber im Sommer frühstückte ich [schon] um ein Viertel vor sechs. Nina verspätet sich gewöhnlich. Heute hat sie um ein Viertel nach acht gefrühstückt. Nach dem Frühstück eile ich zur Arbeit. Mein Dienst beginnt genau um acht Uhr. Im Urlaub ³ging ²ich ¹nach dem Frühstück in den Wald, nahm ein Buch mit, setzte mich irgendwo[hin] in den Schatten und las. Nach (че́рез) einigen Stunden stand ich auf und ¹ging ³nach Hause ²zurück, [um] Mittag zu essen. Heute werde ich in der Werkkantine essen. Das Mittagessen beginnt um ein Uhr. Um fünf Uhr kehre ich nach Hause zurück. Aber im Urlaub aßen wir [schon] um zwölf Uhr zu Mittag. Nach dem Mittagessen ruhten wir uns aus. Meine Geschwister gingen baden. Ich kann (уме́ю) leider nicht schwimmen. Um fünf Uhr nachmittags brachte das Zimmermädchen den Samowar und schenkte Tee ein. Nach dem Tee gingen wir mit der ganzen Gesellschaft (*I*) bis sieben Uhr spazieren. Dann war das Abendessen. Und nach dem Abendessen kamen Gäste zu uns. Dann spielten wir Karten oder ²unterhielten uns ¹nur. Um zehn Uhr ging ich ins Schlafzimmer, zog mich aus, legte mich schlafen und schlief bis zum Morgen.

e) Beantworten Sie folgende Fragen:

1. Что инспекти́рует молодо́й лейтена́нт? 2. На что он жа́луется (beschwert sich)? 3. Что хо́чет узна́ть солда́т (Soldat)? — 4. Когда́ обы́чно встаёт новобра́нец? 5. Когда́ он до́лжен встава́ть? 6. Что он отвеча́ет офице́ру? — 7. Где да́же некраси́вый челове́к ещё мо́жет найти́ любо́вь? — 8. Хо́чет ли Наде́жда Ники́тична быть мужчи́ной? 9. Что она́ спра́шивает у му́жа? — 10. Что даёт Варва́ра Илья́нична своему́ му́жу, когда́ обе́д ему́ не понра́вился?

20. LEKTION

Расска́з о мо́лодости

Ка́ждый день, в полови́не пя́того, звони́т она́ ему́ в учрежде́ние. Он подхо́дит к телефо́ну, по[1] кото́рому „ча́стные разгово́ры воспреща́ются“, и снача́ла слы́шит лёгкий, звеня́щий смех, соверше́нно непередава́емый и неопису́емый смех, от кото́рого слегка́ тума́нится голова́.

— Здра́вствуй, родно́й мой — слы́шит он по́сле сме́ха. Не совсе́м ве́рным от волне́ния го́лосом он отвеча́ет:

— Да, да, накладны́е гото́вы. В хозча́сти мо́жете получи́ть.

'Это сле́дует понима́ть приблизи́тельно так:

Здра́вствуй, моя́ ми́лая. Я сча́стлив слы́шать твой смех, твой го́лос.

Она́ (она́ говори́т из автома́та):

— Как ты пожива́ешь, родно́й мой?

Он, огля́дываясь:

— 'О́чень хорошо́. Бала́нс составля́ется. Да я же[4] вам говорю́: накладны́е гото́вы. Вы пришлёте за ни́ми?

Она́: — Я сего́дня всё у́тро ду́мала о тебе́.

Он: — Пришли́те своего́ курье́ра. У нас ли́шних курье́ров нет.

Но она́ понима́ет. О чём бы он ни говори́л[5] — о накладны́х, бала́нсах, проце́нтных отчисле́ниях и о мно́гом, — она́ в жа́ркой бу́дке автома́та слы́шит друго́е. Она́ чу́вствует, что ей говоря́т:

— Да, моя́ ми́лая, я то́же ду́мал о тебе́. Я о тебе́ постоя́нно ду́маю. Целу́ю тебя́. Люблю́ тебя́. Наконе́ц, он конча́ет небре́жно:

— Да, да, в де́вять часо́в пришли́те. То́лько не опа́здывайте[6].

— Ро́вно в де́вять часо́в, мой ми́лый, — слы́шит он и ве́шает тру́бку.

На́до освободи́ть телефо́н: ждёт гла́вный бухга́лтер. Он бу́дет звони́ть в центра́льное управле́ние — то́же о накладны́х, о бала́нсах, проце́нтных отчисле́ниях, сокраще́нии расхо́дов. Он-то[7] бу́дет говори́ть о настоя́щих дела́х. Впро́чем, кто его́ зна́ет[8] ...

(Оконча́ние сле́дует)

мо́лодость *f* Jugendzeit
звони́ть *dur.* anrufen
учрежде́ние Institut, Büro
воспреща́ть *dur.* verbieten
снача́ла anfangs
слы́шать² *dur.* hören
звене́ть *dur.* klingen
смех Lachen
непередава́емый nicht wiederzu-geben
неопису́емый unbeschreiblich
слегка́ *Adv.* leicht, wenig
тума́ниться *dur.* schwindlig werden
голова́ (6) Kopf
родно́й мой mein Lieber
совсе́м *Adv.* ganz
ве́рный sicher
волне́ние Aufregung
гото́вый bereit, fertig
хозча́сть³ *f* Wirtschaftsabteilung
приблизи́тельный annähernd, un-gefähr
ми́лый lieb
автома́т Automat
как ты пожива́ешь? wie geht es dir?
огля́дываться *dur.* sich umsehen
бала́нс Bilanz

составля́ть *dur.* zusammenstellen, aufstellen
присла́ть (за *I*) *pf.* schicken (nach)
курье́р Bote
ли́шний überflüssig, frei
проце́нтный Prozent...
отчисле́ние Abrechnung, Abzug
бу́дка Zelle
чу́вствовать *dur.* fühlen
целова́ть *dur.* küssen
конча́ть *dur.* (be)end(ig)en, schlie-ßen
небре́жный nachlässig
опа́здывать *dur.* sich verspäten
ро́вно в де́вять часо́в Punkt 9 Uhr
ве́шать *dur.* anhängen
освободи́ть *pf.* freimachen
ждать *dur.* warten
бухга́лтер Buchhalter
центра́льный Zentral...
управле́ние Verwaltung
сокраще́ние Kürzung, Verminde-rung
расхо́д Ausgabe
настоя́щий wirklich
впро́чем übrigens

175   **Erläuterungen**

1) по кото́рому „durch welches". Man sagt говори́ть по телефо́ну telefonisch sprechen. Frei übersetzt: „..., dessen Benutzung für Privatgespräche ver-boten ist."

2) Beachte den Unterschied zwischen [у]слы́шать hören, vernehmen, [по-] слу́шать hin-, anhören und слыха́ть (gerüchtweise) hören.

3) хозча́сть = хозя́йственная часть.

4) да я же — да und же betonen das Subjekt: „Ich sage Ihnen ja."

5) О чём бы он ни говори́л... Wovon er auch sprechen würde... [178].

6) Beim verneinten Imperativ besteht die Neigung, die durative Form zu gebrauchen, weil mit dem verneinten Imperativ meist die Vorstellung verbunden ist, daß die gewünschte Handlung fortdauern soll. Der verneinte durative Imperativ drückt eine Verallgemeinerung aus, während der ver-neinte perfektive Imperativ, der viel seltener ist, sich nur auf einen bestimm-ten Fall bezieht. Vgl.: Не забыва́йте. Vergessen Sie es nicht (d. h. überhaupt); не забу́дьте (irgend etwas in einem bestimmten Fall) [75/11].

7) Vgl. [142/9].

8) Wörtlich „Wer kennt ihn?" Diese Redensart hat hier die Bedeutung: „Wer kann es wissen!" „Was weiß man!"

Grammatik

a) 'Это не официа́льный докуме́нт.	Das ist kein amtliches Dokument.
Не хоти́те ли сигаре́ту?	Wollen Sie keine Zigarette?
b) Нет (не́ было, не бу́дет) де́нег.	Es ist (war, wird sein) kein Geld da.
c) У меня́ нет (не́ было, не бу́дет) де́нег.	Ich habe (hatte, werde haben) kein Geld.
d) Нет (не́ было, не бу́дет) никако́й наде́жды.	Es ist (war, wird sein) keine(rlei) Hoffnung.
Никако́й каранда́ш не лежи́т на столе́.	Kein Bleistift liegt auf dem Tisch.
Я не купи́л никаки́х карандаше́й.	Ich habe keine Bleistifte gekauft.

a) „kein" heißt **не**; b), c) **нет** ist aus не есть entstanden; d) ein verstärktes „kein" ist никако́й „kein(erlei)", das in einem vollständigen Satz (wie alle Verbindungen mit ни) ein не vor dem Prädikat bedingt.

Verneinende Pronomen (Fortsetzung zu [83])   177

Об э́том я ни с кем не могу́ говори́ть.	Darüber kann ich mit niemandem sprechen.
У нас ни у кого́ не́ было де́нег.	Von (bei) uns hatte keiner Geld.
Я ни о чём не ду́маю.	Ich denke an nichts.

Bei den verneinenden Pronomen steht eine Präposition zwischen ни und dem Pronomen.

Konzessive Relativsätze   178

a) Как мне **ни** неприя́тно, ...	So unangenehm es mir auch ist, ...
b) О чём **бы** он **ни** говори́л, ...	Worüber er sprechen würde, ...

a) Der konzessive Sinn des Satzes kommt durch relative Pronomen oder Adverbien mit folgendem ни zum Ausdruck. In diesen Sätzen kann jede Zeitform stehen.

b) Durch ein Relativpronomen oder Relativadverb + бы mit nachfolgendem ни und dem Präteritum erhält der Satz einen potentialen Charakter, d. h. er bezeichnet die bloße Möglichkeit.

179 Feminina auf -ья (Variante zum Grundtyp C der Feminina [42])

1. **stammbetont:**

лгу́н-ья, -ьи, -ье, -ью, -ьей (-ьею), -ье; *pl.* лгу́н-ьи, **-ий**, -ьям, -ий, -ьями, -ьях Lügnerin.

2. **endungsbetont:**

сем-ья́, -ьи́, -ье́, -ью́, -ьёй (-ьёю), -ье́; *pl.* сéм-ьи, сем-**éй**, сéм-ьям, сéм-ьи, сéм-ьями, сéм-ьях Familie; Betonung (4) außer im Genitiv Plural.

Ebenso: судья́ (4) Richter, свинья́ (4) Schwein, статья́ (3) Aufsatz.

180   Das Adverbialpartizip (Fortsetzung zu [119])

1. **Die Nebenformen des perfektiven Adverbialpartizips Präteritum Aktiv auf -я (nach Zischlaut -а)**

увидеть	erblicken	*ap.pt.a.*	увидев	*und*	увидя
услы́шать	hören		услы́шав		услы́ша
спроси́ть	fragen		спроси́в		спрося́
найти́	finden		нашéдши		найдя́
прости́ться	sich verabschieden		прости́вшись		простя́сь

Neben den nach [119] gebildeten Formen des ap.pt.a. haben bestimmte perfektive Verben noch eine Nebenform auf -я (nach Zischlaut -а), die nach Art des ap.pr.a. [116, 117] gebildet wird. Diese ap.pt.a. haben die Bedeutung eines ap.pt. und sind vor allem in der Umgangssprache gebräuchlich.

2. **Das verneinte Adverbialpartizip**

a) Он стоя́л не дви́гаясь.	Er stand da, ohne sich zu rühren.
b) Не уходи́те, не пообéдав.	Gehen Sie nicht fort, ohne zu Mittag gegessen zu haben.

a) Dem deutschen „ohne zu ...“ entspricht das verneinte ap.pr.a., wenn die Handlung des Nebensatzes gleichzeitig mit der Handlung des Hauptsatzes vor sich geht;

b) dem durativen oder perfektiven ap.pt.a., wenn die Handlung des Nebensatzes der Handlung des Hauptsatzes vorausgeht.

3. Die Verben auf Zischlaut + ать

Hierzu gehören z. B.:

лежа́ть, леж-у́, -и́шь liegen	стуча́ть, стуч-у́, -и́шь klopfen
крича́ть, крич-у́, -и́шь schreien	слы́шать, слы́ш-у, -ишь hören
звуча́ть, звуч-у́, -и́шь klingen	держа́ть, держу́, де́ржишь halten
молча́ть, молч-у́, -и́шь schweigen	дыша́ть, дышу́, ды́шишь atmen

Übungen   182

a) Neue Wörter:

стеко́льный заво́д	Glasfabrik	коне́ц, -нца́	Ende
		стра́нный	seltsam
влюблённые	verliebte Leute	насчёт (*G*)	betreffs, wegen
вы́ход	Ausweg	смысл	Sinn
ита́к	somit, also	ра́доваться *dur.*	sich freuen
раздава́ться *dur.*	ertönen	о́ба	beide
телефо́нный звоно́к, -нка́	Telefonklingel	устро́ить *pf.* свида́ние	ein Stelldichein herbeiführen
же́нский	weiblich		

Übersetzung: Können Sie sich vorstellen, daß Wera beständig mit ihrem Sascha, den sie liebt und an den sie den ganzen Tag denkt, sprechen möchte (хо́чет)? — Er ist in der Handelsabteilung einer Glaswarenfabrik angestellt, wo private Telefongespräche verboten sind. Aber verliebte Leute finden immer einen Ausweg. Also ertönt jeden Tag um drei Uhr in der Handelsabteilung die Klingel des Telefons. Sascha weiß schon, was das bedeutet. Er tritt ans Telefon und nimmt den Hörer [ab]. Das klingende Lachen einer weiblichen Stimme sagt ihm, wer dort am anderen Ende der Leitung ist. Und jetzt beginnt ein seltsames Gespräch. „Guten Tag, mein Lieber," sagt diese Stimme. Und er antwortet: „Sie fragen wegen der Frachtbriefe," was in (на) ihrer Sprache bedeutet: Guten Tag, meine Liebe, wie glücklich bin ich, daß du mich angerufen hast. Sie fragt: „Wie geht es dir, mein Lieber?" — [Und] er fährt fort: „Ja, alles ist in Ordnung, Sie können nach den Frachtbriefen schicken." Sie versteht sehr gut den Sinn dieser Worte, die ihr sagen, daß er an sie denkt, daß er sie liebt. — Sie fragt: „Wann werde ich dich sehen?" — Und sie freut sich, als sie hört (ap.): „Schicken Sie Ihren Boten um neun Uhr." Sie[2] beide[1] wissen, daß es möglich sein wird, um 9 Uhr abends ein Stelldichein herbeizuführen.

b) Übersetzung:

1. Ich habe niemandem Geld gegeben (dur.). 2. Wir haben keinen getroffen. 3. Ich habe von niemandem einen Brief bekommen. 4. Niemand hat eine solche Stimme. 5. [1]Du [3]kümmerst dich (заботиться о P) [2]um niemanden. 6. Sie ist bei niemandem gewesen. 7. Die Kinder werden zu niemandem gehen. 8. Wera hofft auf nichts. 9. Ich habe leider keine Gelegenheit (возможность), russisch zu sprechen. 10. Er ist kein gewissenhafter Schüler. 11. Ich habe keinen Bruder. 12. In unserer Stadt gibt es keine Bettler. 13. In diesem Zimmer ist keine Uhr. 14. Sie liest keine Bücher. 15. Ich wohne hier mit meiner Familie. 16. Wir gingen mit der ganzen Familie (I) spazieren. 17. Haben Sie Familie? — Ich habe sogar eine große Familie, drei Söhne und zwei Töchter. 18. Alle sind gastfreundlich (гостеприимный); das ist für die ganze Familie kennzeichnend (характерный). 19. Aljoscha hat einen Aufsatz über (по D) die Geschichte der russischen Literatur geschrieben. 20. Über welchen Leitartikel (передовая статья) sprecht ihr? 21. Wie sehr (как) Sie auch zur Arbeit eilen, Sie werden trotzdem (всё равно) zu spät kommen. 22. Wen man auch fragt (pf. pr.), alle wissen es. 23. Jeder, der (кто) den Film gesehen hat, lobt (хвалит) ihn. 24. Wo sie auch sein möge, ich werde sie finden.

c) Beispiel: Сколько вам лет? Wie alt sind Sie? — Мне семнадцать лет. Ich bin 17 Jahre alt. Übersetzen Sie nach diesem Beispiel folgende Sätze:

1. Wie alt ist Ihr Vater? — Mein Vater ist 45 Jahre alt. 2. Wie alt ist Ihre Mutter? — Meine Mutter ist 37 Jahre alt. 3. Meine Schwester ist 12 Jahre alt. 4. Das Kind ist zwei Jahre alt. 5. Sein Bruder ist schon 4 ½ Jahre alt.
Der Lehrer wendet sich an jeden Schüler mit der Frage: Wie alt sind Sie? Wie alt ist Ihr Vater? usw.

d) Beantworten Sie folgende Fragen:

1. Как называется рассказ? 2. Что случается каждый день в половине пятого? 3. Что делает „он"? 4. Какие телефон-

ные разгово́ры воспреща́ются? 5. Что слы́шит он снача́ла? 6. Как характеризу́ет (charakterisiert) а́втор её смех? 7. Чем начина́ется разгово́р? 8. Что он отвеча́ет на её приве́тствие (Begrüßung)? 9. Как, приблизи́тельно, сле́дует понима́ть слова́ „накладны́е гото́вы“? 10. Отку́да она́ говори́т? 11. Что она́ спра́шивает? 12. Что он отвеча́ет на её вопро́с? 13. О ком она́ ду́мала всё у́тро? 14. Понима́ет ли она́ все его́ слова́, о чём бы он ни говори́л? 15. В како́м смы́сле она́ понима́ет его́ слова́? 16. Каки́ми слова́ми он конча́ет разгово́р? 17. Почему́ он конча́ет разгово́р? 18. Куда́ бу́дет звони́ть гла́вный бухга́лтер? 19. О чём он бу́дет говори́ть? 20. Каки́ми слова́ми а́втор конча́ет свой расска́з?

21. LEKTION

Расска́з о мо́лодости

(Оконча́ние)

Она́ рабо́тает в больни́це. Три ра́за в неде́лю — вече́рние и ночны́е дежу́рства[1].

Ро́вно в оди́ннадцать в ма́ленькой те́сной дежу́рке раздаётся коро́ткий двойно́й автома́тный звоно́к.

Она́ подхо́дит и снача́ла слы́шит глухо́е пока́шливание, пото́м — вне́шне-споко́йное[2]:

— Здра́вствуй.

Она́, не осо́бенно изобрета́тельная, сохрани́вшая ещё всю све́жесть де́тской подража́тельности (ей 19 лет), взволно́ванно[3] говори́т:

— Да, да, реце́пты гото́вы. Мо́жете прийти́ получи́ть[4].

Он: — Я соску́чился по тебе́. Мне ка́жется, что я тебя́ не ви́дел давно́. Стра́шно глу́по, что ты торчи́шь в э́той больни́це. Тако́й чу́дный ве́чер. У меня́ сего́дня никого́ нет ...

Она́: — Да, да, реце́пты гото́вы. Вы пришлёте за ни́ми? Я позвоню́ в апте́ку ...

Он: — Хоро́шая ты моя́ ... Глу́пенькая ...

Она́: — Да ... Пришли́те своего́ курье́ра. У нас ли́шних курь-
е́ров нет ... Да ... Почему́ глу́пенькая?

Он: — Ра́зве ты одна́?

Она́: — Да, да, глу́пая исто́рия. Он у́мер по́сле опера́ции. Да,
у́мер. Так вы пришли́те своего́ курье́ра. Я позвоню́ в апте́ку ...

Он: — Ах, ты хоро́шая моя́! ... Ну, скажи́ ещё что́-нибудь.
Сме́йся. Я хочу́ слы́шать твой смех.

Она́: — Ну, ла́дно ... (смеётся), я позвоню́ в апте́ку. Обяза́тель-
но позвоню́.

Он: — Так не опа́здывай за́втра. Целу́ю тебя́. До свида́ния,
моя́ родна́я.

Тру́бки кладу́тся на ме́сто[5].

Че́рез не́сколько мину́т в дежу́рке опя́ть звоно́к[6]. Вызыва́ют
врача́. Он подхо́дит к телефо́ну и говори́т:

— Да, в три часа́ де́сять мину́т. От[7] кровоизлия́ния. Ско́лько?
Четы́рнадцать? А куда́ мы их поло́жим? Написа́ть вам[8]? У нас
нет курье́ров, не́ с кем посла́ть[9] ...

Услы́шав про[10] курье́ров, она́ настора́живается: о, нет, э́то
тако́й серьёзный челове́к ... Не мо́жет быть ... А впро́чем: кто
его́ зна́ет ...

больни́ца Krankenhaus
вече́рний Abend...
ночно́й Nacht...
дежу́рство Wachdienst
те́сный eng
дежу́рка Dienstraum
двойно́й doppelt
автома́тный automatisch
глухо́й dumpf
пока́шливание Hüsteln
вне́шне-споко́йный äußerlich ruhig
изобрета́тельный erfinderisch
сохрани́ть pf. bewahren
све́жесть f Frische
де́тский kindlich
подража́тельность f Nachah-
  mungslust
взволнова́ть pf. aufregen
реце́пт Rezept

соску́читься pf. (по D) Sehnsucht
  bekommen (nach)
давно́ (seit) lange(m)
стра́шный schrecklich
глу́пый dumm
торча́ть dur. sich befinden, stecken
чу́дный wundervoll
позвони́ть pf. anklingeln, anrufen
апте́ка Apotheke
глу́пенькая kleines Dummchen
умере́ть pf. sterben
у́мер ist gestorben
опера́ция Operation
сме́яться dur. lachen
хоте́ть dur. wollen
я хочу́ ich will
обяза́тельно unbedingt
за́втра morgen
до свида́ния auf Wiedersehen
класть dur. (hin)legen

вызыва́ть *dur.* herbeirufen, verlangen
врач (3) Arzt
кровоизлия́ние Blutung
положи́ть *pf.* (hin)legen
написа́ть *pf.* schreiben

посла́ть *pf.* schicken
услы́шать *pf.* hören
настора́живаться *dur.* aufmerksam
werden
o! oh!
серьёзный ernst

Erläuterungen 184

1) Im Russischen Plural; im Deutschen „Abend- und Nachtwache".
2) „ein äußerlich ruhiges ‚Guten Tag'"; die Verbform здра́вствуй wird als Neutrum behandelt.
3) взволно́ванно ist das Adverb des p.pt.p. [154/4].
4) „Sie können kommen, um sie zu empfangen"; „um zu" mit dem Infinitiv heißt что́бы. Nach Verben der Bewegung jedoch folgt meist der Infinitiv ohne что́бы. Das Personalpronomen „sie" (их) fehlt, was in der Umgangssprache sehr oft der Fall ist.
5) Wörtlich „auf (ihren) Platz", „werden **hingelegt**".
6) звоно́к kurz für звоно́к по телефо́ну „Anruf".
7) Wörtlich „von (her)", hier „infolge".
8) „Ich soll Ihnen schreiben?"; vgl. hierzu [56/3], [114/12].
9) „Es ist niemand da, den man schicken könnte" [185].
10) про (*A*) hat die gleiche Bedeutung wie o (*P*) „über, von" [191].

Grammatik

Verneinende Pronomen zum Ausdruck des Nichtmöglichen 185

1.

N	(*fehlt*)	(*fehlt*)
G	не́ у кого́	не́ у чего́
D	не́кому	не́чему
A	не́кого	не́чего
I	не́кем	не́чем
P	не́ о ко́м	не́ о чём

Не́кого bedeutet нет кого́ „es ist nicht wer da, es ist niemand da".

Не́чего bedeutet нет чего́ „es ist nicht was da, es ist nichts da".

Diese mit dem stets betonten Präfix не́ zusammengesetzten Formen von кто, что oder den Frageadverbien (где, куда́ usw.) stehen in Verbindung mit einem Infinitiv zum Ausdruck von etwas Nichtmöglichem. Der **Nominativ** fehlt, der **Genitiv** und (natürlich) der **Präpositiv** sind nur mit einer Präposition möglich, die zwischengestellt wird.

2. a) Не́кого посла́ть.

Не́чего де́лать.

Es ist niemand da, den man schicken könnte. Es ist niemand zum Schicken da.

Es ist nichts, was man machen könnte. Es ist nichts zu machen. Man kann nichts machen.

Не́кем замени́ть.	Es ist niemand da, durch den man (ihn) ersetzen könnte. Es ist niemand zum Ersatz da.
Тут не́чему удивля́ться.	Es ist nichts da, worüber man sich wundern könnte. Hier ist nichts zu verwundern.
b) Не́чего **мне** чита́ть.	Es ist nichts da, was **ich** lesen könnte. Ich habe nichts zum Lesen.
c) Не́ с кем пойти́.	Es ist niemand da, mit dem ich (du, er usw.) gehen könnte.
d) Не́чего бы́ло де́лать.	Es war nichts zu machen.
Не́чего бу́дет де́лать.	Es wird nichts zu machen sein.

a) Der **Kasus** des Pronomens ist vom Verb abhängig. Die Pronomen sind die Objekte zum Infinitiv. Bei посла́ть und де́лать steht das Objekt im Akkusativ, „durch jemanden ersetzen" heißt замени́ть ке́м-нибудь, „sich wundern über etwas" heißt удивля́ться чему́-нибудь.

b) Die **Person**, für die sich die Unmöglichkeit ergibt, steht, da es sich um einen unpersönlichen Satz handelt, im **Dativ**. Jedoch wird in diesen Sätzen (wie überhaupt in unpersönlichen Satzkonstruktionen) besonders in der Umgangssprache die Person selten bezeichnet, wenn sie aus dem Satzzusammenhang ohne weiteres hervorgeht. Bei der Übersetzung ins Deutsche kann man sie ohne weiteres hinzufügen, bei der Übersetzung ins Russische läßt man sie fort (Beispiel c).

c) Eine **Präposition** steht zwischen не und dem Pronomen.

d) Das **Präteritum** wird durch бы́ло, das **Futur** durch бу́дет übersetzt.

186   Temporalsätze

a) Я приду́, **когда́** вы бу́дете до́ма.	Ich werde kommen, **wenn** (wann) Sie zu Hause sind.
b) Мы пообе́дали **до того́, как** (od. **пе́ред тем, как** od. **пре́жде, чем**) нача́лся киносеа́нс.	Wir aßen zu Mittag, **bevor** die Kinovorführung begann.
Он до́лго ду́мал пре́жде, чем отве́тить.	Er dachte lange nach, bevor er antwortete.
c) **По́сле того́, как** киносеа́нс око́нчился, я пошёл домо́й.	**Nachdem** die Kinovorführung beendet war, ging ich nach Hause.

d) **Как то́лько** он пошёл по́ двору и наступи́л на гра́бли, они́ уда́рили его́ по́ лбу.	**Sobald (sowie)** er über den Hof ging und auf den Rechen trat, schlug er ihm gegen die Stirn.
e) Вот уже́ три дня (с тех пор), **как** он здесь.	Es sind nun schon drei Tage, **seitdem** er hier ist.
f) **Едва́** она́ вы́шла из ко́мнаты, **как** оте́ц её вошёл.	**Kaum** hatte sie das Zimmer verlassen, **da** kam ihr Vater herein.
g) **Пока́** на́ша дру́жба существу́ет, не бу́дет раздо́ров.	**Solange** unsere Freundschaft besteht, wird es keine Zwistigkeiten geben.
Он рабо́тал до тех пор, **пока́ не** зако́нчил статью́.	Er arbeitete **so lange, bis** er den Aufsatz beendet hatte.
h) **В то вре́мя как** (*od.* **ме́жду тем как**) шёл дождь, мы игра́ли в ка́рты.	**Während** es regnete, spielten wir Karten.

Im großen und ganzen sind die Konstruktionen die gleichen wie im Deutschen. Bei gleichem Subjekt in Haupt- und Nebensatz kann nach den Konjunktionen unter b) im Russischen der Infinitiv stehen. Temporalsätze mit „wenn, als" a), „nachdem" c) und „während" h) werden im literarischen Stil durch das Adverbialpartizip wiedergegeben, wenn Haupt- und Nebensatz das gleiche Subjekt haben [115-119; 163].

Momentanverben (Vgl. [148])   187

крича́ть, крич-у́, -и́шь *dur.*	schreien
закрича́ть, закрич-у́, -и́шь *pf.*	anfangen zu schreien
кри́кнуть, кри́кн-у, -ешь *mom.*	aufschreien, einen Schrei ausstoßen

Die perfektive momentane Aktionsart bringt das plötzlich einmalige Auftreten einer Handlung zum Ausdruck. Alle Verben dieser Aktionsart enden auf -нуть und gehen nach der e-Konjugation. Weitere Beispiele: восклиќнуть (*dur.* восклица́ть) ausrufen, косну́ться (*dur.* каса́ться) berühren.

Iterative Verben   188

[на]писа́ть	schreiben
пи́сывать	zu schreiben pflegen

Die iterativen Verben, die der durativen Aktionsart angehören, kennzeichnen eine mehrfach wiederholte Handlung. Sie werden wie die durativen Komposita durch Erweiterung des Stammes mittels Suffix gebildet. Sie kommen fast nur im Infinitiv und Präteritum vorwiegend in der Sprache des Volkes vor. Weitere Beispiele: говáривать zu говорúть sprechen, хáживать zu ходúть gehen, вúдывать zu вúдеть sehen. Der literarischen Sprache gehört **бывáть** an: Он никогдá не бывáл в Москвé. Er ist nie in Moskau gewesen.

189   Präpositionen mit dem Genitiv

без меня́, без дéнег, без пятú минýт шесть	**ohne** mich, ohne Geld, 5 Minuten vor 6
Он стоúт **вóзле** меня́.	Er steht **neben** mir.
вокрýг дóма, путешéствие вокрýг свéта	**um** das Haus **herum,** Reise um die Welt
вслéдствие плохóй погóды	**infolge** schlechten Wetters
вслéдствие Вáшего закáза	Ihrem Auftrag zufolge
мéсто **для** меня́	ein Platz **für** mich
'Это опáсно для пешехóдов.	Dies ist für Fußgänger gefährlich.
До теáтра далекó.	**Bis** zum Theater ist es weit (örtlich).
до пятú часóв, до э́того	bis 5 Uhr, bisher (zeitlich)
Он пришёл **из** гóрода, úз дому.	Er ist **aus** der Stadt, von Hause gekommen.
из любвú, из прúнципа	aus Liebe, aus Prinzip
Крóме нас, здесь никогó нет.	**Außer** uns ist niemand hier.
письмó **от** 2-го мáрта	ein Brief **vom** 2. März
недалекó от гóрода	nicht weit von der Stadt
от всегó сéрдца	von ganzem Herzen
от Казáни **до** Кúева	**von** Kasan **bis** Kiew
пóсле заня́тий, пóсле операции	**nach** dem Unterricht, nach der Operation
у нас, у кáссы, у гóрода Кривóго Рóга	**bei** uns, an der Kasse, bei der Stadt Kriwoj Rog

190   Präpositionen mit dem Dativ

благодаря́ мя́гкости клúмата	**dank** dem milden Klima
благодаря́ твоéй пóмощи	dank deiner Hilfe
вопрекú постановлéнию	**trotz** der Bestimmung
к тебé, к востóку, к рекé	**zu** dir, gegen Osten, zum Fluß
к ю́гу от тýндры	südlich der Tundra

Präpositionen mit dem Akkusativ

Услы́шав **про** курье́ров, ...	Als (sie) **von** Boten hörte, ... (*Umgangssprache, seltener* als о [*P*])
перехо́д **че́рез** у́лицу	der Übergang **über** die Straße
че́рез весь СССР	durch die ganze UdSSR
че́рез пять лет	in(nerhalb von) fünf Jahren

Präpositionen mit dem Instrumental

ме́жду города́ми Москво́й и Го́рьким	**zwischen** den Städten Moskau und Gorki (örtlich)
дру́жба ме́жду детьми́	Freundschaft unter Kindern
ме́жду двумя́ и тремя́ часа́ми	zwischen 2 und 3 Uhr (zeitlich)
Ка́рта виси́т **над** столо́м.	Die Karte hängt über dem Tisch.
пе́ред до́мом, пе́редо [105/3] мно́ю	**vor** dem Haus, vor mir (örtlich)
пе́ред кани́кулами	vor den Ferien (zeitlich)

Präpositionen mit dem Präpositiv

Он говори́т **о** Гёте.	Er spricht **über** Goethe.
Что ты ду́маешь о нём?	Was denkst du über ihn?
Я ду́маю о тебе́.	Ich denke an dich.
о рабо́те инжене́ров	über die Arbeit der Ingenieure
при перехо́де у́лицы	**beim** Überschreiten der Straße
при мале́йшей оби́де	bei der geringsten Beleidigung
при отве́те	bei der Antwort
при сём, при чём	anbei, wobei
при по́мощи светофо́ра	mit Hilfe der Verkehrsampel

Übungen

a) Neue Wörter:

Наде́жда	Nadeshda	наско́лько	soweit
как вдруг	als plötzlich	никуда́	nirgendshin
ведь	doch, ja	свобо́дный	frei
Та́ня	Tanja	почта́мт	Postamt
ни ра́зу	nie (kein einziges Mal) mehr	нигде́ (не)	nirgends
		вку́сный	schmackhaft
-ка	mal (*beim Imp.*)	собы́тие	Ereignis
		ни ... ни (не)	weder ... noch
пропада́ть *dur.*	verschwinden, stecken	тот ... друго́й	der eine ... der andere

| брать (взять) на рабо́ту | anstellen (in Dienst neh- men) | мне о́чень жаль (oder оби́дно) пока́ | es tut mir sehr leid vorläufig |

Übersetzung: Nadeshda ging auf (по) der Hauptstraße spazieren, als sie plötzlich ein bekanntes Gesicht sah. Sie denkt: Das ist doch Tanja, die ich in (за *A*) den letzten zwei Jahren nie mehr gesehen habe! — Du bist es, meine Liebe, nun sag mal, wo du die ganze Zeit gesteckt hast! Soweit ich mich erinnere, hat dich niemand von unseren Bekannten getroffen. Übrigens, wohin gehst [du]? — Nirgendshin, ich gehe nur (einfach про́сто) spazieren, heute ist mein freier Tag; ich konnte einfach nicht im Zimmer sitzen. So ein wundervolles Wetter! — Nun schön, ich habe auch keine Beschäftigung, gehen wir in dieses kleine Café in der Nähe des Postamtes. Nirgends bekommt man so einen schmackhaften Kaffee wie dort. Erzähle mal von dir, was du gemacht und wie du gelebt hast. — Es sind keine wichtigen Ereignisse geschehen, — man lebt (wir leben)! Vorläufig arbeite [ich] dreimal in der Woche in einem Krankenhaus, habe dort Nachtwachen. — ²Kann man dich ¹denn (auch) anrufen? — Ja, sogar trotz der Bestimmung, wonach (nach [по] der) Privatgespräche verboten sind. — Und du, womit beschäftigst [du] dich? — Ich tue leider nichts. Kürzlich habe ich mich an zwei Ämter gewandt, aber weder das eine noch das andere hat mich angestellt. Es tut mir sehr leid (оби́дно), so zu Hause zu sitzen, ohne etwas zu machen (*ap.*). Aber lassen wir das! Vorläufig freue [ich] mich, daß wir uns (einander) gefunden haben. Ich wußte selbst nicht einmal deine Anschrift.

b) Übersetzen Sie folgende Sätze:

1. Sie las einen Roman, als ich in das Zimmer kam. 2. Als ich ankam, saßen die Jungen und Mädel am Tisch und schrieben etwas. 3. Ich konnte die Straßenbahn rechtzeitig erreichen (поспе́ть на [*A*]), bevor der Regen begann. 4. Man hatte ihnen die Dokumente übergeben (переда́ть), bevor sie aus Berlin abreisten. 5. Bevor man antwortet, muß man überlegen. 6. Er setzte sich an den Tisch, nachdem man ihn zum Frühstück eingeladen hatte. 7. Bald (вско́ре) nachdem ich dir den Brief geschrieben hatte, kamst du selbst angereist. 8. Solange es heiß war, blieben wir zu Hause. 9. Sobald ich nach Moskau kam, zeigte man mir einige freie Zimmer. 10. Nachdem der Zug angekommen war (прибы́ть), erblickten wir unsere Freunde auf dem Bahnsteig (платфо́рма). 11. Es ist niemand da, durch (с *I*)

den man [es] schicken könnte. 12. Hier ist niemand, um ihm zu helfen. 13. Es war niemand da, um Tee zu bereiten (пригото́вить). 14. Es ist nichts, worüber man sprechen könnte. 15. Man kann [es] nirgends hinstellen. 16. Ich werde niemanden haben, den ich zu dir schicken könnte. 17. Er hat nichts zu tun. 18. Du hast niemanden, dem du die Arbeit übergeben (переда́ть) könntest. 19. Nadeshda hat niemanden, mit dem sie ins Theater gehen könnte. 20. Ich habe von niemandem einen Brief zu bekommen. 21. Sie haben niemanden, den sie besuchen (пойти́ в го́сти) können. 22. Hier ist nichts, worauf man sitzen kann. 23. Er weiß nichts (worüber) zu schreiben. 24. Ich hatte (auf) nichts mehr zu hoffen. 25. Die Schmiede befindet sich neben dem Haus. 26. Alle ³außer ihm ¹waren ²dort. 27. Ich ging aus dem Zimmer. 28. Ich fahre nur bis Leningrad. 29. Ich bleibe dort bis morgen. 30. Wir haben im Klub einen Vortrag (докла́д) über die Industriezentren gehört. 31. In meiner Wohnung steht der Schreibtisch (пи́сьменный стол) unmittelbar am Fenster. 32. Ich werde meinen Diwan gegen das Fenster stellen. 33. Nur unter dieser Bedingung kann ich an der Arbeit teilnehmen. 34. Nach der Arbeit trieben wir gewöhnlich Sport. 35. In einem Monat komme ich aus dem Sanatorium zurück. 36. Er hat von seiner Freundin viele Briefe erhalten. 37. Ich fahre von (из) Leningrad nach Moskau. 38. Vor den Ferien werde ich die Prüfung bestehen. 39. Bis zu den Ferien habe ich noch drei Prüfungen. 40. In zehn Tagen wird die erste Prüfung sein. 41. Sascha geht zu seinem Freund. 42. Diese Bücher sind für unsere Bibliothek. 43. Jetzt werden wir durch den Wald gehen. 44. Dank deiner Hilfe habe ich die Arbeit schneller beendet. 45. Der russische Schriftsteller Gontscharow hat eine Reise um die Welt gemacht (соверши́ть). 46. Ohne dich bin ich unglücklich (несча́стный). 47. Ich kann in 10 Minuten hierher kommen.

c) Beantworten Sie folgende Fragen:

1. Где она́ рабо́тает? 2. Ско́лько раз в неде́лю она́ име́ет вече́рние и ночны́е дежу́рства? 3. Когда́ раздаётся телефо́нный звоно́к? 4. Что она́ слы́шит? 5. Как она́ характеризу́ется а́втором расска́за? 6. Ско́лько ей лет? 7. Что она́ говори́т по телефо́ну? 8. Что он отвеча́ет? 9. Како́в ве́чер? 10. Куда́ она́ хо́чет звони́ть? 11. Что она́ постоя́нно повторя́ет (wiederholt)? 12. Что он хо́чет слы́шать? 13. Смеётся ли она́? 14. Как он проща́ется с ней (verabschiedet sich von)? 15. Что случа́ется по́сле их телефо́нного разгово́ра? 16. Кого́ вызыва́ют? 17. Что говори́т врач? 18. При како́м сло́ве она́ настора́живается? 19. Что она́ при э́том ду́мает?

22. LEKTION

195

Не на́до име́ть ро́дственников[1]

Два дня Тимофе́й Васи́льевич разы́скивал своего́ племя́нника Серёжу Вла́сова. А на тре́тий день, пе́ред са́мым отъе́здом, нашёл[2]. В трамва́е встре́тил. Сел Тимофе́й Васи́льевич в трамва́й, вы́нул гри́венник, хоте́л пода́ть конду́ктору, то́лько гляди́т — что тако́е? Ли́чность конду́ктора бу́дто о́чень знако́мая. Посмотре́л Тимофе́й Васи́льевич — да! Так и есть[3] — Серёжа Вла́сов со́бственной персо́ной[4] в трамва́йных конду́кторах[5].

— Ну! — закрича́л Тимофе́й Васи́льевич — Серёжа! Ты ли э́то, ми́лый друг?

Конду́ктор сконфу́зился, попра́вил, без вся́кой ви́димой нужды́, кату́шку с биле́тами и сказа́л:

— Сейча́с, дя́дя . . . биле́ты дода́м[6] то́лько.

— Ла́дно! Мо́жно[7], — ра́достно сказа́л дя́дя, — я обожду́.

Тимофе́й Васи́льевич засмея́лся и стал объясня́ть[8] пассажи́рам:

— 'Это[9] он мне[10] родно́й ро́дственник, Серёжа Вла́сов. Бра́та Петра́ сын . . . Я его́ семь лет не ви́дел . . . су́кина сы́на[11] . . . Тимофе́й Васи́льевич с ра́достью посмотре́л на племя́нника и закрича́л ему́:

— А я тебя́, Серёжа, дорого́й, два дня ищу́. По го́роду ро́юсь. А ты вон где[12]! Конду́ктором[13] . . . А я и по а́дресу[14] ходи́л. На Разночи́нную у́лицу. Не́ту, отвеча́ют. Мол[15], вы́был с а́дреса. Куда́[16], отвеча́ю, вы́был, отве́тьте, говорю́, мне. Я его́ родно́й ро́дственник. Не зна́ем, говоря́т . . . А ты вон где — конду́ктором, что ли?

— Конду́ктором, — ти́хо отве́тил племя́нник.

Пассажи́ры ста́ли с любопы́тством рассма́тривать ро́дственника. Дя́дя счастли́во смея́лся и с любо́вью смотре́л на племя́нника, а племя́нник я́вно конфу́зился[17] и, чу́вствуя себя́ при исполне́нии служе́бных обя́занностей, не знал, что ему́ говори́ть и как вести́ себя́ с дя́дей.

— Так, — сно́ва сказа́л дя́дя, — конду́ктором, зна́чит. На трамва́йной ли́нии?

200

— Кондуктором . . .

— Скажи, какой случай! А я, Серёжа, сел в трамвай, гляжу — что такое? Личность будто у кондуктора чересчур знакомая. А это ты . . . Ну, я же рад . . . Ну, я же доволен . . .

Кондуктор потоптался на месте и вдруг сказал:

— Платить, дядя, нужно . . . Билет взять . . . Далеко ли вам[18] . . .?

Дядя счастливо засмеялся и хлопнул по кондукторской сумке.

— Заплатил бы! Ей-богу! Сядь[19] я на другой номер, или, может быть, вагон пропусти[19] — и баста — заплатил бы. Плакали бы мои денежки[20] . . . А еду я, Серёжа, до вокзала.

— Две станции, — уныло сказал кондуктор, глядя в сторону.

— Нет, ты это что[21]? — удивился Тимофей Васильевич.

— Ты это чего[21], ты правду?

— Платить, дядя, надо, — тихо сказал кондуктор. — Две станции . . . Потому что нельзя даром без билетов ехать . . .

(Окончание следует.)

родственник Verwandte(r)
Тимофей Timofej (Timotheus)
Васильевич Wassiljewitsch (Sohn des Wassilij)
разыскивать *dur.* nachforschen nach
племянник Neffe
Серёжа, *Dim. zu* Сергей Serjosha, Sergej
отъезд Abreise
нашёл, *pt. von* найти *pf.* finden
вынуть *pf.* herausnehmen
гривенник Zehnkopekenstück
подать *pf.* hinreichen
кондуктор Schaffner
что такое? was ist das?
личность *f* Persönlichkeit
будто gleichsam
посмотреть *pf.* betrachten, hinsehen
персона Person
трамвайный Straßenbahn...
закричать *pf.* (zu) schreien (anfangen), aufschreien

сконфузиться *pf.* verwirrt werden
поправить *pf.* zurechtrücken
видимый sichtbar
нужда Bedürfnis
катушка Spule
билет Fahrkarte
дядя, *G/P* дядей Onkel
додать[6] *pf.* [56] noch (aus)geben
билеты додам ich werde die noch fehlenden Fahrkarten ausgeben
можно man kann
обождать *pf.* warten
засмеяться *pf.* (zu) lachen (anfangen)
стать *pf.* beginnen
объяснять *dur.* erklären
пассажир Fahrgast
родной родственник Blutsverwandte(r)
Пётр, *G/S* Петра Peter
сукин сын Hundesohn
радость *f* Freude
закричал ему schrie ihm zu
искать *dur.* suchen

рыться *dur.* (herum)wühlen
Разночинная улица Rasnotschinnaja Straße
мол (*Volkssprache*) man sagt, es
heißt
выбыть *pf.* austreten, verlassen
выбыл с адреса er ist im Mieter-
verzeichnis gestrichen
Куда выбыл? Wohin ist er ver-
zogen?
что ли? oder etwa nicht?
любопытство Neugier(de)
явный offenkundig
исполнение Erfüllung
служебный dienstlich
обязанность *f* Pflicht
вести *dur.* себя sich benehmen
снова aufs neue
значит also
сказать *pf.* sagen
случай Zufall
чересчур über die Maßen, zu sehr
рад froh

я же рад ich bin aber froh
потоптаться *pf.* hin und her treten
вдруг plötzlich
взять *pf.* nehmen
хлопнуть *mom.* (по *D*) schlagen,
klopfen (auf)
кондукторский Schaffner...
сумка Tasche
ей-богу! bei Gott!
вагон Wagen
пропустить *pf.* überschlagen
баста! basta!
денежки *f/pl.* (das liebe) Geld
вокзал Bahnhof
станция Haltestelle
унылый verzagt, niedergeschlagen
сторона Seite
в сторону beiseite
удивиться *pf.* sich wundern
правда Wahrheit
нельзя man kann (darf) nicht
даром umsonst

196   E r l ä u t e r u n g e n

1) In der vorliegenden Erzählung von Sóstschenko sind einige Ausdrücke, die
   der vulgären Sprache angehören, durch solche der Umgangssprache ersetzt
   worden.
2) Beachte in diesem Beispiel und in den folgenden Sätzen, daß das Personalpronomen im Russischen oft fortfällt, im Deutschen aber ergänzt werden
   muß.
3) „Es ist tatsächlich ...“
4) „in eigener Person“.
5) „unter den Straßenbahnschaffnern“. Vgl. быть в гостях („unter den
   Gästen“), zu Gast, zu Besuch sein.
6) додать heißt „etwas Fehlendes (noch) geben“, hier etwa: „noch ausgeben“.
7) Die im Russischen beliebte unpersönliche Ausdrucksweise wird im Deutschen
   persönlich wiedergegeben, etwa: „das kannst du machen“. Jemand steckt
   den Kopf durch die Tür und fragt: „Можно?“ — „Kann (darf) ich eintreten?“
8) Vgl. [95/2].
9) это hebt он hervor; deutsch etwa: „Er ist nämlich ...“
10) мне steht im Sinne des Possessivpronomens „mein“. Ebenso sagt man:
    Он мне теперь друг. Er ist jetzt mein Freund.
11) Ein derbes, aber gebräuchliches Schimpfwort, das hier „Wohlwollen“ be-
    kunden soll. Über сукин [199].
12) „Und wo bist du?“ — вон hebt где besonders hervor.

13) „als Schaffner". Man sagt: Он рабо́тает (слу́жит) конду́ктором. Er ist als Schaffner angestellt. Der Instrumental steht hier prädikativ in bezug auf das Subjekt.

14) „Und ich ging auch nach der (mir bekannten) Adresse".

15) Мол deutet an, daß der Erzähler fremde Worte wiedergibt. Es wird meist mit „sagt er (oder: sie)", „man sagt" übersetzt.

16) Куда́? Wohin? ist nur durch die wörtliche Übersetzung von вы́был с а́дреса zu verstehen („Er ist aus der Adresse des Hauses ausgetreten").

17) Beachte hier die durative Form („war verwirrt"), während сконфу́зился zu Beginn der Erzählung das plötzliche eintretende Verwirrtwerden auf die unerwartete Anrede des Onkels zum Ausdruck bringt.

18) Далеко́ ли вам (*ergänze* е́хать)? Haben Sie weit zu fahren?

19) Über den Gebrauch des Imperativs im Konditionalsatz [197 c].

20) Wörtlich „Mein liebes Geld hätte geweint" entspricht etwa dem deutschen „Das schöne Geld wäre verloren".

21) Etwa: „Was willst du damit sagen?" — черо́ ist volkstümliche Ausdrucksweise für что. Ты пра́вду? Sagst du die Wahrheit? — 'Это (не) пра́вда. Das ist (nich) wahr. Пра́вда? Nicht wahr?

Grammatik

Konditionalsätze   **197**

a) 'Если у меня́ бу́дет бо́льше вре́мени, я пойду́ с тобо́й.	Wenn ich mehr Zeit habe(n werde), gehe ich mit dir.
b) 'Если бы у меня́ бы́ло бо́льше вре́мени, я пошёл бы с тобо́й.	Wenn ich mehr Zeit hätte (gehabt hätte), würde ich mit dir gehen (wäre ich mit dir gegangen).
c) Будь у меня́ бо́льше вре́мени, я бы пошёл с тобо́й.	
d) 'Если расте́ния не полива́ть, то они́ засо́хнут.	Wenn man die Pflanzen nicht begießt, so werden sie vertrocknen.

a) Beispiel eines realen Konditionalsatzes.

b) In einem irrealen Konditionalsatz oder des potentialen Konditionalsatzes steht der Konjunktiv. Auf diese Sätze überträgt sich auch die Eigenart des russischen Konjunktivs, der sowohl das Präsens als auch das Präteritum ersetzt [107].

c) In lebhafter Rede steht an Stelle des Konjunktivs oft die 2. Person Singular des Imperativs, der in diesem Fall mit allen Personen und mit dem Singular oder Plural verbunden werden kann. Ein Personalpronomen steht nach dem Imperativ.

Stellung von бы: бы steht immer nach е́сли; sonst kann бы nach dem Wort stehen, das hervorgehoben werden soll; meist steht es nach dem Präteritum oder nach einem Personalpronomen als Subjekt. „so" im Nachsatz heißt то.

198   Präpositionen mit dem Akkusativ und Präpositiv

в mit dem Akkusativ

Я иду́ в шко́лу.	Ich gehe zur Schule.	örtlich: wohin?
Я прие́хал в го́род.	Ich kam in der Stadt an.	örtlich: wo? bei Verben mit dem Präfix при
в пять часо́в	um 5 Uhr	zeitlich: wann?
в сре́ду	am Mittwoch	
Я э́то сде́лаю в одну́ неде́лю.	Ich mache das in einer Woche.	zeitlich: innerhalb welcher Zeit?
три ра́за в неде́лю	dreimal in der Woche	
дом в два этажа́	ein Haus von zwei Stockwerken	(Beachte!)
в пе́рвый раз	zum ersten Mal	

в mit dem Präpositiv

Мы в шко́ле.	Wir sind in der Schule.	örtlich: wo?
в пе́рвом часу́	zwischen 12 und 1 Uhr	zeitlich: wann?
в январе́, в э́том году́	im Januar, in diesem Jahr	
медсестра́ в хала́те	die Schwester im Arbeitskittel	(Beachte!)

на mit dem Akkusativ

Я иду́ на у́лицу, на по́чту, на уро́к, на собра́ние.	Ich gehe auf die Straße, auf die Post, in die Stunde, in die Versammlung.	örtlich: wohin? („in" nur in bestimmten Ausdrücken)
Я кладу́ кни́гу на стол.	Ich lege das Buch auf den Tisch.	
Самолёт лети́т на юг.	Das Flugzeug fliegt nach Süden.	
мате́рия на пла́тье	Stoff für ein Kleid	Angabe des Zweckes
навсегда́, на за́втра	für immer, bis morgen	Angabe des Zeitpunktes
на два го́да ста́рше	um zwei Jahre älter	Maßbestimmung

на mit dem Präpositiv

на у́лице, на столе́	auf der Straße, auf dem Tisch	örtlich: wo? („in" usw. nur in bestimmten Ausdrükken)
на уро́ке, на слу́жбе	in der Stunde, im Dienst	
Я лежу́ на со́лнце.	Ich liege in der Sonne.	
на се́вере от тайги́	nördlich von der Taiga	
на са́мом за́паде	ganz im Westen	
Ка́рта виси́т на стене́.	Die Karte hängt an der Wand.	
на ле́вом берегу́	auf dem linken Ufer	
Я е́ду на трамва́е.	Ich fahre mit der Straßenbahn.	
на каки́х усло́виях	unter welchen Bedingungen	
на кани́кулах	in den Ferien	zeitlich: wann?
на э́той неде́ле	in dieser Woche	

Besitzanzeigende Adjektive   199

Anstatt дом, ко́мната, письмо́, кни́ги отца́ sagt man отцо́в дом, отцо́ва ко́мната, отцо́во письмо́, отцо́вы кни́ги das Haus, das Zimmer, der Brief, die Bücher des Vaters. Besitzanzeigende Adjektive können nur von bestimmten Substantiven und besonders von Vornamen gebildet werden.

Ableitung vom Genitiv Singular:

a) оте́ц (Vater), *G/S* отц-**á**,   отц-**о́в, -о́ва, -о́во,** *pl.* **-о́вы**

b) Никола́й,   Никола́-**я,** Никола́-**ев, -ева, -ево,** *pl.* **-евы** (Nikolaj)

c) ма́ма (Mama),   ма́м-**ы,**   ма́м-**ин, -ина, -ино,** *pl.* **-ины** дя́дя (Onkel),   дя́д-**и,**   дя́д-**ин, -ина, -ино,** *pl.* **-ины**

---

a) Ableitung bei männlichen und sächlichen Substantiven der harten Deklination,
b) bei Substantiven der weichen Deklination,
c) bei Substantiven auf -a und -я. — су́кин von су́ка Hündin.

Deklination:					
m отц-о́в	-о́ва	-о́ву	*N od. G*	-о́вым	-о́вом
n отц-о́во	-о́ва	-о́ву	-о́во	-о́вым	-о́вом
f отц-о́ва	-о́вой	-о́вой	-о́ву	-о́вой (-о́ю)	-о́вой
pl. отц-о́вы	-о́вых	-о́вым	*N od. G*	-о́выми	-о́вых

Familiennamen (Ergänzung zu [99/4])

1. Die meisten Familiennamen sind ihrer Form nach besitzanzeigende Adjektive und werden wie diese dekliniert **mit Ausnahme der männlichen Form des Präpositivs Singular, der auf e** (nicht ом) **endet:** Мы говори́ли о Ле́рмонтове, о Пу́шкине. Wir sprachen von Lermontow, von Puschkin.

2. Die ukrainischen Familiennamen auf -(ен)ко werden im allgemeinen nicht dekliniert: Произведе́ния Шевче́нко. Die Werke Schewtschenkos.

Ortsnamen (Ergänzung zu [124/8])

Die Ortsnamen auf -ов (-ово), -ев (-ево), -ин (-ино), -ын (-ыно) werden im modernen Russisch wie Substantive dekliniert: в Ки́рове in Kirow, под Вороши́ловом bei Woroschilow. (In der älteren Literatursprache werden sie wie besitzanzeigende Adjektive dekliniert.)

Sammelzahlen

1.

		Deklination:
о́ба	*m, n* beide	о́ба, обо́их, обо́им, *N od.* G, обо́ими, об обо́их
о́бе	*f*	о́бе, обе́их, обе́им, *N od.* G, обе́ими, об обе́их
дво́е	zwei	дво́е, двои́х, двои́м, *N od.* G, двои́ми, о двои́х
тро́е	drei	wie дво́е
че́тверо	vier	че́тверо, четверы́х, четверы́м, *N od.* G, [четверы́ми, о четверы́х]
пя́теро	fünf	
ше́стеро	sechs	wie че́тверо
се́меро	sieben	

Rektion: о́ба wird wie два behandelt, дво́е, тро́е usw. wie пять.

2.

a)	дво́е бра́тьев *oder* два бра́та	zwei Brüder
b)	дво́е гра́блей	zwei Rechen
	aber: с тремя́ гра́блями	mit drei Rechen
c)	тро́е ту́фель	drei Paar Halbschuhe
d)	Нас бы́ло че́тверо.	Wir waren zu viert.
e)	се́меро дете́й	sieben Kinder
	пя́теро люде́й	fünf Menschen
	тро́е лиц	drei Personen
	aber: во́зраст семи́ дете́й	das Alter der sieben Kinder

An Stelle der Kardinalzahlen stehen die Sammelzahlen

a) neben der Kardinalzahl bei Personen **männlichen** Geschlechts, wenn die Zusammengehörigkeit betont werden soll;

b) bei Mehrzahlwörtern [50/2], aber nicht in den obliquen Kasus;

c) bei Bezeichnung von Gegenständen, die paarweise vorkommen;

d) in Verbindung mit Personalpronomen in Sätzen, in denen die Sammelzahl ein fehlendes Substantiv ersetzt;

e) stets in Verbindung mit дети, люди und лицо, aber nicht in den obliquen Kasus.

Übungen 203

a) Neue Wörter:

бабушка	Großmutter	завод	Werk, Fabrik
сказка	Märchen	Харьков	Charkow
авторучка	Füllfederhalter	переехать	umziehen
починка	Reparatur	(на *A*)	
сестрин	der Schwester gehörig	соседство	Nachbarschaft
		достаточно	genügend, es genügt
папа	Papa	(*n Kf.*)	nügt
шкаф (1)	Schrank	отыскать	ausfindig machen
в шкафу	im Schrank	бросить	(hin)werfen; aufhören (zu)
тётя, *G/P* -тей	Tante		hören (zu)
дядя, *G/P*-дей	Onkel	терпение	Geduld
очки, *G/P*-ков	Brille	застать	antreffen
звать	nennen, heißen	вокзал	Bahnhof

Übersetzung: 1. Gib mir bitte das (dieses) Buch. — Nein, das ist Mamas Buch, sie [2]liest [3]es [1]selbst. 2. Wo sind denn Ihre Kinder? — Sie befinden sich im Garten und hören Großmutters Märchen. 3. Mein Füllfederhalter ist (befindet sich) in Reparatur. Ich schreibe mit der Feder meiner Schwester. 4. Papas Anzug hängt (висит) im Schrank. 5. Was ist das für ein Porträt, das [da] an der Wand hängt? — Das ist ein Porträt von Mama, als sie noch ein junges Mädchen war. 6. Das Kleid von Tante gefällt mir gar nicht. 7. Wasja schreibt in Wanjas Zimmer. 8. Hast du Vaters Meinung über Shilin gehört? 9. Nina Petrowna ist die Schwester meines Onkels. 10. Den ganzen Tag haben wir Tantes Brille gesucht. 11. Kennen Sie die Familie Petrow (*G/P*)? 12. Ich habe mit den Petrows noch keine Bekanntschaft geschlossen. 13. Wieviel Kinder haben sie? — Sie haben vier Kinder, zwei Söhne und **zwei** Töchter. 14. Wie heißt der älteste Sohn? — Er heißt Iwan. — Und [2]wie [heißt] [1]die Tochter? — Irina. 15. Wann

waren Sie das letzte (после́дний) Mal in Nikolajew? — Das war
am 15. März. Ich werde diesen Tag nicht vergessen. Als wir in
Nikolajew ankamen (прибы́ть), ⁴erwartete ²uns ¹Garschin, ²in
dessen Wohnung wir wohnen sollten (нам предстоя́ло), ³schon
am Bahnhof. 16. Ich sprach mit Iwan Alexandrowitsch Tschishi-
kow über seine Arbeit in (на) der Fabrik. 17. Was weißt du über
Alexander Nikolajewitsch Gawrilow? — Soviel wie ich weiß,
wohnt er in dem Hause von Shilin in Charkow. Vorläufig ist er
noch Student. 18. Endlich habe ich meine Mutter mit Tatjana
Alexandrowna Tschishikowa in einem (оди́н) Geschäft auf der
Hauptstraße gefunden. 19. Welche Angaben können Sie mir über
Anna Iwanowna Gawrilowa machen (geben)? 20. Ich (f) habe
gehört, daß ihr beide, du (f) und Wera, in eine neue Wohnung
umgezogen seid. 21. Ich gehe zu meinen Brüdern, ¹sie ³wohnen
²beide in der Nachbarschaft. 22. Auf (по D) beiden Seiten
eurer Straße sehe ich nur neue Häuser. 23. Die Fenster von beiden
Zimmern gehen auf (на A) die Straße hinaus. 24. Für uns beide
³genügt ¹ein Zimmer ²vollständig (вполне́). 25. Er hat drei Tage
und Nächte nicht geschlafen. 26. Ich habe zwei Brillen. 27. Die
ganze Familie ging ins Kino, d.h. (то́ есть) die Eltern mit den
beiden Söhnen und den beiden Töchtern. 28. Wo liegt deine
Vaterstadt (родно́й го́род)? — Es ist ein kleines Städtchen bei
(под) Charkow. 29. Wenn sie Zeit hätten, würden sie den Stadt-
garten besuchen. 30. Wenn ich Geld hätte, würde ich nach dem
Süden fahren. 31. Wenn ich sie träfe, würde ich sie bitten, dieses
Buch ausfindig zu machen. 32. Wenn dies geschehen wäre,
so wäre ich sehr glücklich gewesen. 33. Wenn er aufhörte zu
rauchen, so würde seine Gesundheit besser werden. 34. Wenn
dies wahr gewesen wäre, so hätte ich Ihnen davon erzählt. 35.
Wenn du mir dies (об э́том) früher mitgeteilt hättest (*Imp.*), so
würde ich mir diesen Roman schon gekauft haben. 36. Wenn ich
mehr Geduld hätte (*Imp.*), so wäre alles dies schon in Ordnung.
37. Wenn er um (на A) fünf Minuten früher gekommen wäre
(*Imp.*), so hätte er mich zu Hause angetroffen. 38. Wenn er
deutlicher gesprochen hätte (*Imp.*), so hätte ich ihn verstanden.

b) Beantworten Sie folgende Fragen:

1. Ско́лько дней Тимофе́й Васи́льевич разы́скивал своего́
племя́нника? 2. Как зову́т племя́нника? 3. Где он его́ встре́-
тил? 4. В ком он узна́л племя́нника? 5. С каки́ми слова́ми
он обрати́лся к конду́ктору? 6. Обра́довался ли (freute sich)
конду́ктор при ви́де своего́ дя́ди? 7. Что он отве́тил дя́де?
8. Что Тимофе́й Васи́льевич стал расска́зывать пассажи́рам
трамва́я? 9. Что рассказа́л дя́дя племя́ннику? 10. Как вели́

себя пассажи́ры, услы́шав расска́з дя́ди? 11. Како́е же бы́ло при э́том поведе́ние (Benehmen) племя́нника? 12. О чём, наконе́ц, напо́мнил Серёжа своему́ дя́де? 13. Серьёзно (ernsthaft) ли отнёсся (verhielt sich) дя́дя к тре́бованию (Forderung) заплати́ть де́ньги? 14. При каки́х усло́виях Тимофе́й Васи́льевич заплати́л бы за биле́т? 15. Куда́ хо́чет е́хать дя́дя? 16. Ско́лько ещё остано́вок (Haltestellen) оста́лось до вокза́ла? 17. Наста́ивает (besteht) ли племя́нник на том, что́бы дя́дя заплати́л за прое́зд (Fahrt)?

23. LEKTION

Не на́до име́ть ро́дственников

(Оконча́ние.)

Тимофе́й Васи́льевич оби́женно сжал гу́бы и суро́во посмотре́л на племя́нника.

— Ты э́то что же — с родно́го дя́ди[1]? Дя́дю гра́бишь?

Конду́ктор тоскли́во посмотре́л в окно́.

— Мародёрствуешь[2], — серди́то сказа́л дя́дя. — Я тебя́, су́кина сы́на, семь лет не ви́дел, а ты чего́ э́то? Де́ньги за прое́зд[3]? С родно́го дя́ди? Ты не маха́й на меня́ рука́ми[4]. Не маха́й, не де́лай ве́тра[5] пе́ред пассажи́рами.

Тимофе́й Васи́льевич поверте́л гри́венник в руке́ и су́нул его́ в карма́н.

— Что же э́то, бра́тцы, тако́е[6]? — обрати́лся Тимофе́й Васи́льевич к пу́блике. — С родно́го дя́ди тре́бует. Две, говори́т, ста́нции ... А?

— Плати́ть на́до, — чуть не пла́ча[7], сказа́л племя́нник. — Вы, това́рищ дя́дя, не серди́тесь. Потому́ что не мой здесь трамва́й. А госуда́рственный трамва́й. Наро́дный.

— Наро́дный, — сказа́л дя́дя, — меня́ э́то не каса́ется. Мог бы ты, су́кин сын, родно́го дя́дю уважи́ть. Мол[8], спря́чьте, дя́дя, ваш трудово́й гри́венник. Поезжа́йте на здоро́вье. И не развали́тся от того́ трамва́й. Я в по́езде неда́вно е́хал ... Не родно́й конду́ктор, а и тот говори́т: пожа́луйста, говори́т, Тимофе́й

Васи́льевич, что за счёты[9] ... так сади́тесь ... И довёз[10] ... не родно́й. То́лько земля́к знако́мый. А ты э́то что — родно́го дя́дю ... Не бу́дет тебе́ де́нег[11].

Конду́ктор вы́тер лоб рукаво́м и вдруг позвони́л.

— Сойди́те, това́рищ дя́дя, — официа́льно сказа́л племя́нник. Ви́дя, что де́ло принима́ет серьёзный оборо́т, Тимофе́й Васи́льевич всплесну́л рука́ми, сно́ва вы́нул гри́венник, пото́м опя́ть спря́тал.

— Нет, — сказа́л, — не могу́! Не могу́ тебе́, сопляку́, заплати́ть. Лу́чше пуска́й сойду́[12].

Тимофе́й Васи́льевич торже́ственно и возмущённо встал и напра́вился к вы́ходу. Пото́м оберну́лся.

— Дя́дю ... родно́го дя́дю го́нишь, — с я́ростью сказа́л Тимофе́й Васи́льевич. — Да, я тебя́, сопляка́ ... Я тебя́, су́кина сы́на ... Я тебя́ расстреля́ть за э́то могу́. У меня́ мно́го концо́в в Смо́льном[13].

Тимофе́й Васи́льевич уничтожа́юще посмотре́л на племя́нника и сошёл с трамва́я.

оби́деть *pf.* beleidigen
оби́женно *Adv.* beleidigt
сжать *pf.* zusammenpressen
губа́ (5) Lippe
суро́вый finster
гра́бить *dur.* plündern
тоскли́вый wehmütig
в окно́ zum Fenster hinaus
мародёрствовать *dur.* marodieren, plündern
серди́тый böse
де́ньги за прое́зд Fahrgeld
потре́бовать *pf.* fordern
маха́ть *dur.* winken
пе́ред (*I*) vor
поверте́ть *pf.* (eine Weile) drehen
су́нуть *pf.* einstecken
карма́н Tasche
бра́тец Brüderchen, *Anrede*: mein Lieber
тре́бовать *dur.* fordern
чуть не fast, beinahe
серди́ться *dur.* böse sein

наро́дный Volks... (*ergänze*: Straßenbahn)
каса́ться *dur.* berühren, angehen
мог, *pt. von* мочь können
ува́жить *pf.* achten
спря́тать *pf.* verstecken, einstekken, verbergen
трудово́й schwer verdient
поезжа́йте, *Imp. von* пое́хать *pf.* fahren
на здоро́вье zur Gesundheit, *hier*: glücklich
развали́ться *pf.* zusammenstürzen, zugrunde gehen
сади́ться *dur.* sich hinsetzen, einsteigen [bringen]
довезти́ *pf.* bis zum Ziel fahren,
земля́к (3) Landsmann
вы́тереть *pf.* abreiben, abwischen
рука́в (3), *N/P* -а́ Ärmel
позвони́ть *pf.* klingeln, läuten
сойти́ *pf.* hinuntergehen, absteigen
оборо́т Wendung

вспленсну́ть *pf.* рука́ми die Hände zusammenschlagen
опя́ть wieder(um)
сопля́к (3) Rotznase
заплати́ть *pf.* (be)zahlen
пуска́й mag
торже́ственный feierlich
возмущённый empört
напра́виться *pf.* sich wenden
вы́ход Ausgang
оберну́ться *pf.* sich umwenden

гнать *dur.* (fort)jagen
я́рость *f* Wut
с я́ростью wütend
расстреля́ть *pf.* erschießen
коне́ц, -нца́ Ende; *pl. hier*: Beziehungen
Смо́льный [монасты́рь (3)] Smolny-Kloster
уничтожа́юще *Adv.* vernichtend
сошёл, *pt. von* сойти́ aussteigen

Erläuterungen 205

1) „Was willst du denn — von deinem [99/5] leiblichen Onkel?"

2) мародёрствовать wird nur im verächtlichen Sinn gebraucht.

3) „... und was soll dies? Geld für die Fahrt?"

4) Diese Redensart (wörtlich: winke du nicht mit den Händen) hat den Sinn: „Tu nicht so, als wenn du da nichts machen könntest."

5) „Tu nicht so, spiele dich nicht auf" (wörtlich: mache keinen Wind).

6) „Was hat das zu bedeuten?"

7) пла́ча ist ap.pr.a. von пла́кать ,weinen' und hat hier adverbiale Bedeutung: „... sagte fast weinend der Neffe."

8) Vgl. [196/15]. „Du könntest sagen, stecken Sie Ihren schwer verdienten Groschen ein!"

9) Wörtlich „Was für Rechnungen ...", d. h. „Wozu erst lange rechnen (zahlen)". Sonst lautet der regelmäßige Plural счета́.

10) „Und brachte (fuhr) mich bis ans Ziel."

11) Wörtlich „Dir wird kein Geld sein", d. h. „Geld bekommst du nicht."

12) „Es ist besser, ich steige schon aus" [206].

13) „Ich habe viele Beziehungen im Smolny-Kloster" (einem ehemaligen Erziehungsinstitut für adlige Mädchen, in dem nach der Revolution der Sitz der Regierung war).

Grammatik

Konzessivsätze 206

a) Я, **хотя́** и подслу́шивал, снача́ла не слы́шал, о чём они́ говоря́т [157].	**Obgleich** ich auch horchte, hörte ich anfangs nicht, wovon sie sprachen.
b) **Пусть** я винова́т, но ведь я проси́л проще́ния.	**Mag** ich auch schuldig sein, aber ich habe doch um Verzeihung gebeten.

a) **хотя́** obgleich, obwohl, obschon. Für **хотя́ и** heißt es zuweilen auch **хоть и.**

b) **пусть** oder **пуска́й** kann sich mit allen Personen und allen Zeiten verbinden. Hierzu gehört auch der Satz: Лу́чше пуска́й сойду́.

207   **Kausalsätze**

a) Я хожу́ в университе́т, **пото́му что** хочу́ учи́ться.	Ich besuche die Universität, **weil** ich lernen will.
b) Он не мог помо́чь мне, **так как** был о́чень за́нят.	Er konnte mir nicht helfen, **da** er sehr beschäftigt war.

Die Konstruktion der Sätze ist die gleiche wie im Deutschen.

208   **Präpositionen mit dem Akkusativ und Instrumental**

за mit dem Akkusativ

Я иду́ за дом.	Ich gehe hinter das Haus.	örtlich: wohin?
Они́ се́ли за стол.	Sie setzten sich an den Tisch.	
за после́дние два дня	in den letzten zwei Tagen	zeitlich: im Verlauf, während
за су́тки	während 24 Stunden	
пла́та за вход	Geld für den Eintritt	zum Ausdruck von Entgelt
по рублю́ за це́нтнер	(je) ein Rubel pro Zentner	
борьба́ за мир	Kampf für den Frieden	(Merke!)
Что э́то за высо́кое зда́ние?	Was ist das für ein hohes Gebäude?	

за mit dem Instrumental

за реко́й Днепро́м	hinter (jenseits) dem Dnepr	örtlich: wo?
за поля́рным кру́гом	hinter dem Polarkreis	
За столо́м сиди́т медсестра́.	Am Tisch sitzt die Krankenschwester.	
за хоро́шей рю́мкой ви́ски	bei einem guten Glas Whisky	
Я посла́л за до́ктором.	Ich habe nach dem Doktor geschickt.	zum Zweck
за но́мером 126	unter der Nummer 126	(Merke!)

под mit dem Akkusativ

Положи́те дрова́ под наве́с.	Legt das Holz unter das Schutzdach.	örtlich: wohin?
по́д вечер	gegen Abend	zeitlich
Она́ пи́шет под дикто́вку.	Sie schreibt nach Diktat.	(Merke!)

под mit dem Instrumental

Дрова́ лежа́т под наве́сом.	Das Holz liegt unter dem Schutzdach.	örtlich: wo?
дере́вня под Москво́й	ein Dorf bei Moskau	

Deklination der Feminina auf Vokal (außer и) + я   209

(Variante zum Grundtyp C der Feminina [42])

				Ebenso:	
N/S	алле́я Allee	N/P	алле́и	галере́я	Galerie
G	алле́и		алле́й	змея́ (4), *pl.*	Schlange
D	алле́е		алле́ям	зме́и, змей, зме́ям	
A	алле́ю		алле́и	иде́я	Idee
I	алле́ей (-ею)		алле́ями	ста́туя	Statue
P	об алле́е		алле́ях	ста́я	Zug (Vögel)
				ше́я	Hals

Das Passiv   210

1. Es gibt nur zwei passivische Formen, z. B. von [вы́]стро́ить bauen:
   p.pr.p. стро́имый, *Kf.* стро́им, -а, -о, -ы gebaut (werdend);
   p.pt.p. вы́строенный, *Kf.* вы́строен, -а, -о, -ы gebaut

2. Alle übrigen Formen des Passivs können auf zweifache Weise umschrieben werden:

   a) durch die reflexiven Formen des **durativen** Verbs zum Ausdruck einer wiederholten oder dauernden Handlung;

   b) durch die Kurzform des p.pt.p. des **perfektiven** Verbs in Verbindung mit den entsprechenden Zeitformen von быть zum Ausdruck des nach Abschluß einer Handlung vorliegenden Zustandes.

Duratives Passiv	Perfektives Passiv
Дом стро́ится. Das Haus wird gebaut (ist im Bau).	Дом вы́строен. Das Haus ist gebaut.
Дом стро́ился. Das Haus wurde gebaut (war im Bau).	Дом был вы́строен. Das Haus wurde gebaut, ist (war) gebaut worden.
Дом бу́дет стро́иться. Das Haus wird gebaut werden (wird im Bau sein).	Дом бу́дет вы́строен. Das Haus wird gebaut werden.

Das durative Passiv kann von jedem **transitiven** durativen Verb, nur in Einzelfällen auch von transitiven perfektiven Verben gebildet werden.

3. Он (был, бу́дет) уважа́ем все́ми това́рищами. — Er wird (wurde, wird werden) von allen Kameraden geachtet.

Seltener ist der Gebrauch der Kurzform des p.pr.p. zum Ausdruck eines Zustandes.

4. Меня́ задержа́ли. — Ich wurde aufgehalten.

Häufig wird das deutsche Passiv auch durch die dritten Personen ohne Personalpronomen ausgedrückt. Vgl. hierzu die gleiche Konstruktion bei „man" [75/1].

211   **Übungen**

a) Neue Wörter:

авиа́ция	Flugwesen	галёрка	Galerie
мно́го наро́ду [75/6]	viele Menschen	вход	Eingang
я уве́рен	ich bin überzeugt	усло́виться *pf.*	verabreden
		по оконча́нии	nach Beendigung
заня́ть *pf.* ме́сто	den Platz einnehmen	присутствовать *dur.*	anwesend sein
нача́ло	Anfang, Beginn	програ́мма	Programm
тру́дный	schwierig	сто́лько (*G*)	soviel
не́сколько мину́т **тому́ наза́д** (*nachgestellt!*)	**vor** einigen Minuten	из-за (*G*)	wegen
		Я пойду́ куплю́	ich gehe kaufen („ich werde gehen, werde kaufen")

Übersetzung: [2]Weißt [1]du, daß [2]Professor Wolin [1]heute abend [4]über das Flugwesen der UdSSR [3]sprechen wird? Er ist ein großer Spezialist in (по) dieser Frage, und ich bin überzeugt, daß sein

Vortrag sehr interessant sein wird. Wirst du mit mir gehen? — Schön, aber laß uns nicht so spät (поráньше) gehen, da viele Menschen dort sein werden. — Wir wollen unsere Plätze einnehmen, weil es direkt vor dem Beginn schwer sein wird, ²gute Plätze ¹zu finden. Wo ist denn Kolja? Vor einigen Minuten habe ich ihn am Eingang gesehen. Da ist er über uns! [Wie] es scheint, hat er sich einen Platz auf der Galerie genommen. Mag er dort auch bleiben! Ich habe mit ihm verabredet, uns ²nach Beendigung des Vortrags ³im Café ¹zu treffen. Außer Tanja, die zu Hause geblieben ist, ist meine ganze Familie hier anwesend. Zeige mal (-ка) das Programm! Wie? Du hast kein Programm? — Ich habe es noch nicht gekauft, da ich dachte: Kaufe ich ein Programm, dann ²werden wir ¹möglicherweise (возмóжно) ⁴zwei ³davon (их) haben (оказáться). Ich dachte, mag er eins kaufen! — Soviel Worte wegen eines Programms! ²Ich werde ¹also (так) gehen und [eins] kaufen. — Ah, Nadeshda Petrowna, Sie sind auch hier? Und ich dachte, Sie wären in Moskau! — Ich ²war ¹auch ³dort, bin in (на) der vergangenen Woche hingefahren. — Da kommt Sascha mit dem Programm. Nun, setzen wir uns (gehen wir uns setzen)!

b) Übersetzung:

1. Ich war überzeugt, daß er noch hier war, weil er viel Arbeit hatte. 2. Ich habe ihn nicht angerufen, da es [zu] spät war. 3. Sie hat ihn nicht angetroffen, da er nicht zu Hause war. 4. Ich habe diesen Roman nicht gelesen, weil ich ihn nicht bekommen (достáть) konnte. 5. Obgleich es auch kalt ist, so öffne ich doch (всё же) das Fenster. 6. Schreibmaschinen werden in (на) verschiedenen Werken hergestellt (производи́ть). 7. In diesem Bezirk werden neue Fabriken gebaut. 8. In unserer Stadt sind viele neue Häuser gebaut worden. 9. Unsere Schreibmaschine ist vor einem Jahr gekauft worden. 10. Mein Eisschrank ist in Berlin gekauft worden. 11. In diesem Jahr sind viele neue Zirkel an einigen Instituten und Universitäten eingerichtet (организовáть) worden. 12. Meine Arbeit wird im Mai beendet werden. 13. Die Glasfabrik wird von allen Studenten des Technikums (тéхникум) besucht. 14. Die Radiotechnik wird mit besonderem Interesse (интерéс) studiert. 15. Sein Buch wird von allen gelesen. 16. Montags wurden im Lichtspieltheater populärwissenschaftliche (наýчно-популя́рный) Filme gezeigt. 17. Die Kassenscheine werden von der Verkäuferin ausgeschrieben und an der Kasse bezahlt. 18. Alle Geschäftsbriefe wurden von dem Leiter der Handelsabteilung diktiert. 19. Der Verkehr wurde mit Hilfe einer Verkehrsampel gelenkt. 20. Das Telegramm (телегрáмма) ist

gestern übergeben worden. 21. Mein Bruder wurde ins Institut gerufen [210/4]. 22. Sie wurden gebeten, uns zu helfen [210/4]. 23. Es wird viel Zeit verloren werden, wenn wir das nötige Geld nicht bekommen. 24. Der nördliche Teil der UdSSR wird von dem Nördlichen Eismeer bespült. 25. Die Erde wurde von der Sonne durchwärmt.

c) Beantworten Sie folgende Fragen:

1. Как Тимофе́й Васи́льевич вёл себя́, услы́шав, что нельзя́ да́ром е́хать? 2. В чём он упрекну́л (warf er vor) племя́нника? 3. Что он сде́лал с гри́венником? 4. С каки́ми слова́ми он обрати́лся к пу́блике? 5. Что ему́ отве́тил племя́нник? 6. Почему́ племя́нник до́лжен был потре́бовать де́ньги? 7. Чего́[1] потре́бовал дя́дя, что́бы конду́ктор ему́ сказа́л? 8. Каку́ю исто́рию рассказа́л дя́дя о свое́й пое́здке по желе́зной доро́ге? 9. Что, наконе́ц, сде́лал племя́нник? 10. С каки́ми слова́ми он пригласи́л (forderte auf) дя́дю сойти́ с трамва́я? 11. Тотча́с ли (sofort) подчини́лся (fügte sich) дя́дя приглаше́нию (Aufforderung) племя́нника? 12. Каку́ю угро́зу (Drohung) вы́сказал (sprach aus) дя́дя, сходя́ с трамва́я?

24. LEKTION

212

К уча́щимся

Тру́дно изуча́ть иностра́нный язы́к, но ещё трудне́е — его́ не забыва́ть. Пройдя́ уче́бник ру́сского языка́, не сле́дует успока́иваться на приобретённых зна́ниях, а ну́жно стреми́ться к их углубле́нию. Са́мый лу́чший спо́соб для э́того — чте́ние. Ну́жно[1] всегда́ находи́ть вре́мя для внима́тельного чте́ния, хотя́ бы то́лько че́тверть часа́ и́ли полчаса́ ежедне́вно, всё равно́ что[2] э́то бу́дет — кни́жка и́ли газе́та. Тогда́ ничего́ не забу́дется, а, напро́тив, ста́нут прибавля́ться к ста́рым всё но́вые и но́вые зна́ния. При э́том рекоменду́ется чита́ть вслух, и́бо для на́шего языка́ та́кже необходи́мо упражне́ние, а для слу́ха привы́чка к

---

[1]) Nach [по]тре́бовать steht das Objekt im Genitiv; darum чего́; jedoch steht es zuweilen auch im Akkusativ, wenn es eine bestimmte Person oder einen bestimmten konkreten Gegenstand bezeichnet; darum heißt es in der vorhergehenden Frage де́ньги; де́нег würde heißen „Geld", nicht aber „das (bestimmte Fahr-)Geld".

чужи́м зву́кам. Цель вся́кого уча́щегося состои́т в том, что́бы как мо́жно скоре́е научи́ться свобо́дно говори́ть на иностра́нном языке́. У кого́ нет возмо́жности постоя́нно встреча́ться с ру́сскими, тот, по кра́йней ме́ре, до́лжен[1] изучи́ть хоро́ший самоучи́тель разгово́рного ру́сского языка́, кото́рый не́сколько отлича́ется от литерату́рного. Сле́дует[1] всегда́ по́мнить, что в кажднодне́вном обихо́де тре́буются определённые оборо́ты ре́чи, без кото́рых нельзя́ обойти́сь. Никогда́ не изуча́йте отде́льных слов! То́лько в са́мой фра́зе смысл слов стано́вится я́сен. Поэ́тому лу́чше зау́чивайте наизу́сть це́лые фра́зы. Смотри́те на тако́го ро́да[3] изуче́ние, как на арифмети́ческую зада́чу! Одну́ фра́зу[4] ежедне́вно — э́то совсе́м немно́го. Но 365 фраз в год — э́то уже́ доста́точный материа́л, спосо́бный оказа́ть услу́гу в разгово́рной ре́чи.

В конце́ концо́в рекоменду́ем вам по́льзоваться граммофо́нными пласти́нками по изуче́нию ру́сского языка́, кото́рые вам даду́т возмо́жность слу́шать зву́ки ру́сского языка́, произнесённые людьми́ с чи́стым ру́сским вы́говором. Да́лее вам на́до по́льзоваться вся́ким слу́чаем слу́шать переда́чи моско́вской радиоста́нции. Ма́ло-пома́лу ва́ше у́хо привы́кнет к чужи́м зву́кам.

иностра́нный fremd
забыва́ть *dur.* vergessen
пройдя́, *ap.pt.a. von* пройти́ durchnehmen
уче́бник Lehrbuch
не сле́дует man darf nicht
успока́иваться *dur.* sich beruhigen, sich zufriedengeben (mit)
приобрести́ *pf.* erwerben
зна́ние Wissen, Kenntnis
стреми́ться *dur.* trachten, streben
углубле́ние Vertiefung
спо́соб Mittel
находи́ть *dur.* finden
внима́тельный aufmerksam
хотя́ бы wenn auch
че́тверть часа́ eine Viertelstunde
полчаса́ eine halbe Stunde
ежедне́вный täglich
всё равно́ einerlei, ganz gleich
кни́жка Büchlein
забы́ть *pf.* vergessen

напро́тив im Gegenteil
прибавля́ть *dur.* hinzufügen
ста́рый alt
всё но́вые и но́вые immer neue (und neue)
рекомендова́ть *dur.* empfehlen
вслух laut
и́бо denn
язы́к (3) Zunge
необходи́мый nötig, unentbehrlich
упражне́ние Übung
слух Gehör
привы́чка Gewohnheit, Gewöhnung
чужо́й fremd
звук Laut
цель *f* Ziel, Zweck
состоя́ть (в *P*) bestehen (in)
как мо́жно скоре́е möglichst bald
научи́ться *pf.* (er)lernen
свобо́дный frei, fließend

возмо́жность *f* Möglichkeit
встреча́ться (с *I*) sich begegnen, zusammenkommen (mit)
самоучи́тель *m* Leitfaden zum Selbstunterricht
разгово́рный язы́к Umgangssprache
литерату́рный Literatur..., Schrift...
сле́дует man soll
каждодне́вный alltäglich
обихо́д Bedarf
определённый bestimmt
обойти́сь *pf.* auskommen
фра́за Phrase, Satz
смысл Sinn, Bedeutung
зау́чивать *dur.* lernen
наизу́сть auswendig
це́лый ganz
тако́го ро́да derartig

изуче́ние Studium
арифмети́ческий Rechen...
зада́ча Aufgabe
доста́точный hinreichend
материа́л Material
спосо́бный geeignet
оказа́ть *pf.* услу́гу Dienst erweisen
разгово́рная речь *f* Umgangssprache
в конце́ концо́в zu guter Letzt
граммофо́нная пласти́нка Schallplatte
произнесённый, *p.pt.p. von* произнести́ *pf.* aussprechen
вы́говор Aussprache
радиоста́нция Rundfunkstation
ма́ло-пома́лу allmählich
у́хо, *pl.* у́ши Ohr
привы́кнуть *pf.* sich gewöhnen

213   Erläuterungen

1) Für das deutsche „müssen" gibt es im Russischen eine ganze Reihe von Ausdrücken, die mit Ausnahme von до́лжен alle unpersönlich gebraucht werden. Die wichtigsten sind folgende:

a) Мне на́до (бы́ло, бу́дет) его́ ви́деть.	Ich muß (mußte, werde müssen) ihn sehen.
Мне на́до бы оста́ться на не́сколько дней.	Ich müßte für einige Tage bleiben.
b) Мне ну́жно (бы́ло, бу́дет) написа́ть э́то письмо́.	Ich muß (mußte, werde müssen) diesen Brief schreiben.
Мне ну́жно в го́род.	Ich muß in die Stadt.
c) Мне необходи́мо (бы́ло, бу́дет) с ним поговори́ть.	Ich muß (mußte, werde müssen) unbedingt mit ihm sprechen.
d) Я до́лжен (был, бу́ду) зако́нчить э́ту рабо́ту.	Ich muß (mußte, werde müssen) diese Arbeit beenden.
Так и должно́ быть.	So muß es auch sein.
e) Мне прихо́дится (приходи́лось) уходи́ть на за́работки.	Ich muß (mußte) zum Verdienen (weg)gehen.
f) Мне придётся (пришло́сь) мно́го говори́ть с ним.	Ich muß (mußte) viel mit ihm sprechen.
g) Мне сле́дует (сле́довало) ещё получи́ть 10 ма́рок.	Ich muß (mußte) noch 10 Mark bekommen (habe, hatte zu bekommen).

a) und b): „müssen" im Sinne von „es ist notwendig, der Zweck verlangt es";

c) verstärkt a) und b);

d) im Sinne von „ich fühle mich verpflichtet";

e) „die Umstände verlangen es, es bleibt mir nichts anderes übrig." — Das Futur der durativen Form ist nicht gebräuchlich. Verneint heißt приходи́лось „ich hatte (noch) keine Gelegenheit": Тебе́ ещё не приходи́лось ви́деть телевизио́нную переда́чу? Hast du noch keine Gelegenheit gehabt, eine Fernsehübertragung zu sehen?

f) ist der perfektive Aspekt zu e);

g) „müssen" ergibt sich aus irgendwelchen Folgerungen; не сле́дует heißt „man darf nicht, man soll nicht".

2) Wenn что́ als Relativpronomen betont ist, so wird es auch in russischen Texten für Russen durch Akzent gekennzeichnet.

3) „Studium dieser Art"; тако́го ро́да steht stets an erster Stelle.

4) Den Akkusativ muß man sich hier in Abhängigkeit von einem Verb, etwa учи́ть ‚lernen' denken.

Grammatik

Konsekutivsätze   214

a) Ребёнок так умён, что сра́зу всё понима́ет.	Das Kind ist so klug, daß es sofort alles versteht.
b) Не допуска́йте, чтобы соба́ка лежа́ла на дива́не.	Lassen Sie nicht zu, daß der Hund auf dem Diwan liegt.

a) Die Konstruktion des Konsekutivsatzes ist die gleiche wie im Deutschen.

b) „daß" wird durch чтобы mit dem Präteritum wiedergegeben, wenn der Konsekutivsatz eine mögliche oder notwendige oder beabsichtigte Folge ausdrückt.

Finalsätze (Vgl. [184/4])   215

a) Он сел за стол (для того́), чтобы написа́ть письмо́.	Er setzte sich an den Tisch, um einen Brief zu schreiben.
b) Мне хо́чется, чтобы она́ зашла́ ко мне.	Ich möchte, daß sie zu mir kommt.
c) На́до, чтобы он у нас жил.	Er muß bei uns wohnen.

a) Finalsätze werden durch чтобы eingeleitet, das (in Übereinstimmung mit dem Deutschen) bei gleichem Subjekt in Haupt- und Nebensatz mit dem Infinitiv, bei verschiedenen Subjekten mit dem Präteritum steht. Im Hauptsatz steht oft ein hinweisender Ausdruck (для того́ dazu).

b) Finalsätze stehen im Russischen auch nach Verben und Ausdrücken im Sinn von „wollen, wünschen, befehlen, bitten usw."; im Deutschen wird der Nebensatz in diesen Fällen durch „daß" eingeleitet.

c) Auch viele unpersönliche Ausdrücke bedingen einen Finalsatz mit чтóбы.

216   Präpositionen mit drei Kasus

по mit dem Dativ

Он шёл по знакóмой улице.	Er ging über die bekannte Straße.	örtlich: bei Verben der Bewegung
по моемý мнéнию	nach meiner Meinung	gemäß, entsprechend
по слéдующим цéнам	zu folgenden Preisen	
по вкýсу	nach (dem) Geschmack	
по середúне перекрёстка	in der Mitte der Kreuzung	örtlich: wo? — in bestimmten Ausdrücken
по берегáм океáна	an den Ufern des Ozeans	
по средáм	mittwochs, jeden Mittwoch	zeitliche Wiederholung
по вечерáм	an den Abenden	
говорúть по телефóну	telefonieren	Mittel
Он даёт кáждому из детéй по бýблику.	Er gibt jedem der Kinder (je) einen Kringel.	„je"
инженéр по авиáции	Luftschiffahrtsingenieur	„auf dem Gebiet"
товáрищ по шкóле	Schulkamerad	Ausgangspunkt: von ... her

по mit dem Akkusativ

от пятого по шестóе мáрта	vom 5. bis zum 6. März	zeitlich: bis wann

по mit dem Präpositiv

по окончáнии рабóты	nach Beendigung der Arbeit	nur in bestimmten Ausdrücken

с mit dem Genitiv

письмó с рóдины	Brief aus der Heimat	Herkunft
с пятого мáрта	vom 5. März an	seit, von ... an
с дéтства	von Kindheit an	

Он верну́лся с рабо́ты.	Er kam von der Arbeit zurück.	von ... her (Ausgangspunkt)
Я взял кни́ги со стола́.	Ich nahm die Bücher vom Tisch.	

с mit dem Akkusativ (selten)

С неде́лю я был в отпуску́.	Eine Woche etwa war ich in Urlaub.	zeitlich: etwa

с mit dem Instrumental

Я живу́ вме́сте с роди́телями.	Ich wohne zusammen mit den Eltern.	„mit, in Begleitung"
С на́ми бы́ло два ма́льчика.	Mit (bei) uns waren zwei Jungen.	

Ergänzendes zu den Präpositionen 217

1. Verschiedene Präpositionen (без, в, из, к, над, от, перед, под, с) hängen ein o an, wenn das folgende Wort mit mehreren Konsonanten (vor allem mit мн, вс, вт) beginnt und wenn die Präposition und das folgende Wort den gleichen anlautenden Konsonanten haben:

безо всего́	ohne alles	день ото дня́	tagaus tagein
во дворе́	auf dem Hof	передо мно́й	vor mir
во вто́рник	am Dienstag	надо мно́й	über mir
изо рта́	aus dem Mund	со вре́менем	mit der Zeit
ко мне́	zu mir	со свои́ми	mit ihren Kindern
надо лбо́м	über der Stirn	детьми́	

2. об steht für о vor harten Vokalen; kann für о stehen vor jotierten Vokalen und dem possessiven их (ihr), außerdem in bestimmten Redewendungen:

об э́ту по́ру	um diese Zeit	о(б) их де́ле	über ihre Sache
о(б) его́ де́ле	über seine Sache	рука́ о́б руку	Arm in Arm

3. обо steht (zuweilen neben о) in einigen Redensarten:

обо мне́	über mich	обо (od. о) всём	über alles

4. In meist feststehenden Redensarten zieht die Präposition den Ton auf sich:

уда́рить по́ лбу	gegen die Stirn schlagen
идти́ по́ двору	über den Hof gehen
на́ зиму	für den Winter
на́ гору, по́д гору	bergauf, bergab

5. Die einzelnen Darstellungen über den Gebrauch der Präpositionen geben nur einen flüchtigen Überblick. Präpositionale Verbindungen lerne man aus der Lektüre im Satzzusammenhang. Vor allem beachte man die Verbindungen von Verben, Substantiven, Adjektiven mit bestimmten Präpositionen:

Я смотрю́ на витри́ны. Ich betrachte die Schaufenster. (Aber: Я посмотре́л но́вую пье́су. Ich habe mir das neue Stück angesehen.) Я обраща́юсь к нему́. Ich wende mich an ihn. Любо́вь к ро́дине. Die Liebe zur Heimat. Он равноду́шен к кни́гам. Er ist gegen Bücher gleichgültig.

218 Übungen

a) Übersetzung:

1. Er hat es gern (люби́ть), wenn (daß) man ihn lobt. 2. Sprecht so, daß ich euch verstehe! 3. Es ist wichtig, daß sie richtig (пра́вильно) spielt. 4. Man sagte ihr, sie solle schlafen gehen. 5. Mein Vater wollte nicht, daß ich zu [meiner] Schwester fahre. 6. Wollen Sie nicht, daß wir diesen armen Menschen helfen? 7. Ich möchte, daß er zu mir kommt (зайти́). 8. Man muß essen, um zu leben, und nicht leben, um zu essen. 9. Sie will, daß wir mit ihrem Mann zusammenkommen. 10. Wir sind hierhergekommen, um Musik (му́зыка) zu hören. 11. Ich muß zuerst diesen Aufsatz lesen, um Ihre Frage zu beantworten. 12. Ich werde ins Theater gehen, nur um mit Anna zusammenzutreffen. 13. Ich will die russische Sprache erlernen, um russische Bücher zu lesen und russisch zu sprechen. 14. Um mit (по *D*) der Eisenbahn (желе́зная доро́га) zu fahren, müssen Sie sich eine Fahrkarte am Schalter (ка́сса) lösen (nehmen). ²Wohin ³wollen ¹Sie ⁴fahren? — Ich fahre nach Leningrad. — Nun gut, gehen Sie zum Schalter und kaufen Sie eine Fahrkarte. 15. Ich muß mir dieses Buch ansehen. 16. Müssen Sie dieses Buch lesen? 17. Sie brauchen (müssen) es nicht zu nehmen. 18. Die Schüler müssen diese Erzählung lesen. 19. Sie müssen russisch sprechen. 20. Muß ich diese Arbeit sofort machen? 21. Sie müssen den Namen Ihres Lehrers kennen.

b) Neue Wörter:

ваго́н	(Eisenbahn-, Straßenbahn-)Wagen	сда́ча	Rest an Geld
площа́дка	Plattform	почто́вое отделе́ние	Postamt
Ско́лько с меня́?	Was habe ich zu zahlen?	выходи́ть (и) *dur.*	aussteigen

мост (1)	Brücke	в углу́	in der Ecke
шаг (1)	Schritt	дуть (e) *dur.*	blasen, ziehen
у́гол (3), угла́	Ecke		

In der Straßenbahn

Verzeihen Sie bitte, wohin fährt dieser Wagen (Nummer)? Ich
möchte in die Rasnotschinnaja-Straße. — Steigen Sie ein, wir
fahren zufällig (gerade) durch die Rasnotschinnaja. — Im Wagen
sind offenbar (es scheint) keine freien Plätze mehr. Nun, ganz
gleich, ich bleibe auf der Plattform. — Hier Ihre (вам) Fahrkarte. — Was habe ich zu zahlen? — 20 Kopeken, bitte. Sie
erhalten 80 Kopeken zurück (an Rest Ihnen 80 Kopeken). —
Wo ist das Postamt auf der Rasnotschinnaja? — Sie müssen an
der Haltestelle vor der Brücke aussteigen. Das Postamt befindet
sich einige Schritte (in einigen Schritten) hinter der Brücke.
[Die Straßenbahn hält; es steigen einige Fahrgäste aus.] — Jetzt
gibt es freie Plätze. ²Setzen Sie sich ¹da (вот) in die Ecke, dort
zieht es nicht. Ich werde Ihnen sagen, wann Sie aussteigen
müssen. — Bitte (ich bitte Sie)!

Anhang

Verzeichnis der Verben

Das Verzeichnis enthält (mit Ausnahme einiger seltener Verben) die in den Texten vorkommenden Verben in alphabetischer Reihenfolge. Bei den durativen Verben (*Abk. dur.*) sind die entsprechenden perfektiven (*Abk. pf.*), bei den perfektiven Verben die entsprechenden durativen angegeben. Diese Angabe fehlt nur dann, wenn das durative (bzw. perfektive) Verb verhältnismäßig selten vorkommt. (e) bedeutet regelmäßige e-Konjugation [3], (и) regelmäßige и-Konjugation [16]. Von den Infinitivstämmen mit auslautendem Vokal [51], die ohne Schwierigkeit auch von einem Anfänger konjugiert werden können, sind nur die Formen angegeben, die in Bildung oder Betonung vom Regelmäßigen abweichen (so häufig die weibliche Form des Präteritums). Sonst sind alle Formen angegeben, deren Bildung erfahrungsgemäß auf Schwierigkeiten stößt. Von den Partizipien ist nur das in der Umgangssprache häufig vorkommende p.pt.p. vermerkt, soweit ein solches gebildet werden kann. Die übrigen Partizipien und die Adverbialpartizipien, die in der Umgangssprache selten gebraucht werden, lerne der Anfänger aus der jeweiligen Lektüre. Die Rektion wird durch die Pronomen кто, что [45] bezeichnet, z. B. адресовáть что комý steht verkürzt für чтó-нибудь (etwas) комý-нибудь (an jemanden), влиять на когó-что für на когó-нибудь, на чтó-нибудь.

адресовáть адресýю, -сýешь *dur. u. pf.* (что комý) adressieren, richten (an), адресóванный

бéгать (e) *dur.* (hin u. her) laufen

бежáть, бегý, бежúшь, бегýт *dur.* (hin)laufen, беги

бесúться, бешýсь, бéсишься *dur.* wüten, tollwütig werden, бесúсь, бесúтесь; [*pf.* взбесúться]

бить, бью, бьёшь *dur.* prügeln, schlagen, бей, бúтый; [*pf.* побúть]

благодарúть (и) *dur.* (когó) danken; [*pf.* поблагодарúть]

боя́ться, боюсь, боúшься *dur.* (sich) fürchten, бóйся, бóйтесь

брать, берý, берёшь *dur.* nehmen, бери, бралá; [*pf.* взять]

бросáть (e) *dur.* werfen; [*pf.* брóсить]

брóсить, брóшу, брóсишь *pf.* werfen, брось, -те; брóшенный; [*dur.* бросáть]

бывáть (e) *dur.* zu sein pflegen, vor-⟩

быть *s.* [59] [kommen, geschehen⟩

везтú, везý, везёшь *dur.* führen, fahren, вези; вёз, везлá, -ó, -ú; везённый (везён, -енá, -енó, -еный); [vgl. *pf.* повезтú]

велéть, велю, велúшь *dur. u. pf.* befehlen, велú; велéл (nur *pf.*)

вернýться, вернýсь, -нёшься *pf.* zurückkehren; [vgl. *dur.* возвращáться]

вестú, ведý, -дёшь *dur.* führen, вёл, велá, -ó, -ú; [vgl. *pf.* повестú]

вéшать (e) *dur.* (auf)hängen; [*pf.* повéсить]

взбесúться, взбешýсь, взбéсишься *pf.* wüten, tollwütig werden; [*dur.* бесúться]

взволновáть, взволнýю, -нýешь *pf.* aufregen; взволнóванный; [*dur.* волновáть]

взять, возьму́, -мёшь *pf.* nehmen, возьми́; взяла́; взя́тый (взят, взята́, взя́то, -ы); [*dur.* брать]

вида́ть (е) *dur.* sehen

ви́деть, ви́жу, ви́дишь *dur.* sehen (*Imp.* смотри́), ви́денный; [vgl. *pf.* уви́деть]

влия́ть (е) *dur.* (на кого́-что) beeinflussen; [*pf.* повлия́ть]

возврати́ться, возвращу́сь, -ати́шься *pf.* zurückkehren, возврати́сь, -ти́тесь; [*dur.* возвраща́ться]

возвраща́ться (е) *dur.* zurückkehren; [*pf.* возврати́ться]

войти́, войду́, -дёшь *pf.* hineingehen, войди́; вошёл, вошла́, -о́, -и́; [*dur.* входи́ть]

волнова́ть, волну́ю, -ну́ешь *dur.* aufregen; [*pf.* взволнова́ть]

ворва́ться, ворву́сь, -вёшься *pf.* eindringen, ворви́сь, -и́тесь; (*dur.* врыва́ться]

воскли́кнуть, воскли́кну, -нешь *pf.* ausrufen; [*dur.* восклица́ть]

восклица́ть (е) *dur.* ausrufen; [*pf.* воскли́кнуть]

воспита́ть (е) *pf.* erziehen; [*dur.* воспи́тывать]

воспи́тывать (е) *dur.* erziehen; [*pf.* воспита́ть]

воспо́льзоваться, воспо́льзуюсь, -зуешься (чем) *pf.* benutzen; [*dur.* по́льзоваться]

воспрети́ть, воспрещу́, -ети́шь *pf.* verbieten, воспрети́; воспрещённый (воспрещён, -ена́, -ено́, -ены́); [*dur.* воспреща́ть]

воспреща́ть (е) *dur.* verbieten; [*pf.* воспрети́ть]

врыва́ться (е) *dur.* eindringen; [*pf.* ворва́ться]

всплёскивать (е) *dur.* рука́ми die Hände zusammenschlagen; [*pf.* всплеснуть]

всплеснуть, -ну́, -нёшь *pf.* рука́ми die Hände zusammenschlagen; [*dur.* всплёскивать]

вспомина́ть (е) *dur.* (кого́-что *u.* о ком-чём) sich erinnern; [*pf.* вспо́мнить]

вспо́мнить (и) *pf.* (кого́-что *u.* о ком-чём) sich erinnern; [*dur.* вспомина́ть]

встава́ть, встаю́, встаёшь *dur.* aufstehen, встава́й; [*pf.* встать]

встать, вста́ну, -нешь *pf.* aufstehen, встань, -те; [*dur.* встава́ть]

встре́тить, встре́чу, встре́тишь *pf.* (кого́) begegnen; встре́ть, -те; встре́ченный; [*dur.* встреча́ть]

встреча́ть (е) *dur.* (кого́) begegnen; [*pf.* встре́тить]

вступа́ть (е) *dur.* (во что) eintreten; [*pf.* вступи́ть]

вступи́ть, вступлю́, всту́пишь *pf.* (во что) eintreten; [*dur.* вступа́ть]

входи́ть, вхожу́, вхо́дишь *dur.* (во что) hineingehen; [*pf.* войти́]

вы́быть, вы́буду, вы́будешь *pf.* (из чего́) austreten, вы́будь, -те; вы́был

выгля́дывать (е) *dur.* hinaussehen; [*pf.* вы́глянуть]

вы́глянуть, вы́гляну, -нешь *pf.* hinaussehen; [*dur.* выгля́дывать]

вы́гнать, вы́гоню, -нишь *pf.* hinausjagen; [*dur.* выгоня́ть]

выгоня́ть (е) *dur.* hinausjagen; [*pf.* вы́гнать]

вы́держать, вы́держу, -жишь *pf.* aushalten, (*Examen*) bestehen, вы́держи; вы́держанный; [*dur.* выде́рживать]

выде́рживать (е) aushalten, (*Examen*) bestehen; [*pf.* вы́держать]

вы́звать, вы́зову, -вешь *pf.* herausrufen, вы́зови; вы́званный; [*dur.* вызыва́ть]

вызыва́ть (е) *dur.* herausrufen; [*pf.* вы́звать]

вы́йти, вы́йду, -дешь *pf.* hinausgehen, вы́йди; вы́шел, вы́шла, -о, -и; [*dur.* выходи́ть]

вылеза́ть (е) *dur.* herauskriechen, (*Umgangssprache*) aussteigen; [*pf.* вы́лезть]

вы́лезть, вы́лезу, -зешь *pf.* herauskriechen, вы́лезь, -те *u.* вы́лези; вы́лез, вы́лезла, -о, -и; [*dur.* вылеза́ть]

вынима́ть (е) *dur.* herausnehmen; [*pf.* вы́нуть]

вы́нуть, вы́ну, -нешь *pf.* herausnehmen, вы́нь, -те; вы́нутый; [*dur.* вынима́ть]

выпада́ть (е) *dur.* (her)ausfallen, fallen (*von Niederschlägen*); [*pf.* вы́пасть]

вы́пасть, вы́паду, -дешь *pf.* (her-)ausfallen, вы́пади; вы́пал; [*dur.* выпада́ть]

вы́писать, вы́пишу, -шешь *pf.* ausschreiben, вы́пиши; вы́писанный; [*dur.* выпи́сывать]

выпи́сывать (e) *dur.* ausschreiben; [*pf.* вы́писать]

вы́пить, вы́пью, вы́пьешь *pf.* trinken, вы́пей; вы́питый; [*dur.* пить]

вы́полнить, вы́полню, -нишь *pf.* erfüllen, вы́полни; вы́полненный; [*dur.* выполня́ть]

выполня́ть (e) *dur.* erfüllen; [*pf.* вы́полнить]

вы́расти, вы́расту, -тешь *pf.* aufwachsen, вы́расти; вы́рос, вы́росла, -о, -и; [*dur.* расти́]

вы́растить, вы́ращу, -астишь *pf.* züchten, вы́расти; вы́ращенный; [*dur.* выра́щивать]

выра́щивать (e) *dur.* züchten; [*pf.* вы́растить]

вы́сказать, вы́скажу, -жешь *pf.* aussprechen, вы́скажи; вы́сказанный; [*dur.* выска́зывать]

выска́зывать (e) *dur.* aussprechen; [*pf.* вы́сказать]

вы́слать, вы́шлю, -лешь *pf.* zuschicken; вы́шли; вы́сланный; [*dur.* высыла́ть]

вы́строить, вы́строю, -оишь *pf.* bauen, вы́строй *u.* вы́строи; вы́строенный; [*dur.* стро́ить]

высыла́ть (e) *dur.* zuschicken; [*pf.* вы́слать]

вы́тереть, вы́тру, вы́трешь *pf.* abwischen, вы́три; вы́тер, вы́терла, -о, -и; вы́тертый; [*dur.* вытира́ть]

вытира́ть (e) *dur.* abwischen; [*pf.* вы́тереть]

вы́учиться, вы́учусь, -чишься *pf.* (er)lernen, вы́учись, вы́учитесь; [*dur.* учи́ться]

выходи́ть, выхожу́, выхо́дишь *dur.* hinausgehen; [*pf.* вы́йти]

вышива́ть (e) *dur.* sticken; [*pf.* вы́шить]

вы́шить, вы́шью, вы́шьешь *pf.* sticken, вы́шей; вы́шитый; [*dur.* вышива́ть]

гляде́ть, гляжу́, гляди́шь *dur.* schauen; [*pf.* погляде́ть]

гнать, гоню́, го́нишь *dur.* (fort)jagen, гони́; гнала́;

говори́ть (и) *dur.* sprechen, sagen; [*pf.* сказа́ть]

гото́вить, гото́влю, -вишь *dur.* vorbereiten

гра́бить, гра́блю, -бишь *dur.* plündern, грабь, -те; гра́бленный; [*pf.* огра́бить]   [[*pf.* погуля́ть])

гуля́ть (e) *dur.* spazieren (gehen);

дава́ть, даю́, даёшь *dur.* geben, дава́й; [*pf.* дать]

дать, дам, дашь, даст, дади́м, дади́те, даду́т *pf.* geben, дай; дала́ (*verneint:* не́ дал, не дала́, не́ дало, -и); да́нный (дан, дана́, -о́, -ы́); [*dur.* дава́ть]

дви́гаться, дви́гаюсь, -аешься *u.* дви́жусь, -жешься *dur.* sich bewegen; [*pf.* дви́нуться]

дви́нуться, дви́нусь, -нешься *pf.* sich bewegen, дви́нься, дви́ньтесь; [*dur.* дви́гаться]

де́лать (e) *dur.* machen; [*pf.* сде́лать]

диктова́ть, дикту́ю, -у́ешь *dur.* diktieren; [*pf.* продиктова́ть]

довезти́, довезу́, -зёшь *pf.* fahren, führen bis, довези́; довёз, довезла́, -о́, -и́; довезённый (довезён, -ена́, -ено́, -ены́); [*dur.* довози́ть]

довести́, доведу́, -дёшь *pf.* hinführen, доведи́; довёл, -ела́, -о́, -и́; доведённый (доведён, -ена́, -о́, -ы́); [*dur.* доводи́ть]

доводи́ть, довожу́, -во́дишь *dur.* hinführen, доводи́; [*pf.* довести́]

довози́ть, довожу́, -во́зишь *dur.* fahren, führen bis, довози́; [*pf.* довезти́]

додава́ть, додаю́, -аёшь *dur.* zugeben, додава́й; [*pf.* дода́ть]

дода́ть, дода́м (*s.* дать) *pf.* zugeben, дода́й; до́дал, додала́, до́дало, -и; до́данный (до́дан, додана́, до́дано, -ы); [*dur.* додава́ть]

доезжа́ть (e) *dur.* fahren bis, erreichen; [*pf.* дое́хать]

дое́хать, дое́ду, -дешь *pf.* fahren bis, erreichen; [*dur.* доезжа́ть]

допуска́ть (e) *dur.* zulassen; [*pf.* допусти́ть]

допусти́ть, допущу́, -у́стишь *pf.* zulassen; допу́щенный; [*dur.* допуска́ть]

достига́ть (e) *dur.* erreichen; [*pf.* дости́гнуть *u.* дости́чь]

дости́гнуть, дости́гну, -нешь *pf.* erreichen, дости́гни; дости́гнутый; [*dur.* достига́ть]

достичь, достигну, -нешь *pf.* erreichen, достигни; достиг, -игла, -о, -и; достигнутый; [*dur.* достигать]

драться, дерусь, дерёшься *dur.* sich raufen, дерись, деритесь; дрался, дралась, дралось, дрались; [*pf.* подраться] [[*pf.* подумать]\

думать (e) *dur.* denken, glauben;/

дуть (e) *dur.* blasen, wehen

ездить, езжу, ездишь *dur.* fahren

есть, ем, ешь, ест, едим, едите, едят *dur.* essen, ешь, -те; [*pf.* съесть]

ехать, еду, едешь *dur.* fahren (*Imp.* поезжай); [vgl. *pf.* поехать]

ждать, жду, ждёшь *dur.* warten, жди; ждала

желать (e) *dur.* wünschen; [*pf.* пожелать]

жениться, женюсь, женишься *dur. u. pf.* heiraten (eine Frau), женись, женитесь

жить, живу, -вёшь *dur.* leben, wohnen, живи; жила (*verneint:* не жил, не жила, не жило, -и); [vgl. *pf.* пожить]

заботиться, забочусь, -отишься *dur.* (о ком-чём) sich sorgen; [*pf.* позаботиться]

забрасывать (e) *dur.* vernachlässigen; [*pf.* забросить]

забросить, заброшу, -осишь *pf.* vernachlässigen, забрось, -те; заброшенный; [*dur.* забрасывать]

забывать (e) *dur.* (кого-что, о ком-чём) vergessen; [*pf.* забыть]

забыть, забуду, -дешь *pf.* (кого-что, о ком-чём) vergessen, забудь, -те; забытый; [*dur.* забывать]

завтракать (e) *dur.* frühstücken; [*pf.* позавтракать]

задержать, задержу, -ержишь *pf.* zurück-, aufhalten, задержи; задержанный; [*dur.* задерживать]

задерживать (e) *dur.* zurück-, aufhalten; [*pf.* задержать]

зайти, зайду, -дёшь *pf.* (к кому *u.* за кем) hingehen, besuchen, зайди; зашёл, зашла, -о, -и; [*dur.* заходить]

заказать, закажу, -кажешь *pf.* bestellen, закажи; заказанный; [*dur.* заказывать]

заказывать (e) *dur.* bestellen; [*pf.* заказать]

заканчивать (e) *dur.* beenden; [*pf.* закончить]

закончить закончу, -чишь *pf.* beenden, закончи; законченный; [*dur.* заканчивать]

закричать, закричу, -чишь *pf.* aufschreien, (zu) schreien (anfangen), закричи

закрывать (e) *dur.* (ver)schließen; [*pf.* закрыть]

закрыть, закрою, -оешь *pf.* (ver-) schließen, закрой; закрытый; [*dur.* закрывать]

залегать (e) *dur.* lagern (*Erz usw.*)

заливать (e) *dur.* überschwemmen; [*pf.* залить]

залить, залью, зальёшь *pf.* überschwemmen, залей; залил, залила, залило, -и; залитый (залит, залита, залито, -ы); [*dur.* заливать]

занимать (e) *dur.* beschäftigen, einnehmen (*Platz*), interessieren; [*pf.* занять]

заныть, 3. *Pers.* заноет *pf.* (anfangen) weh (zu) tun

занять, займу, -мёшь *pf.* einnehmen (*Platz*), beanspruchen (*Zeit*), займи; занял, заняла, заняло, -и; занятый (занят, занята, занято, -ы); [*dur.* занимать]

заняться, займусь, -мёшься *pf.* (кем-чем) sich beschäftigen, займись, займитесь; занялся, -лась, -лось, -лись; [*dur.* заниматься]

запереть, запру, -прёшь *pf.* verschließen, запри; запер, заперла, заперло, -и; запертый (заперт, заперта, заперто, -ы); [*dur.* запирать] [запереть]\

запирать (e) *dur.* verschließen; [*pf.*/

записать, запишу, -ишешь *pf.* einschreiben; [*dur.* записывать]

записывать (e) *dur.* einschreiben [*pf.* записать]

заплатить, заплачу, -латишь *pf.* (be-)zahlen, заплати; заплаченный; [*dur.* платить]

заполнить, заполню, -нишь *pf.* (aus-) füllen, заполни; заполненный; [*dur.* заполнять]

заполнять (e) *dur.* (aus)füllen; [*pf.* заполнить]

засохнуть, засохну, -нешь *pf.* vertrocknen, засох, засохла, -о, -и; [*dur.* сохнуть]

228

застава́ть, застаю́, -стаёшь *dur.* antreffen, застава́й; [*pf.* заста́ть]

заста́вить, заста́влю, -вишь *pf.* zwingen, заста́вь, -те; [*dur.* заставля́ть]

заставля́ть (e) *dur.* zwingen; [*pf.* заста́вить]

заста́ть, заста́ну, -нешь *pf.* antreffen, заста́нь, -те; [*dur.* застава́ть]

застенографи́ровать, застенографи́рую, -фи́руешь *pf.* stenographieren; [*dur.* стенографи́ровать]

заупря́миться, заупря́млюсь, -пря́мишься *pf.* eigensinnig werden, заупря́мься, заупря́мьтесь; [*dur.* упря́миться]

зау́чивать (e) *dur.* einpauken, lernen; [*pf.* заучи́ть]

заучи́ть, заучу́, зау́чишь *pf.* einpauken, lernen, заучи́; [*dur.* зау́чивать]

захлебну́ться, захлебну́сь, -нёшься *pf.* sich verschlucken; [*dur.* захлёбываться]

захлёбываться (e) *dur.* sich verschlucken; [*pf.* захлебну́ться]

заходи́ть, захожу́, -о́дишь *dur.* hingehen, besuchen, заходи́; [*pf.* зайти́]

защити́ть, защищу́, -ити́шь *pf.* verteidigen, защити́; защищённый (защищён, -ена́, -ено́, -ены́); [*dur.* защища́ть]

защища́ть (e) *dur.* verteidigen; [*pf.* защити́ть]

заяви́ть, заявлю́, -я́вишь *pf.* erklären, anmelden, заяви́; зая́вленный; [*dur.* заявля́ть]

заявля́ть (e) *dur.* erklären, anmelden; [*pf.* заяви́ть]

звать, зову́, зовёшь *dur.* rufen, nennen, зови́; звала́; [*pf.* позва́ть]

звене́ть, звеню́, -ни́шь *dur.* klingen

звони́ть, звоню́, -ни́шь *dur.* (an-)klingeln, звони́; [*pf.* позвони́ть]

зева́ть (e) *dur.* gähnen

знако́миться, знако́млюсь, -мишься *dur.* sich bekannt machen, знако́мься, знако́мьтесь; [*pf.* познако́миться]

знать (e) *dur.* wissen, kennen

зна́чить, зна́чу, -чишь *dur.* bedeuten

игра́ть (e) *dur.* spielen; [*pf.* сыгра́ть]

идти́, иду́, идёшь *dur.* gehen, иди́; шёл, шла, шло, шли; [vgl. *pf.* пойти́]

избега́ть (e) *dur.* vermeiden; [*pf.* избежа́ть]

избежа́ть, избегу́, -ежи́шь, -егу́т *pf.* vermeiden, избеги́; [*dur.* избега́ть]

измени́ть, изменю́, -е́нишь *pf.* (ver-)ändern, измени́; изменённый (изменён, -ена́, -о́, -ы́); [*dur.* изменя́ть]

изменя́ть (e) *dur.* (ver)ändern; [*pf.* измени́ть]

изуча́ть (e) *dur.* lernen, studieren; [*pf.* изучи́ть]

изучи́ть, изучу́, изу́чишь *pf.* lernen, studieren; изу́ченный; [*dur.* изуча́ть]

име́ть (e) *dur.* haben

име́ться, име́ется, име́ются *dur.* vorhanden sein

инспекти́ровать, инспекти́рую, -уешь *dur.* inspizieren, инспекти́рованный

интересова́ть, интересу́ю, -у́ешь *dur.* interessieren [ищи́]

иска́ть, ищу́, и́щешь *dur.* suchen,

исчеза́ть (e) *dur.* verschwinden; [*pf.* исче́знуть]

исче́знуть, исче́зну, -нешь *pf.* verschwinden, исче́зни; исче́з, исче́зла, -о, -и; [*dur.* исчеза́ть]

итти́ *s.* идти́

каза́ться, кажу́сь, ка́жешься *dur.* scheinen; [*pf.* показа́ться]

каса́ться (e) *dur.* berühren, betreffen; [*pf.* косну́ться]

класть, кладу́, -дёшь *dur.* legen, клади́; клал; [*pf.* положи́ть]

конфу́зиться, конфу́жусь, -у́зишься *dur.* verwirrt werden, конфу́зься, конфу́зьтесь; [*pf.* сконфу́зиться]

конча́ть (e) *dur.* beenden, schließen; [*pf.* ко́нчить]

ко́нчить, ко́нчу, -чишь *pf.* beenden, schließen, ко́нчи; ко́нченный; [*dur.* конча́ть]

косну́ться, косну́сь, -нёшься *pf.* berühren, betreffen, косни́сь, косни́тесь; [*dur.* каса́ться]

купа́ться (e) *dur.* baden

купи́ть, куплю́, ку́пишь *pf.* kaufen, купи́; ку́пленный; [*dur.* покупа́ть]

куса́ть (e) *dur.* beißen; [*pf.* укуси́ть]

куса́ться (e) *dur.* beißen *v/i.*

ку́шать (e) *dur.* essen; [*pf.* поку́шать]

лежа́ть, лежу́, лежи́шь *dur.* liegen, лежи́

лета́ть (e) *dur.* fliegen
лете́ть, лечу́, лети́шь *dur.* fliegen, лети́
лечь, ля́гу, ля́жешь, ля́гут *pf.* sich (hin)legen, ля́г, -те; лёг, легла́, -о́, -и́; [*dur.* ложи́ться]
ликова́ть, лику́ю, -у́ешь *dur.* frohlocken, лику́й
ложи́ться, ложу́сь, ложи́шься *dur.* sich (hin)legen; [*pf.* лечь]
лома́ть (e) *dur.* (zer)brechen; [*pf.* слома́ть]
люби́ть, люблю́, лю́бишь *dur.* lieben
маха́ть, машу́, ма́шешь, (*Volkssprache*) маха́ю, -а́ешь *dur.* schwingen, winken, маши́; [*pf.* махну́ть]
махну́ть, махну́, -нёшь *pf.* schwingen, winken, махни́; [*dur.* маха́ть]
меня́ть (e) *dur.* (ver)ändern; [*pf.* обменя́ть]
мочь, могу́, мо́жешь, мо́гут *dur.* können, мог, могла́, -о́, -и́; [*pf.* смочь]
надева́ть (e) *dur.* anziehen; [*pf.* наде́ть]
наде́ть, наде́ну, -нешь *pf.* anziehen, наде́нь, -те; наде́тый; [*dur.* надева́ть]
наде́яться, наде́юсь, -де́ешься *dur.* hoffen, наде́йся, наде́йтесь; [*pf.* понаде́яться]
назва́ть, назову́, -вёшь *pf.* nennen, назови́; назвала́; на́званный (на́зван, названа́, на́звано, -ы); [*dur.* называ́ть]
называ́ть (e) *dur.* nennen; [*pf.* назва́ть]
найти́, найду́, -дёшь *pf.* finden, найди́; нашёл, нашла́, -о́, -и́; на́йденный (на́йден, найдена́, на́йдено, -ы); (*dur.* находи́ть]
найти́сь, найду́сь, -дёшься *pf.* sich finden, нашёлся, нашла́сь, -о́сь, -и́сь; (*dur.* находи́ться]
накрича́ть, накричу́, -чи́шь *pf.* anschreien
написа́ть, напишу́, -пи́шешь *pf.* schreiben, напиши́; напи́санный; [*dur.* писа́ть]
напра́виться, напра́влюсь, -вишься *pf.* sich wenden, sich begeben, напра́вься, напра́вьтесь; [*dur.* направля́ться]
направля́ться (e) *dur.* sich wenden, sich begeben; [*pf.* напра́виться]

наслу́шаться (e) *pf.* zur Genüge anhören
настава́ть, настаёт, -стаю́т *dur.* herannahen; [*pf.* наста́ть]
наста́ивать (e) *dur.* (на чём) bestehen (auf); [*pf.* настоя́ть]
наста́ть, наста́нет, -нут *pf.* herannahen; [*dur.* настава́ть]
настора́живаться (e) *dur.* aufmerksam werden; [*pf.* насторожи́ться]
насторожи́ться, насторожу́сь, -жи́шься *pf.* aufmerksam werden; [*dur.* настора́живаться]
настоя́ть, настою́, -ои́шь *pf.* (на чём) bestehen (auf), настой; [*dur.* наста́ивать]
наступа́ть (e) *dur.* (на кого́-что) treten (auf); [*pf.* наступи́ть]
наступи́ть, наступлю́, -у́пишь *pf.* (на кого́-что) treten (auf), наступи́; [*dur.* наступа́ть]
научи́ться, научу́сь, -у́чишься *pf.* (er)lernen; [*dur.* учи́ться]
находи́ть, нахожу́, -о́дишь *dur.* finden, находи́; [*pf.* найти́]
находи́ться, нахожу́сь, -о́дишься *dur.* sich befinden
нача́ть, начну́, -нёшь *pf.* anfangen, начни́; начала́; на́чатый (на́чат, начата́, на́чато, -ы); [*dur.* начина́ть]
нача́ться, начнётся, -ну́тся *pf.* anfangen *v/i.*; начался́, начала́сь, -о́сь, -и́сь; [*dur.* начина́ться]
начина́ть (e) *dur.* anfangen *v/t.*; [*pf.* нача́ть]
начина́ться (e) *dur.* anfangen *v/i.*; [*pf.* нача́ться]
нести́, несу́, несёшь *dur.* tragen, неси́; нёс, несла́, -о́, -и́; (*pf.* понести́]
нра́виться, нра́влюсь, -вишься *dur.* gefallen; [*pf.* понра́виться]
обду́мать (e) *pf.* überlegen; [*dur.* обду́мывать]
обду́мывать (e) *dur.* überlegen; [*pf.* обду́мать]
оберну́ться, оберну́сь, -нёшься *pf.* sich umwenden; [*dur.* обора́чиваться]
обеща́ть (e) *dur. u. pf.* versprechen, обе́щанный
оби́деть, оби́жу, оби́дишь *pf.* beleidigen, оби́женный; [*dur.* обижа́ть]

обижа́ть (e) *dur.* beleidigen; [*pf.* оби́деть]

облада́ть (e) *dur.* (чем) besitzen, verfügen

обменя́ть (e) *pf.* eintauschen, (ver-)ändern; [*dur.* меня́ть]

обожда́ть, обожду́, -дёшь *pf.* warten, обожди́; обождала́; [vgl. *dur.* ждать]

обойти́, обойду́, -дёшь *pf.* umgehen, einen Rundgang machen, обойди́; обошёл, -шла́, -ó, -и́; [*dur.* обходи́ть]

обойти́сь, обойду́сь, -дёшься *pf.* auskommen (mit), обойди́сь, обойди́тесь; обошёлся, -шла́сь, -шло́сь, -шли́сь; [*dur.* обходи́ться]

обора́чиваться (e) *dur.* sich umwenden; [*pf.* оберну́ться]

обра́доваться, обра́дуюсь, -уешься *pf.* sich freuen, обра́дуйся, обра́дуйтесь; [*dur.* ра́доваться]

обрати́ться, обращу́сь, -ати́шься *pf.* (к кому́) sich wenden (an), обрати́сь, обрати́тесь; [*dur.* обраща́ться]

обраща́ться (e) *dur.* (к кому́) sich wenden (an); [*pf.* обрати́ться]

обуча́ть (e) *dur.* unterrichten; [*pf.* обучи́ть]

обучи́ть, обучу́, обу́чишь *pf.* unterrichten; [*dur.* обуча́ть]

обходи́ть, обхожу́, -óдишь *dur.* umgehen, einen Rundgang machen; [*pf.* обойти́]

обходи́ться, обхожу́сь, -óдишься *dur.* auskommen (mit), обходи́сь, обходи́тесь; [*pf.* обойти́сь]

объясни́ть, объясню́, -ни́шь *pf.* erklären, объяснённый (объяснён, -ена́, -ено́, -ены́); [*dur.* объясня́ть]

объясня́ть (e) *dur.* erklären; [*pf.* объясни́ть]

огля́дываться (e) *dur.* sich umsehen; [*pf.* огляну́ться]

огляну́ться, огляну́сь, -я́нешься *pf.* sich umsehen, огляни́сь, огляни́тесь; [*dur.* огля́дываться]

огра́бить, огра́блю, -бишь *pf.* plündern, огра́бь, -те; огра́бленный; [*dur.* гра́бить]

одева́ть (e) *dur.* anziehen; [*pf.* оде́ть]

оде́ть, оде́ну, -нешь *pf.* anziehen, оде́нь, -те; оде́тый; [*dur.* одева́ть]

ожида́ть (e) *dur.* erwarten

оказа́ть, окажу́, ока́жешь *pf.* erweisen, окажи́; ока́занный; [*dur.* ока́зывать]

ока́зывать (e) *dur.* erweisen; [*pf.* оказа́ть]

ока́нчиваться (e) *dur.* zu Ende gehen; [*pf.* око́нчиться]

око́нчиться, око́нчится, -чатся *pf.* zu Ende gehen; [*dur.* ока́нчиваться]

окружа́ть (e) *dur.* umgeben; [*pf.* окружи́ть]

окружи́ть, окружу́, -жи́шь *pf.* umgeben, окружи́; окружённый (окружён, -ена́, -ó, -ы́); [*dur.* окружа́ть]

омыва́ть (e) *dur.* ab-, bespülen

опа́здывать (e) *dur.* zu spät kommen; [*pf.* опозда́ть]

опозда́ть (e) *pf.* zu spät kommen; [*dur.* опа́здывать]

организова́ть, -зу́ю, -зу́ешь *dur. u. pf.* organisieren, einrichten

освободи́ть, освобожу́, -боди́шь *pf.* befreien, освободи́; освобождённый (освобождён, -ена́, -ó, -ы́); [*dur.* освобожда́ть]

освобожда́ть (e) *dur.* befreien; [*pf.* освободи́ть]

остава́ться, остаю́сь, -аёшься *dur.* bleiben, остава́йся, остава́йтесь; [*pf.* оста́ться]

оста́вить, оста́влю, -вишь *pf.* verlassen, оста́вь, -те; оста́вленный; [*dur.* оставля́ть]

оставля́ть (e) *dur.* verlassen; [*pf.* оста́вить]

остана́вливаться (e) *dur.* anhalten *v/i.*; [*pf.* останови́ться]

останови́ться, остановлю́сь, -нóвишься *pf.* anhalten, останови́сь, останови́тесь; [*dur.* остана́вливаться]

оста́ться, оста́нусь, -нешься *pf.* bleiben, оста́нься, оста́ньтесь; [*dur.* остава́ться]

остри́ть (и) *dur.* Witze machen, остри́

отве́тить, отве́чу, -е́тишь *pf.* (на что) antworten (auf), отве́ть, -те; [*dur.* отвеча́ть]

отвеча́ть (e) *dur.* (на что) antworten (auf); [*pf.* отве́тить]

отвори́ть, отворю́, -óришь *pf.* öffnen, отво́ренный; [*dur.* отворя́ть]

отворя́ть (e) *dur.* öffnen; [*pf.* отвори́ть]

отдохну́ть, отдохну́, -нёшь *pf.* sich ausruhen, отдохни́; [*dur.* отдыха́ть]

отдыха́ть (e) *dur.* sich ausruhen; [*pf.* отдохну́ть]

открыва́ть (e) *dur.* öffnen; [*pf.* откры́ть]

откры́ть, откро́ю, -о́ешь *pf.* öffnen, entdecken, откро́й; откры́тый; [*dur.* открыва́ть]

отлича́ть (e) *dur.* unterscheiden, auszeichnen; [*pf.* отличи́ть]

отличи́ть, отличу́, -чи́шь *pf.* unterscheiden, auszeichnen, отличи́; отличённый (отличён, -ена́, -о́, -ы́); [*dur.* отлича́ть]

отнести́сь, отнесу́сь, -сёшься *pf.* (к кому́-чему) sich verhalten (zu), отнеси́сь, отнеси́тесь; отнёсся, отнесла́сь, -о́сь, -и́сь; [*dur.* относи́ться]

относи́ться, отношу́сь, -о́сишься *dur.* (к кому́-чему) sich verhalten (zu), gehören (zu); [*pf.* отнести́сь]

отобе́дать (e) *pf.* das Mittagessen beenden

отойти́, отойду́, -дёшь *pf.* weggehen, abfahren, отойди́; отошёл, -шла́, -о́, -и́; [*dur.* отходи́ть]

оторва́ться, оторву́сь, -вёшься *pf.* sich losreißen, die Verbindung verlieren; [*dur.* отрыва́ться]

отпра́вить, отпра́влю, -вишь *pf.* abschicken, отпра́вь, -те; отпра́вленный; [*dur.* отправля́ть]

отпра́виться, отпра́влюсь, -вишься *pf.* sich begeben, отпра́вься, отпра́вьтесь; [*dur.* отправля́ться]

отправля́ть (e) *dur.* abschicken; [*pf.* отпра́вить]

отправля́ться (e) *dur.* sich begeben; [*pf.* отпра́виться]

отпуска́ть (e) *dur.* entlassen; [*pf.* отпусти́ть]

отпусти́ть, отпущу́, -у́стишь *pf.* entlassen, отпу́щенный; [*dur.* отпуска́ть]

отрыва́ться (e) *dur.* sich losreißen, die Verbindung verlieren; [*pf.* оторва́ться]

отходи́ть, отхожу́, -о́дишь *dur.* weggehen, abfahren; [*pf.* отойти́]

отыска́ть, отыщу́, оты́щешь *pf.* aufsuchen, отыщи́; оты́сканный; [*dur.* оты́скивать]

оты́скивать (e) *dur.* aufsuchen; [*pf.* отыска́ть]

оштрафова́ть, оштрафу́ю, -фу́ешь *pf.* bestrafen; [*dur.* штрафова́ть]

па́дать (e) *dur.* fallen; [*pf.* упа́сть]

перегна́ть, перегоню́, -о́нишь *pf.* überholen, перегони́; перегнала́; переа́гнанный; [*dur.* перегоня́ть]

перегоня́ть (e) *dur.* überholen; [*pf.* перегна́ть]

передава́ть, передаю́, -даёшь *dur.* übergeben, передава́й; [*pf.* переда́ть]

переда́ть, переда́м (*s.* дать) *pf.* übergeben, переда́й; пе́редал, передала́, пе́редано, -и; пе́реданный (пе́редан, передана́, пе́редано, -ы); [*dur.* передава́ть]

переезжа́ть (e) *dur.* überfahren, umziehen; [*pf.* перее́хать]

перее́хать, перее́ду, -е́дешь *pf.* überfahren, umziehen; [*dur.* переезжа́ть]

перейти́, перейду́, -дёшь *pf.* (что *od.* че́рез что) überschreiten, hinübergehen, перейди́; перешёл, -шла́, -о́, -и́; [*dur.* переходи́ть]

пересека́ть (e) *dur.* durchschneiden, kreuzen

переходи́ть, перехожу́, -о́дишь *dur.* (что *od.* че́рез что) überschreiten, hinübergehen, переходи́; [*pf.* перейти́]

печь, пеку́, печёшь, пеку́т *dur.* backen, brennen (*Sonne*), пеки́; пёк, пекла́, -о́, -и́; печённый (печён, -ена́, -о́, -ы́)

писа́ть, пишу́, пи́шешь *dur.* schreiben, пиши́; [*pf.* написа́ть]

пить, пью, пьёшь *dur.* trinken, пей; пила́ (*verneint:* не́ пил, не пила́, не́ пило, не́ пили); [*pf.* вы́пить]

пла́кать, пла́чу, -чешь *dur.* weinen, плачь, -те

плати́ть, плачу́, пла́тишь *dur.* (be-)zahlen, плати́; [*pf.* заплати́ть]

поби́ть, побью́, побьёшь *pf.* schlagen, prügeln, побе́й; поби́тый; [*dur.* бить]

поблагодари́ть (и) *pf.* (кого́) danken; [*dur.* благодари́ть]

побуди́ть, (Präsens selten) *pf.* veranlassen, побуждённый (побуждён, -ена́, -о́, -ы́); [*dur.* побужда́ть]

побужда́ть (e) *dur.* veranlassen; [*pf.* побуди́ть]

побыва́ть (e) *pf.* besuchen (mehrere Orte)

повезти́, повезу́, -зёшь *pf.* (anfangen zu) fahren, повези́; повёз, -везла́, -о́, -и́; повезённый (повезён, -ена́, -о́, -ы́)   [(ein wenig) drehen]

поверте́ть, поверчу́, -е́ртишь *pf.*

пове́сить, пове́шу, -е́сишь *pf.* aufhängen, пове́сь, -те; пове́шенный; [*dur.* ве́шать]

повести́, поведу́, -дёшь *pf.* führen, поведи́; повёл, -ела́, -о́, -и́; поведённый (поведён, -ена́, -о́, -ы́)

повлия́ть (e) *pf.* (на кого́-что) beeinflussen; [*dur.* влия́ть]

повтори́ть (и) *pf.* wiederholen, повторённый (повторён, -ена́, -о́, -ы́); [*dur.* повторя́ть]

повторя́ть (e) *dur.* wiederholen; [*pf.* повтори́ть]

погляде́ть, погляжу́, -яди́шь *pf.* blicken; [*dur.* гляде́ть]

погуля́ть (e) *pf.* spazieren gehen; [*dur.* гуля́ть]

подава́ть, подаю́, -аёшь *dur.* (hin-)reichen, подава́й; [*pf.* пода́ть]

пода́ть, пода́м (*s.* дать) *pf.* (hin)reichen, пода́й; по́дал, подала́, по́дало, -и; по́данный (по́дан, подана́, по́дано, -ы); [*dur.* подава́ть]

подбега́ть (e) *dur.* herbeilaufen; [*pf.* подбежа́ть]

подбежа́ть, подбегу́, -ежи́шь, -егу́т *pf.* herbeilaufen, подбеги́; [*dur.* подбега́ть]

поднима́ться (e) *dur.* sich erheben, steigen; [*pf.* подня́ться]

подня́ться, подниму́сь, -ни́мешься *pf.* sich erheben, steigen, подними́сь, подними́тесь; подня́лся, -ла́сь, ло́сь, -ли́сь; [*dur.* поднима́ться]

подойти́, подойду́, -дёшь *pf.* herantreten, подойди́; подошёл, -шла́, -шло́, -шли́; [*dur.* подходи́ть]

подра́ться, подеру́сь, -рёшься *pf.* sich raufen, подери́сь, подери́тесь; подра́лся, -а́ла́сь, -а́ло́сь, -а́ли́сь; [*dur.* дра́ться]

подтверди́ть, подтвержу́, -рди́шь *pf.* bestätigen, подтверди́; подтверждённый (подтверждён, -ена́, -о́, -ы́); [*dur.* подтвержда́ть]

подтвержда́ть (e) *dur.* bestätigen; [*pf.* подтверди́ть]

поду́мать (e) *pf.* denken, glauben; [*dur.* ду́мать]

подходи́ть, подхожу́, -хо́дишь *dur.* herantreten, подходи́; [*pf.* подойти́]

подчини́ть, подчиню́, -ни́шь *pf.* unterwerfen, подчинённый (подчинён, -ена́, -о́, -ы́); [*dur.* подчиня́ть]

подчиня́ть (e) *dur.* unterwerfen; [*pf.* подчини́ть]

пое́хать, пое́ду, -е́дешь *pf.* fahren; [*dur.* е́хать]

пожела́ть (e) *pf.* wünschen; [*dur.* жела́ть]

пожива́ть (e) *dur.*: как вы пожива́ете? wie geht es Ihnen?

пожи́ть, поживу́, -вёшь *pf.* (eine Zeitlang) leben, wohnen, поживи́; по́жил, пожила́, по́жило, -и; [*dur.* жить]

позабо́титься, позабо́чусь, -бо́тишься *pf.* (о ком-чём) sich sorgen, позабо́ться, позабо́тьесь; [*dur.* забо́титься]

поза́втракать (e) *pf.* frühstücken; [*dur.* за́втракать]

позва́ть, позову́, -вёшь *pf.* rufen, позвала́; по́званный (по́зван, по́звана, по́звано, -ы); [*dur.* звать]

позво́лить (и) *pf.* erlauben; [*dur.* позволя́ть]

позволя́ть (e) *dur.* erlauben; [*pf.* позво́лить]

позвони́ть, позвоню́, -ни́шь *pf.* klingeln, anrufen; [*dur.* звони́ть]

познако́миться, познако́млюсь, -мишься *pf.* bekannt werden, познако́мься, познако́мьтесь; [*dur.* знако́миться]

пойти́, пойду́, пойдёшь *pf.* gehen; пойди́; пошёл, пошла́, -о́, -и́; [*dur.* идти́]

показа́ть, покажу́, -а́жешь *pf.* zeigen, покажи́; пока́занный; [*dur.* пока́зывать]

показа́ться, покажу́сь, -а́жешься *pf.* scheinen, sich zeigen; [*dur.* каза́ться]   [каза́ть]

пока́зывать (e) *dur.* zeigen; [*pf.* по-]

пока́зываться (e) *dur.* sich zeigen; [*pf.* показа́ться]

покупа́ть (e) *dur.* kaufen; [*pf.* купи́ть]

поку́шать (e) *pf.* essen; [*dur.* ку́шать]

положи́ть, положу́, -ло́жишь *pf.* (hin)legen, поло́женный; [*dur.* класть]

получа́ть (e) *dur.* bekommen; [*pf.* получи́ть]

получи́ть, получу́, -у́чишь *pf.* bekommen, полу́ченный; [*dur.* получа́ть]

по́льзоваться, по́льзуюсь, -уешься *dur.* (чем) benutzen, по́льзуйся, по́льзуйтесь: [*pf.* воспо́льзоваться]

помести́ться, помещу́сь, -ести́шься *pf.* sich einrichten, Platz finden, помести́сь, помести́тесь; [*dur.* помеща́ться]

помеща́ться (e) *dur.* sich einrichten, Platz finden; [*pf.* помести́ться]

по́мнить (и) *dur.* (кого́-что *и.* о ком-чём) sich erinnern, по́мни

помога́ть (e) *dur.* helfen; [*pf.* помо́чь]

помо́чь, помогу́, -мо́жешь, -мо́гут *pf.* helfen, помоги́; помо́г, -гла́; [*dur.* помога́ть]

понаде́яться, понаде́юсь, -е́ешься *pf.* hoffen, понаде́йся, понаде́йтесь; [*dur.* наде́яться]

понести́, понесу́, -сёшь *pf.* tragen, понесённый (понесён, -ена́, -о́, -ы́); [*dur.* нести́]

понима́ть (e) *dur.* verstehen; [*pf.* поня́ть]

понра́виться, понра́влюсь, -вишься *pf.* gefallen; [*dur.* нра́виться]

поня́ть, пойму́, -мёшь *pf.* verstehen, пойми́; по́нял, поняла́, по́няло, -и; по́нятый (по́нят, понята́, по́нято, -ы); [*dur.* понима́ть]

попада́ть (e) *dur.* hingeraten; [*pf.* попа́сть]

попа́сть, попаду́, -дёшь *pf.* hingeraten, попади́; [*dur.* попада́ть]

попра́вить, попра́влю, -вишь *pf.* verbessern, попра́вь, -те; попра́вленный; [*dur.* поправля́ть]

поправля́ть (e) *dur.* verbessern; [*pf.* попра́вить]

попроси́ть, попрошу́, -про́сишь *pf.* bitten, попроси́; попро́шенный; [*dur.* проси́ть]

посети́ть, посещу́, -ети́шь *pf.* besuchen, посети́; посещённый (посещён, -ена́, -о́, -ы́); [*dur.* посеща́ть]

посеща́ть (e) *dur.* besuchen; [*pf.* посети́ть]

посиде́ть, посижу́, -иди́шь *pf.* (eine Weile) sitzen, посиди́; [vgl. *dur.* сиде́ть]

посла́ть, пошлю́, -лёшь *pf.* schicken, пошли́; по́сланный (по́слан, по́слана, по́слано, -ы); [*dur.* посыла́ть]

послужи́ть, послужу́, -у́жишь *pf.* dienen; [*dur.* служи́ть]

послу́шать (e) *pf.* hinhören; [*dur.* слу́шать]

посмотре́ть, посмотрю́, -о́тришь *pf.* (на кого́-что) ansehen, (кого́-что) betrachten; [*dur.* смотре́ть]

поспеши́ть, поспешу́, -ши́шь *pf.* eilen; [*dur.* спеши́ть]

постара́ться (e) *pf.* sich anstrengen; [*dur.* стара́ться]

посыла́ть (e) *dur.* schicken; [*pf.* посла́ть]

потерпе́ть, потерплю́, -е́рпишь *pf.* erdulden; [*dur.* терпе́ть]

потре́бовать, потре́бую, -уешь *pf.* fordern; [*dur.* тре́бовать]

потяну́ться, потяну́сь, -я́нешься *pf.* sich ausdehnen, sich erstrecken; [*dur.* тяну́ться]

поцелова́ть, поцелу́ю, -у́ешь *pf.* küssen; [*dur.* целова́ть]

почу́вствовать, почу́вствую, -вуешь *pf.* fühlen; [*dur.* чу́вствовать]

пошути́ть, пошучу́, -у́тишь *pf.* scherzen; [*dur.* шути́ть]

появи́ться, появлю́сь, -я́вишься *pf.* erscheinen; [*dur.* появля́ться]

появля́ться (e) *dur.* erscheinen; [*pf.* появи́ться]

преврати́ть, превращу́, -ати́шь *pf.* verwandeln, преврати́; превращённый (превращён, -ена́, -о́, -ы́); [*dur.* превраща́ть]

превраща́ть (e) *dur.* verwandeln; [*pf.* преврати́ть]

превы́сить, превы́шу, -ы́сишь *pf.* übertreffen, übersteigen, превы́сь, -те; превы́шенный; [*dur.* превыша́ть]

превыша́ть (e) *dur.* übertreffen, übersteigen; [*pf.* превы́сить]

предлага́ть (e) *dur.* anbieten; [*pf.* предложи́ть]

предложи́ть, предложу́, -о́жишь *pf.* anbieten, предло́женный; [*dur.* предлага́ть]

предпоче́сть, предпочту́, -тёшь *pf.* vorziehen, предпочёл, -чла́, -о́, -и́; предпочтённый (предпочтён, -ена́, -о́, -ы́); [*dur.* предпочита́ть]

предпочита́ть (e) *dur.* vorziehen; [*pf.* предпоче́сть]

предсказа́ть, предскажу́, -а́жешь *pf.* voraussagen; предска́занный; [*dur.* предска́зывать]

предска́зывать (e) *dur.* voraussagen; [*pf.* предсказа́ть]

предста́вить, предста́влю, -вишь *pf.* vorstellen, предста́вь, -те; [*dur.* представля́ть]

представля́ть (e) *dur.* vorstellen; [*pf.* предста́вить]

препроводи́ть, препровожу́, -води́шь *pf.* übersenden, препроводи́; препровождённый (препровождён, -ена́, -о́, -ы́); [*dur.* препровожда́ть]

препровожда́ть (e) *dur.* übersenden; [*pf.* препроводи́ть]

приба́вить, приба́влю, -вишь *pf.* hinzufügen, приба́вь, -те; приба́вленный; [*dur.* прибавля́ть]

прибавля́ть (e) *dur.* hinzufügen; [*pf.* приба́вить]

приближа́ться (e) *dur.* sich nähern; [*pf.* прибли́зиться]

прибли́зиться, прибли́жусь, -бли́зишься *pf.* sich nähern, прибли́зься, прибли́зьтесь; [*dur.* приближа́ться] [прибы́ть])

прибыва́ть (e) *dur.* ankommen; [*pf.*

прибы́ть, прибу́ду, -дешь *pf.* ankommen, прибу́дь, -те; при́был, прибыла́, при́было, -и; [*dur.* прибыва́ть]

привести́, приведу́, -дёшь *pf.* herbeiführen, привёл, -ела́, -о́, -и́; приведённый (приведён, -ена́, -о́, -ы́); [*dur.* приводи́ть]

привлека́ть (e) *dur.* (her)anziehen; [*pf.* привле́чь]

привле́чь, привлеку́, -ечёшь, -еку́т *pf.* heranziehen, привлеки́; привлёк, -екла́, -о́, -и́; привлечённый (привлечён, -ена́, -о́, -ы́); [*dur.* привлека́ть]

приводи́ть, привожу́, -о́дишь *dur.* herbeiführen, приводи́; [*pf.* привести́]

пригласи́ть, приглашу́, -аси́шь *pf.* einladen; пригласи́; приглашённый (приглашён, -ена́, -о́, -ы́); [*dur.* приглаша́ть]

приглаша́ть (e) *dur.* einladen; [*pf.* пригласи́ть]

пригото́вить, пригото́влю, -вишь *pf.* vorbereiten, пригото́вь, -те; пригото́вленный; [*dur.* пригото-вля́ть] [[*pf.* пригото́вить])

приготовля́ть (e) *dur.* vorbereiten;

приезжа́ть (e) *dur.* ankommen; [*pf.* прие́хать]

прие́хать, прие́ду, -дешь *pf.* ankommen; [*dur.* приезжа́ть]

прийти́, приду́, -дёшь *pf.* ankommen, приди́; пришёл, -шла́, -о́, -и́; [*dur.* приходи́ть]

прийти́сь *pf.*: придётся man wird müssen; пришло́сь man mußte; [*dur.* приходи́ться]

приказа́ть, прикажу́, -а́жешь *pf.* befehlen, прикажи́; прика́занный; [*dur.* прика́зывать]

прика́зывать (e) *dur.* befehlen; [*pf.* приказа́ть]

принести́, принесу́, -сёшь *pf.* (heran)bringen, принёс, -есла́, -о́, -и́; принесённый (принесён, -ена́, -о́, -ы́); [*dur.* приноси́ть]

принима́ть (e) *dur.* annehmen; [*pf.* приня́ть]

приноси́ть, приношу́, -о́сишь *dur.* (heran)bringen; [*pf.* принести́]

приня́ть, приму́, при́мешь *pf.* annehmen, прими́; при́нял, приняла́, при́няло, -и; при́нятый (при́нят, принята́, при́нято, -ы); [*dur.* принима́ть]

приобрести́, приобрету́, -тёшь *pf.* erwerben, приобрёл, -ела́, -о́, -и́; приобретённый (приобретён, -ена́, -о́, -ы́); [*dur.* приобрета́ть]

приобрета́ть (e) *dur.* erwerben; [*pf.* приобрести́]

присла́ть, пришлю́, -шлёшь *pf.* zuschicken, пришли́; при́сланный (при́слан, прислана́, при́слано, -ы); [*dur.* присыла́ть]

прису́тствовать, прису́тствую, -вуешь *dur.* anwesend sein

присыла́ть (e) *dur.* zuschicken; [*pf.*

притти́, *s.* прийти́ [прислать])[присла́ть])

приходи́ть, прихожу́, -о́дишь *dur.* (an)kommen; [*pf.* прийти́]

приходи́ться *dur.*: прихо́дится man муß, приходи́лось man mußte; [*pf.* прийти́сь]

пробы́ть, пробу́ду, -дешь *pf.* sich aufhalten, пробу́дь, -те; про́был, пробыла́, про́было, -и

провести́, проведу́, -дёшь *pf.* verbringen, verleben, провёл, провела́, -о́, -и́; проведённый (проведён, -ена́, -о́, -ы́); [*dur.* проводи́ть]

проводи́ть, провожу́, -во́дишь *dur.* verbringen, verleben, проводи́; [*pf.* провести́]

прогрева́ть (е) *dur.* durch-, erwärmen; [*pf.* прогре́ть]

прогре́ть (е) *pf.* durch-, erwärmen; [*dur.* прогрева́ть]

продиктова́ть, продикту́ю, -у́ешь *pf.* diktieren; [*dur.* диктова́ть]

продолжа́ть (е) *dur.* fortfahren, fortsetzen

продолжа́ться (е) *dur.* (fort)dauern

произвести́, произведу́, -дёшь *pf.* erzeugen, произвёл, -ела́, -о́, -и́; произведённый (произведён, -ена́, -о́, -ы́); [*dur.* производи́ть]

производи́ть, произвожу́, -во́дишь *dur.* erzeugen; [*pf.* произвести́]

произнести́, произнесу́, -сёшь *pf.* (aus)sprechen, произнёс, -есла́, -о́, -и́; произнесённый (произнесён, -ена́, -о́, -ы́); [*dur.* произноси́ть]

произноси́ть, произношу́, -но́сишь *dur.* aussprechen; [*pf.* произнести́]

произойти́, произойдёт, -ду́т *pf.* geschehen, произошёл, -шла́, -о́, -и́; [*dur.* происходи́ть]

происходи́ть, происхо́дит, -дят *dur.* geschehen; [*pf.* произойти́]

пройти́, пройду́, -дёшь *pf.* durchnehmen (*Lehrstoff*), vergehen, пройди́; прошёл, -шла́, -о́, -и́; про́йденный (пройдён, -ена́, -о́, -ы́); [*dur.* проходи́ть]

проника́ть (е) *dur.* durch-, eindringen; [*pf.* прони́кнуть]

прони́кнуть, прони́кну, -нешь *pf.* durch-, eindringen, прони́к, -кла, -о, -и; прони́кнутый; [*dur.* проника́ть]

пропада́ть (е) *dur.* verschwinden; [*pf.* пропа́сть]

пропа́сть, пропаду́, -дёшь *pf.* verschwinden, пропа́л; [*dur.* пропада́ть]

пропуска́ть (е) *dur.* durchlassen, überschlagen; [*pf.* пропусти́ть]

пропусти́ть, пропущу́, -пу́стишь *pf.* durchlassen, überschlagen, пропу́щенный; [*dur.* пропуска́ть]

проси́ть, прошу́, про́сишь *dur.* bitten; [*pf.* попроси́ть]

просну́ться, просну́сь, -нёшься *pf.* erwachen; [*dur.* просыпа́ться]

прости́ть, прощу́, прости́шь *pf.* verzeihen, прости́; прощённый (прощён, -ена́, -о́, -ы́); [*dur.* проща́ть]

прости́ться, прощу́сь, прости́шься *pf.* (с кем) sich verabschieden, прости́сь, прости́тесь; [*dur.* проща́ться]   [просну́ться]

просыпа́ться (е) *dur.* erwachen; [*pf.*

протя́гивать (е) *dur.* ausstrecken; [*pf.* протяну́ть]

протя́гиваться (е) *dur.* sich ausdehnen; [*pf.* протяну́ться]

протяну́ть, протяну́, -я́нешь *pf.* ausstrecken; [*dur.* протя́гивать]

протяну́ться, протяну́сь, -я́нешься *pf.* sich ausdehnen; [*dur.* протя́гиваться]

проходи́ть, прохожу́, -хо́дишь *dur.* durchnehmen (*Lehrstoff*); vergehen, проходи́; [*pf.* пройти́]

проче́сть, прочту́, -тёшь *pf.* (durch-)lesen, прочти́; прочёл, -чла́, -о́, -и́; прочтённый (прочтён, -ена́, -о́, -ы́); [*dur.* чита́ть]

прочита́ть (е) *pf.* (durch)lesen; [*dur.* чита́ть]

проща́ть (е) *dur.* verzeihen; [*pf.* прости́ть]

проща́ться (е) *dur.* (с кем) sich verabschieden; [*pf.* прости́ться]

прояви́ть, проявлю́, -я́вишь *pf.* offenbaren, zeigen, прояви́; проя́вленный [*dur.* проявля́ть]

проявля́ть (е) *dur.* offenbaren, zeigen; [*pf.* прояви́ть]

пры́гать (е) *dur.* springen; [*pf.* пры́гнуть]

пры́гнуть, пры́гну, -нешь *pf.* springen; [*dur.* пры́гать]

пря́тать, пря́чу, -чешь *dur.* weglegen, verstecken, пря́чь, -те; [*pf.* спря́тать]

рабо́тать (е) *dur.* arbeiten

ра́доваться, ра́дуюсь, -уешься *dur.* sich freuen; [*pf.* обра́доваться]

разбира́ть (е) *dur.* auseinandernehmen, zerlegen; [*pf.* разобра́ть]

разва́ливаться (е) *dur.* einstürzen; [*pf.* развали́ться]

развали́ться, разва́лится, -ва́лятся *pf.* einstürzen; [*dur.* разва́ливаться]

разгова́ривать (е) *dur.* sich unterhalten

раздаваться, раздаётся, -даются *dur.* ertönen

раздева́ть (e) *dur.* entkleiden; [*pf.* разде́ть]

разде́ть, разде́ну, -нешь *pf.* entkleiden, разде́нь, -те; разде́тый; [*dur.* раздева́ть]

разлива́ть (e) *dur.* ausgießen; einschenken; [*pf.* разли́ть]

разли́ть, разолью́, -льёшь *pf.* ausgießen, einschenken, разле́й; разли́ла́; разли́тый (разли́т, -ита́, -и́то, -ы́); [*dur.* разлива́ть]

разобра́ть, разберу́, -рёшь *pf.* auseinandernehmen, zerlegen, разбери́; разобра́ла́; разо́бранный; [*dur.* разбира́ть]

разреза́ть (e) *dur.* zerschneiden; [*pf.* разре́зать]

разре́зать, разре́жу, -жешь *pf.* zerschneiden, разре́жь, -те; [*dur.* разреза́ть]

разреша́ть (e) *dur.* gestatten; [*pf.* разреши́ть]

разреши́ть, разрешу́, -ши́шь *pf.* gestatten, разрешённый (разрешён, -ена́, -о́, -ы́); [*dur.* разреша́ть]

разыска́ть, разыщу́, -ы́щешь *pf.* ausfindig machen, разыщи́; разы́сканный; [*dur.* разы́скивать]

разы́скивать (e) *dur.* ausfindig machen; [*pf.* разыска́ть]

раски́дываться (e) *dur.* sich ausbreiten; [*pf.* раски́нуться]

раски́нуться, раски́нется, -нутся *pf.* sich ausbreiten; [*dur.* раски́дываться]

раскла́ниваться (e) *dur.* (с кем) sich grüßen; [*pf.* раскла́няться]

раскла́няться (e) *pf.* (с кем) sich grüßen; [*dur.* раскла́ниваться]

рассерди́ться, рассержу́сь, -е́рдишься *pf.* sich ärgern, рассерди́сь, рассерди́тесь; [*dur.* серди́ться]

рассказа́ть, расскажу́, -ка́жешь *pf.* erzählen, расскажи́; расска́занный; [*dur.* расска́зывать]

расска́зывать (e) *dur.* erzählen; [*pf.* рассказа́ть]

расстила́ться (e) *dur.* sich ausbreiten

расстре́ливать (e) *dur.* erschießen; [*pf.* расстреля́ть]

расстреля́ть (e) *pf.* erschießen; [*dur.* расстре́ливать]

расти́, расту́, -тёшь *dur.* wachsen, расти́; рос, росла́, -о́, -и́; [*pf.* вы́расти]

регули́ровать, регули́рую, -руешь *dur.* regulieren

рекомендова́ть, рекоменду́ю, -ду́ешь *dur. u. pf.* empfehlen

роди́ть, рожу́, роди́шь *dur. u. pf.* gebären, hervorbringen, *dur.* роди́л, роди́ла, -о, -и; *pf.* родила́; рождённый (рождён, -ена́, -о́, -ы́)

роди́ться, рожу́сь, роди́шься *dur. u. pf.* geboren werden, *dur.* роди́лся, роди́лась, -ось, -ись; *pf.* роди́лся́, роди́ла́сь, -ило́сь, -или́сь

руга́ться (e) *dur.* schimpfen

ры́ться, ро́юсь, ро́ешься *dur.* herumwühlen, ро́йся, ро́йтесь

сади́ться, сажу́сь, сади́шься *dur.* sich setzen, einsteigen, сади́сь, сади́тесь; [*pf.* сесть]

связа́ть, свяжу́, свя́жешь *pf.* binden, fesseln, свя́занный; [*dur.* свя́зывать] [[*pf.* связа́ть]

свя́зывать (e) *dur.* binden, fesseln;

сде́лать (e) *pf.* machen; [*dur.* де́лать]

сде́латься (e) *pf.* werden, geschehen; [*dur.* де́латься]

серди́ться, сержу́сь, се́рдишься *dur.* böse sein, серди́сь, серди́тесь; [*pf.* рассерди́ться]

сесть, ся́ду, ся́дешь *pf.* sich setzen, einsteigen, сядь, -те; сел; [*dur.* сади́ться]

сжать, сожму́, -мёшь *pf.* zusammendrücken, сожми́; сжал; сжа́тый; [*dur.* сжима́ть]

сжима́ть (e) *dur.* zusammendrücken; [*pf.* сжать]

сиде́ть, сижу́, сиди́шь *dur.* sitzen, сиди́

сказа́ть, скажу́, ска́жешь *pf.* sagen; [*dur.* говори́ть]

ски́дывать (e) *dur.* ablegen; [*pf.* ски́нуть]

ски́нуть, ски́ну, ски́нешь *pf.* ablegen, ски́нь, -те; ски́нутый; [*dur.* ски́дывать]

сконфу́зиться, сконфу́жусь, -фу́зишься *pf.* verwirrt werden; [*dur.* конфу́зиться]

скуча́ть (e) *dur.* sich langweilen

следи́ть, слежу́, следи́шь *dur.* (за кем-чем) achtgeben, verfolgen, следи́

сле́довать, сле́дую, -уешь *dur.* folgen

слома́ть (е) *pf.* zerbrechen; [*dur.* лома́ть]

служи́ть, служу́, слу́жишь *dur.* dienen; [*pf.* послужи́ть]

случа́ться (е) *dur.* geschehen; [*pf.* случи́ться]

случи́ться, случи́тся, -ча́тся *pf.* geschehen; [*dur.* случа́ться]

слу́шать (е) *dur.* hinhören; [*pf.* послу́шать]

слы́шать, слы́шу, -шишь *dur.* hören, слышь, -те; слы́шанный; [*pf.* услы́шать]

смея́ться, смею́сь, смеёшься *dur.* lachen, сме́йся, сме́йтесь

смотре́ть, смотрю́, смо́тришь *dur.* (на кого́-что) ansehen, (кого́-что) betrachten; [*pf.* посмотре́ть]

смочь, смогу́, смо́жешь, смо́гут *pf.* können, смог, -гла́, -о́, -и́; [*dur.* мочь] [смягчи́ть]

смягча́ть (е) *dur.* mildern; [*pf.* смягчи́ть]

смягчи́ть, смягчу́, -чи́шь *pf.* mildern, смягчённый (смягчён, -ена́, -о́, -ы́); [*dur.* смягча́ть]

собира́ть (е) *dur.* sammeln; [*pf.* собра́ть]

собра́ть, соберу́, -рёшь *pf.* sammeln, собрала́; со́бранный (со́бран, собрана́, со́брано, -ы) ; [*dur.* собира́ть]

сова́ть, сую́, суёшь *dur.* (hin)einstecken; [*pf.* су́нуть]

соверша́ть (е) *dur.* verrichten; [*pf.* соверши́ть]

соверши́ть, совершу́, -ши́шь *pf.* verrichten, совершённый (совершён, -ена́, -о́, -ы́); [*dur.* соверша́ть]

сойти́, сойду́, -дёшь *pf.* hinuntergehen, (her)absteigen, сойди́; сошёл, сошла́, -о́, -и́; [*dur.* сходи́ть]

сообща́ть (е) *dur.* mitteilen; [*pf.* сообщи́ть]

сообщи́ть, сообщу́, -щи́шь *pf.* mitteilen, сообщённый (сообщён, -ена́, -о́, -ы́); [*dur.* сообща́ть]

соску́читься, соску́чусь, -чишься *pf.* (по D) Sehnsucht bekommen (nach)

соста́вить, соста́влю, -вишь *pf.* zusammenstellen, aufstellen, соста́вь, -те; [*dur.* составля́ть]

составля́ть (е) *dur.* zusammenstellen, aufstellen; [*pf.* соста́вить]

состоя́ть, состои́т, -стоя́т *dur.* bestehen (in в чём; aus из кого́-чего́)

сосчита́ть (е) *pf.* zusammenzählen

со́хнуть, со́хну, -нешь *dur.* vertrocknen; [*pf.* засо́хнуть]

сохрани́ть (и) *pf.* bewahren, сохранённый (сохранён, -ена́, -о́, -ы́); [*dur.* сохраня́ть]

сохраня́ть (е) *dur.* bewahren; [*pf.* сохрани́ть]

спать, сплю, спишь *dur.* schlafen, спи; спала́ [[*pf.* поспеши́ть]]

спеши́ть, спешу́, -ши́шь *dur.* eilen;

спра́шивать (е) *dur.* fragen; [*pf.* спроси́ть]

спроси́ть, спрошу́, спро́сишь *pf.* fragen, спро́шенный; [*dur.* спра́шивать]

спря́тать, спря́чу, -чешь *pf.* weglegen, verstecken, спря́чь, -те; спря́танный; [*dur.* пря́тать]

спу́тать (е) *pf.* verwechseln; [*dur.* спу́тывать]

спу́тывать (е) *dur.* verwechseln; [*pf.* спу́тать]

ссыла́ться (е) *dur.* (на кого́-что) sich beziehen (auf)

станови́ться, становлю́сь, стано́вишься *dur.* werden; [*pf.* стать]

стара́ться (е) *dur.* sich anstrengen; [*pf.* постара́ться]

стать, ста́ну, -нешь *pf.* werden, beginnen, ста́нь, -те; [*dur.* станови́ться]

стенографи́ровать, стенографи́рую, -руешь *dur.* stenographieren; [*pf.* застенографи́ровать]

сто́ить, сто́ю, сто́ишь *dur.* kosten (*wert sein*)

стоя́ть, стою́, стои́шь *dur.* stehen, (*Wetter*) anhalten, стой

стреми́ться, стремлю́сь, -ми́шься *dur.* trachten, streben, стреми́сь, стреми́тесь

стро́ить (и) *dur.* bauen, строй; стро́енный; [*pf.* вы́строить]

ступа́ть (е) *dur.* treten, schreiten; [*pf.* ступи́ть]

ступи́ть, ступлю́, сту́пишь *pf.* treten, schreiten; [*dur.* ступа́ть]

су́нуть, су́ну, су́нешь *pf.* (hin)einstecken, су́нь, -те; су́нутый; [*dur.* сова́ть]

сходи́ть, схожу́, схо́дишь *dur.* hinuntergehen, absteigen; [*pf.* сойти́]

счесть, сочту́, -тёшь *pf.* zusammen-zählen, (за кого́-что) halten (für), счёл, сочла́, -о́, -и́; сочтённый (сочтён, -ена́, -о́, -ы́); [*dur.* счита́ть]

счита́ть (e) *dur.* zählen, (за кого́-что) halten (für); [*pf.* сосчита́ть, счесть]

счита́ться (e) *dur.* (кем-чем) gelten (für)

сшить, сошью́, сошьёшь *pf.* nähen, сшей; сши́тый; [*dur.* шить]

съесть, съем, съешь, съест, съеди́м, съеди́те, съедя́т *pf.* (auf)essen, съешь, -те; съе́денный; [*dur.* есть]

сыгра́ть (e) *pf.* spielen; [*dur.* игра́ть]

терпе́ть, терплю́, те́рпишь *dur.* er-dulden, терпи́; [*pf.* потерпе́ть]

толпи́ться, толпи́тся, -пя́тся *dur.* zusammendrängen

торча́ть, торчу́, -чи́шь *dur.* hervor-stehen; stecken (= sich befinden)

тоскова́ть, тоску́ю, -у́ешь *dur.* trau-rig sein [übel]

тошни́ть: меня́ тошни́т es wird mir!

тре́бовать, тре́бую, -уешь *dur.* for-dern; [*pf.* потре́бовать]

тяну́ться, тяну́сь, тя́нешься *dur.* sich ausdehnen, sich erstrecken; [*pf.* потяну́ться]

убега́ть (e) *dur.* davonlaufen; [*pf.* убежа́ть]

убеди́ться (*1. Person ungebr.*) убе-ди́шься *pf.* (в чём) sich überzeugen, убеди́сь, убеди́тесь; [*dur.* убеж-да́ться]

убежа́ть, убегу́, убежи́шь, убегу́т *pf.* davonlaufen, убеги́; [*dur.* убе-га́ть]

убежда́ться (e) *dur.* (*1. Person un-gebr.*) (в чём) sich überzeugen; [*pf.* убеди́ться]

уважа́ть (e) *dur.* achten; [*pf.* ува́-жить]

ува́жить, ува́жу, -жишь *pf.* achten, ува́женный; [*dur.* уважа́ть]

уви́деть, уви́жу, уви́дишь *pf.* sehen, erblicken (*Imp.* посмотри́), уви́-денный; [*dur.* ви́деть]

уда́рить (и) *pf.* schlagen; [*dur.* ударя́ть] [рить]!

ударя́ть (e) *dur.* schlagen; [*pf.* уда́-!

удиви́ться, удивлю́сь, -ви́шься *pf.* sich wundern, удиви́сь, удиви́-тесь; [*dur.* удивля́ться]

удивля́ться (e) *dur.* sich wundern; [*pf.* удиви́ться]

узнава́ть, узнаю́, -аёшь *dur.* erfah-ren, узнава́й; [*pf.* узна́ть]

узна́ть (e) *pf.* erfahren; [*dur.* узна-ва́ть]

уйти́, уйду́, уйдёшь *pf.* weggehen, уйди́; ушёл, ушла́, -о́, -и́; [*dur.* уходи́ть]

указа́ть, укажу́, -а́жешь *pf.* an-geben, ука́занный; [*dur.* ука́зы-вать]

ука́зывать (e) *dur.* angeben; [*pf.* указа́ть]

укуси́ть, укушу́, уку́сишь *pf.* beißen, укуси́; уку́шенный; [*dur.* ку-са́ть]

умере́ть, умру́, умрёшь *pf.* sterben, умри́; у́мер, умерла́, у́мерло, -и; [*dur.* умира́ть]

уме́ть (e) *dur.* können, verstehen

умира́ть (e) *dur.* sterben; [*pf.* уме-ре́ть]

умыва́ться (e) *dur.* sich waschen; [*pf.* умы́ться]

умы́ться, умо́юсь, умо́ешься *pf.* sich waschen, умо́йся, умо́йтесь; [*dur.* умыва́ться]

упа́сть, упаду́, -дёшь *pf.* fallen, упади́; упа́л; [*dur.* па́дать]

упомина́ть (e) *dur.* erwähnen; [*pf.* упомяну́ть]

упомяну́ть, упомяну́, -я́нешь *pf.* erwähnen, упомя́нутый; [*dur.* упомина́ть]

упря́миться, упря́млюсь, -мишься *dur.* eigensinnig sein, упря́мься, упря́мьтесь; [*pf.* заупря́миться]

усло́виться, усло́влюсь, -вишься *pf.* verabreden; [*dur.* усло́влива-ться]

усло́вливаться (e) *dur.* verabreden; [*pf.* усло́виться]

услы́шать, услы́шу, -шишь *pf.* hören, услы́шь, -те; услы́шанный; [*dur.* слы́шать]

успева́ть (e) *dur.* zurechtkommen; [*pf.* успе́ть]

успе́ть (e) *pf.* zurechtkommen; [*dur.* успева́ть]

успока́иваться (e) *dur.* sich beru-higen; [*pf.* успоко́иться]

успоко́иться, успоко́юсь, -ко́ишься *pf.* sich beruhigen; [*dur.* успока́и-ваться]

устра́ивать (e) *dur.* einrichten, ver-anstalten; [*pf.* устро́ить]

устро́ить (и) *pf.* einrichten, veranstalten, устро́й; устро́енный; [*dur.* устра́ивать]

уходи́ть, ухожу́, ухо́дишь *dur.* weggehen; [*pf.* уйти́]

уча́ствовать, уча́ствую, -уешь *dur.* (в чём) teilnehmen (an)

учи́ться, учу́сь, у́чишься *dur.* lernen, учи́сь, учи́тесь; [*pf.* вы́учиться, научи́ться]

характеризова́ть, характеризу́ю, -у́ешь *dur. u. pf.* charakterisieren

хвата́ть (e) *dur.* ausreichen; [*pf.* хвати́ть]

хвата́ться (e) *dur.* (за что) greifen (nach); [*pf.* хвати́ться]

хвати́ть, хва́тит *pf.* ausreichen; [*dur.* хвата́ть]

хвати́ться, хвачу́сь, хва́тишься *pf.* (за что) greifen (nach); [*dur.* хвата́ться]

ходи́ть, хожу́, хо́дишь *dur.* gehen

хоте́ть, хочу́, хо́чешь, хо́чет, хоти́м, хоти́те, хотя́т *dur.* wollen

целова́ть, целу́ю, целу́ешь *dur.* küssen; [*pf.* поцелова́ть]

чита́ть (e) *dur.* lesen; [*pf.* прочита́ть, прочёсть]

чу́вствовать, чу́вствую, -вуешь *dur.* fühlen; [*pf.* почу́вствовать]

шепта́ть, шепчу́, ше́пчешь *dur.* flüstern, шепчи́

штрафова́ть, штрафу́ю, -у́ешь *dur.* bestrafen; [*pf.* оштрафова́ть]

шути́ть, шучу́, шу́тишь *dur.* scherzen, шути́

явля́ться (e) *dur.* (кем-чем) erscheinen, sein

Russisch ⇗ Deutsches Wörterverzeichnis

(zugleich russisches Sachregister)

Die Zahlen verweisen auf die seitliche Numerierung. Das Verzeichnis enthält nur die Verben, mit denen ein Hinweis auf eine grammatische oder stilistische Erklärung verknüpft ist. Zahlen im Kreis verweisen auf die Lautlehre.

a *betont* ③, *unbetont* ⑩
a und, aber 97/1; *einleitend in Inter-rogativsätzen* 66/10; 114/1
а́вгуст August
авиа́ция Flugwesen
авто́бус Autobus
автома́т Automat
автома́тный automatisch, Automat...
(авто)маши́на Auto 75/5
автомоби́ль *m* Automobil 75/5
а́дрес, *pl.* -а́ Adresse
азиа́тский asiatisch
'Азия Asien
аккура́тный sorgfältig
а́лгебра Algebra
Алексе́й Alexej
Алёша Aljoscha
аллё! hallo!
аллéя Allee 209
Андре́й Andrej
анкéта Fragebogen
апельси́н Apfelsine
аппара́т Apparat
апрéль *m* April 133/7
аптéка Apotheke
арифметический Rechen...
арома́т Aroma
атланти́ческий atlantisch
ау ⑯
аудито́рия Hörsaal
ах ach

б ②, ⑰, ⑱
ба́бий weibisch 127
бала́нс Bilanz
банк (Geld-)Bank
бар Bar, Schanktisch
бассéйн Becken, Flußgebiet

ба́ста! basta!
ба́тюшка lieber Vater; -ки! du meine Güte!
бéгать laufen 136
бéдный arm
бежа́ть laufen 95/1, 136
без ohne 189
безво́льный willenlos
беззву́чный lautlos
безобра́зный häßlich
бекéш(к)а Pelzrock
бéлый weiß
бельё Wäsche 108
бéрег (1), *pl.* -а́ Ufer; на берегу́ am Ufer 105/5
берёза Birke
беспоря́дочный unordentlich
бéшенство Tollwut
бéшеный toll(wütig)
библиотéка Bibliothek
билéт (Fahr-, Eintritts-)Karte
благодаря́ dank 190
бланк Formular
бог Gott 56/8; *Vokativ*: бóже 142/1; бог с ним ich will mit ihm nichts zu tun haben; ей-бóгу bei Gott; сла́ва бóгу Gott sei Dank
бога́тый reich
бога́ч (3), *G/P* -éй Reiche(r)
богомо́льный fromm
бóлее mehr; бóлее всегó am meisten
больни́ца Krankenhaus
больно́й krank
бóльше mehr, größer 72/2
бóльший größer 91, 124/3
большо́й groß 91, 124/3
Бори́с Boris
борьба́ Kampf

ботинок, -нка Schuh
брат, *pl.* братья Bruder 50/1, 66/5
бублик Kringel
будка Häuschen, Zelle
буква Buchstabe
бумага Papier
бумажка Zettel
бухгалтер Buchhalter
бы 107
бывать zu sein pflegen 133/1
быстрый schnell
быть sein 2/3, 59
быть может vielleicht

в ②, ⑰, ⑱
в (*Prp.*) (*P*) 6 e, 20, 198; (*A*) 9/2, 20,
198
важный wichtig
ванна Wanne(nbad)
Василий Wassilij 133/9
ваш euer, Ihr 90
вблизи (*G*) in der Nähe
вдруг plötzlich
ведь doch, ja
везде überall
везти fahren 66/4, 136
великий groß
велосипед Fahrrad
верный treu, sicher
весёлый froh, fröhlich; *Adv.* весело;
Kompr. веселее 72
весна (4), *pl.* вёсны, вёсен Frühjahr,
Frühling
вести führen 66/4, 136
весь, вся, всё ganz, всё alles, *pl.* все
alle 78
весьма sehr, überaus
ветвь (2) *f* Zweig
ветер, -тра Wind
вечер (1), *pl.* -á Abend, Abendunterhaltung; вечером abends; по вечерам an den Abenden
вечерний Abend...
вид Anblick, Aussicht, Gattung,
Form, Ansehen 75/6
видимый sichtbar
вино (4) Wein, Branntwein
виноград Weinstock, Weintrauben
133/8
виски *n* Whisky 152/4
витрина Schaufenster
вишня, *G*/*P* -шен Sauerkirschbaum,
Sauerkirsche
вкус Geschmack
вкусный schmackhaft

влажный feucht
вместе zusammen
внешне-спокойный äußerlich ruhig
внимательный aufmerksam
вода (6) Wasser
водить führen 136
водка Wodka
водный Wasser...
воздух Luft
возить fahren 136
возле (*G*) neben 189   [heit\
возможность *f* Möglichkeit, Gelegen-\
возмущённый empört
возражение Einwendung
вокзал Bahnhof
вокруг (*G*) um ... herum 189
волейбол Volleyball
волнение Aufregung
волчий Wolfs... 127
вон da, dort 196/12
вообще überhaupt, im allgemeinen
48/4
вопреки (*D*) trotz 190
вопрос Frage
воскресенье Sonntag 114/2
восток Osten
вот hier (ist) 23/1
вперемешку durcheinander
впрочем übrigens
врач (3) Arzt
время *n* Zeit 109
все *s.* весь
всего insgesamt, nur
всё равно ganz gleich, einerlei
всегда immer
всё-таки trotzdem
вследствие (*G*) infolge 189
вслух laut (*lesen usw.*)
вспыльчивый aufbrausend
всякий jeder 77/3
в то время как während 186
вторник Dienstag 114/2
вход Eingang
вчера gestern
выбор Wahl, Auswahl
высокий hoch 91
высота, *pl.* высоты Höhe
выставка Ausstellung
высший höher, höchst, oberst 91
выход Ausgang
выше höher 72/2
вышиванье Stickerei

г ②, ⑰, ⑱, ⑳
газета Zeitung

галере́я Galerie 209
где wo
геогра́фия Geographie
гла́вный Haupt..., Ober...
глаз (1), *pl.* -á Auge 142/13
глубь *f* Tiefe
глу́пенький ein bißchen dumm
глу́пый dumm
глухо́й taub, dumpf
гля́дя schauend 117
год Jahr 86/6; в году́ 105/5
голова́ (6) Kopf
голо́вушка Köpfchen 114/7
голо́дный hungrig
го́лос (1), *pl.* -á Stimme
гора́ (6) Berg
го́род (1), *pl.* -á Stadt
городско́й städtisch, Stadt...
горя́чий heiß; *Adv.* горячо́ hitzig, eifrig
госба́нк Staatsbank 30/6
го́споди! Herrgott! 142/1
господи́н (1), *pl.* -дá Herr
госпожа́ Herrin, Frau
гость (2) *m* Gast, быть в гостя́х zu Besuch sein 196/5
госуда́рственный staatlich, Staats...
гото́вность *f* Bereitschaft
гото́вый bereit
гра́бли *f/pl.* (*nur pl.*) Rechen 50/2
гра́дус Grad
граждани́н, *pl.* гра́ждане Bürger 15/3
гражда́нка Bürgerin 15/3
грани́ца Grenze
гри́венник Zehnkopekenstück
Гри́ша Grischa
грузова́я Lastkraftwagen, Lkw 36, 75/5
гру́ша Birnbaum, Birne
губа́ (5) Lippe
губи́тельный verderblich
гумно́ (4) (Dresch-)Tenne

д ②, ⑰, ⑱
да ja; und 56/5; (*als Flickwort*) 114/14
давно́ längst, seit langem
да́же sogar
далёкий weit; *Adv.* далеко́; *Компр.* да́лее, да́льше 72/2
дальне́йший weitere 125
да́ма Dame
да́мский Damen...
да́ром umsonst
дать geben 95/1

дверь (2) *f* Tür 43 b, 129
движе́ние Bewegung, Verkehr
дво́е zwei 202
двойно́й doppelt
двор (3) Hof; во дворе́ auf dem Hof; по́ двору über den Hof 50/4
дворе́ц, -рцá Palast, Schloß
дежу́рка Dienstraum
дежу́рный diensttuend, vom Dienst
дежу́рство (Wacht-)Dienst
де́йствие Handlung
действи́тельный wirklich
дека́брь (3) *m* Dezember 133/7
де́ло (1) Sache, Angelegenheit
делово́й Geschäfts...
де́нежки *f/pl.* (*nur pl.*) (das liebe) Geld
день, дня Tag 10
де́ньги *f/pl.* (*nur pl.*) Geld 57/1
дере́вня, *G/P* дереве́нь Dorf 49
де́рево, *pl.* дере́вья Baum 124/10
деся́ток, -тка zehn (Stück)
де́тский kindlich, Kinder...
дешёвый billig; *Компр.* дешёвле 72/2
дива́н Diwan
ди́во Wunder
дикто́вка Diktat; под дикто́вку nach Diktat
дитя́ *n* Kind 105/9
длина́ Länge
для (*G*) für 189
Днепр (3) Dnepr
до (*G*) bis 189
добросо́вестный gewissenhaft
доброта́ (Herzens-)Güte
до́брый gut
дово́льный zufrieden
дода́ть zugeben 196/6
дождь (3) *m* Regen; дожди́ *pl.* Regengüsse, Regenzeit
до́лжный schuldig, *Kf.* до́лжен, -жнá, до́лжно, -жны muß 100 d
дом (1), *pl.* -á Haus; до́ма zu Hause; домо́й nach Hause; и́з дому aus dem Haus 75/6
дома́шний Haus..., Privat...
домови́тый häuslich
Дон Don
доне́цкий Don...
доро́га Weg, Reise; желе́зная ~ Eisenbahn
дорого́й teuer; *Компр.* доро́же 72/2; *Adv.* до́рого
до сих пор bis jetzt, bis hierher 105/8
доста́точный hinreichend
до того́ как bevor 186

дочь *f* Tochter 26
друг (1), *pl.* друзья́ Freund 66/5
друг дру́га einander 75/7
друго́й anderer
дружо́к, -жка́ mein (*od.* lieber) Freund
дуб Eiche
дублика́т Duplikat
дубо́вый eichen, Eichen...
ду́мать denken, glauben 20
дура́к (3) Narr, Dummkopf
дч ⑳
ды́ня Zuckermelone
дя́дя, *G/P* -дей Onkel

е *betont* ⑤, *unbetont* ⑩, *offen oder geschlossen* ⑪
ё ⑤
европе́йский europäisch
его́ sein 90 d
едва́ ... как kaum ... da 186
её ihr 90 d
ежедне́вный (all)täglich
е́здить fahren 136
ей-бо́гу bei Gott
Екатери́на Katharina
е́сли wenn 197
есть essen 95/1, 95/3
есть es gibt 9/6
е́хать fahren 136
ещё noch

ж ⑧, ⑰, ⑱
жаль: мне о́чень жаль es tut mir sehr leid
жара́ Hitze
жа́ркий heiß
же aber 124/7; dagegen, doch, denn 99/1
железнодоро́жный Eisenbahn...
желе́зный eisern, Eisen...
жёлтый gelb
жена́ (4), *pl.* жёны (Ehe-)Frau
жена́т verheiratet (*vom Mann*)
живо́тное Tier 36
живо́тный Tier...
жизнь *f* Leben
жи́тница Speicher
журна́л Zeitschrift
жч ⑳

з ②, ⑰, ⑱
за (*A, I*) 208
заве́дующий Leiter, Verwalter 30/4, 35, 36
за́втра morgen
зада́ча Aufgabe
зака́з Bestellung
зако́н Gesetz
замеча́тельный bemerkenswert
за́мужем verheiratet (*von der Frau*)
заня́тие Beschäftigung, *pl.* заня́тия *a.* Unterricht
за́пад Westen
за́падный westlich
запа́с Vorrat
запла́та Flicken
запре́т Verbot
запро́с Anfrage
за́работок, -тка Verdienst
за́суха Dürre
зате́м dann
заче́м weshalb, wozu
звоно́к, -нка́ Klingel, Glockenzeichen
звук Laut
зда́ние Gebäude
здесь hier
здн ⑳
здо́рово: Вот здо́рово! Das ist großartig!
здо́рово! guten Tag! 114/6
здоро́вый gesund
здоро́вье Gesundheit 108
здра́вствуй(те)! guten Tag! 23/8
зелёный grün
земледе́лие Landwirtschaft
земля́ (4), *A/S* зе́млю, *G/P* земе́ль Land, Erde
земля́к (3) Landsmann
земно́й Erd...
зж ⑳   [Winter⎞
зима́ (4), *A/S* зи́му Winter; зимо́й im⎠
зи́мний winterlich
змея́ (4) Schlange 209
знако́мый bekannt
зна́ние Wissen, Kenntnis
зна́чит also
значи́тельный bedeutend
зо́на Zone
зч, зш ⑳

и *betont* ⑤, *unbetont* ⑩, *mit j-Vorschlag* ⑤
и und; и ... и sowohl ... als auch
и́бо denn
иде́я Idee 209
идти́ gehen 136
из (*G*) aus 189
избега́ть vermeiden 39/8
изве́стный bekannt
из-за (*G*) wegen

изменение Veränderung
изо (*Prp.*) aus 105/3
изобретательный erfinderisch
изодранный zerrissen
изумлённый erstaunt
изучение Studium
или oder; или ... или entweder ... oder
именно: а именно und zwar
имя *n* Name, Vorname 109
иногда manchmal
иностранный fremd
институт Institut
интерес Interesse
интересный interessant
искалеченный verkrüppelt
исподний untere
исполнение Erfüllung
исследование Forschung
история Geschichte
и т. д. = и так далее usw. 30/8
итог (End-)Betrag
итого insgesamt
и т. п. = и тому подобное und dergleichen (mehr)
итти, *s.* идти
их ihr 90 d
июль *m* Juli 133/7
июнь *m* Juni 133/7

к ②, ⑰, ⑱
к (*Prp.*) zu 190
Кавказ Kaukasus
каждодневный alltäglich
каждый jeder 77/3
кажется (wie) es scheint
Казань *f* Kasan
как wie, als; seitdem (*nach Zeitangaben* 186); как же! natürlich!; как можно скорее möglichst bald; как раз gerade, (so)eben; как ... так sowohl ... als auch; как-то zum Beispiel; как только sobald 186
какаду Kakadu 152/4
какой welch 77/2
каменноугольный Steinkohlen...
каменный steinern, Stein...
каникулы *f/pl.* (*nur pl.*) Ferien 50/2
карман Tasche
картофель *m Kartoffeln*
каспийский kaspisch
касса Kasse
катушка Spule
Катя Katja
качество Qualität
квартира Wohnung

Киев Kiew
километр Kilometer
кино Kino 57/2, 152/4
киносеанс Filmvorführung
кинотеатр Lichtspieltheater
Китай China
клён Ahorn
климат Klima
клирос (Platz für den Kirchen-)Chor
клуб Klub
книга Buch
книжка Büchlein
ко (*Prp.*) 105/3
кобель (3) *m* Rüde
когда wann, als, wenn 186
код Code, Telegrammschlüssel
кое-кто, кое-что 147
колхоз Kolchos, Kollektivwirtschaft
Коля Kolja
комиссия Ausschuß
комната Zimmer
компания Gesellschaft, Kompagnie 152/2
комфорт Komfort
кондуктор Schaffner
кондукторский Schaffner...
конец, -нца Ende
конечно natürlich
контора Kontor
копейка, *G/P* -пеек Kopeke
коричневый braun
короткий kurz; *Kompr.* короче
корреспонденция Korrespondenz
костюм Kostüm, Anzug
косынка Kopftuch
который welcher 77/2
кофе *m* Kaffee 152/4
кофейня, *G/P* -феен Kaffeehaus
край Rand; на краю am Rande 105/5
красивый schön
красный rot
крестьянин, *pl.* -яне Bauer 56/2
крик Schrei
крикнуть aufschreien 187
кровоизлияние Bluterguß
кроме (*G*) außer 189
круг Kreis
круглый rund; круглый год das ganze Jahr (hindurch)
кружок, -жка Zirkel
к сожалению leider 15/4
кто wer 45; *für* кто-нибудь 142/3
кто-то, -нибудь, -либо (irgend)jemand 147
куда wohin

кузница Schmiede
культу́ра Kultur
культу́рный kulturell, Kultur...
курс Kurs(us)
курье́р Bote
кусо́к, -ска́ Stück
кусо́чек, -чка Stückchen
ку́хня, G/P ку́хонь Küche
ку́шанье Essen 108
ку́шать essen 95/3

л ⑬, ⑰
лаборато́рия Laboratorium
ла́дно! gut!; schön!
лгу́нья Lügnerin 179
лёгкий leicht; Adv. легко́
легкова́я Personenkraftwagen, Pkw 36
лёгочный Lungen...
лёд, льда Eis
Ледови́тый океа́н Eismeer
лейтена́нт Leutnant
лека́рственный Heil..., Arznei...
ле́кция Vorlesung
Ленингра́д Leningrad
лес (1), pl. -а́ Wald
лета́ть, лете́ть fliegen 136
ле́тний sommerlich, Sommer...
ле́то (1) Sommer, G/P лет 86/6;
    ле́том im Sommer
ли (Fragepartikel) 102, 114/10
лимо́н Zitrone
ли́ния Linie
ли́па Linde
лист (3) Blatt (Papier)
ли́ственный Laub...
литерату́ра Literatur
литерату́рный literarisch
лицо́ (4) Gesicht; Person
ли́чность f Persönlichkeit
ли́чный persönlich
ли́шний überflüssig; frei
лоб, лба Stirn; по́ лбу 50/4
ложь f, лжи Lüge 114/4
лу́чший besser, beste 91; лу́чше bes-
    ser 72/2; лу́чше всего́ (всех) am⌉
Лю́ба Ljuba   [besten 101⌋
люби́мый beliebt, Lieblings...
любо́вь f, -бви́, I/S -о́вью Liebe 114/4
любо́й beliebig
любопы́тство Neugier
лю́ди m/pl. Menschen (s. челове́к)

м ②, ⑰
магази́н Geschäft
май Mai

мале́йший geringst
ма́ленький klein
ма́ло wenig
ма́лый klein
ма́льчик Junge
ма́ма Mama
мандари́н Mandarine
март März 133/7
матема́тика Mathematik
материа́л Material
мате́рия Stoff
мать f Mutter 26
маши́на Maschine; (Volkssprache) Auto
машини́стка Stenotypistin
маши́нка: пи́шущая маши́нка Schreib-
    maschine
медици́нский medizinisch, Heil...
ме́дленный langsam
медсестра́ (s. сестра́) Kranken-
    schwester
ме́жду (I) zwischen 192; ме́жду тем
    как während 186
междупланётное сообще́ние Verkehr
    zwischen den Planeten
ме́ньший kleiner, kleinste 91; Komp.
    ме́ньше weniger, kleiner
меню́ n Menü 152/4
ме́ра Maß; pl. a. Maßregeln; по кра́й-
    ней ме́ре wenigstens
ме́стность f Gegend
ме́сто (1) Ort, Platz; Gepäckstück;
    занима́ть ме́сто Platz einnehmen
местожи́тельство Wohnsitz
местонахожде́ние Aufenthaltsort
ме́сяц Monat 39/3
метр Meter
мешо́к, -шка́ Sack
милиционе́р Milizionär
миллиа́рд Milliarde
миллио́н Million
ми́лостыня Almosen
ми́лость f Gnade
ми́лый lieb
мину́та Minute
мир Friede; Welt
Ми́ша Mischa
мла́дший jünger, jüngste 91
мне für мой 196/10
мне́ние Meinung
мно́гие viele
мно́го viel; мно́гое vieles
мно́жество Menge
мо́да Mode
мо́дный modern
мо́жет (быть) vielleicht 154/1

246

мо́жно man kann 86/5, 196/7
мой mein 90
мол man sagt, es heißt
молодо́й jung; *Komp.* моло́же 72/2,
  91
мо́лодость *f* Jugend(zeit)
мо́ре (1) Meer
моро́з Frost
морско́й Meeres...
Москва́ Moskau
моско́вский moskauisch, Moskauer
  (*Adj.*)
мотоци́кл Motorrad
мо́щный mächtig, gewaltig
муж (1), *pl.* мужья́ (Ehe-)Mann 50/1
мужи́цкий bäuerlich
мужско́й männlich
мужчи́на Mann 168/5
му́ха Fliege
мысль *f* Gedanke
мя́гкий weich, mild
мя́гкость *f* Weichheit, Milde
мя́со Fleisch

н ②, ⑰; нд + *Konsonant*, нк ⑳
на (*A*) 198; (*P*) 20, 198
наве́с Schutzdach
над (*I*) über 192
на́до es ist nötig, man muß
на́дпись *f* Aufschrift
назва́ние Benennung, Name
называ́ться heißen 133/5
наи-, наибо́лее 125/2
наизу́сть auswendig
наименова́ние Benennung, Name
накладна́я Frachtbrief
наконе́ц endlich
нале́во (nach) links
нали́чными (in) bar
наме́рен: я наме́рен ich beabsichtige
  100 d
направле́ние Richtung
наприме́р zum Beispiel
напро́тив (*G*) gegenüber; *Adv.* im
  Gegenteil
наро́д Volk 75/6
наско́лько soweit
насто́лько soviel
настоя́щий gegenwärtig, wirklich; в
  настоя́щее вре́мя jetzt, zur Zeit
нау́ка Wissenschaft
нау́чный wissenschaftlich
нача́ло Anfang, Beginn
начина́ть(ся) anfangen 39/1, 133/2
наш unser 90

нд + *Konsonant* ⑳
неаппети́тный unappetitlich
не́бо, *pl.* небеса́ Himmel 86/12
небольшо́й nicht groß, klein
небре́жный nachlässig
нева́жный unwichtig, nicht besonders
невку́сный nicht schmackhaft
неда́вно unlängst, neulich
неде́ля Woche 41
недово́льный unzufrieden
недозво́ленный unerlaubt
не́кий ein gewisser 147
не́кого 185
не́который ein gewisser 147; не́кото-
  рые einige
не́кто ein gewisser 147
нельзя́ man kann (darf) nicht
неме́дленный unverzüglich
не́мец, -мца Deutsche(r)
неме́цкий deutsch; *Adv.* по-неме́цки
немно́го ein wenig
необходи́мый nötig, unentbehrlich
неприли́чный unanständig
непро́чь: я непро́чь ich bin nicht abgeneigt
не́сколько einige; etwas 147
нести́ tragen 136
несча́стье Unglück 108
нет (*Volkssprache* не́ту) nein; es gibt
  nicht
не́чего 185
не́что etwas
ни auch, nicht 95/4, 178; ни ... ни
  weder ... noch
нигде́ (не) nirgends
ни́же niedriger
ни́зкий niedrig
ника́к (не) durchaus nicht
никако́й (не) keiner(lei) 176
никогда́ (не) nie(mals)
Никола́й Nikolaj
никто́ (не) niemand
никуда́ (не) nirgendshin
ничего́ (не) nichts; das macht nichts;
  ничего́ но́вого nichts Neues
ни́щий Bettler
нк ⑳
но aber 97/1
новобра́нец, -нца Rekrut
но́вость *f* Neuigkeit
но́вый neu
нога́ (6) Bein, Fuß
но́мер (1), *pl.* -а́ Nummer; (Hotel-)
  Zimmer
нос Nase

носи́ть tragen 136
ночно́й Nacht...
ноя́брь (3) *m* November 133/7
ну nun
нужда́ (4) Bedürfnis
ну́жный nötig
нуль (3) *m* Null
нумера́ция Numerierung

о *betont* ③, *unbetont* ⑩
о! oh!
о (*Prp.*) (*P*) 6 e, 20, 193
о́ба (о́бе) beide 202
обе́д Mittagessen
оби́да Beleidigung
оби́дчивый empfindlich
оби́льный reichlich, ergiebig
обихо́д Bedarf
о́бласть (2) *f* Gebiet
оборо́т Wendung
о́браз Art, Weise
образе́ц, -зца́ Muster
о́бщий gemeinsam, allgemein
обыкнове́нный gewöhnlich
обы́чный gebräuchlich; *Adv.* обы́чно
  gewöhnlich
обя́занность *f* Pflicht
обяза́тельный verbindlich, unbedingt
о́вощи (2) *pl.*, *G/P* -ще́й Gemüse
ого́нь *m*, огня́ Feuer
огуре́ц, -рца́ Gurke
оде́жда Kleidung
одея́ло Decke
оди́н ein(er), allein, nur 80
одновре́менный gleichzeitig
оживлённый belebt
ожида́ние Erwartung
океа́н Ozean
о́коло (*G*) bei
окно́ (4), *G/P* о́кон Fenster
оконча́ние Schluß; по оконча́нии nach
  Beendigung
октя́брь (3) *m* Oktober 133/7
опа́сный gefährlich
о́пера Oper
опера́ция Operation
определённый bestimmt
опя́ть wieder(um)
ора́тор Redner
оса́док, -дка Niederschlag
осо́бенный besonder; *Adv.* осо́бенно
  besonders
осо́бый besonder
остано́вка Haltestelle
осторо́жный vorsichtig

от (*G*) von 189
отве́т Antwort
отде́л Abteilung
отделе́ние Abteilung
отде́льный einzeln
о́тдых Erholung
оте́ль *m* Hotel
оте́ц, отца́ Vater
отку́да woher
отли́чие Unterschied
отправи́тель *m* Absender
отпра́вка Versand
о́тпуск Urlaub
отхо́дчивый nicht nachtragend
отчего́ weshalb
о́тчество Vatername
отъе́зд Abreise
офице́р Offizier
официа́льный offiziell, amtlich
официа́нт Kellner
ох! ach!, o weh!
о́чень sehr

п ②, ⑰
па́луба Deck
пальто́ Mantel
па́поротник Farnkraut
парохо́д Dampfer
парохо́дный Dampfer...
па́ртия Partei; Partie, Posten
пассажи́р Fahrgast
пейза́ж Landschaft
пе́ред (*I*) vor 192; пе́ред тем как
  bevor 186
переда́ча Übertragung (*Rundfunk*)
перее́зд Überfahrt; (Bahn-)Übergang
перепи́ска Briefwechsel
перестава́ть [переста́ть] aufhören 95/2
перехо́д Übergang
перо́ (4), *pl.* пе́рья Feder 124/10
персона́л Personal
Пётр, Петра́ Pjotr (Peter)
печь (2) *f* Ofen 129
пешехо́д Fußgänger
пешко́м zu Fuß
пиро́жное Kuchen 36
пи́сывать (zu) schreiben (pflegen) 188
пи́сьменный schriftlich
письмо́ (4), *G/P* пи́сем Brief
пи́шущая маши́нка Schreibmaschine
пла́вать schwimmen 136
планта́ция Pflanzung
платёж (3) Zahlung
пла́тье Kleid 108
племя́нник Neffe

плод (3) Frucht
плодоро́дный fruchtbar
плохо́й schlecht 91
плыть schwimmen 136
пляж Strand
по (*D*, *A*, *P*) 216; (je) 105/10
побере́жье Küste 108
пого́да Wetter
под (*A*, *I*) unter 208
подо́бный ähnlich; ничего́ подо́бного
    nichts dergleichen
по́дпись *f* Unterschrift
подража́тельность *f* Nachahmungs-
    lust
подразделе́ние (Unter-)Abteilung
подру́га Freundin
подсо́лнечник Sonnenblume
подтропи́ческий subtropisch
по́езд (1), *pl.* -á (Eisenbahn-)Zug
пое́здка Fahrt, Reise
пожа́луй vielleicht, schließlich
пожа́луйста bitte
по́здний spät; *Komp.* по́зже, поздне́е;
    поздне́йший spätere 125
позна́ние Erkenntnis
пока́ vorläufig; пока́ (не) bis, ehe 186
пока́шливание Hüsteln
поко́с Heumahd
покры́тие Deckung, Begleichung
покупа́тель *m* Käufer
по́лдень *m* Mittag 170
по́ле (1) Feld
поле́зный nützlich
по́лка Regal
полови́на Hälfte 124/2
полоса́, *pl.* по́лосы, поло́с, полоса́м
    Streifen, Gürtel, Zone
поло́ска *Dim. zu* полоса́
полтора́ anderthalb 170/3
получа́тель *m* Empfänger
полу́чка Lohn
полчаса́ eine halbe Stunde
по́льзоваться benutzen 30/7
поля́рный Polar...
по́мощь *f* Hilfe; при по́мощи (*G*) mit
    Hilfe von
понеде́льник Montag 114/2
портно́й Schneider
портре́т Porträt
поруче́ние Auftrag
поры́вистость *f* Heftigkeit
поря́док, -дка Ordnung
посети́тель *m* Besucher
по́сле (*G*) nach 9/1, 20, 189
поста́вка Lieferung

постоя́нный beständig
пото́м darauf, dann
потому́ что weil
по́чва Grund, Boden
почему́ warum
по́чта Post
почта́мт Postamt
почте́ние Achtung; с почте́нием hoch-
    achtungsvoll
почти́ fast
почто́вый Post...
поэ́тому deshalb
по́яс (1), *pl.* -á Gürtel, Zone
прав: я прав ich habe recht 100 d
пра́вда Wahrheit 196/20
пра́вило Regel
пра́вильность *f* Richtigkeit
пра́вильный richtig
пра́ктика Praxis
пре- 125/3
пребыва́ние Aufenthalt
преде́л Grenze
предме́т Gegenstand, Fach
предприя́тие Unternehmen
председа́тель *m* Vorsitzende(r)
пре́жде чем bevor 186
прейс-кура́нт Preisliste
прекра́сный schön, vortrefflich, aus-
    gezeichnet
прете́нзия Forderung, Reklamation
при (*P*) bei 193
приблизи́тельный annähernd
прибы́тие Ankunft
приве́т Gruß 9/9
привы́чка Gewohnheit, Gewöhnung
приглаше́ние Einladung, Aufforde-
    rung
придво́рная знать *f* Hofadel
при́знак Anzeichen, Merkmal
приле́жный fleißig
принадле́жность *f* Zubehör
приро́да Natur
приро́дный angeboren
при сём hiermit 105/8
при́стань *f* Anlegestelle
про (*A*) von, über 191
пробле́ма Problem
про́вод (1), *pl.* -á Draht
програ́мма Programm
продавщи́ца Verkäuferin
продолжа́ть fortfahren 95/2
продолжи́тельный anhaltend
прое́зд Durchfahrt
проездно́й путь *m* Fahrstraße
пролета́рий Proletarier 133/9

промышленный Industrie...
простота́ Einfachheit
проти́вный widerlich
протяже́ние Ausdehnung
профе́ссор (1), *pl.* -а́ Professor
проце́нт Prozent
проце́нтный Prozent...
про́шлый vergangen
проще́ние Verzeihung
прыгу́н (3) Springer
прыжо́к, -жка́ Sprung
пря́мо unmittelbar, geradezu, direkt
пу́блика Publikum
пусты́ня Wüste
пусть möge 206
путь *m* Weg, Reise 86/3
пья́ный betrunken, Betrunkene(r)
пя́теро fünf 202
пя́тница Freitag 114/2

р ②, ⑰
рабо́та Arbeit
рабо́тать arbeiten 196/13
равно́: всё равно́ einerlei
равноду́шний gleichgültig
рад froh 100 d
ра́дио Radio 152/4
радиолюби́тель *m* Radioamateur
радиоспециали́ст Radiospezialist
радиоте́хника Radiotechnik
ра́достный froh
ра́дость *f* Freude
раз (1) Mal 142/13; wenn, da schon
  75/6; в пе́рвый (во второ́й) раз
  zum ersten (zweiten) Mal 99/3
разбе́г Anlauf; с разбе́гу mit einem
  Anlauf
ра́зве etwa, denn 114/11
разгово́р Gespräch
разгово́рный язы́к Umgangssprache
разли́чие Unterschied
разли́чный verschieden
разлу́ка Trennung
разнообра́зный mannigfaltig
ра́зный verschieden(artig)
райо́н Rayon, Bezirk, Gebiet
райо́нный Rayon...
располо́жен, -а, -о, *pl.* -ы gelegen
расска́з Erzählung
расспро́с Ausfragen
расстава́ние Trennung
расте́ние Pflanze
расти́тельный Pflanzen...
расхо́д (Geld-)Ausgabe
расчёт Rechnung, Berechnung

ребёнок, -нка, *pl.* ребя́та Kind 105/9
ре́дкий selten
река́ (4) Fluß
реце́пт Rezept
речь (2) *f* Rede, Sprache 43 с
ро́вно в три часа́ Punkt 3 Uhr
род (2) Art; тако́го ро́да derartig
ро́дина Heimat
роди́тели *m/pl.* (*nur pl.*) Eltern
родно́й verwandt, leiblich; heimatlich; родно́й ро́дственник Blutsver-
  wandte(r); мой родно́й mein Lieber
ро́дственник Verwandte(r)
роль (2) *f* Rolle
рома́н Roman
рома́нс Romanze
руба́шка Hemd
рубль (3) *m* Rubel
руда́ (4) Erz
рука́ (6) Hand, Arm
рука́в (3), *pl.* -а́ Ärmel
рукоде́лие Handarbeit
руло́н Rolle
ру́сский russisch; Russe; *Adv.* по-
  ру́сски russisch
рю́мка (Wein-, Schnaps-)Glas
ры́бий Fisch... 127
ря́дом с (*I*) neben; *Adv.* daneben

с ②, ⑰, ⑱
с (*G*) 105/3, 216; (*A*) 216; (*I*) 9/1, 216
сад (1) (Obst-)Garten; в саду́ im Garten 105/5
сам selbst 110
са́мец, -мца Männchen (*von Tieren*)
са́мка Weibchen (*von Tieren*)
самоде́ятельность *f* eigene Betätigung
самоучи́тель *m* Lehrbuch zum Selbstunterricht
са́мый selbst 77/3
санато́рий Sanatorium 133/9
са́ни (5; *nur pl.*), *G/P* сане́й Schlitten
санита́р Sanitäter
са́хар Zucker 75/6
све́жесть *f* Frische
све́жий frisch
светофо́р Verkehrsampel
свида́ние Zusammenkunft, Stelldichein; до свида́ния! auf Wiedersehen!
свиде́тель *m* Zeuge
свинья́ Schwein 179
свобо́дный frei; (*Sprache*) flüssig
свой sein 90
сде́лка Abmachung, Geschäft
сде́ржанный zurückhaltend

сеа́нс Sitzung; (Kino-)Vorführung
себя́ sich 128
се́вер Norden
се́верный nördlich
сего́дня heute 105/8
сей (сия́, сиё) dieser 105/8
сейча́с sofort 105/8
се́меро sieben 202
семья́ Familie 179
се́мя *n* Same 109
сентя́брь (3) *m* September 133/7
серди́тый böse
се́рдце (1), *G/P* -де́ц Herz 56/6
середи́на Mitte; по середи́не in der Mitte
се́рый grau
серьёзный ernst
сестра́ (4), *pl.* сёстры, сестёр Schwester
си́льный stark
сим hiermit 105/8
си́ний (dunkel)blau 53
си́тец, си́тца Kattun
сию́ мину́ту sofort 105/8
скаме́йка, *G/P* -е́ек Bank
ски́дка Rabatt
ско́лько wieviel 23/3, 66/6
ско́ро bald
ско́рость *f* Schnelligkeit; ма́лой ско́ро-стью als Frachtgut
ску́чный langweilig, traurig
сла́бый schwach
сла́ва бо́гу Gott sei Dank
слегка́ leichthin, leise, wenig
сле́дующий folgend
сли́ва Pflaume(nbaum)
сли́шком zu (sehr)
слова́рь (3) *m* Wörterbuch
сло́во (1) Wort
слу́жба Dienst
служе́бный dienstlich
служи́ть dienen 196/13
слу́чай Fall, Zufall
слу́шать (an)hören 175/2
слы́шать hören, vernehmen 175/2
смех Lachen
смотре́ть schauen 20
смысл Sinn
снача́ла anfangs
сно́ва aufs neue, wiederum
соба́ка Hund
соблюде́ние Beobachtung, Beachtung
со́бственный eigen
собы́тие Ereignis
соверше́нный vollkommen; совер-ше́нно пра́вильно! sehr richtig!

со́вестно peinlich
сове́т Rat(schlag); Sowjet
сове́тский sowjetisch, Sowjet...
совреме́нник Zeitgenosse
совреме́нный zeitgemäß, modern
совсе́м ganz, gänzlich
совхо́з Sowchos, sozialistischer staat-licher Landwirtschaftsbetrieb
согла́сно (*D*) gemäß
сожале́ние Bedauern; к сожале́нию leider
сокраще́ние Kürzung
со́лнце, *pl.* -ца Sonne 56/6
сообще́ние Mitteilung; Verkehr
сопля́к (3) Rotznase
сорт (1), *pl.* -а́ Sorte
сосе́д, *pl.* -и, -ей, -ям Nachbar
спаси́бо danke; большо́е спаси́бо vielen Dank
спекта́кль *m* Aufführung
сперва́ zuerst
споко́йный ruhig
спорт Sport
спорти́вный Sport...
спортсме́н Sportler
спо́соб Mittel
спосо́бный fähig, tüchtig, geeignet
спра́вка Auskunft
среда́ (6) Mittwoch 114/2
сре́дний mittlere; сре́дняя шко́ла Oberschule, höhere Schule
срок Termin, Frist
СССР UdSSR 124/1
станови́ться werden 124/4
ста́нция Station
стару́ха Alte, Greisin
ста́рший ältere, älteste 91
ста́рый alt
ста́туя Statue 209
стать werden 124/4
статья́ Aufsatz, Artikel 179
ста́я Zug (Vögel) 209
стена́ (6) Wand
степь (2) *f* Steppe 129
стл, стн ⑳
стол (3) Tisch
столб (3) Pfosten
сто́лик Tischchen
столо́вая Eßzimmer; Kantine 36
сто́лько soviel
сторона́, *A/S* сто́рону, *pl.* сто́роны, сторо́н, сторона́м Seite
страна́ (4) Land
стра́нный sonderbar, seltsam
стра́шный schrecklich

струк, *pl.* стру́чья, -ьев Schote
студе́нт(ка) Student(in)
суббо́та Sonnabend 114/2
судья́ Richter 179
су́ка Hündin
су́кин сын Hundesohn 196/11
су́мка Tasche, Beutel
су́мма Summe
суро́вый rauh   [den⎫
су́тки *pl.*, *G/P* -ток (Zeit von) 24 Stun-⎰
сухо́й trocken
сч ⑳
сча́стье Glück 108
счастли́вый glücklich
счёт (1), *pl.* счета́ Rechnung, Konto
сш ⑳
сы́воротка Serum
сын (1), *pl.* сыновья́ Sohn 50/1
сюда́ hierher
сюрпри́з Überraschung

т ②, ⑰, ⑱
тайга́ Taiga
так so 86/7; так как da, weil
та́кже auch
тако́й solch 77/1, 86/7; тако́й же
  ebenso ein; тако́й-то der und der;
  что тако́е? was gibt's? 50/3
там dort; там же ebendort 99/1
таре́лка Teller
твой dein 90
-те (*Imperativ*) 69
теа́тр Theater
текст Text
теку́щий laufend; теку́щий счёт lau-
  fendes Konto
телеви́зор Fernsehapparat
телевизио́нный Fernseh...
телегра́мма Telegramm
телегра́фный telegraphisch
телефо́н Telefon
телефо́нный Telefon...
тень *f* Schatten 129
тепе́решний jetzig
тепе́рь jetzt
тепло́ (3) Wärme
тёплый warm
те́сный eng
те́хника Technik
те́хникум Technikum
техни́ческий technisch
ти́хий ruhig, still; *Kompr.* ти́ше 72/2
то so, dann (*im Nachsatz*); то ... то
  bald ... bald
-то 142/9

това́р Ware
това́рищ Kamerad(in), Genosse, Genossin
тогда́ dann, damals
то́ есть das heißt, nämlich
то́же auch
ток (elektrischer) Strom
то́лько nur; то́лько что soeben
тому́ наза́д vor 211 a
то́нкий dünn, fein
торго́вый Handels...
торже́ственный feierlich
торопли́вый eilig, hastig
тоска́ Langeweile
тоскли́вый wehmütig
тот jener 86/1; тот ... друго́й der
  eine ... der andere
тотча́с sofort
то́чность *f* Genauigkeit
трамва́й Straßenbahn
трамва́йный Straßenbahn...
тре́бовать fordern 39/8
тре́тий dritte 127
трёхле́тний dreijährig
тро́е drei 202
тролле́йбус Trolleybus, Obus
тру́бка (Telefon-)Hörer
труд (3) Mühe, Arbeit
тру́дный schwierig
трудово́й schwer verdient
трудя́щийся Werktätige(r)
-тся, -ться 9/7, 40 a
туда́ dorthin
ту́ндра Tundra
тут hier
ту́фля, *G/P* -фель Halbschuh
тч ⑳
ты́сяча tausend 124/2
тяжёлый schwer

у *betont* ③, *unbetont* ⑩
у (*Prp.*) (*G*) bei 20, 189
уве́рен: я уве́рен ich bin überzeugt
углубле́ние Vertiefung
уго́дно: где уго́дно wo man will
уголо́к, -лка́ Winkel
у́голь *m*, у́гля Kohle
угро́за Drohung
удиви́тельный erstaunlich, wunderbar
уже́ (уж) schon
у́зкий schmal
указа́ние Angabe
уко́л Injektion
у́лица Straße

у́личный Straßen...
ум (3) Verstand; *pl.* умы́ Geister
уме́ренный gemäßigt
у́мный klug
универма́г Kaufhaus 30/3
уны́лый verzagt, niedergeschlagen
управле́ние Verwaltung
упражне́ние Übung
упря́мый eigensinnig
урожа́й Ernte
усло́вие Bedingung
услу́га Dienst
услу́жливый gefällig
у́тро (1) Morgen; у́тром morgens
уча́стиеTeilnahme;принима́ть уча́стие
  (в *P*) teilnehmen (an)
уча́стник Teilnehmer
уча́щийся Lernende(r), Schüler
уче́бник Lehrbuch
учени́к (3) Schüler
учёный gelehrt
учи́ться lernen 23/6
учрежде́ние Institut, Anstalt

ф ②, ⑰
факту́ра Warenrechnung
фами́лия Familienname
февра́ль (3) *m* Februar 133/7
фестива́ль *m* Festival
физи́ческий körperlich; *Adv.* физи́-
  чески 101
фильм Film
фи́рма Firma
фона́рь (3) *m* Laterne
фра́за Redensart, Satz
фра́нко franko, frei
фрукт Frucht
футбо́л Fußball

х ⑭, ⑰
хала́т Arbeitskittel
ха́та (Bauern-)Hütte
хвати́ть (aus)reichen 75/4
хво́йный Nadel...
хлеб (1), *pl.* -а́ Brot 133/4
хле́бный Getreide...
ходи́ть gehen 136
хозча́сть *f* Wirtschaftsabteilung
холо́дный kalt
хоро́ший gut; schön 91; *Adv.* хорошо́
хоте́ть wollen 95/1
хотя́ obgleich 206
худо́й schlecht; ху́дший schlechteste
  91
худо́жественный künstlerisch

ху́тор (1), *pl.* -а́ Vorwerk

ц ⑧, ⑰
царь (3) Zar
цвет (1), *pl.* -а́ Farbe
цветно́й фильм Farbfilm
це́лый ganz
цель *f* Ziel
цена́ (4) Preis
це́нный wertvoll
це́нтнер Zentner
центр Zentrum
центра́льный Zentral...
це́рковь *f*, -кви Kirche 114/4

ч ⑨, ⑰
чай (1) Tee 75/6
час (1) Stunde 169; *pl.* часы́ Stunden;
  Uhr 99/2
ча́стный Privat...
ча́сто oft
часть (2) *f* Teil
чей, чья, чьё wessen, wem gehörig 171
челове́к, *pl.* лю́ди Mensch 75/9,
  142/13
челове́чество Menschheit
чем womit, wodurch; (*nach Komp.*)
  als 72/3
че́рез (*A*) durch 191
чересчу́р über alle Maßen
чере́шня, *G/P* -шен Süßkirsche(n-
  baum)
черни́льница Tintenfaß
чернозёмный Schwarzerde...
черномо́рский Schwarzmeer...
чёрный schwarz
честь *f* Ehre
четве́рг (3) Donnerstag 114/2
че́тверо vier 202
че́тверть (2) *f* Viertel
число́ (4), *G/P* чи́сел Zahl; Datum 138
чистота́ Sauberkeit; Klarheit
чи́стый sauber, rein
чита́льня, *G/P* -лен Lesesaal 41 b
чте́ние Lektüre
что was; (*Konj.*) daß 45; что ли? was?
  oder etwa nicht?; что же? wie ist
  (steht) es? 99/1; что но́вого? was
  gibt es Neues? 56/4
что́бы damit, um zu 159, 215
чу́дный wundervoll
чу́до (1), *pl.* чудеса́ Wunder 86/12
чужо́й fremd
чуло́к, чулка́ Strumpf 142/13
чуть не beinahe, fast

ш ⑧, ⑰, ⑱
шаг (1) Schritt
шар (1) Kugel
швейцáр Pförtner
шéстеро sechs 202
шéя Hals 209
ширóкий breit
шкóла Schule
шлагбáум Schlagbaum
шля́па Hut

щ ⑨, ⑰
щéдрость *f* Freigebigkeit
щекá (5), *pl.* щёки, щёк, щекáм Backe,
  Wange
щенóк, -нкá junger Hund

ъ ⑫

ы *betont* ③, *unbetont* ⑩

ь ⑥, ⑦

э *betont* ③, *unbetont* ⑩, *offen oder
  geschlossen* ⑪

экзáмен Examen, Prüfung
экзаменациóнный Prüfungs... [154/2]
э́кий, э́кая, э́кое (э́ка, э́ко) solch ein∫
электри́ческий elektrisch
энциклопеди́ческий enzyklopädisch
этáж (3) Etage, Stockwerk
этáк so
э́тот dieser 89; э́то 196/9
эх! ach!

ю *betont* ⑤, *unbetont* ⑩
юг Süden
ю́жный südlich
юмористи́ческий humoristisch

я *betont* ⑤, ⑥, *unbetont* ⑩
я́блоня Apfelbaum
явля́ться sein 39/5
я́вный offenkundig
язы́к (3) Zunge; Sprache
янвáрь (3) *m* Januar 133/7
я́рость *f* Wut
я́сень *m* Esche
я́сность *f* Klarheit
я́сный klar, deutlich

Deutsch≠Russisches Wörterverzeichnis

Das Verzeichnis enthält nur die in den deutschen Übungstexten vorkommenden Wörter. Über die Flexion der Verben unterrichtet das „Verzeichnis der
Verben". Grammatische Hinweise (Deklination, Komparation, Rektion usw.)
suche man im „Russisch-Deutschen Wörterverzeichnis", das zugleich russisch-
deutsches Sachregister ist.

Abend вечер
Abendessen ужин
Abendgesellschaft вечер
abends вечером; (an den Abenden)
    по вечерам
aber но, а, же
abreisen уезжать [уехать]
Abteilung отделение
Adresse адрес
adressieren адресовать *dur. u. pf.*
Algebra алгебра
alle все
allein один
alles всё
als (*zeitlich*) когда; (*nach Komp.*) чем;
    als plötzlich как вдруг
also итак
alt старый
ältere старший
Amt учреждение
anbieten предлагать [-ложить]
andere(r) другой
Anfang начало
angeben указывать [указать]
Angehörige(r) родной
Angelegenheit дело
angereist kommen приезжать [-ехать]
angestellt sein [по]служить
ankommen приходить [прийти], при-
    езжать [-ехать], прибывать [при-
    быть]
Ankunft прибытие
annehmen принимать [принять]
anrufen (*telefonieren*) [по]звонить;
    (*verlangen*) вызывать [вызвать]
ansehen, sich [по]смотреть
anstellen (in Dienst nehmen) брать
    [взять] на службу
antreffen заставать [застать]

antworten отвечать [ответить]
anwesend sein присутствовать
Anzug костюм
April апрель *m*
Arbeit работа
arbeiten работать *dur.*
Arbeiter рабочий; (Mitarbeiter) ра-
    ботник
arm бедный
Art род
auch также, тоже
Aufgabe задача
aufhören (aufgeben) бросить *pf.*
Aufsatz статья
aufstehen вставать [встать]
aufwachsen вырастать [вырасти]
August август
ausfindig machen отыскивать [оты-
    скать]
Auslage (*Schaufenster*) витрина
ausruhen, sich отдыхать [отдохнуть]
ausschreiben выписывать [выписать]
außer кроме
Auswahl выбор
Ausweg выход
ausziehen, sich раздеваться [раз-
    деться]
Auto (авто)машина
Autobus автобус

Bahnhof вокзал
Bahnsteig платформа
bald скоро; bald ... bald то ... то
Bank, *pl.* Banken банк
Bar бар
bauen [вы]строить
Bauer крестьянин
bäuerlich мужицкий   [мерен\
beabsichtigen: ich beabsichtige я на-\

beantworten отвечáть [отвéтить]
bedeuten знáчить *dur.*
Bedingung услóвие
beenden закáнчивать [закóнчить]
Beendigung окончáние; nach Beendigung по окончáнии
befinden, sich находи́ться
begegnen встречáть [встрéтить]
Beginn начáло
beginnen начинáть [начáть]; *v/i.* начинáться [начáться], стать *pf.*
beide óба
bekannt извéстный, знакóмый
Bekannte(r) знакóмый
Bekanntschaft machen [по]знакóмиться
bekommen получáть [получи́ть]; (sich verschaffen) доставáть [достáть]
benutzen [вос]пóльзоваться
Bericht доклáд
Berlin Берли́н
beschäftigen, sich занимáться [заня́ться]
Beschäftigung заня́тие
besonder осóбый, осóбенный, обы́чный; (*präd.*) nicht besonders (nicht gut) невáжен
bespülen омывáть [омы́ть]
besser лýчший; (*präd.*) лýчше
beständig постоя́нный; *Adv.* постоя́нно, всё врéмя
bestehen (aus) состоя́ть *dur.* (из)
Bestellung закáз
Bestimmung постановлéние
besuchen посещáть [посети́ть], идти́ [пойти́] в гóсти
Betätigung, eigene самодéятельность *f*
betrachten [по]смотрéть (на)
betreffs насчёт
Bettler ни́щий
bewegen, sich дви́гаться [дви́нуться]
bezahlen [за]плати́ть
beziehen, sich ссылáться [сослáться]
Bezirk райóн; Bezirks... райóнный
Bibliothek библиотéка
billig дешёвый; *Adv.* дёшево
billiger дешéвле
bitte пожáлуйста
bitten [по]проси́ть
blau си́ний
bleiben оставáться [остáться]
böse серди́тый
Bote курьéр
Branntweinverbot запрéт винá
braun кори́чневый; (*Augen*) кáрий

breit широ́кий; *Adv.* широкó
Brief письмó
Briefbogen бланк
Brille очки́
bringen приноси́ть [принести́]; (tragen) нести́ *dur.*
Bruder брат
Buch кни́га
Bürger граждани́н
Bürgerin граждáнка

Café кафé
Code код

da (*Konj.*) так как; *Adv.* там; (*zeitlich*) тогдá
damals тогдá
Damenstoff дáмская матéрия
dank благодаря́
Dank: vielen Dank большóе спаси́бо
danke спаси́бо
danken [по]благодари́ть
dann тогдá, потóм, затéм
Decke одея́ло
denken [по]дýмать
denn же
deshalb поэ́тому
deutsch немéцкий; *Adv.* по-немéцки
Dezember декáбрь *m*
dienen [по]служи́ть
Dienst слýжба
diktieren [про]диктовáть
Diwan дивáн
doch ведь, же
Dokument докумéнт
Dorf дерéвня
dort там
dreimal три рáза
Dummkopf дурáк
dunkel тёмный
durchwärmen прогревáть [прогрéть]
Dutzend дю́жина

Ei яйцó
eilen [по]спеши́ть
ein: der eine ... der andere тот ... другóй
einander друг дрýга
einfach (*Adv.*) прóсто
Eingang вход
eingießen разливáть [разли́ть]
einige нéсколько
einladen приглашáть [пригласи́ть]
einnehmen занимáть [заня́ть]
einsteigen сади́ться [сесть]

Eintrittskarte билéт
Eisenbahn желéзная дорóга
Eisschrank лéдник
Eltern родúтели
Empfänger получáтель *m*
Ende конéц
englisch англúйский; *Adv.* по-англúйски
Entfernung расстоя́ние
erblicken увúдеть *pf.*
Erde земля́
Ereignis собы́тие
erfahren узнавáть [узнáть]
erhalten получáть [получúть]
erinnern, sich [вс]пóмнить
erlauben позволя́ть [позвóлить]
erlernen изучáть [изучúть]
erreichen: rechtzeitig erreichen успевáть [успéть]
erst тóлько
erstaunlich удивúтельный
ertönen раздавáться [раздáться]
erwarten ожидáть *dur.*
erzählen расскáзывать [рассказáть]
Erzählung расскáз
essen [съ]есть
Etage этáж
Examen bestehen выдéрживать [вы́держать] экзáмен
Fabrik фáбрика, завóд
Fach предмéт
fahren возúть *dur.*, везтú *dur. v/t.*; [по]éхать, [съ]éздить *v/i.*
Fahrkarte билéт
Fahrrad велосипéд
Familie семья́
Farbe цвет
fassen, sich (an) хватáться [хватúться]
fast почтú
Februar феврáль *m*
Feld пóле
Fenster окнó
Ferien канúкулы
Festival (Festspiel) фестивáль *m*
Filiale отделéние
Film фильм
Filmvorführung киносеáнс
finden находúть [найтú]
Firma фúрма
Flasche буты́лка
Fleisch мя́со
fleißig прилéжный
Flugwesen авиáция
Flugzeug самолёт
fordern [по]трéбовать

fortfahren (*mit irgendetwas*) продолжáть [продóлжить]
Frage вопрóс
fragen спрáшивать [спросúть]
frei свобóдный
freuen, sich [об]рáдоваться; ich freue mich я рад
Freund друг
Freundin подрýга
froh (*präd.*) рад
Frucht фрукт
früher рáньше, прéжде
Frühstück зáвтрак
frühstücken [по]зáвтракать
fühlen [по]чýвствовать
führen водúть *dur.*, вестú *dur.*
Füllfederhalter авторýчка
Fußgänger пешехóд

ganz весь, цéлый; *Adv.* совсéм
Garten сад
Gast гость *m*
gastfreundlich гостеприúмный
Gebäude здáние
geben давáть [дать]
Geduld терпéние
Gefahr: ohne Gefahr безопáсно
gefährlich опáсный
gefallen [по]нрáвиться
gefällig услýжливый
gehen идтú [пойтú]; ходúть *dur.*; (gehen in) входúть [войтú]; (gehen über) переходúть [перейтú]
gelb жёлтый
Geld дéньги
genau (*Adv.*) рóвно
genügend достáточный
Geschäft магазúн
Geschäftsbrief деловóе письмó
Geschäftsbriefbogen (Geschäftsformular) бланк фúрмы
geschehen случáться [случúться], происходúть [произойтú]
Geschichte истóрия
Geschwister сёстры и брáтья
Gesellschaft óбщество
Gesicht лицó
gestern вчерá
gesund здорóвый
Gesundheit здорóвье
gewissenhaft добросóвестный
gewöhnlich обы́чный
Glasfabrik стекóльный завóд
glauben [по]дýмать
glücklich счастлúвый

grau се́рый
groß большо́й, вели́кий; (Gestalt) высо́кий
größere бо́льший
Großmutter ба́бушка
grün зелёный
Gruß (Grüße) ausrichten передава́ть [переда́ть] приве́т; viele Grüße c приве́том
grüßen передава́ть [передать] приве́т
gut хоро́ший; Adv. хорошо́, ла́дно

Haar во́лосы
haben име́ть dur.
Handelsabteilung торго́вый отде́л
Hauptstraße гла́вная у́лица
Haus дом; zu Hause до́ма; nach Hause домо́й
häuslich дома́шний
Heimat ро́дина
heimatlich родно́й
heiß жа́ркий
heißen называ́ться dur.; (nennen) звать dur.; das heißt то́ есть
helfen помога́ть [помо́чь]
herbeiführen (einrichten) устра́ивать [устро́ить]
heute сего́дня
hier здесь, тут; hier (ist) вот
hierher сюда́
Hilfe по́мощь f
Himmel не́бо
hinfahren s. fahren
hinstellen [по]ста́вить
hoch высо́кий
Hof двор
hoffen [по]наде́яться
höher вы́ше
hören [у]слы́шать; (zuhören) [по-] слу́шать
Hörer (телефо́нная) тру́бка
Hörsaal аудито́рия
hübsch краси́вый

immer всегда́
Industriezentrum промы́шленный центр
Institut институ́т
interessant интере́сный
Interesse интере́с
interessieren занима́ть dur.

ja да
Jahr год
Januar янва́рь m

jeder ка́ждый, вся́кий
jetzt тепе́рь
Juli ию́ль m
jung молодо́й
Junge: Jungen und Mädel ребя́та
jüngere(r), jüngste(r) мла́дший
Juni ию́нь m

Kaffee ко́фе
kalt холо́дный
Kamerad това́рищ
Karte (Fahrkarte, Eintrittskarte) биле́т; Karten spielen игра́ть (dur.) в ка́рты
Kasse ка́сса
Kassenzettel чек
kaufen покупа́ть [купи́ть]
Kaufhaus универма́г
Kaukasus Кавка́з; im Kaukasus на Кавка́зе
Kellner официа́нт
kennen знать dur.
kennzeichnend характе́рный
Kilo кило́
Kind дитя́
Kino кино́
Kinovorführung киносеа́нс
Klarheit я́сность f
Klasse класс
Kleid пла́тье
klein ма́лый, ма́ленький
kleinere ме́ньший; allerkleinste наи-ме́ньший
Klingel звоно́к; Klingel des Telefons телефо́нный звоно́к
klingen звене́ть dur.
Klub клуб
Kohl капу́ста
Komfort комфо́рт
kommen идти́ [пойти́]; (ankommen) приходи́ть [прийти́]
können мочь dur.; man kann мо́жно
Kopeke копе́йка
kosten сто́ить dur.
Kostüm костю́м
Krankenhaus больни́ца
Kuchen пиро́жное
Kunst..., künstlerisch худо́жествен-} [ный]
Kurort куро́рт
Kurs(us) курс
kurz: seit kurzem неда́вно
kürzlich неда́вно

Laboratorium лаборато́рия
Lachen смех

Laden магазин
Laienkunst художественная само-
деятельность *f*
Landschaft пейзаж
lang: seit langem давно
lassen оставлять [оставить]
laufen бегать *dur.*, бежать *dur.*; laufende Nummer текущий номер
leben жить *dur.*
legen, sich ложиться [лечь]
lehren обучать [обучить]
Lehrer учитель *m*
Lehrstunde урок
leicht лёгкий; *Adv.* легко
leid: es tut mir leid мне жаль
leider к сожалению
leise тихий
Leitartikel передовая статья
Leiter заведующий
Leitung (*Draht*) провод
lenken (*Verkehr*) регулировать *dur.*
lernen изучать [изучить], учиться
[выучиться, научиться]
lesen читать [прочитать, прочесть];
zum Lesen для чтения
Lesesaal читальня
letzt последний
Leute люди
Licht свет
Lichtspieltheater кинотеатр
Liebe: meine Liebe (*Anrede*) моя ми-
лая
lieben любить *dur.*
Lieber: mein Lieber (*Anrede*) мой
милый, родной мой
liegen лежать *dur.*
Linie линия
Liter литр
Literatur литература
loben [по]хвалить
Lust: ich hatte (keine) Lust мне (не)
хотелось

machen [с]делать
Mädchen девушка
Mai май
mal: zeige mal покажи-ка
Mal раз
manchmal иногда
Mann человек; (Ehemann) муж
Märchen сказка
Markt базар; Markt... базарный
März март
Mathematik математика
Meer море

mehr более, больше
Meinung мнение
Mensch человек; Menschen люди;
viele Menschen много народу
Messer нож
Meter метр
Milch молоко
Minute минута
Mittag полдень *m*; zu Mittag essen
[по]обедать
Mittwoch среда
mögen: ich möchte я хотел бы, мне
хотелось бы; es mag пусть
möglich возможный
möglicherweise возможно
Monat месяц
montags по понедельникам
Morgen утро
morgen завтра; morgens утром
Moskau Москва
Motorrad мотоцикл
Musik музыка
müssen [213]
Mutter мать *f*

nach после
Nachbarschaft соседство
nachmittags um 5 Uhr в пять часов
пополудни
nächst(folgend) следующий
Nachtwache ночное дежурство
Nähe: in der Nähe von вблизи от
Name имя; (Familienname) фамилия;
(*Benennung*) название
natürlich (*Adv.*) конечно
nehmen брать [взять]
nein нет
neu новый
Neuigkeit новость *f*
nichts ничего (не)
niemals никогда (не)
niemand никто (не)
nirgends нигде (не)
nirgendshin никуда (не)
noch ещё
nördlich северный; Nördliches Eismeer Северный Ледовитый океан
nötig нужный
November ноябрь *m*
nur только, один [80 e]; (einfach)
просто

oft часто
Oktober октябрь *m*
Onkel дядя *m*

Oper о́пера
Ordnung поря́док

Papa па́па
Pförtner швейца́р
Pfund фунт
Platz einnehmen занима́ть [заня́ть] ме́сто
Porträt портре́т
Post по́чта
Postamt почта́мт
praktisch (in der Praxis) на пра́ктике
Preis цена́
privat ча́стный
Privatadresse дома́шний а́дрес
Privatgespräch (*Telefon*) ча́стный разгово́р
Problem пробле́ма
Professor профе́ссор
Programm програ́мма
Prüfung bestehen выде́рживать [вы́держать] экза́мен
Publikum пу́блика

Qualität ка́чество

Radioamateur радиолюби́тель *m*
Radiospezialist радиоспециали́ст
Radiotechnik радиоте́хника
Rechen гра́бли
recht: ich habe recht я прав
Redensart оборо́т ре́чи
Redner ора́тор
Regen дождь *m*
Regenfälle дожди́
Reinheit чистота́
Reise пое́здка; eine Reise machen соверша́ть [соверши́ть] путеше́ствие
Reparatur почи́нка
richtig пра́вильный
Roman рома́н
Romanze рома́нс
rot кра́сный
Rubel рубль *m*
rufen [по]зва́ть
ruhig споко́йный, ти́хий
russisch ру́сский; *Adv.* по-ру́сски; Russisch ру́сский язы́к

sagen говори́ть [сказа́ть]
Samara Сама́ра
Sanatorium санато́рий
Schalter ка́сса

Schatten тень *f*
Schau смотр
schauen [по]смотре́ть
Schaufenster витри́на
scheinen [по]каза́ться; (wie) es scheint ка́жется
schicken посыла́ть [посла́ть], присыла́ть [присла́ть]
schlafen спать *dur.*
Schlafzimmer спа́льня
schlagen ударя́ть [уда́рить]
schlank стро́йный
schlecht плохо́й
Schluß оконча́ние
schmackhaft вку́сный
Schmiede ку́зница
schnell бы́стрый; etwas schneller побыстре́е
schon уже́
schön краси́вый
Schrank шкаф
schreiben [на]писа́ть
Schreibmaschine пи́шущая маши́нка
Schreibtisch пи́сьменный стол
Schriftsteller писа́тель *m*
Schule шко́ла; Oberschule, höhere Schule сре́дняя шко́ла
Schüler учени́к
schwarz чёрный   [ный]
schwer тяжёлый; (schwierig) тру́д-
Schwester сестра́; der Schwester gehörig се́стрин
schwierig тру́дный
schwimmen пла́вать *dur.*, плыть *dur.*
sehen ви́деть *dur.*, вида́ть *dur.*
sehr о́чень
selten ре́дкий
senden *s.* schicken
September сентя́брь *m*
setzen [по]ста́вить; sich setzen сади́ться [сесть]
Sinn смысл
sitzen сиде́ть *dur.*
so так
sobald как то́лько
sofort сейча́с
sogar да́же
sogleich сейча́с
Sohn сын
solcher тако́й
somit ита́к
Sonne со́лнце
Sorte сорт
soviel сто́лько
soweit наско́лько

spät пóздний; *Adv.* пóздно; zu spät
kommen опáздывать [опоздáть]
spazieren гуля́ть *dur.*; spazieren gehen
идти́ [пойти́], отправля́ться [отпра́-
виться] гуля́ть
Spezialist специали́ст
spielen игра́ть [сыгра́ть]
Sport спорт
Sportler спортсмéн
Sprache язы́к
sprechen, говори́ть *dur.*
Staatsbank госбáнк
Stadt гóрод
städtisch городскóй
stecken (verschwunden sein) пропа-
да́ть [пропáсть]
stehen стоя́ть *dur.*
Stelldichein свидáние
stellen [по]стáвить
stenographieren стенографи́ровать
dur. u. pf.
Stenotypistin машини́стка
sticken вышива́ть [вы́шить]
Stickerei вышивáнье
Stil стиль *m*
still ти́хий
Stimme гóлос
Stirn лоб
Stockwerk этáж
Stoff матéрия
Straße у́лица
Straßenbahn трамвáй
Student(in) студéнт(ка)
studieren изуча́ть [изучи́ть], [вы́]у-
чи́ться
Stunde час; (Lehrstunde) урóк
suchen иска́ть *dur.*
Süden юг
sympathisch симпати́чный
Szene сцéна

Tag день *m*; guten Tag! здрáвствуй
(-те)!
Tante тётя
Tasse чáшка
Technikum тéхникум
Tee bereiten приготовля́ть [пригото́-
вить] чай
Teemaschine самовáр
Teil часть *f*
Teilnehmer учáстник
teilnehmen принима́ть [приня́ть] уча́-
стие
Telefon телефóн [фóну⟩
Telefongespräch разговóр по теле-⟩

telefonieren телефони́ровать *dur.*
telefonisch (*Adv.*) по телефóну
Telefonnummer нóмер телефóна
Telegramm телегрáмма
teuer дорогóй; wie teuer ist (sind) ...?⟩
Theater теáтр [почём ...?⟩
Tisch стол
Tischchen стóлик
Tochter дочь *f*
Tomate помидóр
tragen носи́ть *dur.*, нести́ *dur.*
treffen встреча́ть [встрéтить]; sich
treffen встреча́ться [встрéтиться]
treiben *s.* sich beschäftigen
treten наступа́ть [наступи́ть]; treten
zu (an) подходи́ть [подойти́] (к)
trinken пить [вы́пить]
trotz вопреки́
trotzdem всё-таки, всё равнó
tun [с]дéлать

über над
überaus весьмá
überflüssig ли́шний
übergeben передава́ть [передáть]
überlegen [по]дýмать
überschreiten переходи́ть [перейти́]
überzeugen: ich bin überzeugt я увé-
рен
übrig bleiben остава́ться [остáться]
übrigens впрóчем
UdSSR СССР
Uhr часы́
umziehen переезжа́ть [перéехать]
unglücklich несчáстный
Universität университéт
unterhalten, sich разгова́ривать *dur.*
Unternehmen предприя́тие
Unterricht заня́тия
Unterschrift пóдпись *f*
unzufrieden недовóльный
Urlaub óтпуск

Vater отéц
Vaterstadt роднóй гóрод
verabreden услóвиться *pf.*
veranstalten устра́ивать [устрóить]
verbieten воспреща́ть [воспрети́ть]
Verbot запрéт
verbringen проводи́ть [провести́]
verfolgen следи́ть *dur.* (за)
vergessen забыва́ть [забы́ть]
Vergnügen удовóльствие; mit dem
größten Vergnügen с величáйшим
удовóльствием

Verkäuferin продавщи́ца
Verkehr движе́ние
Verkehrsampel светофо́р
verleben (*Ferien*) проводи́ть [провести́]
verliebt: verliebte Leute влюблённые
verlieren [по]теря́ть
vermeiden избега́ть [избежа́ть]
verschieden разли́чный, ра́зный
verspäten, sich опа́здывать [опозда́ть]
verstehen понима́ть [поня́ть]
verzeihen проща́ть [прости́ть]
viel мно́го
von о; от; из
vor (*zeitlich*) тому́ наза́д; пе́ред
vorbereiten, sich [при]гото́виться
vorgestern позавчера́
vorhanden sein име́ться *dur.*
vorläufig пока́
Vorlesung ле́кция
vorschlagen предлага́ть [предложи́ть]
vorstellen представля́ть [предста́вить]
Vorstellung спекта́кль *m*; (*Kino*) сеа́нс
Vortrag докла́д

wahr пра́вильный; das ist wahr э́то пра́вда
während во вре́мя; на
Wald лес
Wand стена́
wann когда́
war был(а́)
Ware това́р
warm тёплый
warten ждать *dur.*
warum почему́
was ist (bedeutet) что тако́е, was für ein что за
Wasser вода́
weder ... noch ни ... ни (не)
Weg доро́га
wegen (betreffs) насчёт, из-за
weggehen уходи́ть [уйти́]
weiblich же́нский
weil потому́ что
Wein вино́
weit далёкий
weiter да́льше
welcher како́й
Welt свет
wenden, sich обраща́ться [обрати́ться]
wenig немно́го; weniger ме́ньше
wenigstens по кра́йней ме́ре
wenn е́сли; когда́
wer кто; wessen чей

werden станови́ться [стать]
werfen броса́ть [бро́сить]
Werk заво́д
Werkkantine заводска́я столо́вая
Wetter пого́да; das Wetter ist anhaltend schlecht пого́да стои́т плоха́я
wichtig ва́жный
wie как
wieder опя́ть
wieviel ско́лько
Wind ве́тер
Winter зима́; im Winter зимо́й
wissen знать *dur.*
Wissenschaft нау́ка
wo где
Woche неде́ля
wohin куда́
wohnen жить *dur.*
Wohnung кварти́ра
wollen хоте́ть *dur.*
womit чем
Wort сло́во
worüber о чём
wundervoll чу́дный
Wunsch жела́ние
wünschen [по]жела́ть

Zahl число́
zahlen [за]плати́ть
zeigen пока́зывать [показа́ть]
Zeile строка́
Zeit вре́мя *n*; zur Zeit сейча́с
Zeitschrift журна́л
Zeitung газе́та
Zentrum центр
Zeuge свиде́тель *m*
Zimmer ко́мната
Zimmermädchen го́рничная
Zirkel (Kurs) кружо́к
zu на; к(о); (sehr) сли́шком
zuerst сперва́, снача́ла
zufällig как раз
Zug (Eisenbahn) по́езд
zugehen (auf) подходи́ть [подойти́] (к)
Zunge язы́к
zurück обра́тно
zurückkehren, zurückkommen возвраща́ться [возврати́ться, верну́ться]
zusammenkommen, zusammentreffen встреча́ться [встре́титься]
zusenden адресова́ть *dur. u. pf.*, препровожда́ть [препроводи́ть]
zweifeln сомнева́ться *dur.*
zwischen ме́жду

Russische Abkürzungen

авт. (автóбус) Autobus

Азербайджáнская CCP (Совéтская Социалистическая Респýблика) Aserbeid-
shanische SSR (Sozialistische Sowjetrepublik)

акад. (акадéмик) Akademiemitglied

АН СССР (Акадéмия наýк Союза Совéтских Социалистических Респýблик)
Akademie der Wissenschaften der UdSSR (Union der Sozialistischen Sowjetrepubliken)

Армянская CCP (Совéтская Социалистическая Респýблика) Armenische SSR
(Sozialistische Sowjetrepublik)

арх. (архитéктор) Architekt

АССР (Автонóмная Совéтская Социалистическая Респýблика) Autonome
Sozialistische Sowjetrepublik

АТС (автоматическая телефóнная стáнция) Selbstanschluß-Fernsprechamt

Белорýсская CCP (Совéтская Социалистическая Респýблика) Belorussische
SSR (Sozialistische Sowjetrepublik)

б-ка (библиотéка) Bibliothek

БСЭ (Большáя Совéтская Энциклопéдия) Große Sowjetische Enzyklopädie

в. (век) Jahrhundert

вв. (векá) Jahrhunderte

ВВА (Воéнно-воздýшная акадéмия) Fliegerakademie

ВВС (Воéнно-воздýшные силы) Luftstreitkräfte

ВЛКСМ (Всесоюзный Лéнинский Коммунистический Союз Молодёжи)
Leninscher Kommunistischer Jugendverband der Sowjetunion

вм. (вмéсто) anstatt

ВС (Верхóвный Совéт) Oberster Sowjet

ВСХВ (Всесоюзная сельскохозяйственная выставка) Landwirtschaftliche
Ausstellung der UdSSR

втуз (высшее техническое учéбное заведéние) technische Hochschule

вуз (высшее учéбное заведéние) Hochschule

ВЦИК (Всероссийский Центрáльный Исполнительный Комитéт) Allrussisches
Zentralexekutivkomitee

ВЦСПС (Всесоюзный Центрáльный Совéт Профессионáльных Союзов) Zen-
tralrat der Gewerkschaften der Sowjetunion

ВЧК (Всероссийская Чрезвычáйная Комиссия по борьбé с контрреволюцией,
саботáжем и спекуляцией) Allrussische Außerordentliche Kommission zur
Bekämpfung von Gegenrevolution, Sabotage und Spekulantentum (*historisch*)

г. (год) Jahr

г. (го́род) Stadt

га (гекта́р) Hektar

гг. (го́ды) Jahre

ГДР (Герма́нская Демократи́ческая Респу́блика) DDR (Deutsche Demokratische Republik)

г-жа (госпожа́) Frau, Fräulein

глав... in Zusammensetzungen (гла́вный)

главвра́ч (гла́вный врач) Chefarzt

г-н (господи́н) Herr

гос... in Zusammensetzungen (госуда́рственный)

госба́нк (госуда́рственный банк) Staatsbank

Гослитизда́т (Госуда́рственное изда́тельство худо́жественной литерату́ры) Staatlicher Verlag für schöne Literatur

Госполитизда́т (Госуда́рственное изда́тельство полити́ческой литерату́ры) Staatlicher Verlag für politische Literatur

ГПУ (Госуда́рственное Полити́ческое Управле́ние) GPU (Staatliche Politische Verwaltung) (alt)

гр. (граждани́н) Bürger

Грузи́нская ССР (Сове́тская Социалисти́ческая Респу́блика) Georgische SSR (Sozialistische Sowjetrepublik)

ГСО (гото́в к санита́рной оборо́не) Bereit zum Sanitätsdienst

ГТО (гото́в к труду́ и оборо́не) Bereit zur Arbeit und Verteidigung

ГУС (госуда́рственный учёный сове́т) Staatlicher Gelehrtenbeirat

Детги́з (Госуда́рственное изда́тельство де́тской литерату́ры) Staatlicher Verlag für Kinderbücher

дир. (дире́ктор) Direktor

ДКА (Дом Кра́сной 'Армии) Haus der Roten Armee

доб. (доба́вочный) zusätzlich

Донба́сс (Доне́цкий бассе́йн) Donezbecken

доц. (доце́нт) Dozent

д-р (до́ктор) Doktor

ж. д. (желе́зная доро́га) Eisenbahn

ж.-д. (железнодоро́жный) das Eisenbahnwesen betreffend

загс (отде́л за́писей а́ктов гражда́нского состоя́ния) Standesamt

и др. (и други́е) und andere(s)

им. (и́мени) genannt

и мн. др. (и мно́гие други́е) und viele(s) andere

и пр., и проч. (и про́чее) und dergleichen

и т. д. (и так да́лее) und so weiter

и т. п. (и тому́ подо́бное) und dergleichen mehr

к. (копе́йка) Kopeke

Каза́хская ССР (Сове́тская Социалисти́ческая Респу́блика) Kasachische SSR (Sozialistische Sowjetrepublik)

кв. (кварти́ра) Wohnung

кг (килогра́мм) kg (Kilogramm)

КИМ (Коммунисти́ческий интернациона́л молодёжи) Kommunistische Jugendinternationale

Кирги́зская ССР (Сове́тская Социалисти́ческая Респу́блика) Kirgisische SSR (Sozialistische Sowjetrepublik)

км/час (киломе́тр в час) km/h (Kilometer in der Stunde)

колхо́з (коллекти́вное хозя́йство) Kollektivwirtschaft

комсомо́л (Коммунисти́ческий Сою́з Молодёжи) Kommunistischer Jugendverband

коп. (копе́йка) Kopeke

КПСС (Коммунисти́ческая па́ртия Сове́тского Сою́за) KPdSU (Kommunistische Partei der Sowjetunion)

куб. (куби́ческий) Kubik...

Латви́йская ССР (Сове́тская Социалисти́ческая Респу́блика) Lettische SSR (Sozialistische Sowjetrepublik)

Лито́вская ССР (Сове́тская Социалисти́ческая Респу́блика) Litauische SSR (Sozialistische Sowjetrepublik)

л. с. (лошади́ная си́ла) PS (Pferdestärke)

МГУ (Моско́вский госуда́рственный университе́т) Staatliche Universität Moskau

МГФ (Моско́вская городска́я филармо́ния) Moskauer Städtische Philharmonie

Молда́вская ССР (Сове́тская Социалисти́ческая Респу́блика) Moldauische SSR (Sozialistische Sowjetrepublik)

м. пр. (ме́жду про́чим) unter anderem

МТС (Маши́нно-тра́кторная ста́нция) MTS (Maschinen- und Traktoren-Station) *(alt)*

Музги́з (Музыка́льное госуда́рственное изда́тельство) Staatlicher Musikverlag

МХАТ (Моско́вский худо́жественный академи́ческий теа́тр) Moskauer akademisches Künstlertheater

напр. (наприме́р) zum Beispiel

№ (но́мер) Nummer

н. ст. (но́вый стиль) neue Zeitrechnung

н. э. (на́шей э́ры) unserer Zeitrechnung

нэп (но́вая экономи́ческая поли́тика) NÖP (Neue Ökonomische Politik)

о. (о́стров) Insel

обл. (о́бласть) Gebiet

о-во (о́бщество) Gesellschaft

ОГИЗ (объедине́ние госуда́рственных изда́тельств) Vereinigung der Staatsverlage

оз. (о́зеро) See

ОНО (отде́л наро́дного образова́ния) Amt für Volksbildung

ООН (Организа́ция Объединённых На́ций) Organisation der Vereinten Nationen

отд. (отде́л) Abschnitt, (отделе́ние) Abteilung

п. (пункт) Punkt, Paragraph

п. г. (про́шлого го́да) vorigen Jahres

пер. (переу́лок) Gasse, Querstraße

пл. (пло́щадь) Platz

п. м. (прóшлого мéсяца) vorigen Monats

проф. (профéссор) Professor

р. (рекá) Fluß

р. (рýбль) Rubel

РСФСР (Россúйская Совéтская Федератúвная Социалистúческая Респýблика) Russische Sozialistische Föderative Sowjetrepublik

с. г. (сегó гóда) dieses Jahres

след. (слéдующий) folgend

см (сантимéтр) cm (Zentimeter)

с. м. (сегó мéсяца) dieses Monats

см. (смотрú) siehe

совхóз (совéтское хозя́йство) Sowjetwirtschaft

ср. (сравнú) vergleiche

СССР (Союз Совéтских Социалистúческих Респýблик) UdSSR (Union der Sozialistischen Sowjetrepubliken)

ст. (стáнция) Station, (станúца) Kosakendorf

стенгазéта (стеннáя газéта) Wandzeitung

стр. (странúца) Seite

ст. ст. (стáрый стиль) alte Zeitrechnung

с. х. (сéльское хозя́йство) Landwirtschaft

с.-х. (сельскохозя́йственный) landwirtschaftlich

с. ч. (сегó числá) heutigen Datums

США (Соединённые Штáты Амéрики) Vereinigte Staaten von Amerika

т (тóнна) t (Tonne)

т. (том) (*Buch*-)Band

т. (товáрищ) Genósse, Genossin

Таджúкская ССР (Совéтская Социалистúческая Респýблика) Tadshikische SSR (Sozialistische Sowjetrepublik)

ТАСС (Телегрáфное агéнтство Совéтского Союза) TASS (Telegrafenagentur der Sowjetunion)

т-во (товáрищество) Gesellschaft, Genossenschaft

т. г. (текýщего гóда) des laufenden Jahres

т. е. (тó есть) d. h. (das heißt)

тел. (телефóн) Telefon

тел. комм. (телефóнный коммутáтор) Sammelnummer (Telefon)

т. м. (текýщего мéсяца) des laufenden Monats

т. наз. (так называ́емый) sogenannt

тов. *s.* т.

торгпрéдство (торгóвое представúтельство) Handelsvertretung

трам. (трамвáй) Straßenbahn

тролл. (троллéйбус) Obus

тт. (томá) Bände

Туркмéнская ССР (Совéтская Социалистúческая Респýблика) Turkmenische SSR (Sozialistische Sowjetrepublik)

тыс. (ты́сяча) tausend

Узбе́кская ССР (Сове́тская Социалисти́ческая Респу́блика) Usbekische SSR (Sozialistische Sowjetrepublik)

Украи́нская ССР (Сове́тская Социалисти́ческая Респу́блика) Ukrainische SSR (Sozialistische Sowjetrepublik)

ул. (у́лица) Straße

Учпедги́з (Госуда́рственное изда́тельство учёбно-педагоги́ческой литерату́ры) Staatlicher Lehrbücherverlag

фабко́м (фабри́чный комите́т) Betriebsrat

ФРГ (Федерати́вная [*auch* Федера́льная] Респу́блика Герма́нии) Bundesrepublik Deutschland

ЦК (Центра́льный Комите́т) Zentralkomitee

ЦПКиО (Центра́льный парк культу́ры и о́тдыха) Zentralpark für Kultur und Erholung

ч. (час) Uhr (*Stunde*), (часть) Teil

Эсто́нская ССР (Сове́тская Социалисти́ческая Респу́блика) Estnische SSR (Sozialistische Sowjetrepublik)

Deutsch ⸗ Russisches Sachregister

Die Zahlen bezeichnen die Abschnitte;
die Zahlen im Kreis verweisen auf die Lautlehre.

269

Langenscheidts Praktische Lehrbücher

Arabisch	Japanisch	Schwedisch
Brasilianisch	Latein	Spanisch
Englisch	Niederländisch	Tschechisch
Finnisch	Norwegisch	Türkisch
Französisch	Polnisch	Ungarisch
Griechisch	Portugiesisch	
Italienisch	Russisch	

Diese bewährten Lehrbücher bilden eine umfassende Einführung für denjenigen, der von Anfang an intensiver in die fremde Sprache eindringen oder erworbene Sprachkenntnisse für die Praxis wiederholen und erweitern will.

Entsprechend der Zielsetzung sind die Texte nach praktischen Gesichtspunkten ausgewählt worden. Nach Durcharbeitung der Lesestücke und der daraus entwickelten Übungen wird der Lernende in der Lage sein, die fremde Sprache zu verstehen und sich über die Dinge und Ereignisse des täglichen Lebens zu unterhalten.

Die Grammatik wird aus den Lesestücken entwickelt und in übersichtlicher, leicht faßlicher Form dargestellt. Die Angabe der Aussprache der fremden Wörter erfolgt in der Internationalen Lautschrift.

Zur Ergänzung der Lehrbücher Arabisch, Brasilianisch, Englisch, Finnisch, Französisch, Italienisch, Japanisch, Norwegisch, Portugiesisch, Russisch, Schwedisch, Spanisch und Ungarisch sind jeweils zwei bis drei Audiocassetten erhältlich.

Langenscheidts Kurzlehrbücher

30 Stunden für Anfänger

Dänisch	Latein	Schwedisch
Englisch	Niederländisch	Serbokroatisch
Französisch	Portugiesisch	Spanisch
Italienisch	Russisch	Türkisch

Jeder Band mit 150–200 Seiten. Kartoniert-laminiert.

Die Lehrbücher geben in 30 Lektionen eine Einführung in die fremde Sprache. Jede Unterrichtsstunde bildet eine Einheit und behandelt einen Vorgang des täglichen Lebens.

Die Kurzlehrbücher sind in erster Linie für den Unterricht durch einen Lehrer bestimmt, teilweise jedoch auch für das Selbststudium geeignet. Dabei ist besonders die Begleitcassette, die es zu jedem Kurzlehrbuch gibt, eine große Hilfe (nicht für Latein).

Langenscheidt ... weil Sprachen verbinden

Langenscheidts Praktische Lehrbücher

Arabisch	Japanisch	Schwedisch
Brasilianisch	Latein	Spanisch
Englisch	Niederländisch	Tschechisch
Finnisch	Norwegisch	Türkisch
Französisch	Polnisch	Ungarisch
Griechisch	Portugiesisch	
Italienisch	Russisch	

Diese bewährten Lehrbücher bilden eine umfassende Einführung für denjenigen, der von Anfang an intensiver in die fremde Sprache eindringen oder erworbene Sprachkenntnisse für die Praxis wiederholen und erweitern will.

Entsprechend der Zielsetzung sind die Texte nach praktischen Gesichtspunkten ausgewählt worden. Nach Durcharbeitung der Lesestücke und der daraus entwickelten Übungen wird der Lernende in der Lage sein, die fremde Sprache zu verstehen und sich über die Dinge und Ereignisse des täglichen Lebens zu unterhalten.

Die Grammatik wird aus den Lesestücken entwickelt und in übersichtlicher, leicht faßlicher Form dargestellt. Die Angabe der Aussprache der fremden Wörter erfolgt in der Internationalen Lautschrift.

Zur Ergänzung der Lehrbücher Arabisch, Brasilianisch, Englisch, Finnisch, Französisch, Italienisch, Japanisch, Norwegisch, Portugiesisch, Russisch, Schwedisch, Spanisch und Ungarisch sind jeweils zwei bis drei Audiocassetten erhältlich.

Langenscheidts Kurzlehrbücher

30 Stunden für Anfänger

Dänisch	Latein	Schwedisch
Englisch	Niederländisch	Serbokroatisch
Französisch	Portugiesisch	Spanisch
Italienisch	Russisch	Türkisch

Jeder Band mit 150–200 Seiten. Kartoniert-laminiert.

Die Lehrbücher geben in 30 Lektionen eine Einführung in die fremde Sprache. Jede Unterrichtsstunde bildet eine Einheit und behandelt einen Vorgang des täglichen Lebens.

Die Kurzlehrbücher sind in erster Linie für den Unterricht durch einen Lehrer bestimmt, teilweise jedoch auch für das Selbststudium geeignet. Dabei ist besonders die Begleitcassette, die es zu jedem Kurzlehrbuch gibt, eine große Hilfe (nicht für Latein).

Langenscheidt ... weil Sprachen verbinden

7, a¹

Дорогой Коля!

Как ты знаешь, я теперь в Москве. Пока еще каникулы, и я отдыхаю. Но все-таки посещаю разные курсы вечером. Меня занимает особенно кружок радиолюбителей. Там я изучаю радиотехнику. Обучает нас известный радиоспециалист. Участники кружка слушают лекции в аудитории и работают на практике в лаборатории.

7, c

1. Я (ты, он, она́, мы вы, они́) тепе́рь в Москве́. 2. Я отдыха́ю (ты отдыха́ешь· он [она́] отдыха́ет, мы отдыха́ем, вы отдыха́ете, они́ отдыха́ют) на кани́кулах. 3. Я посеща́ю (ты посеща́ешь, он [она́] посеща́ет, мы посеща́ем, вы посеща́ете, они́ посеща́ют) ра́зные ку́рсы. 4. Я изуча́ю (ты изуча́ешь, он [она́] изуча́ет, мы изуча́ем, вы изуча́ете, они́ изуча́ют) радиоте́хнику. 5. Я обуча́ю (ты обуча́ешь, он [она́] обуча́ет, мы обуча́ем, вы обуча́ете, они́ обуча́ют) уча́стников

¹) Die Zahlen beziehen sich auf die seitliche Numerierung des Lehrbuches.

кружка́. 6. Я слу́шаю (ты слу́шаешь, он [она́] слу́шает, мы слу́шаем, вы слу́шаете, они́ слу́шают) ле́кции в аудито́рии. 7. Я рабо́таю (ты рабо́таешь, он [она́] рабо́тает, мы рабо́таем, вы рабо́таете, они́ рабо́тают) на пра́ктике в лаборато́рии.

7, d

курс (ку́рса, ку́рсу, курс, ку́рсом, о ку́рсе; ку́рсы, ку́рсов, ку́рсам, ку́рсы, ку́рсами, о ку́рсах); кружо́к (кружка́, кружку́, кружо́к, кружко́м, о кружке́; кружки́, кружко́в, кружка́м, кружки́, кружка́ми, о кружка́х); радиоспециали́ст (-та, -ту, -та, -том, -те; радиоспециали́сты, -тов, -там, -тов, -тами, -тах); ∧ча́стник (-ка, -ку, -ка, -ком, -ке; уча́стники, -ков, -кам, -ков, -ками, -ках).

7, e

1. Я зна́ю, что вы тепе́рь в Москве́. 2. Пока́ мы отдыха́ем. 3. Он изуча́ет радиоте́хнику в кружке́ радиолюби́телей. 4. Ко́ля — изве́стный радиоспециали́ст. 5. Уча́стников ку́рса занима́ет осо́бенно радиоте́хника. 6. Она́ тепе́рь рабо́тает в лаборато́рии. 7. Мы слу́шаем ле́кции в аудито́рии.

7, f

1. Бори́с тепе́рь в Москве́. 2. Пока́ он отдыха́ет. 3. Он посеща́ет ра́зные ку́рсы. 4. Нас осо́бенно занима́ет кружо́к радиолюби́телей. 5. Мы изуча́ем радиоте́хнику. 6. Нас обуча́ет изве́стный радиоспециали́ст. 7. Уча́стники кружка́ слу́шают ле́кции в аудито́рии. 8. Уча́стники кружка́ рабо́тают на пра́ктике в лаборато́рии.

13, a

После занятий мы идём в клуб. Там мы читаем газеты, журналы и книги в читальне, которая занимает большую комнату. В читальне есть большая библиотека. Рядом с этой комнатой находится большой зал, где иногда устраиваются спектакли и киносеансы. Часто думаю о тебе. Желаю здоровья. Сердечный привет!

Твой Борис

13, b

бюллете́нь, -ня, -ню, -нь, -нем, -не; бюллете́ни, -ней, -ням, -ни, -нями, -нях. — радиолюби́тель, -ля, -лю, -ля -лем, -ле; радиолюби́тели, -лей, -лям, -лей, -лями, -лях.

13, c

я чита́ю, ты чита́ешь, он (она́[1]) чита́ет, мы чита́ем, вы чита́ете, они́ чита́ют.
я ду́маю, ты ду́маешь, он (она́) ду́мает, мы ду́маем, вы ду́маете, они́ ду́мают.
я жела́ю, ты жела́ешь, он (она́) жела́ет, мы жела́ем, вы жела́ете, они́ жела́ют.

13, d

1. Мы ду́маем о кани́кулах (о ку́рсе, о кружке́ радиолюби́телей, об уча́стниках ку́рса, о клу́бе, о спекта́клях и киносеа́нсах). 2. В клу́бе (есть) больша́я чита́льня. 3. Что вы чита́ете в клу́бе? — Ко́ля чита́ет газе́ты, а я чита́ю журна́л. 4. Мы зна́ем, что вы тепе́рь рабо́таете в лаборато́рии. 5. Там устра́иваются киносеа́нсы. 6. Ря́дом с клу́бом нахо́дится библиоте́ка.

13, e

1. По́сле заня́тий мы идём в клуб. 2. Мы чита́ем газе́ты, журна́лы и кни́ги. 3. В чита́льне есть больша́я библиоте́ка. 4. Ря́дом с библиоте́кой нахо́дится большо́й зал. 5. Иногда́ устра́иваются спекта́кли и киносеа́нсы. 6. Бори́с ду́мает о тебе́.

21, a

1. Я спешу́ (ты спеши́шь, он спеши́т, мы спеши́м, вы спеши́те, они́ спеша́т) в магази́н. 2. Я вхожу́ (ты вхо́дишь, он вхо́дит, мы вхо́дим, вы вхо́дите, они́ вхо́дят) в отделе́ние да́мских мате́рий. 3. Я стою́ (ты стои́шь, он стои́т, мы стои́м, вы стои́те, они́ стоя́т) у двере́й. 4. Я служу́ (ты слу́жишь, он слу́жит, мы слу́жим, вы слу́жите, они́ слу́жат) в магази́не. 5. Я куплю́ (ты ку́пишь, он ку́пит, мы ку́пим, вы ку́пите, они́ ку́пят) пла́тье.

21, b

1. Я хочу́ купи́ть пла́тье. 2. Мы спеши́м в го́род. 3. Бори́с сади́тся в трамва́й. 4. Ко́ля и Бори́с вхо́дят в магази́н. 5. Почему́ вы смо́трите на витри́ны магази́на? 6. Швейца́р стои́т в магази́не. 7. Что ты говори́шь швейца́ру? 8. На второ́м этаже́ нахо́дится отделе́ние да́мских мате́рий. 9. Лю́ба слу́жит в магази́не. 10. К сожале́нию, э́то сли́шком до́рого. 11. Что говори́т продавщи́ца? 12. Она́ мо́жет предложи́ть э́ту мате́рию. 13. Вы́бор нева́жен.

21, c

1. Лю́ба е́дет в го́род. 2. Она́ спеши́т в магази́н. 3. Она́ вхо́дит в магази́н. 4. Швейца́р стои́т у двере́й. 5. Отделе́ние да́мских мате́рий нахо́дится на второ́м этаже́. 6. Продавщи́ца спра́шивает: „Чем могу́ служи́ть?" 7. Лю́ба отвеча́ет: „Я хочу́ купи́ть мате́рию на пла́тье." 8. Продавщи́ца говори́т, что вы́бор нева́жен. 9. Она́ мо́жет предложи́ть се́рую мате́рию. 10. Се́рая мате́рия Лю́бе не осо́бенно нра́вится. 11. Метр сто́ит трина́дцать рубле́й. 12. Лю́ба говори́т: „Что вы говори́те! 'Это сли́шком до́рого!"

28, a

1. ра́зные ку́рсы, ра́зных ку́рсов, ра́зным ку́рсам, ра́зные ку́рсы, ра́зными ку́рсами, о ра́зных ку́рсах. 2. хоро́шая библиоте́ка, хоро́шей библиоте́ки, хоро́шей библиоте́ке, хоро́шую библиоте́ку, хоро́шей библиоте́кой, о хоро́шей

---

[1]) Die Verben чита́ть, ду́мать, жела́ть setzen eine Person als Subjekt voraus; es gibt aber im Russischen nur ein sächliches Wort, das eine Person bezeichnet: дитя́ Kind. Das sächliche оно́ fehlt, weil man mit Bezug auf ein Kind eher он (ма́льчик Junge) und она́ (де́вочка Mädchen) sagen würde.

библиотéке; хорóшие библиотéки, хорóших библиотéк, хорóшим библиотéкам, хорóшие библиотéки, хорóшими библиотéками, о хорóших библиотéках. 3. сердéчный привéт, сердéчного привéта, сердéчному привéту, сердéчный привéт, с (*mit*) сердéчным привéтом, о сердéчном привéте. 4. рýсский учáстник, рýсского учáстника, рýсскому учáстнику, рýсского учáстника, рýсским учáстником, о рýсском учáстнике; рýсские учáстники, рýсских учáстников, рýсским учáстникам, рýсских учáстников, рýсскими учáстниками, о рýсских учáстниках. 5. хорóший вы́бор, хорóшего вы́бора, хорóшему вы́бору, хорóший вы́бор, хорóшим вы́бором, о хорóшем вы́боре; хорóшие вы́боры, хорóших вы́боров, хорóшим вы́борам, хорóшие вы́боры, хорóшими вы́борами, о хорóших вы́борах. 6. рýсское письмó, рýсского письмá, рýсскому письмý, рýсское письмó, рýсским письмóм, о рýсском письмé; рýсские пи́сьма, рýсских пи́сем, рýсским пи́сьмам, рýсские пи́сьма, рýсскими пи́сьмами, о рýсских пи́сьмах. 7. пéрвый этáж, пéрвого этажá, пéрвому этажý, пéрвый этáж, пéрвым этажóм, о пéрвом этажé; пéрвые этажи́, пéрвых этажéй, пéрвым этажáм, пéрвые этажи́, пéрвыми этажáми, о пéрвых этажáх. 8. хорóшее мéсто, хорóшего мéста, хорóшему мéсту, хорóшее мéсто, хорóшим мéстом, о хорóшем мéсте; хорóшие местá, хорóших мест, хорóшим местáм, хорóшие местá, хорóшими местáми, о хорóших местáх. 9. сéрый день, сéрого дня, сéрому дню, сéрый день, сéрым днём, о сéром дне; сéрые дни, сéрых дней, сéрым дням, сéрые дни, сéрыми дня́ми, о сéрых днях.

28, b

1. Я выпи́сываю (ты выпи́сываешь, он выпи́сывает, мы выпи́сываем, вы выпи́сываете, они́ выпи́сывают) чек. 2. Я говорю́ (ты говори́шь, он говори́т, мы говори́м, вы говори́те, они́ говоря́т) „здрáвствуйте“. 3. Я благодарю́ (ты благодари́шь, он благодари́т, мы благодари́м, вы благодари́те, они́ благодаря́т) продавщи́цу. 4. Я лежý (ты лежи́шь, он лежи́т, мы лежи́м, вы лежи́те, они́ лежáт) в кóмнате. 5. Я плачý (ты плáтишь, он плáтит, мы плáтим, вы плáтите, они́ плáтят) в кáссу. 6. Я выхожý (ты выхóдишь, он выхóдит, мы выхóдим, вы выхóдите, они́ выхóдят) из магази́на.

28, c

1. Татья́на Ивáновна ýчится немéцкому языкý. 2. Покажи́те мне, пожáлуйста, вáше сéрое плáтье. 3. Где нахóдится кáсса магази́на? 4. Как ‚Rolle‘ по-рýсски? 5. Rolle по-рýсски ‚рулóн‘. 6. Швейцáр говори́т по-немéцки и по-рýсски. 7. Моя́ дочь ужé ýчится áлгебре. 8. Скажи́ мне, скóлько стóит матéрия. 9. Метр си́тца стóит семь рублéй. 10. Я куплю́ пять мéтров.

28, d

1. На пóлке лежи́т рулóн си́него си́тца. 2. Люба говори́т: „Покажи́те, пожáлуйста, рулóн си́него си́тца. 3. Метр си́него си́тца стóит семь рублéй. 4. Он óчень нрáвится Любе. 5. Онá хóчет купи́ть пять мéтров. 6. Продавщи́ца выпи́сывает чек. 7. Люба плáтит в кáссу. 8. Мать расскáзывает, что дочь ужé ýчится немéцкому языкý и áлгебре. 9. Онá говори́т: „Скажи́ Татья́не Ивáновне ‚здрáвствуйте‘ по áлгебре.“

37, a

1. Татья́на Алексáндровна слýжит машини́сткой в универмáге. 2. Завéдующий торгóвым отдéлом диктýет ей деловóе письмó. 3. Пóсле диктóвки онá пи́шет письмó на пи́шущей маши́нке. 4. На блáнке имéются наименовáние предприя́тия, почтóвый и телегрáфный адресá фи́рмы, нóмер телефóна, нóмер текýщего счёта в госбáнке и назвáние кóда.

37, b

1. Я иду́ (ты идёшь, он [она́] идёт, мы идём, вы идёте, они́ иду́т) в го́род.
2. Я дикту́ю (ты дикту́ешь, он [она́] дикту́ет, мы дикту́ем, вы дикту́ете, они́ дикту́ют) до́чери письмо́. 3. Я стенографи́рую (ты стенографи́руешь, он [она́] стенографи́рует, мы стенографи́руем, вы стенографи́руете, они́ стенографи́руют) письмо́ под дикто́вку заве́дующего. 4. Я пишу́ (ты пи́шешь, он [она́] пи́шет, мы пи́шем, вы пи́шете, они́ пи́шут) деловы́е пи́сьма на пи́шущей маши́нке. 5. Я до́лжен (должна́) [ты до́лжен (должна́), он до́лжен (она́ должна́)] написа́ть его́ на бла́нке фи́рмы.

37, c

1. пе́рвое по́ле, пе́рвого по́ля, пе́рвому по́лю, пе́рвое по́ле, пе́рвым по́лем, о пе́рвом по́ле; пе́рвые поля́, пе́рвых поле́й, пе́рвым поля́м, пе́рвые поля́, пе́рвыми поля́ми, о пе́рвых поля́х. 2. большо́е го́ре (большо́го го́ря, большо́му го́рю, большо́е го́ре, больши́м го́рем, о большо́м го́ре) ма́тери. 3. назва́ние (назва́ния, назва́нию, назва́ние, назва́нием, о назва́нии; назва́ния, назва́ний, назва́ниям, назва́ния, назва́ниями, о назва́ниях) торго́вого предприя́тия. 4. отделе́ние (отделе́ния, -ию, -ие, -ием, -ии; отделе́ния, -ий, -иям, -ия, -иями, -иях) да́мских матери́й. 5. городско́й трамва́й, городско́го трамва́я, городско́му трамва́ю, городско́й трамва́й, городски́м трамва́ем, о городско́м трамва́е; городски́е трамва́и, городски́х трамва́ев, городски́м трамва́ям, городски́е трамва́и, городски́ми трамва́ями, о городски́х трамва́ях. 6. ра́зные указа́ния, ра́зных указа́ний, ра́зным указа́ниям, ра́зные указа́ния, ра́зными указа́ниями, о ра́зных указа́ниях. 7. неме́цкая мать, неме́цкой ма́тери, неме́цкой ма́тери, неме́цкую мать, неме́цкой ма́терью, о неме́цкой ма́тери; неме́цкие ма́тери, неме́цких матере́й, неме́цким матеря́м, неме́цких матере́й, неме́цкими матеря́ми, о неме́цких матеря́х.

37, d

1. Я — заве́дующий торго́вым отде́лом универма́га. 2. Татья́на — моя́ машини́стка. 3. Она́ стенографи́рует пи́сьма, кото́рые я дикту́ю, и пи́шет их на пи́шущей маши́нке. 4. Наименова́ние предприя́тия и други́е указа́ния име́ются на бла́нке. 5. Мы иногда́ по́льзуемся ко́дом. 6. В универма́ге пять машини́сток и мно́го продавщи́ц. 7. В больши́х города́х есть мно́го универма́гов и магази́нов. 8. В го́роде отделе́ние госба́нка. 9. Я е́ду в го́род и иду́ в магази́н, где есть большо́й вы́бор да́мских матери́й. 10. Се́рая мате́рия мне не осо́бенно нра́вится. 11. Что вы говори́те? Пять рубле́й? — 'Это сли́шком до́рого.

46, a

1. Сперва́ машини́стка пи́шет а́дрес. 2. В а́дресе име́ются местожи́тельство лица́ и́ли местонахожде́ние предприя́тия, кото́рому адресу́ется письмо́. 3. По́сле э́того она́ пи́шет фами́лию лица́ и́ли назва́ние предприя́тия. 4. Ка́ждое письмо́ начина́ется указа́нием числа́, ме́сяца и го́да, при чём подразумева́ется, что день написа́ния письма́ явля́ется и днём отправле́ния. 5. Ка́ждое письмо́ име́ет теку́щий но́мер. 6. При отве́те получа́тель письма́ ссыла́ется на теку́щий но́мер. 7. 'Эта нумера́ция позволя́ет отправи́телю легко́ следи́ть за всей перепи́ской. 8. По́сле а́дреса сле́дует текст письма́. 9. Стиль делово́го письма́ тре́бует пра́вильности, чистоты́ и то́чности пи́сьменной ре́чи. 10. Совреме́нная корреспонде́нция избега́ет всех ли́шних оборо́тов ре́чи. 11. Татья́на несёт письмо́ к заве́дующему на по́дпись.

46, b

1. Я нахожу́сь (ты нахо́дишься, он нахо́дится, мы нахо́димся, вы нахо́дитесь, они́ нахо́дятся) в клу́бе. 2. Я сажу́сь (ты сади́шься, он сади́тся, мы сади́мся, вы сади́тесь, они́ садя́тся) в трамва́й. 3. Я учу́сь (ты у́чишься, он у́чится, мы у́чимся, вы у́читесь, они́ у́чатся) ру́сскому языку́. 4. Я по́льзуюсь (ты по́льзуешься, он по́льзуется, мы по́льзуемся, вы по́льзуетесь, они́ по́льзуются) трамва́ем. 5. Я ссыла́юсь (ты ссыла́ешься, он ссыла́ется, мы ссыла́емся, вы ссыла́етесь, они́ ссыла́ются) на теку́щий но́мер.

46, c

1. больша́я чита́льня, большо́й чита́льни, большо́й чита́льне, большу́ю чита́льню, большо́й чита́льней, о большо́й чита́льне; больши́е чита́льни, больши́х чита́лен, больши́м чита́льням, больши́е чита́льни, больши́ми чита́льнями, о больши́х чита́льнях. 2. се́рая мате́рия, се́рой мате́рии, се́рой мате́рии, се́рую мате́рию, се́рой мате́рией, о се́рой мате́рии; се́рые мате́рии, се́рых мате́рий, се́рым мате́риям, се́рые мате́рии, се́рыми мате́риями, о се́рых мате́риях. 3. теку́щая нумера́ция, теку́щей нумера́ции, теку́щей нумера́ции, теку́щую нумера́цию, теку́щей нумера́цией, о теку́щей нумера́ции; теку́щие нумера́ции, теку́щих нумера́ций, теку́щим нумера́циям, теку́щие нумера́ции, теку́щими нумера́циями, о теку́щих нумера́циях. 4. пи́сьменная речь, пи́сьменной ре́чи, пи́сьменной ре́чи, пи́сьменную речь, пи́сьменной ре́чью, о пи́сьменной ре́чи; пи́сьменные ре́чи, пи́сьменных рече́й, пи́сьменным реча́м, пи́сьменные ре́чи, пи́сьменными реча́ми, о пи́сьменных реча́х. 5. друга́я дверь, друго́й две́ри, друго́й две́ри, другу́ю дверь, друго́й две́рью, о друго́й две́ри; други́е две́ри, други́х двере́й, други́м веря́м, други́е две́ри, други́ми дверя́ми, о други́х дверя́х.

46, d

1. Кто явля́ется заве́дующим предприя́тием? 2. Кому́ адресу́ется письмо́? 3. Я по́льзуюсь кани́кулами, что́бы отдыха́ть. 4. Чем занима́ется Ко́ля в Москве́? 5. Он там нахо́дится, что́бы учи́ться ру́сскому языку́. 6. О чём вы говори́те? — Мы говори́м о мате́риях, кото́рые лежа́т в витри́не магази́на. 7. Предста́вьте себе́, дочь Татья́ны Ива́новны уже́ у́чится а́лгебре. 8. В лаборато́рии мы занима́емся по́сле заня́тий. 9. Мне нра́вится молода́я прода́вщица. 10. Пи́сьма, кото́рые пи́шет машини́стка, адресу́ются клие́нтам. 11. При отве́те получа́тели пи́сем ссыла́ются на теку́щий но́мер. 12. Мы позволя́ем машини́сткам избега́ть ли́шних оборо́тов ре́чи. 13. Мы тре́буем чистоты́ и я́сности сти́ля. 14. Здра́вствуй, Никола́й, я несу́ пи́сьма на по́дпись.

46, e

Я — машини́стка в универма́ге. Заве́дующий торго́вым отде́лом дикту́ет мне письмо́. Я стенографи́рую *usw.*

54, a

1. Три го́да Ко́ля учи́лся в моско́вской сре́дней шко́ле. 2. Он был приле́жный и добросо́вестный учени́к. 3. В шко́ле уча́щиеся занима́лись все́ми ну́жными для жи́зни предме́тами. 4. Они́ изуча́ли ру́сский язы́к, литерату́ру, фи́зику, исто́рию, геогра́фию, матема́тику и други́е нау́ки. 5. По́сле заня́тий они́ занима́лись спо́ртом, ка́к-то волейбо́лом, футбо́лом и т. п. 6. Они́ стара́лись стать хоро́шими спортсме́нами. 7. По вечера́м они́ принима́ли уча́стие в ра́зных кружка́х. 8. Они́ иногда́ устра́ивали спекта́кли и́ли киносеа́нсы. 9. Ча́сто Ко́ля ду́мал о свои́х родны́х. 10. Он писа́л им пи́сьма. 11. Ко́ля вы́держал экза́мен по́сле трёхле́тнего пребыва́ния в шко́ле. 12. По́сле экза́мена он возврати́лся на ро́дину.

54, b

1. Сын прие́хал из го́рода. 2. Он прие́хал в дере́вню к отцу́. 3. Оте́ц ему́ сказа́л: „Тепе́рь у нас поко́с, возьми́ гра́бли и помоги́ мне.“ 4. Сы́ну не хоте́лось рабо́тать. Он отве́тил: „Я учи́лся нау́кам и все мужи́цкие слова́ забы́л. Что тако́е гра́бли?“ 5. Как то́лько он пошёл по́ двору и наступи́л на гра́бли, они́ уда́рили его́ по́ лбу. 6. Тогда́ он вспо́мнил, что тако́е гра́бли. 7. Он хвати́лся за лоб и сказа́л: „И что за дура́к тут гра́бли бро́сил.“

54, c

1. знал, зна́ла, зна́ло, зна́ли, 2. отдыха́л, -а, -о, -и, 3. изуча́л, -а, -о, -и, 4. спу́шал, -а, -о, -и, 5. ду́мал, -а, -о, -и, 6. жела́л, -а, -о, -и, 7. смотре́л, -а, -о, -и, 8. входи́л, -а, -о, -и, 9. стоя́л, -а, -о, -и, 10. сто́ил, -а, -о, -и, 11. служи́л, -а, -о, -и, 12. купи́л, -а, -о, -и, 13. брал, брала́, бра́ло, бра́ли, 14. выпи́сывал, -а, -о, -и, 15. диктова́л, -а, -о, -и, 16. следи́л, -а, -о, -и, 17. тре́бовал, -а, -о, -и, 18. занима́лся, -лась, -лось, -лись, 19. находи́лся, -лась, -лось, -лись, 20. устра́ивался, -лась, -лось, -лись, 21. нра́вился, -лась, -лось, -лись, 22. име́лся, -лась, -лось, -лись.

54, d

1. Когда́ Татья́на была́ в Москве́, она́ занима́лась ра́зными предме́тами. 2. Так, наприме́р, она́ изуча́ла и неме́цкий язы́к. 3. Ко́ля знал ру́сскую литерату́ру, когда́ он был на экза́мене. 4. Что он де́лал по́сле заня́тий? — Он занима́лся спо́ртом. 5. Что он сде́лал по́сле экза́мена? — Он возврати́лся в родну́ю дере́вню. 6. По вечера́м она́ ча́сто говори́ла с това́рищами, кото́рые бы́ли в клу́бе. 7. Он стал хоро́шим спортсме́ном. 8. В Москве́ я принима́л уча́стие в кружке́ радиолюби́телей. 9. Я пошёл в кино́ на после́дний сеа́нс. 10. Сеа́нс мне о́чень понра́вился.

54, e

Когда́ Ко́ля возврати́лся из Москвы́ в дере́вню, ему́ не хоте́лось помога́ть отцу́ в по́ле. Одна́жды оте́ц его́ попроси́л взять гра́бли и пойти́ в по́ле рабо́тать. Сын сказа́л: „Что тако́е гра́бли? Я забы́л мужи́цкие слова́.“ Как то́лько он пошёл по́ двору, он наступи́л на гра́бли, кото́рые уда́рили его́ по́ лбу. Тогда́ он вспо́мнил, что тако́е гра́бли; он хвати́лся за лоб, говоря́: „Что за дура́к тут гра́бли бро́сил!“

64, a

1. На кани́кулах бу́ду писа́ть все пи́сьма. 2. Я пойду́ в го́род. 3. Че́рез год бу́ду чита́ть ру́сские кни́ги. 4. Мы уже́ вернёмся домо́й ве́чером. 5. Я всегда́ бу́ду занима́ться спо́ртом. 6. Я напишу́ э́то письмо́ сего́дня ве́чером. 7. Мо́жет быть, они́ меня́ бу́дут спра́шивать. 8. Сперва́ я напишу́ письмо́, а зате́м бу́ду чита́ть кни́гу, кото́рую мне дал мой оте́ц. 9. Я всегда́ бу́ду вам помога́ть. 10. Я могу́ пойти́ с ва́ми на киносеа́нс. 11. Мы бу́дем рабо́тать по́сле заня́тий. 12. Куда́ вы пойдёте по́сле киносеа́нса? 13. Зна́ете что — мы бу́дем говори́ть с ним. 14. Когда́ он уйдёт отсю́да? 15. Бу́дет ли он всегда́ уходи́ть в э́то вре́мя? 16. Что вы бу́дете де́лать за́втра?

64, b

1. У меня́ оконча́ние расска́за. 2. У неё была́ но́вая ко́мната. 3. Есть ли у вас хоро́ший журна́л? 4. Нет, у меня́ то́лько после́дняя газе́та. 5. У вас не́ было други́х ру́сских книг? 6. У меня́ бу́дут ну́жные кни́ги. 7. У неё не бу́дет си́него костю́ма. 8. У Татья́ны не́ было се́рого пла́тья? 9. У нас большо́й вы́бор да́мских мате́рий. 10. Ско́лько у вас ме́тров? 11. У вас нет рубля́? 12. У нас в кружке́ изве́стный радиоспециали́ст. 13. У Никола́я не

будет машини́стки? 14. У машини́стки не́ было бла́нков. 15. У граждани́на не́ было други́х родны́х? 16. У него́ не бу́дет телефо́на? 17. Како́й у вас но́мер телефо́на?

64, c

1. Алёша жил в дере́вне. 2. Он наслу́шался расска́зов о го́роде и городско́й жи́зни. 3. Ему́ захоте́лось пожи́ть в го́роде. 4. Ему́ каза́лось стра́нным, что молоды́е крестья́не тоску́ют, когда́ им прихо́дится уходи́ть в го́род на за́работки. 5. Он говори́л: О чём тут тоскова́ть? Что хоро́шего в на́шей дере́вне? Ха́ты, по́ле да лес, — и ничего́ бо́льше. 6. Когда́ он вы́рос, ему́ на́до бы́ло пойти́ в го́род на за́работки. 7. Когда́ наста́ла мину́та расстава́ния с роди́телями, с родно́й дере́вней, заны́ло у него́ се́рдце. 8. Он говори́л: Лу́чше бы мне до́ма остава́ться. 9. Оте́ц ему́ сказа́л: На го́род посмо́тришь; забы́л, что ли, как хоте́лось тебе́ в го́роде пожи́ть. 10. Алёша отвеча́ет: Бог с ним, с го́родом! На весну́ Алёша верну́лся домо́й. 12. Весёлый и счастли́вый он шёл по знако́мой у́лице, вошёл в родну́ю ха́ту. 13. Оте́ц спра́шивает: Ну, что же, хорошо́ в го́роде? Полу́чше, я ду́маю, чем у нас в дере́вне? 14. Алёша отвеча́ет: Ну, нет, ба́тюшка; в го́роде хорошо́, а до́ма всё-таки лу́чше.

73, a

1. Тре́буй(те) чистоты́ и я́сности сти́ля! 2. Оста́нься (оста́ньтесь) тепе́рь в клу́бе! 3. Рабо́тай(те) в кружке́ радиолюби́телей! 4. Занима́йся (-а́йтесь) спо́ртом! 5. Пиши́(те) пра́вильно! 6. Напиши́(те) письмо́ роди́телям! 7. По́мни(те), что рабо́та о́чень ва́жная! 8. Ду́май(те) о свои́х друзья́х и пиши́(те) им поча́ще! 9. Возьми́(те) гра́бли и помоги́(те) отцу́ в по́ле! 10. Скажи́(те) ма́тери, как „здра́вствуйте" по-неме́цки! 11. Ссыла́йся (-а́йтесь) при отве́те всегда́ на после́днее письмо́! 12. Позво́ль(те) ему́ пойти́ на киносеа́нс! 13. Избега́й(те) ли́шних оборо́тов ре́чи! 14. Дикту́й(те) ей письмо́! 15. Воспо́льзуйся (-зуйтесь) авто́бусом в центр го́рода! 16. Купи́(те) мате́рию на костю́м!

73, b

1. Посмо́трим, чем он занима́ется! 2. Дава́йте сде́лаем так! 3. Пойдём(те) ко мне! 4. Дава́йте забу́дем всю э́ту исто́рию! 5. Ива́н живёт в дере́вне. 'Это больша́я дере́вня, но она́, коне́чно, ме́ньше, чем ма́ленький го́род (ме́ньше ма́ленького го́рода). 6. На гла́вной у́лице дере́вни всегда́ большо́е движе́ние, но ме́ньше, чем у нас в го́роде. 7. Алёша живёт в го́роде. В кла́ссе он са́мый молодо́й, но са́мый приле́жный из ученико́в. Он приле́жнее, чем други́е (приле́жнее други́х). 8. В кла́ссе я мно́го учу́сь. Но в кружке́ литерату́ры я учу́сь бо́льше. Кружо́к литерату́ры интере́снее, чем шко́ла (интере́снее шко́лы). 9. У Ива́на ме́ньше книг, чем у Алексе́я. У Алексе́я мно́го интере́сных неме́цких книг. Он лу́чше говори́т по-неме́цки, чем Ива́н (Он лу́чше Ива́на говори́т по-неме́цки). 10. Гла́вная у́лица го́рода ши́ре, чем та, где живу́т мои́ роди́тели. 11. Городска́я библиоте́ка бо́льше, чем теа́тр (бо́льше теа́тра), где слу́жит Татья́на. 12. Смотри́, ско́лько автомаши́н! Но́вые автомаши́ны лу́чше, чем ста́рые (лу́чше ста́рых). 13. Сего́дня мы бы́ли в большо́м универма́ге. 'Этот универма́г бо́льше, чем все магази́ны (бо́льше всех магази́нов) го́рода. Алексе́й купи́л костю́м, а Татья́на купи́ла пла́тье. Алексе́й сказа́л продавщи́це: „Покажи́те мне костю́м подеше́вле!" 14. В це́нтре бо́льше магази́нов, чем в други́х частя́х го́рода. 15. Седьмо́й но́мер идёт в са́мую ти́хую часть го́рода. 16. В витри́нах лежа́т са́мые краси́вые това́ры. Вот э́тот кори́чневый костю́м краси́вее, чем други́е (краси́вее други́х). Мне нра́вится жёлтый. Он и деше́вле сто́ит. Я беру́ жёлтый. Де́лай, что хо́чешь! Кори́чневый костю́м са́мый краси́вый из всех.

73, c

1. Алексе́й живёт в го́роде. 2. Ива́н живёт в дере́вне. 3. Алексе́й поведёт Ива́на в са́мую оживлённую часть го́рода. 4. В це́нтре бо́льше движе́ния, чем в други́х частя́х го́рода. 5. Роди́тели Алексе́я живу́т в са́мой ти́хой ча́сти го́рода. 6. Они́ пое́дут на трамва́е. 7. Да, как раз идёт трамва́й. 8. 'Это седьмо́й но́мер. 9. Седьмо́й но́мер идёт в са́мый центр. 10. Они́ садя́тся в трамва́й. 11. Они́ вы́йдут на сле́дующей остано́вке. 12. Там как раз и начина́ется гла́вная у́лица го́рода. 13. Гла́вная у́лица пересека́ет значи́тельную часть го́рода. 14. На гла́вной у́лице Ива́н ви́дит мно́го магази́нов. Они́ тя́нутся по сторона́м у́лицы. 15. В витри́нах магази́нов лежа́т са́мые краси́вые това́ры. 16. В витри́нах лежа́т хоро́шие костю́мы, мужски́е и да́мские. 17. Ему́ как раз нужны́ жёлтые ту́фли. 18. Ему́ осо́бенно нра́вится велосипе́д. 19. Алексе́ю нра́вится мотоци́кл, что там стои́т. 20. 'Это телеви́зоры. 21. Нет, Ива́ну ещё не приходи́лось ви́деть телевизио́нную переда́чу. 22. Мо́жет быть, найдётся э́та возмо́жность. 23. Высо́кое зда́ние — э́то универма́г, кото́рый нахо́дится на гла́вной у́лице. 24. Ря́дом с универма́гом нахо́дится кинотеа́тр.

84, a

1. В кинотеа́тре пока́зывают интере́сный цветно́й фильм. 2. Де́йствие фи́льма происхо́дит на Кавка́зе. 3. Друзья́ уви́дят краси́вые пейза́жи. 4. Да, они́ вхо́дят в кинотеа́тр. 5. Да, у ка́ссы теа́тра толпи́тся мно́го наро́ду. 6. Да, большо́й, всем места́ хва́тит. 7. Они́ беру́т биле́ты у ка́ссы. 8. По́сле сеа́нса они́ перехо́дят на другу́ю сто́рону у́лицы. 9. Алексе́й хо́чет показа́ть Ива́ну вы́ставку са́мых мо́дных спорти́вных принадле́жностей. 10. Перехо́д че́рез у́лицу неопа́сен. 11. В дере́вне, по мне́нию Алексе́я, опа́снее переходи́ть че́рез у́лицу. 12. В дере́вне ка́ждый е́дет, где уго́дно. 13. Да, на гла́вной у́лице мно́го автомаши́н. 14. Там есть легковы́е, грузовы́е и авто́бусы. 15. Оди́н е́дет быстре́е друго́го и постоя́нно перегоня́ют друг дру́га. 16. Для пешехо́дов перехо́д че́рез у́лицу неопа́сен. 17. По середи́не перекрёстка нахо́дится светофо́р. 18. При по́мощи светофо́ра регули́руется у́личное движе́ние. 19. Когда́ светофо́р пока́зывает кра́сный свет, всё движе́ние должно́ останови́ться. 20. Все лю́ди мо́гут безопа́сно переходи́ть на другу́ю сто́рону, когда́ светофо́р пока́зывает зелёный свет. 21. Нет, лю́ди не мо́гут заде́рживаться, переходя́ че́рез у́лицу. 22. Неда́вно оди́н друг Алексе́я перешёл у́лицу в недозво́ленном ме́сте. 23. Милиционе́р его́ задержа́л. 24. Его́ оштрафова́ли, и по́сле э́того он никогда́ не перехо́дит у́лицу в недозво́ленном ме́сте. 25. В большо́м го́роде лю́ди приуча́ются к соблюде́нию пра́вил у́личного движе́ния. 26. Ива́н принима́ет тролле́йбус за авто́бус. 27. Тролле́йбус дви́жется по у́лице электри́ческим то́ком. 28. Да, далеко́ идти́ пешко́м. 29. Они́ мо́гут по́льзоваться трамва́ем и́ли авто́бусом. 30. На э́тот раз они́ по́льзуются авто́бусом. 31. Да, авто́бус но́мер пять как раз дое́дет до у́лицы, где живёт Алексе́й.

84, b

1. оди́н го́род, одного́ го́рода, одному́ го́роду, оди́н го́род, одни́м го́родом, об одно́м го́роде. 2. два го́рода, двух городо́в, двум города́м, два го́рода, двумя́ города́ми, о двух города́х. 3. две дере́вни, двух дереве́нь, двум дере́вням, две дере́вни, двумя́ дере́внями, о двух дере́внях. 4. шесть пи́сем, шести́ пи́сем, шести́ пи́сьмам, шесть пи́сем, шестью́ пи́сьмами, о шести́ пи́сьмах. 5. де́сять дворо́в, десяти́ дворо́в, десяти́ двора́м, де́сять дворо́в, десятью́ двора́ми, о десяти́ двора́х.

84, c

1. Он тепе́рь оди́н. 2. Она́ е́хала одна́. 3. Оди́н, коне́чно, ничего́ сде́лать не могу́. 4. Мы бы́ли соверше́нно одни́ в Москве́. 5. Ему́ (ей) так хоте́лось

оста́ться одному́ (одно́й). 6. Одна́ из книг лежи́т в ко́мнате. 7. Да́йте мне, пожа́луйста, два биле́та! 8. Оди́н из това́рищей прие́хал из го́рода. 9. Одна́ из де́вушек — машини́стка. 10. У одно́й из продавщи́ц есть кра́сное пла́тье. 11. У Татья́ны два бра́та. У меня́ то́лько оди́н брат. 12. Сего́дня я слу́шал две ле́кции. 13. Я остаю́сь у него́ ещё одну́ неде́лю. 14. У тебя́ три костю́ма и́ли то́лько два? 15. Она́ мать двух сынове́й и пяти́ дочере́й. 16. Ско́лько здесь книг? — Здесь семь книг. 17. Я иду́ в библиоте́ку с тремя́ кни́гами. 18. Ско́лько дней име́ет неде́ля? — Неде́ля име́ет семь дней. 19. Шесть дней в неде́лю мы рабо́таем, а в воскресе́нье мы ничего́ не де́лаем, мы отдыха́ем. 20. Моя́ кни́га сто́ит шесть рубле́й. 21. Счита́йте до десяти́! 22. Я ви́жу то́лько одного́ челове́ка (то́лько одну́ де́вушку, то́лько двух люде́й, то́лько двух де́вушек, то́лько пять де́вушек). 23. Я прие́хал с четырьмя́ това́рищами. 24. Их ви́дели в кинотеа́тре. 25. Говоря́т, что Алексе́й тепе́рь живёт в большо́м го́роде. 26. Нам сказа́ли, что он слу́жит в универма́ге. 27. Мо́жно идти́ домо́й? 28. Мо́жно мне идти́ в кинотеа́тр? 29. Она́, ка́жется, отдыха́ет на Кавка́зе. 30. Меня́ проси́ли написа́ть э́то письмо́. 31. Моя́ дочь, кото́рая служи́ла продавщи́цей в Москве́, живёт у нас в дере́вне. 32. Ско́лько сто́ила зелёная мате́рия? — Она́ сто́ила де́вять рубле́й. 33. Магази́н, витри́ны кото́рого тебе́ так нра́вились, нахо́дится на гла́вной у́лице. 34. Сего́дня придёт 'Анна, велосипе́д кото́рой ты хо́чешь купи́ть. 35. У кото́рого ученика́ бо́льше книг? 36. Де́вушка, с кото́рой я говори́л, верну́лась домо́й. 37. Трамва́й, на кото́ром мы е́дем в клуб, идёт че́рез большу́ю часть го́рода. 38. Каку́ю кни́гу вы тепе́рь чита́ете? 39. Како́й краси́вый мотоци́кл! 40. Како́й краси́вый вид! 41. Каку́ю газе́ту ты мо́жешь дать мне? 42. Кака́я газе́та тебе́ нужна́? 43. Не зна́ю, каку́ю вам дать кни́гу. 44. Кни́га не така́я интере́сная, как после́дняя. 45. Я не тако́й хоро́ший учени́к. 46. У меня́ така́я жа́жда. 47. Таки́е лю́ди есть везде́. 48. Все его́ зна́ют. 49. Говори́ всё, что ты зна́ешь о нём! 50. Он показа́л мне всю библиоте́ку клу́ба. 51. Весь го́род говори́т о ней. 52. Вот у меня́ це́лая библиоте́ка. 53. Костю́м цел. 54. Я рабо́тал весь день (всю неде́лю). 55. Мы ждём уже́ це́лый день. 56. 'Это всё? 57. У нас почти́ все крестья́не. 58. Все за одного́ и оди́н за всех. 59. Никто́ не знал ученика́. 60. Я никогда́ не ви́дел её. 61. Он мне ничего́ не сказа́л. 62. Я никогда́ ещё не́ был в Москве́. 63. Ка́ждый пешехо́д перехо́дит че́рез у́лицу, когда́ светофо́р пока́зывает зелёный свет. 64. В ка́ждом го́роде нахо́дится отделе́ние госба́нка. 65. Я ви́жу его́ ка́ждый день. 66. Трамва́й идёт ка́ждые де́сять мину́т. 67. Вся́кий хо́чет помо́чь. 68. Вся́кий мо́жет сказа́ть, где я живу́.

93, a

1. Никто́ не мо́жет знать, что бу́дет. 2. Челове́чество не зна́ет того́, что случи́тся. 3. Пре́жде всего́ на́ша мысль обраща́ется к путя́м сообще́ния. 4. В о́бласти путе́й сообще́ния те́хника обеща́ет челове́честву о́чень мно́го сюрпри́зов. 5. Уже́ тепе́рь пробле́ма междупланѐтного сообще́ния занима́ет умы́ совреме́нников. 6. По мне́нию а́втора мы бу́дем лета́ть с одно́й плане́ты на другу́ю с тако́й же лёгкостью, как тепе́рь переезжа́ем с одного́ куро́рта на друго́й. 7. Междупланѐтные поезда́ бу́дут име́ть ещё бо́льший комфо́рт, чем тепе́решние. 8. Наприме́р, там мо́жно бу́дет принима́ть ва́нны с тако́й же простото́й, как в любо́м оте́ле. 9. Че́рез э́ти лю́ди бу́дут свиде́телями интере́сной сце́ны. 10. Где́-нибудь в Берли́не встреча́ются две знако́мые да́мы. 11. Одна́ из дам спра́шивает: Ну, куда́ вы, фрау Шу́льце, отправля́етесь в э́том году́ на ле́тний о́тдых? 12. Муж друго́й да́мы обеща́л ей провести́ о́тпуск на Ма́рсе. 13. Про́шлым ле́том на Ма́рсе уже́ побыва́ла фрау Мю́ллер. 14. Фрау Мю́ллер расска́зывала чудеса́ об э́той удиви́тельной

10

планéте. 15. Фрау Шýльце хотéла бы лúчно убедúться в правдúвости её расскáза. 16. Фрау Шýльце дýмает, что э́то бýдет замечáтельная поéздка. 17. Говоря́т, что дорóга тудá займёт не бóлее однúх сýток.

93, b

1. Он мне не обещáл кнúги. 2. 'Эта мысль не занимáет умóв человéчества. 3. Моя́ мать не имéла возмóжности говорúть с завéдующим лаборатóрией. 4. Он не провёл óтпуска в дерéвне. 5. Онá не забы́ла рýсского языкá. 6. Я не изучáл немéцкого языкá. 7. Я не купúл себé костю́ма. 8. Я не хочý читáть его письмó (письмá). 9. Онá не мóжет взять э́ти кнúги (э́тих книг).

93, c

1. 'Это сын моегó лýчшего дрýга. 2. Отéц помогáл [помóг] своéй дóчери. 3. Моя́ мать [на]писáла его отцý. 4. Íаши родúтели довóльны моéй хорó-шей рабóтой. 5. Я знал её родúтелей. 6. Он вам расскáжет о моéй поéздке. 7. Сдéлайте э́то для его ученикóв! 8. В э́той кóмнате имéется всё, что у меня́ есть. 9. На том столé нет книг. 10. Как вы дýмаете, купúть ли мне э́тот úли тот костю́м? 11. Кто был свидéтелем э́той сцéны? 12. Дай мне свою́ кнúгу! — 'Это не моя́, э́то её кнúга. 13. Вы ужé вúдели её нóвый костю́м? 14. Его знакóмый мне расскáзывал о своéй поéздке на Кавкáз. 15. Когдá онá служúла на э́том предприя́тии, онá былá моéй машú-нúсткой. 16. Нúна Алексáндровна былá стáршая дочь Алексáндра Смирнóва. Её отéц был слýжащим в нáшем магазúне. Его млáдший сын ýчится у нас. 17. Мойм родны́м не нрáвится, что я провожý канúкулы не у нúх. 18. Же-лáю вам всегó хорóшего (od. лýчшего)! 19. У неё лýчшая кóмната. 20. Он говорúт по-рýсски лýчше меня́. 21. Лýчше не дýмать о нём. 22. Мне лýчше. 23. Лýчше не расскáзывайте! 24. У нас тóлько сáмый лýчший товáр. 25. Онá вернётся к своúм родúтелям. — 'Это сáмое лýчшее. 26. Он сáмый плохóй ученúк в нáшем клáссе. 27. Гóрод Берлúн óчень большóй. 28. Моя́ кóмната моглá бы быть побóльше. 29. Её кóмната такáя же большáя, как и моя́. 30. Её кóмната сáмая большáя из всех. 31. Он мéньше меня́. 32. Но онá бóльше меня́. 33. Он был ещё мáленький, когдá я ужé был студéнтом. 34. Он был сáмый мáленький в нáшем кружкé. 35. Одúн брат молóже меня́ однúм гóдом, а другóй стáрше меня́ на пять лет. 36. Татья́на ещё молодáя. 37. Онá сáмая молодáя в нáшем кружкé. 38. Он ужé ýчится вы́сшей матемáтике.

103, a

1. безобрáзен, -зна, -зно, -зны, 2. богáт, -а, -о, -ы, 3. вéрен, вернá, вéрно, -ны, 4. влáжен, влажнá, влáжно, -ны, 5. глуп, глупá, глýпо, -ы, 6. глух, глухá, глýхо, -и, 7. готóв, -а, -о, -ы, 8. губúтелен, губúтельна, -льно, -льны, 9. добр, добрá, дóбро, -ы, 10. достáточен, -чна, -чно, -чны, 11. здорóв, -а, -о, -ы, 12. мóден, моднá, мóдно, -ны, 13. мóщен, мощнá, мóщно, -ны, 14. мя́гок, мягкá, мя́гко, -ки, 15. небрéжен, -жна, -жно, -жны, 16. невкýсен, -сна, -сно, -сны, 17. не-обходúм, -а, -о, -ы, 18. неприлúчен, -чна, -чно, -чны, 19. обязáтелен, -льна, -льно, -льны, 20. прáвилен, -льна, -льно, -льны, 21. прекрáсен, -сна, -сно, -сны, 22. прилéжен, -жна, -жно, -жны, 23. протúвен, -вна, -вно, -вны, 24. пьян, пьянá, пья́но, пья́ны, 25. равнодýшен, -шна, -шно, -шны, 26. различ-чен, -чна, -чно, -чны, 27. рéдок, редкá, рéдко, -ки, 28. свобóден, -дна, -дно, -дны, 29. сúлен, сильнá, сúльно, -ны, 30. скýчен, скучнá, скýчно, -ны, 31. стрáшен, страшнá, стрáшно, -ны, 32. тéсен, теснá, тéсно, -ны, 33. трýден, труднá, трýдно, -ны, 34. ýзок, узкá, ýзко, ýзкй, 35. чист, чистá, чúсто, -ы, 36. чýден, чуднá, чýдно, -ны, 37. я́сен, яснá, я́сно, -ны.

103, b

1. Спекта́кль интере́сен (-сный). 2. Автомаши́на быстра́ (бы́страя). 3. Движе́ние удиви́тельно(е). 4. Ко́мната больша́я (велика́). 5. 'Улица широка́ (широ́кая). 6. Ва́ся мо́лод (молодо́й). 7. Ва́ля упря́ма(я). 8. Де́вушка весела́ (весёлая). 9. Рома́н Пфла́умера интере́сен (-сный). 10. Пла́тье дешёвое (*seltener* дёшево). 11. Официа́нт услу́жлив(ый). 12. Перехо́д опа́сен (-сный). 13. Пи́сьма Татья́ны серде́чны(е). 14. Уча́стники кружка́ мо́лоды (молоды́е).

103, c

1. Заня́тие в лаборато́рии для меня́ не осо́бенно интере́сно, но со вре́менем оно́ ста́нет интере́снее. 2. На́ша библиоте́ка ещё мала́, но ско́ро мы полу́чим мно́го но́вых книг. 3. Мы бы́ли о́чень ра́ды уви́деть друг дру́га. 4. Я ду́маю, что она́ права́. 5. Чи́жиковы говори́ли, что кавка́зский пейза́ж о́чень краси́в. 6. Я знал, что всё э́то бы́ло пра́вильно. 7. Он изве́стен всем лю́дям. 8. Официа́нт в на́шем ма́леньком кафе́ всегда́ услу́жливый. 9. По́езд дви́жется бы́стро. 10. Он обы́чно рабо́тает по вечера́м. 11. Говори́те ли вы лу́чше по-ру́сски, чем по-неме́цки? 12. Мо́жете ли вы хорошо́ ви́деть? 13. Мо́жно ли легко́ найти́ у́лицу, где вы живёте? 14. Ва́ся пи́шет удиви́тельно пра́вильно. 15. Легко́ ли вы забыва́ете адреса́? 16. Жела́ете ли вы ви́деть наш большо́й универма́г? 17. Ско́лько я до́лжен заплати́ть? 18. Зна́ет ли ва́ша мать неме́цкий язы́к? 19. Нра́вится ли вам ру́сский язы́к? 20. Где он у́чится? 21. Где у́чится Ва́ля? 22. Вы должны́ написа́ть э́то письмо́ на ру́сском языке́. 23. Она́ должна́ изуча́ть ру́сский язы́к. 24. Я легко́ следи́л за всей э́той исто́рией. 25. Все лю́ди мо́гут безопа́сно переходи́ть че́рез у́лицу. 26. На́до всё-таки переходи́ть побыстре́е. 27. Пиши́ хорошо́! 28. Пиши́те бы́стро! 29. Кто говори́т по-неме́цки лу́чше, Лю́ба и́ли Ва́ля? 30. Он всегда́ говори́л ти́хо. 31. Кни́га чёрная. 32. Чёрная ли э́та кни́га? 33. Свет кра́сный. 34. Жёлтое ли твоё пла́тье? — Нет, оно́ се́рое. 35. Ма́ленькая ли его́ ко́мната? — Нет, она́ больша́я. 36. Моя́ ко́мната больша́я (велика́). 37. Сего́дня не́бо се́рое. 38. Мы ра́ды, когда́ получа́ем пи́сьма из Москвы́. 39. Мы недово́льны, когда́ пого́да плоха́я. 40. Опа́сно ходи́ть зимо́й в лёгких пла́тьях.

103, d

1. Два ма́льчика, Гри́ша и Ми́тя, вхо́дят в кафе́. 2. Они́ садя́тся за сто́лик. 3. На сто́лике стои́т таре́лка с пиро́жными. 4. Гри́ша говори́т: „Я бу́ду есть пиро́жные“. 5. Ку́шая пиро́жные, он спра́шивает: „Как официа́нт бу́дет знать, ско́лько я съел пиро́жных?“ 6. Он сосчита́ет, ско́лько оста́лось. 7. Он отвеча́ет: „Ла́дно! Я ни одного́ не оста́влю.“

103, e

1. Ва́ля оби́дчива, сде́ржана, упря́ма. Она́ аккура́тна, домови́та. 2. Ва́ся всегда́ весёлый, о́чень услу́жливый. Он — сама́ ще́дрость, поры́вистось, но не́сколько беспоря́дочен. 3. Ва́ля лю́бит ти́хие, споко́йные заня́тия: чте́ние, рукоде́лие. 4. Он к кни́гам соверше́нно равноду́шен. 5. Ва́ся предпочита́ет живо́тных, движе́ние, физи́ческий труд. 6. Ва́ля непро́чь поворча́ть. 'Если она́ недово́льна и́ли заупря́мится, она́ уйдёт в уголо́к и там что́-то безэву́чно ше́пчет себе́ под нос. 7. Ва́ся, в отли́чие от Ва́ли, вспы́льчив. 8. При мале́йшей оби́де он мо́жет накрича́ть, дать тумака́, но он о́чень отхо́дчив и немно́го безво́лен.

103, f

1. Са́ша написа́ла письмо́ из о́тпуска. 2. Сейча́с же по́сле прибы́тия она́ нашла́ хоро́шую ко́мнату вблизи́ пля́жа. 3. Пое́здка её была́ замеча́тельна. 4. Пое́здка заняла́ 14 (четы́рнадцать) часо́в. 5. Да, она́ могла́ бы рассказа́ть

мно́гое. 6. Когда́ Са́ша вы́шла в пе́рвый раз и́з дому, она́ встре́тила Мари́ю Ива́новну Чи́жикову с му́жем. 7. Она́ с ней познако́милась в Москве́. 8. Чи́жиковы то́же наме́рены провести́ свой о́тпуск здесь. 9. Они́ посиде́ли в ма́леньком кафе́. 10. 'Это кафе́ нахо́дится вблизи́ пля́жа. 11. Чи́жиковы рассказа́ли Са́ше о свое́й пое́здке на Кавка́з. 12. На Кавка́зе они́ пробы́ли два ме́сяца. 13. Пого́да там прекра́сная. 14. Са́ша обеща́ет ма́тери ча́сто писа́ть.

112, a

1. два приле́жные (-ых) крестья́нина, двух приле́жных крестья́н, двум приле́жным крестья́нам, двух приле́жных крестья́н, двумя́ приле́жными крестья́нами, о двух приле́жных крестья́нах. 2. пять молоды́х де́вушек, пяти́ молоды́х де́вушек, пяти́ молоды́м де́вушкам, пять молоды́х де́вушек, пятью́ молоды́ми де́вушками, о пяти́ молоды́х де́вушках. 3. со́рок пять высо́ких зда́ний, сорока́ пяти́ высо́ких зда́ний, сорока́ пяти́ высо́ким зда́ниям, со́рок пять высо́ких зда́ний, сорока́ пятью́ высо́кими зда́ниями, о сорока́ пяти́ высо́ких зда́ниях. 4. шестьдеся́т семь но́вых уча́стников, шести́десяти семи́ но́вых уча́стников, шести́десяти семи́ но́вым уча́стникам, шестьдеся́т семь но́вых уча́стников, шестью́десятью семью́ но́выми уча́стниками, о шести́десяти семи́ но́вых уча́стниках.

112, b

1. Здесь рабо́тают во́семьдесят пять рабо́чих. 2. В на́шей шко́ле у́чатся со́рок шесть дете́й. 3. На сто́лике лежа́т трина́дцать книг для чте́ния. 4. Биле́ты, кото́рые я купи́л, сто́или два́дцать три рубля́. 5. Мы заплати́ли за э́ти журна́лы восемна́дцать рубле́й. 6. Он уже́ два́дцать два го́да (два́дцать семь лет) живёт в Берли́не. 7. Я остаю́сь в Сама́ре ещё одну́ неде́лю (оди́н ме́сяц, оди́н год). 8. У меня́ есть вре́мя. 9. У меня́ нет вре́мени. 10. Вре́мя идёт бы́стро. 11. Всё в своё вре́мя. 12. Наш радиоспециали́ст — челове́к с и́менем. 13. Я спроси́л о его́ и́мени. 14. Я его́ зна́ю то́лько по и́мени. 15. У неё всегда́ дороги́е пла́тья.

112, c

1. Татья́на сама́ не могла́ бы жить в э́той дере́вне. 2. Я сам предложи́л бы вам э́ту ко́мнату. 3. Мне на́до бы́ло бы оста́ться це́лую неде́лю. 4. Он написа́л бы мне письмо́. 5. 'Это бы́ло бы для меня́ большо́й по́мощью. 6. 'Если бы он пришёл, я дал бы ему́ э́тот журна́л. 7. Она́ пришла́ бы, е́сли бы то́лько могла́. 8. 'Если бы она́ могла́, она́ провела́ бы о́тпуск в дере́вне. 9. 'Если бы у меня́ бы́ли де́ньги, я пое́хал бы на Кавка́з. 10. 'Если бы э́то случи́лось, мы са́ми бы́ли бы о́чень счастли́вы. 11. 'Если бы вы бы́ли мои́м дру́гом, вы помогли́ бы мне. 12. 'Если бы сам Ва́ся сейча́с сиде́л здесь, я попроси́л бы его́ сде́лать э́то. 13. Мне прихо́дится всё де́лать самому́. 14. Она́ всё де́лает сама́. 15. Мне на́до говори́ть с ней само́й. 16. 'Это для меня́ самого́ (f само́й). 17. Он ти́хо говори́л сам с собо́й. 18. Он дура́к, зна́чит? — Сам ты дура́к! 19. Всегда́ лу́чше сде́лать рабо́ту самому́, чем проси́ть други́х сде́лать её.

112, d

1. Ива́н Ива́нович — прекра́сный челове́к. 2. Вокру́г его́ до́ма в Ми́ргороде нахо́дится со всех сторо́н наве́с на дубо́вых столба́х; под наве́сом везде́ скаме́йки. 3. Ива́н Ива́нович, когда́ сде́лается сли́шком жа́рко, ски́нет с себя́ и беке́шу и испо́днее, сам оста́нется в одно́й руба́шке. Он отдыха́ет под наве́сом и гляди́т, что де́лается во дворе́ и на у́лице. 4. Под са́мыми о́кнами нахо́дятся я́блони и гру́ши. 5. Когда́ отворя́ют окно́, ве́тви врыва́ются в ко́мнату. 6. У него́ в саду́ есть сли́вы, ви́шни, чере́шни, о́вощи вся́кие, под-со́лнечники, огурцы́, стручки́, да́же гумно́ и ку́зница. 7. Он о́чень лю́бит

13

ды́ни; э́то его́ люби́мое ку́шанье. 8. Как то́лько отобе́дает и вы́йдет в одно́й руба́шке под наве́с, сейча́с прика́зывает Га́пке принести́ две ды́ни. Он сам их разре́жет, соберёт семена́ в осо́бую бума́жку и начнёт ку́шать. 9. Он вели́т Га́пке принести́ черни́льницу. 10. Сам, со́бственной руко́й сде́лает на́дпись на бума́жке с семена́ми: „Сия́ ды́ня съедена́ тако́го-то числа́". 'Если при э́том был како́й-нибудь гость, то: „уча́ствовал тако́й-то". 11. У него́ нет дете́й. 12. У Га́пки есть де́ти. Они́ ча́сто бе́гают по́ двору. 13. Ива́н Ива́нович всегда́ даёт ка́ждому из них и́ли по бу́блику, и́ли по кусо́чку ды́ни, и́ли гру́шу. 14. Га́пка — де́вка здоро́вая, с све́жими и́крами и щека́ми.

122, a

1. обуча́я, 2. изуча́я, 3. слу́шая, 4. устра́ивая, 5. ду́мая, 6. жела́я, 7. смотря́, 8. служа́, 9. находя́, 10. благодаря́, 11. дикту́я, 12. тре́буя, 13. приезжа́я, 14. находя́сь, 15. уча́сь, 16. по́льзуясь, 17. начина́ясь, 18. ссыла́ясь.

122, b

1. Ко́ля, уча́сь в сре́дней шко́ле, живёт в Москве́. 2. Ничего́ не покупа́я, она́ выхо́дит из магази́на. 3. Находя́сь в магази́не, она́ встреча́ет свою́ мать. 4. Чита́я газе́ту, он одновреме́нно диктова́л письмо́ свое́й машини́стке. 5. Татья́на, не име́я ни бума́ги ни черни́льницы, не могла́ писа́ть э́то письмо́

122, c

1. Возвраща́ясь домо́й, я встре́тил 'Анну на у́лице. 2. Находя́сь в го́роде Ва́ня пришёл повида́ть меня́. 3. Она́ сиде́ла, ду́мая о своём ребёнке. 4. Ви́дя что мы не могли́ идти́ да́льше, Гри́ша попроси́л нас к себе́. 5. Глядя́ на неё я ду́мал, что она́ бу́дет хоро́шей жено́й.

122, d

1. уви́дев, 2. воспрети́в, 3. говори́в, 4. сказа́в(ши), 5. пое́хав, 6. занима́в, 7. зана́в(ши), 8. позва́в(ши), 9. отве́тив, 10. попроси́в, 11. ста́вши, 12. обрати́вшись, 13. станови́вшись, 14. научи́вшись, 15. занима́вшись, 16. заня́вшись.

122, e

1. Написа́в письмо́, я пошёл в го́род. 2. Ва́ня, вы́держав экза́мен, возврати́лся на ро́дину. 3. Верну́вшись домо́й, мы сейча́с же на́чали рабо́тать в саду́. 4. Забы́в а́дрес, он не мог найти́ до́ма, где жил его́ друг. 5. Получи́в биле́ты, мы пошли́ в теа́тр. 6. Рабо́тав три ме́сяца на пра́ктике в лаборато́рии, он при́нял ме́сто в Берли́не. 7. Прочита́в все но́вые газе́ты и журна́лы в чита́льне клу́ба, он до́лго говори́л с заве́дующим библиоте́кой. 8. Лю́ба, получи́в чек, пошла́ к ка́ссе. 9. Ко́ля, учи́вшись три го́да в сре́дней шко́ле, пое́хал к роди́телям.

122, f

1. Да, он богомо́льный челове́к. 2. Ка́ждое воскресе́нье он надева́ет беке́шку и идёт в це́рковь. 3. Воше́дши в це́рковь и раскла́нявшись на все сто́роны, Ива́н Ива́нович обыкнове́нно помеща́ется на кли́росе и о́чень хорошо́ подтя́гивает ба́сом. 4. По́сле богослуже́ния Ива́н Ива́нович ника́к не утерпит, что́бы не обойти́ всех ни́щих. 5. Он оты́скивает са́мую искале́ченную ба́бу, в изо́дранном, сши́том из запла́т пла́тье. 6. Ба́ба пришла́ из ху́тора. 7. Вот уже́ тре́тий день, как она́ не пила́, не е́ла. 8. Её вы́гнали со́бственные де́ти. 9. Она́ пришла́ проси́ть ми́лостыню, не даст ли кто́-нибудь хоть на хлеб. 10. Ива́н Ива́нович обыкнове́нно спра́шивает: Что ж, тебе́ ра́зве хо́чется хле́ба? 11. Как не хоте́ть! Голодна́, как соба́ка. 12. Она́ отвеча́ет: Да всё, что

ми́лость ва́ша даст, всем бу́ду дово́льна. 13. На э́тот вопро́с она́ отвеча́ет: Где уж голо́дному разбира́ть ? Всё, что пожа́луете, всё хорошо́. 14. Он говори́т: Ну, ступа́й с Бо́гом! Чего́ ж ты сто́ишь ? Ведь я тебя́ не бью! 15. Обрати́вшись с таки́ми расспро́сами к друго́му, к тре́тьему, наконе́ц Ива́н Ива́нович возвраща́ется домо́й и́ли захо́дит вы́пить рю́мку во́дки к сосе́ду.

131, а

1. СССР протяну́лся с се́вера на юг на 4½ (четы́ре с полови́ной) ты́сячи киломе́тров. 2. Се́верная часть СССР лежи́т за поля́рным кру́гом. 3. Она́ омыва́ется холо́дным Се́верным Ледови́тым океа́ном. 4. Она́ име́ет холо́дный кли́мат. 5. Бо́льшая часть СССР располо́жена в уме́ренном по́ясе. 6. Приро́да о́чень разнообра́зна, потому́ что (weil) СССР име́ет большо́е протяже́ние с се́вера на юг. 7. На са́мом ю́ге кли́мат стано́вится да́же уме́ренно-тёплым. 8. С измене́нием кли́мата меня́ется расти́тельный и живо́тный мир. 9. Нау́чные иссле́дования показа́ли, что пого́да се́верной поля́рной зо́ны си́льно влия́ет на пого́ду СССР. 10. Чтобы предска́зывать пого́ду в СССР, на́до знать, как изменя́ется пого́да в се́верной поля́рной зо́не, как дви́жутся льды в Се́верном Ледови́том океа́не. 11. По берега́м Се́верного Ледови́того океа́на расстила́ется ту́ндра. 12. Кли́мат ту́ндры суро́в. 13. Зима́ в ту́ндре продолжа́ется 8-9 (во́семь-де́вять) ме́сяцев. 14. Ле́то в ту́ндре коро́ткое. 15. Нет, со́лнце сла́бо прогрева́ет зе́млю. 16. К ю́гу от ту́ндры че́рез весь СССР протяну́лись хво́йные леса́ — тайга́. 17. Ле́том здесь со́лнце вы́ше поднима́ется и сильне́е прогрева́ет зе́млю. 18. Зима́ в тайге́ холо́дная и продолжи́тельная, но коро́че, чем в ту́ндре. 19. В за́падной ча́сти тайги́ кли́мат бо́лее мя́гкий. 20. Азиа́тская часть отлича́ется осо́бой суро́востью кли́мата. 21. Зимо́й здесь ча́сто быва́ют моро́зы в 40 (со́рок) и 50° (пятьдеся́т гра́дусов). 22. В го́роде Верхоя́нске моро́зы дохо́дят до 70° (семи́десяти гра́дусов) — э́то са́мое холо́дное ме́сто на земно́м ша́ре. 23. Зо́на сме́шанных лесо́в располо́жена на ю́го-за́паде от тайги́. 24. Грани́ца её с тайго́й прохо́дит приблизи́тельно по ли́нии Ленингра́д-Каза́нь. 25. На ю́ге грани́ца идёт от Каза́ни до Ки́ева. 26. Кли́мат зо́ны сме́шанных лесо́в тепле́е кли́мата тайги́. 27. Ве́тры, кото́рые ду́ют с за́пада, прино́сят тепло́. 28. Они́ смягча́ют зи́мние моро́зы. 29. Благодаря́ мя́гкости кли́мата здесь расту́т разли́чные ли́ственные дере́вья. 30. Хво́йные и ли́ственные дере́вья расту́т вперемешку. 31. В зо́не сме́шанных лесо́в есть два больши́х промы́шленных райо́на. Оди́н — о́коло Ленингра́да, друго́й — ме́жду города́ми Москво́й и Го́рьким. 32. Южне́е лесо́в, с за́пада на восто́к, на ты́сячи киломе́тров полосо́й раски́нулись чернозёмные сте́пи. 33. Чернозёмные сте́пи начина́ются у за́падной грани́цы СССР. 34. Они́ прохо́дят че́рез всю европе́йскую часть Сою́за. 35. Они́ проника́ют далеко́ в глубь Азии.

131, с

1. В са́мый холо́дный день ты́сяча девятьсо́т пятьдеся́т пя́того го́да мы бы́ли в Каза́ни, где тогда́ жила́ моя́ ста́ршая сестра́. 2. Их ста́рший сын у́чится в сре́дней шко́ле, а мла́дший ещё не хо́дит в шко́лу. 3. Кита́йский язы́к оди́н из са́мых тру́дных языко́в. 4. Лаборато́рии занима́ют са́мые больши́е ко́мнаты на второ́м этаже́. 5. Татья́на написа́ла большу́ю часть пи́сем, а я — ме́ньшую. 6. Она́ взяла́ себе́ са́мую лу́чшую часть рабо́ты. 7. Мы купи́ли э́то для вас с велича́йшим удово́льствием. 8. Я уже́ купи́л себе́ биле́т у ка́ссы. 9. Ни́на уже́ тре́тий год хо́дит в шко́лу. 10. Я взял с собо́й кни́ги для чте́ния. 11. Это нове́йшие журна́лы, кото́рые мне да́ли в библиоте́ке. 12. Ду́май о само́м себе́. 13. Ты ду́маешь то́лько о себе́. 14. Тру́дно познава́ть самого́ себя́. 15. Вы уже́ заказа́ли себе́ у официа́нта ча́шку ча́ю ? 16. Го́сти заста́вили ждать себя́. 17. Вы чу́вствуете себя́ хо-

рошо́? — Вчера́ мы все чу́вствовали себя́ пло́хо, но сего́дня я, по кра́йней ме́ре, чу́вствую себя́ опя́ть хорошо́. 18. Де́ти всегда́ чу́вствуют себя́ хорошо́, е́сли они́ здоро́вы. 19. Они́ попроси́ли нас к себе́. 20. Я вам дам наилу́чший сорт. 21. Пряма́я ли́ния есть наиме́ньшее расстоя́ние ме́жду двумя́ то́чками.

131, d

Здра́вствуй, Татья́на!

Большо́е спаси́бо за письмо́. Ну, как твоё здоро́вье? Пишу́ письмо́ на твой дома́шний а́дрес, так как не зна́ю, где ты сейча́с. Я вчера́ была́ на ве́чере в институ́те. Бы́ло о́чень, о́чень ве́село. Неда́вно я слу́шал о́перу „Князь 'Игорь“. Она́ мне понра́вилась. У нас в го́роде ско́ро бу́дет идти́ неме́цкий фильм „Берли́нский рома́нс“. Сейча́с у нас пого́да стои́т плоха́я: то дождь, то ве́тер о́чень си́льный. Я сейча́с занима́юсь вышива́ньем, вышива́ю одея́ло на дива́н. У нас в институ́те сейча́с смотр худо́жественной самоде́ятельности к райо́нному фестива́лю. Что ты сейча́с де́лаешь? Каки́е но́вости? Пиши́ обо всём. Жду отве́та.

С приве́том
Ли́да.

Переда́й приве́т твои́м роди́телям!

140, a

За́втра бу́дет 1. двена́дцатое ию́ля, 2. четвёртое а́вгуста, 3. два́дцать второ́е октября́, 4. семна́дцатое сентября́, 5. девя́тое января́, 6. два́дцать девя́тое декабря́, 7. двена́дцатое ма́рта, 8. два́дцать пе́рвое февраля́, 9. тре́тье апре́ля, 10. девятна́дцатое ма́я, 11. оди́ннадцатое ию́ня, 12. восемна́дцатое ноября́.

140, b

Я е́ду в Берли́н 1. двена́дцатого ию́ля, 2. четвёртого а́вгуста, 3. два́дцать второ́го октября́, 4. семна́дцатого сентября́, 5. девя́того января́, 6. два́дцать девя́того декабря́, 7. двена́дцатого ма́рта, 8. два́дцать пе́рвого февраля́, 9. тре́тьего апре́ля, 10. девятна́дцатого ма́я, 11. оди́ннадцатого ию́ня, 12. восемна́дцатого ноября́.

140, c

1. Фру́ктов не́ было. 2. Не оста́лось ни одного́ пиро́жного. 3. В письме́ не бу́дет ни одно́й оши́бки. 4. 'Это, к сожале́нию, не произошло́. 5. До́ма не ви́дно. 6. Зимо́й не быва́ет дожде́й. 7. Ти́хо и хо́лодно. Не ви́дно люде́й. 8. В карма́не не име́ется де́нег. 9. У них в до́ме нет ни одного́ челове́ка.

140, d

1. Он ходи́л по ко́мнате. 2. Я иду́ на уро́к. 3. Он уже́ хо́дит на уро́к. 4. Ива́н несёт дрова́ в дом. 5. Он но́сит дрова́ в дом. 6. Она́ ведёт дете́й гуля́ть. 7. Она́ всегда́ во́дит дете́й гуля́ть. 8. Куда́ ведёт э́та у́лица? 9. Вся́кий раз, когда́ е́ду в го́род, я встреча́ю его́. 10. Самолёт лети́т в Берли́н. 11. Где вы бы́ли? — В клуб ходи́л (е́здил). 12. Алексе́й бе́гал за до́ктором. 13. Сего́дня ве́чером она́ носи́ла письмо́ на по́чту. 14. Я ходи́л к вам, но вас не́ было до́ма. 15. Мы ско́ро е́здили в теа́тр. 16. Он пла́вал по всем моря́м. 17. Я плыл из Га́мбурга в Ло́ндон. 18. Ве́чером я ходи́л к моему́ това́рищу. 19. Он о́чень бы́стро бежа́л, когда́ мы уви́дели его́. 20. Она́ жила́ в дере́вне и ре́дко е́здила в го́род. 21. Ла́сточки ско́ро вы́росли и ста́ли лета́ть. 22. Во вре́мя кани́кул я научи́лся пла́вать. 23. Ива́н Ива́нович но́сит кори́чневый костю́м. 24. Веди́ меня́ сейча́с к нему́!

1. В чернозёмных степя́х ле́то быва́ет о́чень жа́ркое и продолжи́тельное. 2. Ле́то начина́ется уже́ в ма́е. 3. Степь даёт оби́льные урожа́и, е́сли нет губи́тельной засухи. 4. Она́ ро́дит прекра́сные хлеба́ и разнообра́знейшие плоды́ и о́вощи. 5. Чернозёмные сте́пи называ́ются хле́бной жи́тницей СССР. 6. В не́драх чернозёмных степе́й залега́ют ва́жные поле́зные ископа́емые — осо́бенно мно́го ка́менного у́гля и желе́зной руды́. 7. Вся э́та ме́стность называ́ется Доне́цким каменноу́гольным бассе́йном, и́ли Донба́ссом. 8. На за́паде от Донба́сса, за реко́й Днепро́м, у го́рода Криво́го Ро́га, име́ются больши́е запа́сы желе́зной руды́. 9. На се́вере от Каспи́йского мо́ря до грани́ц с Кита́ем лежи́т зо́на сухи́х степе́й. 10. В сухи́х степя́х ле́то ещё бо́лее жа́ркое, чем в чернозёмных. 11. Сюда́ ре́дко доно́сятся тёплые и вла́жные ве́тры с Атланти́ческого океа́на. 12. Ле́том почти́ не быва́ет дожде́й. 13. Здесь зима́ коро́ткая, но бо́лее суро́вая. 14. К восто́ку от Каспи́йского мо́ря, южне́е полосы́ сухи́х степе́й, лежи́т зо́на пусты́нь. 15. Она́ окружена́ гора́ми. 16. В зо́не пусты́нь ещё бо́лее су́хо и жа́рко, чем в сухи́х степя́х. 17. Жара́ дохо́дит днём в тени́ до 50° (пяти́десяти гра́дусов). 18. Есть таки́е места́. 'Это субтропи́ческая зо́на. 19. К субтропи́ческой зо́не отно́сятся: 'Ю́жный бе́рег Кры́ма и черномо́рское побере́жье Кавка́за. 20. Они́ располо́жены по берега́м тёплого Чёрного мо́ря. 21. Лу́чшее вре́мя на ю́жном берегу́ Кры́ма — а́вгуст, сентя́брь и октя́брь. 22. В э́ти ме́сяцы со́лнце не так печёт, как ле́том. 23. Стои́т я́сная и тёплая пого́да. 4. Крым называ́ется здра́вницей СССР. 25. Туда́ сухо́й и тёплый кли́мат, чи́стый морско́й во́здух, виногра́д и фру́кты привлека́ют мно́го отдыха́ющих. 26. Крым осо́бенно поле́зен для лёгочных больны́х. 27. Дворцы́ царя́, придво́рной зна́ти и да́чи богаче́й превращены́ в санато́рии и дома́ о́тдыха для трудя́щихся. 28. Черномо́рское побере́жье Кавка́за лежи́т к восто́ку от кры́мского побере́жья. 29. Побере́жье Кавка́за зали́то со́лнцем. 30. Лю́ди хо́дят в лёгкой оде́жде, потому́ что во́здух о́чень тепло́. 31. Мно́гие купа́ются в мо́ре. 32. Нигде́ в СССР нет тако́й мо́щной расти́тельности, как в э́том уголке́ страны́. 33. Лю́дям прихо́дится всё вре́мя вести́ борьбу́ с э́той бу́йной расти́тельностью. 34. Забро́шенное по́ле в 1—2 (оди́н-два) го́да зараста́ет па́поротником в 2 (два) ме́тра и́ли ле́сом в 5-6 (пять-шесть) ме́тров высоты́. 35. Дожди́ быва́ют кру́глый год. 36. Иногда́ за су́тки на побере́жье выпада́ет бо́льше оса́дков, чем в други́х места́х СССР за год. 37. Там выра́щиваются це́нные культу́рные расте́ния: чай, лимо́ны, апельси́ны, мандари́ны, ра́зные техни́ческие и лека́рственные расте́ния.

1. В медици́нском учрежде́нии нахо́дится сто́лик для дежу́рной сестры́. 2. На стене́ виси́т портре́т Луи́ Пасте́ра. 3. Луи́ Пасте́р откры́л сы́воротку про́тив бе́шенства. 4. За столо́м сиди́т сестра́ в бе́лом хала́те и косы́нке. 5. Сестра́ в плохо́м настрое́нии. 6. Она́ скуча́ет. 7. Она́ говори́т так: Го́споди, тоска́ кака́я! Хоть бы где́-нибудь кто́-нибудь взбеси́лся. 7. Она́ расска́зывает, что её подру́га Ду́ся на хоро́шей рабо́те. 8. Ду́ся слу́жит сестро́й при вытрезви́теле. 9. В э́тот вытрезви́тель ка́ждые пять мину́т приво́дят пья́ного. 10. Оди́н пья́ный руга́ется, друго́й дерётся, тре́тьего тошни́т и т. д.; э́то как в теа́тре. 11. Вхо́дит посети́тель. 12. Он расска́зывает, что его́ укуси́л щено́к. 13. Она́ счита́ет ну́жным запо́лнить анке́ту. 14. Анке́та в полтора́ ме́тра длино́й. 15. Он говори́т: Кака́я же анке́та? Я на слу́жбу опозда́ю. 16. Тепе́рь начина́ются бесконе́чные (*endlos*) расспро́сы и отве́ты. 17. Разгово́р конча́ется тем, что посети́тель действи́тельно (*tatsächlich*) беси́тся. Слома́в всё, что мо́жно слома́ть в ко́мнате, он ухо́дит. 18. Медсестра́ берёт телефо́нную тру́бку и звони́т в Ско́рую по́мощь. 19. Посети́тель и пятна́д-

цати вопро́сов не вы́держал. 20. Посети́тель не успе́л укуси́ть медсестру́, потому́ что она́ — медици́нский персона́л, кото́рый уме́ет обраща́ться с таки́ми людьми́.

150, b

1. ду́мающий, 2. ду́ющий, 3. е́дущий, 4. зову́щий, 5. звоня́щий, 6. изуча́ющий, 7. крича́щий, 8. находя́щий, 9. обеща́ющий, 10. обходя́щий, 11. платя́щий, 12. понима́ющий, 13. принося́щий, 14. ро́ющийся, 15. находя́щийся

150, c

1. Машини́стка, пи́шущая письмо́, уже́ три го́да слу́жит у нас. 2. Официа́нт, счита́ющий пиро́жные, зна́ет, ско́лько съел Гри́ша. 3. Студе́нт, посеща́ющий медици́нский институ́т, жил не́которое вре́мя в на́шей дере́вне. 4. Мате́рия, лежа́щая на по́лке, ра́ньше сто́ила то́лько 9 (де́вять) ма́рок. 5. Де́вушка, говоря́щая с э́тим граждани́ном, сестра́ одного́ из на́ших студе́нтов. 6. Ви́дите ли вы спортсме́на, сидя́щего за тем столо́м? 7. До́ктор посмотре́л на ребёнка, спя́щего на дива́не (od. спя́щего на дива́не ребёнка). 8. Кем явля́ется челове́к, чита́ющий газе́ту? 9. Медсестра́, сле́дующая за на́ми, хо́чет говори́ть с ва́ми. 10. Челове́к, чита́ющий кни́ги, зна́ет бо́льше. 11. Занима́ющиеся спо́ртом ребя́та здоро́вы. Ребя́та, занима́ющиеся спо́ртом, здоро́вы. 12. Интересу́ющиеся литерату́рой лю́ди мно́го чита́ли. Лю́ди, интересу́ющиеся литерату́рой, мно́го чита́ли. 13. Я не зна́ю де́вушек, разгова́ривающих с на́шими това́рищами.

150, d

1. ду́мавший, 2. ду́вший, 3. пое́хавший, 4. позва́вший, 5. позвони́вший, 6. изуча́вший, 7. изучи́вший, 8. крича́вший, 9. находи́вший, 10. обеща́вший, 11. обходи́вший, 12. заплати́вший, 13. понима́вший, 14. поня́вший, 15. приноси́вший, 16. ры́вшийся, 17. находи́вшийся.

150, e

1. Ich habe mit dem Journalisten, der (gerade) die letzten Zeitungen las, gesprochen. 2. Dann kam mein Vater, der die letzten Telegramme gelesen hat(te). 3. Endlich traf ich das Mädchen, das diesen unanständigen Brief geschrieben hat. 4. Als Ljuba mit der Verkäuferin sprach (sich unterhielt), erblickte sie plötzlich Iwan, der in den Laden hereinkam. 5. Im Lesesaal des Klubs traf ich immer Ljuba, die sich mit der englischen Sprache beschäftigte.

150, f

1. Его́ роди́тели живу́т в како́м-то провинциа́льном городке́. 2. Кто́-то предложи́л пойти́ в кино́. 3. Како́й-то студе́нт спра́шивает тебя́, не́кий Смирно́в. Сказа́ть ему́ что́-нибудь? 4. Попроси́ его́ зайти́ ко мне ка́к-нибудь на сле́дующей неде́ле. 5. Когда́-то я уже́ чита́л э́ту кни́гу. 6. 'Если кто (nach если steht stets kto für кто́-нибудь) придёт, скажи́те, что меня́ нет до́ма. 7. Хочу́ тебе́ сказа́ть что́-нибудь. 8. Он говори́т с ке́м-то. 9. Он где́-то узна́л всю э́ту исто́рию. 10. Он принёс вам како́е-то письмо́. 11. Не́которые ду́мают не так. 12. Он обрати́лся ко мне ко́е с каки́ми вопро́сами. 13. Они́ говоря́т о чём-то интере́сном. 14. Ко́е-что я зна́ю, но не всё. 15. Я ищу́ како́й-нибудь интере́сной рабо́ты. 16. Я слы́шал исто́рию ко́е от кого́. 17. На ве́чере я разгова́ривал ко́е с кем. 18. Пе́ред до́мом я ви́дел кого́-то. 19. Где́-то что́-то упа́ло. 20. Он прие́хал отку́да-то из дере́вни. 21. Купи́те мне како́й-нибудь интере́сный рома́н. 22. Сего́дня я пообе́даю где́-нибудь в го́роде. 23. Вы мо́жете привести́ кого́-нибудь из ва́ших това́рищей. 24. 'Эта дере́вня нахо́дится где́-то в Герма́нии. 25. Дава́й(те) пойдём куда́-нибудь. 26. Он чём-то за́нят.

164, a

1. пока́занный; пока́зан, -а, -о, -ы; 2. бро́шенный; бро́шен, -а, -о, -ы; 3. возвра-
щённый; возвращён, -ена́, -ено́, -ены́; 4. воспрещённый; воспрещён, -ена́,
-ено́, -ены́; 5. ска́занный; ска́зан, -а, -о, -ы; 6. сде́ланный; сде́лан, -а, -о, -ы;
7. поду́манный; поду́ман, -а, -о, -ы; 8. забы́тый; забы́т, -а, -о, -ы; 9. зака́зан-
ный; зака́зан, -а, -о, -ы; 10. ко́нченный; ко́нчен, -а, -о, -ы; 11. сокращённый;
сокращён, -ена́, -ено́, -ены́; 12. ку́пленный; ку́плен, -а, -о, -ы; 13. вы́питый;
вы́пит, -а, -о, -ы; 14. полу́ченный; полу́чен, -а, -о, -ы; 15. встре́ченный;
встре́чен, -а, -о, -ы; 16. вы́званный; вы́зван, -а, -о, -ы; 17. вы́раженный;
вы́ражен, -а, -о, -ы.

164, b

1. Ни́на пошла́ на киносеа́нс, устро́енный студе́нтами университе́та. 2. В
посещённом им ма́леньком городке́ находи́лась чита́льня со мно́гими кни́-
гами, газе́тами и журна́лами. 3. Уви́денный е́ю на э́том куро́рте комфо́рт
превы́сил её ожида́ния. 4. Сообщённые голла́ндской фи́рмой усло́вия нам
не нра́вятся. 5. Продикто́ванный заве́дующим на́шим отде́лом докла́д уже́
напи́сан на маши́нке. 6. Напи́санный э́тим писа́телем рома́н о́чень инте-
ре́сен. 7. Лю́ба с вы́писанным прода́вщицей че́ком пошла́ к ка́ссе. 8.
С ку́пленными Андре́ем биле́тами все вме́сте шли в кино́. 9. Пока́занные в
кино́ кавка́зские пейза́жи бы́ли удиви́тельны. 10. Официа́нт сосчита́л
оста́вленные Гри́шей пиро́жные.

164, c

1. Сестра́ моего́ дру́га спроси́ла меня́, чита́ю ли я англи́йские кни́ги. 2. Я
спроси́л её, мо́жет ли она́ говори́ть по-англи́йски. 3. Он мне сказа́л, что
не мо́жет писа́ть э́то письмо́ (э́того письма́). 4. Мы зна́ли, что он о́чень
за́нят. 5. Брат его́ то́же знал, что он был о́чень за́нят. 6. Я ду́мал, что он
совсе́м молодо́й челове́к. 7. Мы ду́мали, что пого́да тёплая. 8. Она́ сказа́ла,
что 'А́нна о́чень серди́та. 9. Я сказа́л, что сде́лаю э́ту рабо́ту. 10. Мой
знако́мый был уве́рен, что вы его́ поймёте. 11. Вы ду́мали, что я возьму́
э́ту кни́гу. 12. Я слы́шал, что вы зако́нчили свою́ рабо́ту пе́рвого ию́ня.
13. Я прочёл мно́го книг, напи́санных Толсты́м. 14. Вот часы́, потеря́нные
ва́шей сестро́й. 15. Я не сомнева́юсь, что вы сде́лаете рабо́ту. 16. Я не ду́-
маю, что он ско́ро вернётся.

164, d

Разгово́р: 1. Вы давно́ не получа́ли письма́ от Алексе́я? — 2. Нет, поза-
вчера́ я получи́л от него́ не́сколько строк. — 3. Он ча́сто пи́шет вам? —
4. Не так ча́сто, ка́ждые два ме́сяца. — 5. Он тепе́рь, зна́ете, о́чень за́нят.
Он гото́вится к экза́мену. А по́сле экза́мена он прие́дет сюда́. — 6. Я бу́ду
рад познако́миться с ним. — 7. Да, он вам понра́вится. Он высо́кий, стро́й-
ный. У него́ краси́вое лицо́, ка́рие глаза́ и тёмные во́лосы. Я ещё не встре́-
чал челове́ка бо́лее симпати́чного. — 8. Наде́юсь, что мы бу́дем хоро́шими
друзья́ми.

164, e

1. Он спра́шивает: Прости́те, быть мо́жет, вы зна́ете, кто э́тот проти́вный
челове́к? 2. Молода́я да́ма — дочь профе́ссора. 3. Для студе́нта оказа́лось
сча́стьем, что молода́я да́ма не зна́ет его́. — 4. Ора́тор воскли́кнул: Где
бы мы тепе́рь все бы́ли, е́сли бы не́ было тако́го зако́на! 5. В како́м-нибудь
ба́ре за хоро́шей рю́мкой ви́ски. — 6. Ва́ня одева́ется два́дцать мину́т.
7. Воло́дя одева́ется то́лько де́сять. 8. Потому́ что он не умыва́ется. —
9. Молодо́й челове́к бежа́л со всех ног, что́бы поспе́ть на парохо́д, кото́рый
до́лжен был вот-во́т отойти́. 10. Он подбежа́л к при́стани, когда́ парохо́д
отошёл от бе́рега. 11. По́сле прыжка́, отдыша́вшись и встав на́ ноги, он
изумлённо воскли́кнул: — Вот э́то прыжо́к!

19

173, a

1. Чью кни́гу вы хоти́те мне дать? 2. В чьей кни́ге вы чита́ете? 3. Чей дом нахо́дится на гла́вной у́лице? 4. Чьи сыновья́ учи́лись в университе́те? 5. В чьём до́ме живёт Алёша? 6. В чью ко́мнату вошла́ Ве́ра? 7. На чьей маши́нке она́ написа́ла моё письмо́? 8. Чей э́тот ребёнок? 9. Чьи э́ти де́ти? 10. Чьё э́то пиро́жное? 11. Чьё э́то сад? 12. Чья э́то пи́шущая маши́нка?

173, b

1. По среда́м у нас здесь быва́ет база́р. Сего́дня база́рный день. 2. Вы бы́ли на база́ре? — 3. 'Очень по́здно, вре́мя подходи́ло к полу́дню. — 4. Что вы покупа́ли? — 5. Я купи́ла пол-ли́тра¹ молока́, полдю́жины яи́ц и пол-кило́ мя́са. — 6. Бы́ли сего́дня на база́ре помидо́ры? — 7. Да, бы́ли, о́чень хоро́шие. — 8. Почём помидо́ры? — 9. Я за полтора́ фу́нта заплати́ла со́рок пять копе́ек. — 10. 'Это не до́рого. А ва́ша капу́ста нева́жная. — 11. 'Это второ́й сорт. Я получи́ла её за полцены́. О, как мне жа́рко! Та́ня, дава́й скоре́й полбуты́лки се́льтерской воды́, кото́рая стои́т в де́лнике.

173, c

1. Да, живёт; нет, не живёт. 2. Не до́лго; до́лго (od. нет, не до́лго; да, до́лго). 3. Купи́ла; не купи́ла. 4. Не зна́ю; зна́ю. 5. Да, здесь. 6. Зако́нчил; не зако́нчил. 7. Пришёл; не пришёл. (Да od. нет fügt man nach Belieben hinzu.)

173, d

Перево́д: Ле́том я встава́л в пять часо́в. А сего́дня я встал то́лько в полови́не седьмо́го. Бы́ло ещё темно́. Поза́втракал я о́коло семи́ часо́в. А ле́том я за́втракал без че́тверти шесть (od. в три че́тверти шесто́го). Ни́на обыкнове́нно опа́здывает. Сего́дня она́ поза́втракала в че́тверть девя́того. По́сле за́втрака я спешу́ на рабо́ту. Слу́жба моя́ начина́ется ро́вно в во́семь часо́в. В о́тпуске по́сле за́втрака я ходи́л в лес, брал с собо́й кни́гу, сади́лся где́-нибудь в тени́ и чита́л. Че́рез не́сколько часо́в я встава́л и шёл обра́тно домо́й обе́дать. Сего́дня я пообе́даю в заводско́й столо́вой. Обе́д начина́ется в час. В пять часо́в возвраща́юсь домо́й. А в о́тпуске мы обе́дали в двена́дцать часо́в. По́сле обе́да мы отдыха́ли. Мои́ сёстры и бра́тья шли купа́ться. Я, к сожале́нию, не уме́ю пла́вать. В пять часо́в пополу́дни го́рничная приноси́ла самова́р и разлива́ла чай. По́сле ча́я мы со всей компа́нией отправля́лись гуля́ть до семи́ часо́в. Пото́м был у́жин. А по́сле у́жина к нам приходи́ли го́сти. Тогда́ мы игра́ли в ка́рты и́ли то́лько разгова́ривали. В де́сять часо́в я шёл в спа́льню, раздева́лся, ложи́лся спать и спал до утра́.

173, e

1. Молодо́й лейтена́нт инспекти́рует ку́хню своего́ подразделе́ния. 2. Он жа́луется на то, что в ку́хне сли́шком мно́го мух. 3. Солда́т хо́чет узна́ть, ско́лько их должно́ быть. — 4. Новобра́нец обы́чно встаёт к полу́дню. 5. Он до́лжен встава́ть в пять часо́в. 6. Он отвеча́ет офице́ру: Я заста́влю себя́ спать до пяти́. — 7. Некраси́вый челове́к ещё мо́жет найти́ любо́вь в энциклопеди́ческом словаре́ под бу́квой „л“. — 8. Да, она́ хо́чет быть мужчи́ной. 9. Она́ спра́шивает у му́жа: А ты то́же хо́чешь быть мужчи́ной? — 10. Когда́ му́жу не понра́вился обе́д, Ве́ра Алексе́евна даёт ему́ пальто́ и шля́пу.

---

¹) пол in der Bedeutung „halb" wird mit dem folgenden Substantiv durch einen Bindestrich verbunden, wenn das Substantiv mit л oder einem Vokal beginnt oder wenn es ein Eigenname ist: пол-я́блока ein halber Apfel, пол-Москвы́ halb Moskau.

20

Мо́жете ли вы себе́ предста́вить, что Ве́ра всё вре́мя хо́чет говори́ть со свои́м Са́шей, кото́рого она́ лю́бит и о кото́ром весь день ду́мает? — Он слу́жит в торго́вом отде́ле стеко́льного заво́да, где ча́стные разгово́ры по телефо́ну воспреща́ются. Но влюблённые всегда́ нахо́дят вы́ход. Ита́к, ка́ждый день в три часа́, в торго́вом отде́ле раздаётся телефо́нный звоно́к. Са́ша уже́ зна́ет, что э́то зна́чит. Он подхо́дит к телефо́ну и берёт тру́бку. Звеня́щий смех же́нского го́лоса говори́т ему́, кто там на друго́м конце́ про́вода. И тепе́рь начина́ется стра́нный разгово́р. „Здра́вствуй, родно́й мой“, говори́т э́тот го́лос. А он отвеча́ет: „Вы насчёт накладны́х спра́шиваете“, что на их языке́ зна́чит: Здра́вствуй, моя́ ми́лая, как я сча́стлив, что ты мне позвони́ла. Она́ спра́шивает: „Как ты пожива́ешь, родно́й мой?“ — А он продолжа́ет: „Да, всё в поря́дке, вы мо́жете присла́ть за накладны́ми.“ Она́ о́чень хорошо́ понима́ет смысл э́тих слов, кото́рые ей говоря́т, что он ду́мает о ней, что он её лю́бит. — Она́ спра́шивает: „Когда́ я тебя́ уви́жу?“ — И она́ ра́дуется слы́ша: „Пришли́те ва́шего курье́ра в де́вять часо́в.“ 'Óба они́ зна́ют, что мо́жно бу́дет устро́ить свида́ние в де́вять часо́в ве́чера.

Перево́д: 1. Я никому́ не дава́л де́нег. 2. Мы никого́ не встреча́ли. 3. Я ни от кого́ не получи́л письма́. 4. Ни у кого́ нет го́лоса тако́го. 5. Ты ни о ком не забо́тишься. 6. Она́ ни у кого́ не была́. 7. Де́ти ни к кому́ не пойду́т. 8. Ве́ра ни на что не наде́ется. 9. Я, к сожале́нию, не име́ю (никако́й) возмо́жности говори́ть по-ру́сски. 10. Он не добросо́вестный учени́к. 11. У меня́ нет бра́та. 12. У нас в го́роде нет ни́щих. 13. В э́той ко́мнате нет часо́в. 14. Она́ не чита́ет книг (*od.* никаки́х книг). 15. Я живу́ здесь со свое́й семьёй. 16. Мы пошли́ гуля́ть со все́й семьёй. 17. У вас есть семья́? — У меня́ да́же больша́я семья́, три сы́на и две до́чери. 18. Все гостеприи́мны. 'Э́то хара́ктерно для всей семьи́. 19. Алёша написа́л статью́ по исто́рии ру́сской литерату́ры. 20. О како́й передово́й статье́ вы говори́те? 21. Как ни спеши́те на рабо́ту, всё равно́ опозда́ете. 22. Кого́ ни спро́сишь, все э́то зна́ют. 23. Ка́ждый, кто ви́дел э́тот фильм, хва́лит его́. 24. Где бы она́ ни была́, я найду́ её.

1. Ско́лько лет ва́шему отцу́? — Моему́ отцу́ со́рок пять лет. 2. Ско́лько лет ва́шей ма́тери? — Мое́й ма́тери три́дцать семь лет. 3. Мое́й сестре́ двена́дцать лет. 4. Ребёнку два го́да. 5. Его́ бра́ту уже́ четы́ре с полови́ной го́да.

1. Расска́з называ́ется: „Расска́з о мо́лодости“. 2. Ка́ждый день в полови́не пя́того она́ ему́ звони́т в учрежде́ние. 3. Он подхо́дит к телефо́ну. 4. Ча́стные разгово́ры воспреща́ются. 5. Снача́ла он слы́шит лёгкий, звеня́щий смех. 6. 'Э́то соверше́нно непередава́емый, неопису́емый смех, от кото́рого слегка́ тума́нится голова́. 7. Она́ говори́т: Здра́вствуй, родно́й мой. 8. Не совсе́м ве́рным от волне́ния го́лосом он отвеча́ет: Да, да, накладны́е гото́вы. В хозча́сти мо́жете получи́ть. 9. 'Э́то сле́дует понима́ть приблизи́тельно так: Здра́вствуй, моя́ ми́лая. Я сча́стлив слы́шать твой смех, твой го́лос. 10. Она́ говори́т из автома́та. 11. Она́ спра́шивает: Как ты пожива́ешь, родно́й мой? 12. Он отвеча́ет: 'Óчень хорошо́. Бала́нс составля́ется. Да я же вам говорю́: накладны́е гото́вы. Вы пришлёте за ни́ми? 13. Она́ всё у́тро ду́мала о нём. 14. Да, она́ понима́ет, о чём бы он ни говори́л — о накладны́х, бала́нсах, проце́нтных отчисле́ниях и о мно́гом, — она́ в жа́ркой бу́дке автома́та слы́шит друго́е. 15. Она́ чу́вствует, что ей говоря́т: да,

моя́ ми́лая, я то́же ду́мал о тебе́. Я о тебе́ постоя́нно ду́маю, целу́ю тебя́, люблю́ тебя́. 16. Он говори́т: Да, да, в де́вять часо́в пришли́те. То́лько не опа́здывайте. 17. На́до освободи́ть телефо́н: ждёт гла́вный бухга́лтер. 18. Гла́вный бухга́лтер бу́дет звони́ть в центра́льное управле́ние. 19. Он бу́дет говори́ть о настоя́щих дела́х — о накладны́х, бала́нсах, проце́нтных отчисле́ниях, сокраще́нии расхо́дов. 20. Мо́жет быть, он действи́тельно бу́дет говори́ть о настоя́щих дела́х. Впро́чем, кто его́ зна́ет ...

194, a

Наде́жда гуля́ла по гла́вной у́лице, как вдруг она́ уви́дела знако́мое лицо́. Она́ ду́мает: Ведь э́то Та́ня, кото́рую я ни ра́зу не ви́дела за после́дние два го́да. — Ты ли э́то, моя́ ми́лая, ну, скажи́-ка, где ты пропада́ла всё вре́мя! Наско́лько по́мню, никто́ из на́ших знако́мых не встреча́л тебя́. Впро́чем, куда́ идёшь? — Никуда́, я про́сто гуля́ю, сего́дня мой свобо́дный день; я про́сто не могла́ сиде́ть в ко́мнате. Така́я чу́дная пого́да! — Ну, ла́дно, я то́же никако́го заня́тия не име́ю, пойдём в э́то ма́ленькое кафе́ у почта́мта. Нигде́ не полу́чишь тако́го вку́сного ко́фе, как там. Расскажи́-ка о себе́, что ты де́лала и как ты жила́. — Никаки́х ва́жных собы́тий не случи́лось — живём! Пока́ рабо́таю три ра́за в неде́лю в больни́це, име́ю там ночны́е дежу́рства. — А мо́жно ли тебя́ вызыва́ть по телефо́ну? — Мо́жно, да́же вопреки́ постановле́нию, по кото́рому ча́стные разгово́ры воспреща́ются. — А ты, чем занима́ешься? — Я, к сожале́нию, ничего́ не де́лаю. Неда́вно я обраща́лась в два учрежде́ния, но ни то ни друго́е меня́ не при́няло на рабо́ту. Мне о́чень оби́дно так сиде́ть до́ма, ничего́ не де́лая. Но оста́вим э́то! Пока́ ра́дуюсь, что мы нашли́ друг дру́га. Я да́же не зна́ла твоего́ а́дреса.

194, b

1. Она́ чита́ла рома́н, когда́ я вошёл в ко́мнату. 2. Когда́ я пришёл, ребя́та сиде́ли за столо́м и что́-то писа́ли. 3. Я мог поспе́ть на трамва́й до того́ (пе́ред тем), как начался́ дождь. 4. Им переда́ли докуме́нты до того́, как (пе́ред тем, как od. пре́жде чем) они́ уе́хали из Берли́на. 5. Пре́жде чем отве́тить, на́до поду́мать. 6. Он сел за стол по́сле того́, как пригласи́ли его́ на за́втрак. 7. Вско́ре по́сле того́, как я написа́л тебе́ письмо́, ты сам прие́хал. 8. Пока́ бы́ло жа́рко, мы остава́лись до́ма. 9. Как то́лько я прие́хал в Москву́, мне показа́ли не́сколько свобо́дных ко́мнат. 10. По́сле того́ как по́езд при́был, мы уви́дели свои́х друзе́й на платфо́рме. 11. Не с кем посла́ть. 12. Здесь не́кому помо́чь ему́. 13. Не́кому бы́ло пригото́вить чай. 14. Не́ о чём говори́ть. 15. Не́куда поста́вить. 16. Мне не́кого бу́дет посла́ть к тебе́. 17. Ему́ не́чего де́лать. 18. Тебе́ не́кому переда́ть рабо́ту. 19. Наде́жде не́ с кем идти́ в теа́тр. 20. Мне не́ от кого получи́ть письмо́. 21. Им не́ к кому́ пойти́ в го́сти. 22. Тут не́ на чём сиде́ть. 23. Ему́ не́ на чём писа́ть. 24. Мне не́ на что бы́ло бо́льше наде́яться. 25. Ку́зница нахо́дится во́зле до́ма. 26. Все бы́ли там, кро́ме него́. 27. Я вы́шел из ко́мнаты. 28. Я е́ду то́лько до Ленингра́да. 29. Я остаю́сь там до за́втра. 30. В клу́бе мы слу́шали докла́д о промы́шленных це́нтрах. 31. В мое́й кварти́ре пи́сьменный стол стои́т у са́мого окна́. 32. Я поста́влю свой дива́н к окну́. 33. То́лько при э́том усло́вии я могу́ принима́ть уча́стие в рабо́те. 34. По́сле рабо́ты мы обы́чно занима́лись спо́ртом. 35. Че́рез ме́сяц я верну́сь из санато́рии. 36. Он получа́л мно́го пи́сем от свое́й подру́ги. 37. Я е́ду из Ленингра́да в Москву́. 38. Пе́ред кани́кулами я вы́держу экза́мен. 39. До кани́кул у меня́ ещё три экза́мена. 40. Че́рез 10 (де́сять) дней бу́дет пе́рвый экза́мен. 41. Са́ша идёт к своему́ дру́гу. 42. 'Э́ти кни́ги для на́шей библиоте́ки. 43. Тепе́рь мы пойдём че́рез лес. 44. Благодаря́ твое́й по́мощи я быстре́е зако́нчил рабо́ту. 45. Ру́сский писа́тель Гончаро́в соверши́л путеше́ствие вокру́г све́та. 46. Без тебя́ я несча́стен. 47. Я могу́ прийти́ сюда́ че́рез 10 (де́сять) мину́т.

1. Она́ рабо́тает в больни́це. 2. Три ра́за в неде́лю она́ име́ет вече́рние и ночны́е дежу́рства. 3. Ро́вно в оди́ннадцать в ма́ленькой те́сной дежу́рке раздаётся телефо́нный звоно́к. 4. Она́ снача́ла слы́шит глухо́е пока́шливание, пото́м вне́шне-споко́йное „Здра́вствуй". 5. Она́, не осо́бенно изобрета́тельная, сохрани́ла ещё всю све́жесть де́тской подража́тельности. 6. Ей девятна́дцать лет. 7. Она́ говори́т: Да, да, реце́пты гото́вы. Мо́жете прийти́ получи́ть. 8. Он отвеча́ет: Я соску́чился по тебе́. Мне ка́жется, что я тебя́ не ви́дел давно́. Стра́шно глу́по, что ты торчи́шь в э́той больни́це. 9. Ве́чер чу́дный. 10. Она́ хо́чет звони́ть в апте́ку. 11. Она́ постоя́нно повторя́ет: Да, да, реце́пты гото́вы. Пришли́те за ни́ми. 12. Он хо́чет слы́шать её смех. 13. Да, она́ смеётся. 14. Он проща́ется с ней с таки́ми слова́ми: Так не опа́здывай за́втра. Целу́ю тебя́. До свида́ния, моя́ родна́я. 15. По́сле их телефо́нного разгово́ра опя́ть звоно́к. 16. Вызыва́ют врача́. 17. Врач сообща́ет, что кто́-то у́мер в три часа́ де́сять мину́т от кровоизлия́ния. 18. Она́ настора́живается, когда́ врач говори́т о курьёрах. 19. Она́ ду́мает: О, нет, э́то тако́й серьёзный челове́к ... Не мо́жет быть ... А впро́чем: кто его́ зна́ет!

1. Дай мне, пожа́луйста, э́ту кни́гу! — Нет, э́то ма́мина кни́га, она́ сама́ чита́ет её. 2. Где же ва́ши де́ти? — Они́ нахо́дятся в саду́ и слу́шают ба́бушкины ска́зки. 3. Моя́ авторýчка нахо́дится в почи́нке. Я пишу́ сёстриным перо́м. 4. Па́пин костю́м виси́т в шкафу́. 5. 'Это како́й портре́т, что виси́т на стене́? — 'Это ма́мин портре́т, когда́ она́ была́ ещё молодо́й де́вушкой. 6. Тётино пла́тье мне совсе́м не нра́вится. 7. Ва́ся пи́шет в Ва́ниной ко́мнате. 8. Ты слы́шал отцо́во мне́ние о Жи́лине? 9. Ни́на Петро́вна — дя́дина сестра́. 10. Це́лый день мы иска́ли тётины очки́. 11. Вы зна́ете семью́ Петро́вых? 12. Я с Петро́выми ещё не знако́мился. 13. Ско́лько у них дете́й? — У них че́тверо дете́й, два сы́на (od. дво́е сынове́й) и две до́чери. 14. Как зову́т ста́ршего сы́на? — Его́ зову́т Ива́н. — А дочь как? — Ири́на. 15. Когда́ вы бы́ли в после́дний раз в Никола́еве? — 'Это бы́ло пятна́дцатого ма́рта. Я не забу́ду э́того дня. Когда́ мы при́были в Никола́ев, Га́ршин, в кварти́ре кото́рого нам предстоя́ло жить, нас уже́ ожида́л на вокза́ле. 16. Я говори́л с Ива́ном Алекса́ндровичем Чи́жиковым о его́ рабо́те на заво́де. 17. Что ты зна́ешь об Алекса́ндре Никола́евиче Гаври́лове? — Наско́лько я зна́ю, он живёт в Жи́лином до́ме в Ха́рькове. Пока́ он ещё студе́нт. 18. Наконе́ц-то я нашёл свою́ мать с Татья́ной Алекса́ндровной Чи́жиковой в одно́м из магази́нов на гла́вной у́лице. 19. Каки́е указа́ния вы мо́жете мне дать об 'Анне Ива́новне Гаври́ловой? 20. Я слы́шала, что вы о́бе, ты и Ве́ра, перее́хали на но́вую вкарти́ру. 21. Я иду́ к мои́м бра́тьям, они́ о́ба живу́т по сосе́дству. 22. По обе́им сторона́м ва́шей у́лицы я ви́жу то́лько но́вые дома́. 23. 'Окна обе́их ко́мнат выхо́дят на у́лицу. 24. Для нас обо́их одно́й ко́мнаты вполне́ доста́точно. 25. Он не спал тро́е су́ток. 26. У меня́ дво́е очко́в. 27. Вся семья́ пошла́ в кино́, т. е. (то есть) роди́тели с обо́ими сыновья́ми и с обе́ими дочерьми́. 28. Где лежи́т твой родно́й го́род? — 'Это ма́ленький городо́к под Ха́рьковом. 29. 'Если бы у них бы́ло вре́мя, они́ посети́ли бы городско́й сад. 30. 'Если бы у меня́ бы́ли де́ньги, я пое́хал бы на юг. 31. 'Если бы я встре́тил её, я попроси́л бы её отыска́ть э́ту кни́гу. 32. 'Если бы э́то случи́лось, я был бы о́чень сча́стлив. 33. 'Если бы он бро́сил кури́ть, его́ здоро́вье ста́ло бы лу́чше. 34. 'Если бы э́то была́ пра́вда я бы вам рассказа́л об э́том. 35. Сообщи́ ты мне об э́том ра́ньше, я уже́ купи́л бы себе́ э́тот рома́н. 36. Будь у меня́ бо́льше терпе́ния, всё э́то бы́ло бы уже́ в поря́дке. 37. Приди́ он на пять мину́т ра́ньше, он бы заста́л меня́ до́ма. 38. Говори́ он ясне́е, я бы его́ по́нял.

1. Два дня Тимофе́й Васи́льевич разы́скивал своего́ племя́нника. 2. Племя́нника зову́т Серёжа Вла́сов. 3. Он встре́тил его́ в трамва́е. 4. Он узна́л его́ в трамва́йном конду́кторе. 5. Серёжа! Ты ли э́то, ми́лый друг? 6. Конду́ктор я́вно не обра́довался при ви́де своего́ дя́ди. Он сконфу́зился, попра́вил, без вся́кой ви́димой нужды́, кату́шку с биле́тами. 7. Он отве́тил: Сейча́с, дя́дя, биле́ты дода́м то́лько. 8. Тимофе́й Васи́льевич стал объясня́ть пассажи́рам: 'Это он мне родно́й ро́дственник, Серёжа Вла́сов, бра́та Петра́ сын. Я его́ семь лет не ви́дел. 9. Он ему́ рассказа́л: Я тебя́, Серёжа, два дня ищу́. По го́роду ро́юсь. А я и по а́дресу ходи́л. На Разночи́нную у́лицу. Не́ту, отвеча́ют. Мол, вы́был с а́дреса. Куда́ вы́был? Не зна́ем, говоря́т ... А ты вон где — конду́ктором! 10. Пассажи́ры ста́ли с любопы́тством рассма́тривать ро́дственника. 11. Племя́нник я́вно конфу́зился и, чу́вствуя себя́ при исполне́нии служе́бных обя́занностей, не знал, что ему́ говори́ть и как вести́ себя́ с дя́дей. 12. Серёжа вдруг сказа́л: Плати́ть, дя́дя, ну́жно ... биле́т взять ... далеко́ ли вам? 13. Нет, дя́дя счастли́во засмея́лся и хло́пнул по конду́кторской су́мке. 14. Он сказа́л: Сядь я на друго́й но́мер, и́ли, мо́жет быть, ваго́н пропусти́ — и ба́ста — заплати́л бы. 15. Дя́дя хо́чет е́хать до вокза́ла. 16. До вокза́ла оста́лось ещё две остано́вки. 17. Да, племя́нник наста́ивает на том, что́бы дя́дя заплати́л за прое́зд, потому́ что нельзя́ да́ром е́хать на трамва́е.

Ты зна́ешь, что сего́дня ве́чером профе́ссор Во́лин бу́дет говори́ть об авиа́ции СССР? Он большо́й специали́ст по э́тому вопро́су, и я уве́рен, что докла́д его́ бу́дет о́чень интере́сный. Ты пойдёшь со мной? — Хорошо́, но пойдём пора́ньше, так как там бу́дет мно́го наро́ду. — Дава́йте займём места́, так как пе́ред са́мым нача́лом бу́дет тру́дно найти́ хоро́шие места́. Где же Ко́ля? Не́сколько мину́т тому́ наза́д я ви́дел его́ о́коло вхо́да. Вот он над на́ми! Ка́жется, он взял себе́ ме́сто на галёрке. Пусть он там и остаётся! Я с ним усло́вился встре́титься по оконча́нии докла́да в кафе́. Кро́ме Та́ни, кото́рая оста́лась до́ма, вся моя́ семья́ прису́тствует здесь. Покажи́-ка програ́мму! Как? У тебя́ нет програ́ммы? — Я её ещё не купи́л, так как поду́мал: 'Если я куплю́ програ́мму, то, возмо́жно, у нас ока́жется их две. Я поду́мал: пусть он ку́пит! — Сто́лько слов из-за програ́ммы! Так я пойду́ куплю́. — А, Наде́жда Петро́вна, вы то́же здесь? А я ду́мал, что вы в Москве́! — Я и была́ там, е́здила на про́шлой неде́ле. — Вот идёт Са́ша с програ́ммой. Ну, пойдём сади́ться.

1. Я был уве́рен, что он ещё здесь, потому́ что у него́ бы́ло мно́го рабо́ты. 2. Я не позвони́л ему́, так как бы́ло по́здно. 3. Она́ его́ не заста́ла, так как его́ не́ было до́ма. 4. Я не чита́л э́того рома́на, потому́ что не мог доста́ть его́. 5. Хотя́ и хо́лодно, я всё же открыва́ю окно́. 6. Пи́шущие маши́нки произво́дятся на ра́зных заво́дах. 7. В э́том райо́не стро́ятся но́вые фа́брики. 8. В на́шем го́роде бы́ло вы́строено мно́го но́вых домо́в. 9. На́ша пи́шущая маши́нка была́ ку́плена год тому́ наза́д. 10. мой ле́дник был ку́плен в Берли́не. 11. В э́том году́ мно́го но́вых кружко́в бы́ло организо́вано в не́которых институ́тах и университе́тах. 12. Моя́ рабо́та бу́дет зако́нчена в ма́е. 13. Стеко́льный заво́д посеща́ется все́ми студе́нтами те́хникума. 14. Радиоте́хника изуча́ется с осо́бым интере́сом. 15. Кни́га его́ все́ми чита́ется. 16. По понеде́льникам в кинотеа́тре пока́зывались нау́чно-популя́рные фи́льмы. 17. Че́ки выпи́сываются продавщи́цей и пла́тятся в ка́ссу. 18. Все деловы́е пи́сьма диктова́лись заве́дующим торго́вым отде́лом. 19. Движе́ние регу-